KB181908

공자는 한비자에 한참 멀었다

배영석 지음

동서문화사

들어가는 글

2007년 위암 수술 후 즐겼던 술을 끊었다. 그러자 여유 시간이 생겨 책을 읽게 되었는데 2008년 3월에 서점에서 읽을 책을 고르다가 우연히 《한비자, 권력의 기술》을 사 보았다. 한비자라고 하면 법으로 나라를 엄하게 다스려야 한다고 주장한 무서운 사람이라고만 막연히 생각했었다. 그런데 이 책을 읽고 나자 내가 그동안 한비자를 거꾸로 알고 있었다는 생각이 들었다. 그래서 이 책을 3번 읽고 한비자에 관한 다른 책도 여러 권 사 보았다. 그 결과 이제껏 유가가 휴머니즘에 충실한 사상이라고 생각해 왔는데 오히려 법가가 유가보다 더 휴머니즘에 충실한 사상이라는 생각이 들었다. 한비자의 사상이 군주를 위한 사상이라는 것도 잘못이고, 한비자의 사상을 압축적으로 표현한 법·술·세(法·術·勢)의 개념도 많이 오해하고 있다는 생각이 들었다.

행동경제학자 리처드 탈러(Richard Thaler) 교수가 실험한 사과 선택에 관한 글을 읽은 적이 있다. 탈러 교수의 "①1년 후 사과 1개 받을래, 1년 후 하루 더 있다가 2개 받을래?"라는 질문에 대부분의 사람들이 하루 더 있다가 사과 2개를 받는 것을 선택했지만, "②오늘 사과 1개 받을래, 내일 2개 받을래?"라는 질문에 대해서는 많은 사람들이 오늘 당장 사과 1개를 받는 쪽을 선택한다는 것이 탈러의 사과 문제이다. ①, ②의 경우 모두 하루만 참으면 사과 1개를 더 받는데 어떻게 이렇게 달라질 수 있나 하는 생각에 아들에게 물어봤다. 그러자 ①의 질문에는 하루 참았다가 사과 2개를 받지만 ②는 오늘 당장 사과 1개를 받겠다고 대답했다. 사무실에서 직원들에게도 물어봤다. 여자들은 대부분 ①, ②의 경우 모두 하루 참고 사과 2개를 받겠다고 했으나 남자들은 다수가 ②의 경우는 오늘 당장 사과 1개를 받겠다고 말했다.

이런 경험을 하고 나서, 한비자의 사상을 압축적으로 표현한 '법·술·세(法·術·勢)' 개념 중에서 술(術)의 의미를 '군주가 마음에 은밀히 담아두고 신하를 다스리는 술책'으로 이해하여, 한비자는 통치술을 위한 권모술수를 제시한 사람으로 많이 알고 있는데 이것이 오해임을 깨달았다. 술의 의미를 이렇게 오해하는 까닭은 한비자가 제38편 〈난삼〉에서 "법(法)이란 문서를 엮어서 관청에 비치해 두고 백성들에게 널리 알리는 것이고, 술(述)이란 군주의 마음속에 간직하여 많은 실마리에 맞추어 아무도 모르게 신하들을 부리는 것이다. 그래서 법은 분명히 드러나게 해야 하고, 술은 드러나지 않게 하는 것이다."라고 설명한 것에서 기인한다는 생각이 든다. 그러나 한비자의 글을 전체적으로 읽어보면 술의 의미는 권모술수가 아니라, 사람의 본성을 '있는 그대로' 파악하여 통치해야 올바르게 되는데 이렇게 하기 위해서는 사람의 본성을 알아내기 위한 테크닉(術)을 군주가 가져야 한다고 말하고 있음을 알 수 있다. 법은 대외적으로 공표해서 널리 알려야 하는 것이나, 술은 사람의 심리를 파악하는 것이어서 그 성격상 마음속에 담아둘 수밖에 없는 것이므로 이렇게 설명한 것이다.

리처드 탈러의 사과 사례에서 보는 바와 같이, 사람은 위의 ①, ②의 경우 모두 하루 참았다가 사과 2개를 받는 방안을 선택할 것이라 짐작하기 쉽지만 ②의 경우에 오늘 당장 사과 1개를 선택하겠다고 하는 사람도 많았다. 이러한 점을 인정하고 사람의 본성을 알아내 나라를 다스려야 잘 된다는 것이 술의 주장이다. 결국 술이란 사람의 본성을 알아내기 위한 테크닉인 것이다. 한비자는 오늘날 유행하는 행동경제학의 원리를 2300년 전에 이미 알고 있었던 것이다.

우리는 군주는 인자하고 신하는 충성을 다해야 한다고 배웠다. 그러나 한비자는 거꾸로 말한다. 군주는 인자하지 않은 데 통달하고 신하는 충성하지 않는 데 통달해야 천하를 다스릴 수 있다고 했다(君不仁 臣不忠 則可以霸王矣, 군불인 신불충 즉가이패왕의). 처음에는 '아니 어떻게 이럴 수가?' 하는 생각이 들지만 한비자의 말뜻을 새겨보면 수긍이 간다.

이것은 회사에서 직원들을 승진시킬 때 사전에 정한 승진 기준을 그대로 적용하여 잘한 직원은 승진시키고 그렇지 못한 직원은 승진에서 제외하도록 사장이 사사로운 감정을 버리고 엄격하게 승진 기준을 적용하여 승진시키면(군주가 불인에 통달하면) 기업이 잘 된다는 주장과 통한다. 직원의 입장에서도 사장이나 상사에게 잘 보이려고 할 필요 없이 사전에 정한 승진 기준(업적 달성 등)을 달성하면 자연히 승진하게 된다면(신하가 불충에 통달하면) 기업이나 나라가 잘 된다는 주장이다. 말하자면 인자함이나 충성보다는 신상필벌 원칙을 엄격히 적용하는 것이 기업이나 나라가 잘 되는 길이라는 것이다.

한비자에 대한 관심과 연구가 꾸준히 쌓이면서 그가 사용한 용어의 진정한 의미를 알게 되었다. 한비자가 사용한 군주라는 용어는 '황제·임금을 말하는 일반적 의미'가 아니라 '주권자로서의 군주'를 말하는 것으로 지금으로 치면 주권자인 국민을 말하는 것이고, 신하는 주권자(국민=군주=통치자)와 주권자(국민=피통치자)의 사이에서 일하는 관료(공무원)를 말하는 것임을 알았다. 관료(신하)들은 주권자(국민=군주)를 위해서가 아니라 자신의 이익을 위해서 노력하는 사람이라는 점을 인정한 바탕에서 주권자(국민=군주)가 관료(신하)를 통제하는 방안을 제시한 것이 한비자의 이론이다. 현대 이론으로 말하면 '주인과 대리인'의 문제에 대한 해법을 제시한 셈이다.

요즘 심리학에 근거한 행동경제학이 크게 각광받고 있다. 행동경제학은 주류 경제학에서 가정하는 '합리적 인간'이라는 전제를 부정하고 실제 현실에서 사람이 행동하는 것을 보고 그 행동을 심리학, 사회학, 생리학적 배경에 따라 연구하여 어떤 결과가 발생하는지를 규명하는 경제학의 일종이다. 애덤 스미스 이래 경제학이 이론적으로 발달해 왔음에도 그 이론이 실제 현실에서 괴리를 보인 것에 착안하여, 이상적인 경제인을 전제로 한 종래의 경제학 모델이 실제에서 맞지 않는 이유를 행동경제학은 다양한 인간의 심리에 관련된 실험 연구를 통해서 밝히고 새로운 모델을 제시해 왔다. 선구적인 연구자인 대니얼 카너먼은 2002년에 노벨 경제학상을 수상하였고, 리처드 탈러도 2017년 노벨 경제학상을 수상하였다. 2300년 전에 한비자가 말한 취지를 오늘날의 행동경제학자들이 연구하고 있다는 것을 한비자의 글을 읽으면서 느꼈다.

현재 우리나라는 예전의 지역 간 다툼에서 위안부 등 과거사, 젠더, 좌우 이념, 비정규직의 정규직화에 대한 정의의 논쟁 등 거대 담론을 둘러싼 논란이 격화되고 있다. 이런 대립과 갈등의 문제도 사람 본성의 입장에서 보면 모두 자신의 이익을 위한 주장이다. 이런 주장을 좌우 이념, 정의의 문제 등으로 포장할 뿐이다. 이런 포장이 자녀 입학, 재산 증식 등에서 벗겨지고 보니 내 편, 네 편 할 것 없이 내로남불을 하고 있음이 드러나고 있는 것이 지금의 현실이다.

친구 간에도 이런 사회적 갈등 문제를 두고 대립하는 경우가 종종 있다. 친구 간에 의견이 대립할 때 '실제로 보이는 그대로' 사실을 보고 '사람의 본성'에 근거해서 세상사를 바라봐야 한다는 한비자 사상의 관점에서 갈등 문제에 대한 의견을 많이 피력했다. 이런 나의 주장에 친구들이 많이 공감해 주었다. 사회 갈등이 점점 더 격화되고 있는 오늘날 한비자의 사상을 제대로 이해하면 대립과 갈등의 본질을 보다 명확히 파악할 수 있고, 이를 통해 갈등 해소에 많은 도움이 될 수 있으리라는 생각이 들었다. 이런 생각에 한비자의 사상을 좀 더 쉽게 이해할 수 있도록 평소에 내가 생각하고 이야기해 왔던 주제들을 정리하여 이 책을 쓰게 되었다.

이 책이 한비자의 사상을 이해하는 데 조금이라도 도움이 되고, 우리 사회의 대립과 갈등의 해소에 도움이 되었으면 하는 바람이다.

2022년 가을
저자 배영석

차례

들어가는 글

3장 한비자, 유교와 역사를 돌아보다

4장 한비자, 경제와 삼국지를 논하다

1장
한비자, 인간의 마음을 들여다보다

-호수공원을 거닐며 깨달은 것들

1. 부모가 자녀에게 공부하라고 하는 것은 누구를 위해서일까?

서로 상대방을 위한다고 하면서 책망을 하나 그 책망이 자신을 위하는 것이라고 여기면 일이 잘 풀린다(挾夫相爲則責望 自爲則事行, 협부상위즉책망 자위즉사행).

《한비자》〈외저설 좌상〉

"너 좋으라고 공부하라고 하지, 나 좋으라고 공부하라고 하냐.", "공부해서 남 주냐." 우리가 자녀들에게 하는 말이기도 하고 많이 들어왔던 말이기도 하다. 부모는 자녀에게 이렇게 말하지만 자녀들은 그렇게 받아들이지 않는다.

오래전 5월 5일 어린이날 저녁 9시 뉴스에서 본 내용이다. 기자가 초등학교 5학년 남학생에게 "자녀에게 공부하라고 하는 엄마의 말이 누구를 위해서 하는 말이라고 생각해요?"라고 질문하자 학생은 엄마라고 답했다. 기자는 이 내용을 소개한 후 어린이들이 맘껏 뛰놀지 못하고 공부에 찌들고 있다고 하면서, '자녀에게 공부하라고 하는 부모의 말이 누구를 위한 말이라고 생각하는가'에 관한 설문 조사 결과를 소개했다. 어린이들은 부모 자신을 위해서가 1위, 자녀들을 위해서가 2위라고 답했다. 이와 달리 부모들은 자녀를 위해서가 첫 번째, 부모 자신을 위해서가 두 번째라고 말했다.

은행에서 함께 근무했던 X라는 분을 만나서 과거 은행에서의 추억거리를 이야기하다가 은행에서 임원으로 근무하셨던 Y라는 분의 근황을 여쭈어 본 적이 있다. 그의 말에 따르면 Y는 현재 고급 실버타운에 입주해서 생활하고 계신단다.

수년 전에 실버타운에 부과된 세금이 부당하다며 이를 취소해달라는 불복 업무를 수행한 적이 있다. 그 일을 하면서 실버타운 운영에 관한 다양한 이야기를 들었다. 실버타운 입주자는 입주 생활에 만족해서 대부분 임종 때까지 거주한다고 한다. 이런 이야기를 들은 터라 시설과 운영이 최고급인 실버타운에서 생활하시는 Y는 '그곳 생활에 크게 만족하시면서 살고 계시지 않냐'고 X에게 여쭈어 보았다. 그런데 뜻밖에도 Y는 그곳을 퇴소하려 한다고 하는 게 아닌가. 고급 실버타운에 입주한 입주자들이 모여서 서로 이런저런 이야기를 나눌 때면, 자식·며느리·손주 등의 자랑이 주를 이루는데, Y는 그런 환경이 너무 불편하기 때문이라고 했다.

실버타운 입주자들이 모여서 하는 이야기란 "자식·며느리·손주 등이 이번에 어느 정부 부처의 국장이 되었다, 교수 며느리가 대학교 학과장이 되었다, 손주가 고시 시험에 합격했다, 돈을 얼마를 번다, 지난 일요일에 자식이 고급 차를 타고 문안 인사 왔다" 등의 화려한 내용의 자랑인데, 그들 앞에 내놓아도 손색없을 자랑거리가 없는 사람은 최고급 실버타운은 마음 편히 살 곳이 못 된다고 하면서 Y는 퇴소 예정이라고 했다. 자식 잘되고 공부 잘하는 것이 그 당사자 못지않게 부모의 기를 살려주고 그들을 살맛나게 해 주는 것임을 보여주는 사례다.

함께 근무하는 직원이 한 말이다. 시골에서 초등학교, 중학교를 같이 다녔지만 졸업 후 거의 만나지 못했던 동창생이 어느 날 밤에 전화를 걸어와서 안부 인사를 하고 고향에 관해서 이것저것 얘기하다가 이번에 자신의 아들이 서울의 명문대학교에 입학했다고 자랑을 하더란다.

"그 동창생은 초·중학교 때 공부를 별로 잘한 것 같지 않았는데, 연락이 거의 끊기다시피 했던 나한테까지 늦은 밤에 전화해서 아들 자랑한 것을 보면, 아들의 명문대학교 입학을 얼마나 자랑하고 싶어서 그랬을까 싶다." 라고 그 직원이 말했다. 이 또한 공부 잘하는 자식이 부모를 얼마나 살맛나게 해 주는가를 보여주는 사례이다.

한비자는 기본적으로 인간을 자신의 이익을 위해서 살아가는 이기적 존재라는 성악설 관점으로 본다. 사람의 본성이 이기적이라는 것은 좋다, 나쁘다는 선악의 가치 판단 문제가 아니라 본성 자체가 그렇다는 것이다.

한비자는 〈외저설 좌상〉에서 "서로 상대방을 위한다고 하면서 책망을 하나 그 책망이 자신을 위하는 것이라고 여기면 일이 잘 풀린다. 그래서 아버지와 아들 간에도 원망하고 꾸짖는 경우가 있다"[1]라고 말한다. 자식 잘 되라는 뜻으로 부모가 자식에게 책망하는 말도 사실은 부모 자신을 위해서 책망하는 것이라고 말한다. 또한 한비자는 〈육반〉에서 "부모가 자식에 대해서도 아들을 낳으면 서로 축하하지만 딸을 낳으면 죽여 버린다. 이들은 다 같이 부모의 품 안에서 나왔는데 아들은 축복받지만 딸이 죽는 것은 나중에 도움이 될지를 계산해서 장기적인 이익을 도모하기 때문이다. 이처럼 부모도 자식에 대해서 계산하는 마음으로 상대한다. 하물며 부자간의 정이 없는 경우(군신지간)는 어떠하겠는가?"[2]라고 말한다. 그 당시에는 전쟁터에서 도움이 되지 않는다는 이유로 딸을 낳으면 벌금을 부과하는 제도가 있었는데 벌금 때문에 여자를 낳으면 죽이기도 하는 것은 부모가 자식보다는 자신의 이익을 먼저 생각하기 때문이라고 한비자는 말한다. 지금으로 치면 엄마가 자신의 행복추구권을 위해서 태아를 낙태하는 것(자기결정권)과 같은 맥락이다.

부모가 자식을 위해 하는 말도 사실은 부모 자신을 위한 것이라고 하면 부모의 자식을 향한 숭고한 희생정신을 무시하는 비인간적인 몹쓸 주장이라고 비난할 수 있다. 그러나 한비자는 좋고 나쁘다는 가치 기준으로 사람을 보지 않고, 부모 자식 간의 문제도 자신의 이익을 먼저 생각하는 게 인간의 본성이라는 것을 인정한 후 이 관점에서 해결책을 찾으면 잘 해결

---

1) 挾夫相爲則責望 自爲則事行 故父子或怨譙(협부상위즉책망 자위즉사행 고부자혹원초).
2) 且父母之於子也 産男則相賀 産女則殺之 此俱出父母之懷衽 然男子受賀 女子殺之者 慮
其後便 計之長利也 故父母之於子也 猶用計算之心以相待也 而況無父子之澤乎(차부모지
어자야 산남즉상하 산여즉살지 차구출부모지회임 연남자수하 여자살지자 려기후편 계지장
리야 고부모지어자야 유용계산지심이상대야 이황무부자지택호).

된다는 입장이다. 부모가 자녀에게 공부하라고 잔소리하는 것도 실은 자녀보다는 자신의 이익을 위해서 하는 말이라는 것을 인정하면 문제 해결이 더 쉽다는 것이다.

그러면 자녀가 하기 싫다는 공부를 하라고 부모가 잔소리하는 이유는 무엇 때문일까?

윤석철 전 서울대 교수가 쓴 《삶의 정도》에 나오는 이야기이다.

10미터 높이의 공중의 A지점에서 오른쪽으로 10미터에 해당하는 지점의 바로 아래 지상 B지점으로 선을 그으면 45도 각도의 최단 거리인 직선 AB(대각선)가 된다. 공이 공중의 A지점에서 굴러서 지상 B지점에 도달하는 방법 중에서 '직선 AB의 코스로 구르는 1안'과 'A지점에서 B지점으로 향하는 아래쪽 반원 모양의 곡선(이 아래쪽 반원 모양의 곡선을 '사이클로이드 곡선'이라고 한다)으로 구르는 2안'(반원 곡선의 가장 바깥쪽을 P라고 하기로 한다)을 비교해 보면, 최단 거리인 직선 AB로 공이 구르는 1안이 더 빠를 것 같아도 사실 2안이 더 빠르다.

2안의 사이클로이드 곡선의 경우, 공이 A에서 P로 거의 자유낙하로 구를 때 중력에 의하여 가속도가 붙는데, 그러면 A지점에 있을 때의 위치에너지가 P지점을 지나면서 운동에너지로 전환해 B지점에 도착할 때는 1안보다 더 빠르게 된다.

TV를 통해 매가 토끼를 사냥하는 것을 본 적이 있다. 매가 하늘 높은 곳에서 지상의 토끼를 발견하면, 1안의 모습처럼 직선으로 토끼에게 날아가지 않고, 2안과 같이 아래로 곧장 낙하하여 속도를 높여서 지면에 거의 다다른 후 지면과 거의 수평으로 쭉 날아가서 토끼를 낚아채 잡았다. 매도 본능적으로 2안의 사이클로이드 곡선의 방안이 1안의 직선 방안보다 더 빠르다는 것을 알고 있는 것이다.

눈앞에 폭 2미터 정도의 개울이 있다고 가정하자. 바로 그 자리에서 개울을 뛰어넘으면 개울에 빠지고 만다. 이때는 뒤로 10미터쯤 후진한 후 힘껏 달려와서 운동에너지를 발휘하여 개울을 뛰어넘으면 넘을 수 있게 된다. 이것이 사이클로이드 곡선의 운동에너지 원리와 똑같은 것이라고 윤석철 교수는 말한다. 윤 교수는 사이클로이드 곡선이 우회하는 코스이지만 직선 코스보다 빠른 것은 물리학이 아닌 인문학에도 많은 시사점을 준다고 이야기한다. 사이클로이드 곡선으로 우회하는 과정에 겪는 고생(희생, 손실)은 에너지(운동에너지)를 축적하는 과정이고 이런 에너지가 쌓이면 그 에너지에 의해 큰 발전을 이루게 된다는 것이 시사점 중 하나라고 설명한다.

우리가 힘들게 공부하는 것은 사이클로이드 곡선의 우회 과정으로서 에너지(실력, 지식)를 축적하는 과정인데, 이 축적 과정을 겪고 나면 목표로 삼은 곳(지상의 B지점)에 더 빨리 도달하는 성공을 이룰 수 있다는 것이 물리학을 통해 배우는 세상 이치라는 뜻이다.

사이클로이드 곡선에서 운동에너지를 급격하게 축적하는 과정은 출발 지점 A에서 반달 모양 곡선 P지점에 도달하기까지 자유낙하에 가깝게 아래로 가속도가 붙어 내려꽂히는 시점이다. 이때가 바로 학창 시절이다. 곡선 P지점에 도달할 때까지에 해당하는 학창 시절의 공부가 에너지(실력, 지식)를 쌓는 데 얼마나 크게 기여하는지 부모들은 살아오면서 체득하였다. 이 우회 과정을 통해서 축적한 에너지(실력, 지식)가 훗날 얼마나 큰 힘으로 작용하고, 이렇게 축적한 에너지를 가진 사람이 나중에 얼마나 큰 가속도로 일을 해내는지를 실제로 보고 겪었다.

사이클로이드 곡선의 물리학이 우리에게 가르쳐 주는 교훈을 부모들은 암묵적으로 체험했기 때문에 자녀들에게 에너지 축적 과정인 공부를 하라고 말하는 것이다. 부모가 자녀에게 '공부하라고 하는 말'은 '사이클로이드 곡선의 우회 과정인 공부는 에너지의 축적 과정이라는 말'을 달리 표현하는 말에 지나지 않는다.

부모가 자식에게 공부하라는 잔소리는 부모 자신의 이익을 위해서 하는 것이기도 하면서 동시에 자녀의 이익을 위해서 하는 말이기도 하다. 이런 잔소리는 부모가 살아가면서 체험한 교훈에 바탕을 둔 것으로 우회 과정이긴 하지만 결과적으로 지름길로 자녀를 인도하는 것이기도 하다.

2. 웃어야 복이 올까, 복이 와야 웃을까?

송자는 욕심에 가로막혀서 얻는 것을 모르며, 송자는 적은 것만 보고 많은 것을 보지 못한다(宋子蔽於欲而不知得, 宋子有見於少無見於多, 송자폐어욕이부지득 송자유견어소무견어다).

《순자》〈해폐〉〈천론〉

예전에 MBC TV의 '웃으면 복이 와요'라는 코미디 프로그램이 있었는데 무척 인기가 있었다. '웃으면 복이 와요'의 뜻인 소문만복래(笑門萬福來)의 글귀도 주변에서 많이 보면서 자랐다. 웃으면 복도 오고 건강에도 좋으니까 일부러라도 많이 웃어야 한다는 이야기는 지금도 많이 듣는다. 웃음은 기쁜 감정을 드러내는 일이다. 기쁘다는 것은 행복한 상태를 말해준다.

그런데 '행복해야 성공하는가, 성공해야 행복한가'의 문제에 대해서는 후자보다는 전자가 맞는 말이라는 얘기를 많이 듣는다. '웃으면 복이 와요'라는 말은 복이라는 '감정'이 생기려면 먼저 웃는 '행동'을 해야 한다는 의미이다. 그렇다면 행복이라는 '감정'이 생기려면 먼저 행동의 결과인 '성공'이 찾아와야 한다는 말이 맞는 게 아닐까 하는 의문이 든다. 말하자면 '행동(웃음)→성공(중간 결과)→행복(최종 결과=감정)'이 되는 게 제대로 된 심리 과정이 아닌가 하는 의문이다.

이렇게 분석해서 물으면 성공은 물질적·가시적 요소이므로 감정적 요소인 행복감에 크게 영향을 줄 수 없다고 할지 모른다. 그렇다면 웃는 것은 감정적 요소라기보다 물질적·신체적 요소인데, 웃으면 복이 온다고 하면 모순이 아니냐는 반문에는 말문이 막힌다.

이 반문에 이렇게 답할 수도 있다. "웃는다는 행위는 누구나 언제든지 쉽게 할 수 있는 행복 도달 수단이지만 성공은 누구나 언제든지 쉽게 이룰 수 없다. 그래서 성공을 먼저 추구하는 것은 다수에게는 행복에 이르는 수단이 될 수 없다. 그래서 행복해야 성공한다는 말은 맞지만 성공해야 행복하다는 말은 맞지 않다"라고.

일반적으로 대표적인 성공의 지표로 학생은 뛰어난 학업 성적을, 성인들은 돈이 많거나 높은 지위를 차지하는 것을 꼽는다. 성공한 사람 중에 '행복감→성공 요소'로 작용해서 성공했는지 여부를 측정하기란 무척 어렵다. 그 대신 '성공한 사람의 행복도'가 얼마가 되는지는 좀 더 쉽게 알 수 있다.

성인 남녀 1000명을 대상으로 한국인의 행복지수(100점 만점)를 영국 심리학자 캐럴 로스웰과 인생 상담사 피트 코언이 만든 지표를 적용해서 조사(2015년)한 바에 의하면, 일반적 통념과는 달리 한국인의 행복감은 직업이나 직장 규모, 월평균 수입에 큰 영향을 받은 것으로 나타났다. 행복도는 기업 대표 또는 임원이 75.7점으로 가장 높았고 이어 공무원 73.1점, 자영업자 62.3점, 회사원 62.9점, 가정주부 65.4점, 학생 66.8점, 농어업 종사자 59.2점이었다. 무직자는 63점이었다. 행복지수는 월평균 수입에 비례하여 가구당 월평균 수입이 높을수록 행복점수가 높았고 낮을수록 행복점수가 낮았다.

1974년 미국 남가주대의 리처드 이스털린 교수가 1인당 국민소득이 높은 국가와 낮은 국가의 사람들이 느끼는 행복감을 조사한 결과, 행복감에서 비슷했다면서 국민소득과 행복도는 비례 관계가 아니라고 주장했다(행복의 역설 또는 이스털린의 역설). 그러나 2008년에 미국 펜실베이니아대의 스티븐슨 교수와 울퍼스 교수가 전 세계 132개국의 과거 50년간 자료를 분석한 결과에 의하면 국가가 부유할수록 국민들 역시 행복해지는 경향을 보여서 이스털린 역설은 사실과 다르다고 발표했다. 유엔개발계획

(UNDP)이 매년 발표하는 인간개발지수(HDI)에서도 1인당 국민소득이 높은 국가들이 행복지수가 높은 것으로 조사되고 있다.

행복감에 관련한 이런 조사 내용은, 우리의 통념과는 달리, 소득이 높으면(일반적으로 성공했다고 평가되는 사람이) 행복도가 높은 것을 보여 준다. 그러면 성공해야 행복하다는 말이 진실이 될 수 있다는 것을 보여줄 수 있다. 평균 수명에서도 소득이 높을수록 수명이 더 긴 것으로 조사된다.

'닭이 먼저냐 달걀이 먼저냐'와 같은 이 문제에 대해서 2012년 10월에 우리나라에서 열린 세계 지식포럼에서 하버드대를 수석 졸업했다는 숀 아처 작가와 미국 하버드대의 토드 부크홀츠 교수 간에 설전이 벌어졌다 (2012.10.11. 매일경제). 숀 아처 작가는 성공해서 행복한 것이 아니라 행복해서 성공한 것이라고 주장하면서 행복하면 우리 뇌에서 도파민이 분비되어 성공에 더 적합한 몸 상태가 된다고 했다. 토드 부크홀츠 교수는 성공을 위한 경쟁을 통해 자존감을 얻게 되어 행복해질 수 있다고 하면서 인간 행복은 그 자체가 의미 있는 것이지 산술적으로 평가할 것은 아니라고 했다.

중국 춘추전국시대에 송견(송자)은 사람은 욕심을 버려야 행복해진다는 주장을 펼쳤다. 이 송견에 대하여 한비자의 스승 순자는 "송자는 욕심에 가로막혀서 얻는 것을 모른다."[1]라고 했고, "송자는 적은 것만 보고 많은 것을 보지 못했다"[2]라고 했다. 순자는 사람이 성공하기 위해 노력하면 설사 실패를 하더라도 그 노력 과정에서 많은 것을 배우는데, 성공을 위한 욕심 추구 과정에서 얻게 되는 행복감·발전성 등을 송자가 알지 못했다고 했다. 그래서 순자는 송자가 욕심을 버리면 행복해질 수 있다는 작은 것만 보고 욕심을 버리지 않고 노력하면 그 과정에서 더 많은 행복을 얻게 된다는 큰 것을 몰랐다고 말했다.

---

1) 宋子蔽於欲而不知得(송자폐어욕이부지득).―《순자》〈해폐〉
2) 宋子有見於少無見於多(송자유견어소무견어다).―《순자》〈천론〉

성공의 반대는 실패다. 실패할 경우 낙심에 따른 슬픔, 자괴감도 들지만 가장 크게 느끼는 감정은 후회다. 후회는 '그걸 왜 했지?'에서부터 '내 고집 피우지 말고 그 사람 말대로 했으면 되었을 텐데' 등의 되새김으로 이어진다. 되새김하면서 많은 것을 배운다. 성공은 이런 되새김을 하지 않는다. 그래서 성공에서 얻는 것보다 실패에서 더 많이 배운다. 실패를 무릅쓰고 해보는 것이 해보지 않는 것보다 성공에 이를 가능성이 높다. 욕심을 채우려고 해봐야만(행동) 성공에 이르기 쉽고, 성공에 이르면 환희의 감정(행복)을 얻을 수 있다. 결국 욕심을 버려야 행복해진다는 송자의 말보다 욕심을 추구하려고 노력해봐야 더 큰 행복을 얻는다는 순자의 말이 타당하다는 생각이다.

심리학에는 '제임스 랑게 이론(James –Lange Theory)'이 있다. 19세기 말 미국의 심리학자 윌리엄 제임스와 덴마크의 의사이자 심리학자인 칼 랑게의 이론이다. 이 이론에 따르면 슬퍼서 우는 게 아니라 우니까 슬픔을 느낀다는 것이다. 감정(슬픈 것)이 행동(우는 것)에 우선한다고 생각하는 우리의 직감에 반한다고 해서 과거에 이 이론은 많은 비판을 받았다. 그러나 이 이론은 1962년 미국의 심리학자 실번 톰킨스의 안면 피드백 가설(Facial Feedback Hypothesis)로 발전한다. 간단히 말하면 '웃는 얼굴은 즐거운 기분을, 화난 얼굴은 불쾌한 기분을 일으킨다.'는 주장이다. 웃으면 복이 온다는 말이다.

복이 와야 웃게 되는 것(감정→행동)보다 웃어야 복이 오게 된다(행동 →감정)는 이론이 주목받고 있다. 그러면 '행복해야 성공한다(감정→행동 →결과)'고 믿는 것보다 '성공해야 행복하게 된다(행동→결과→감정)'는 것을 믿고 노력하는 것이 더 행복에 가까워질 수 있는 방법이라는 말이 된다. 이 말은 욕심은 버릴 게 아니라 채우려고 노력해야 더 행복에 가까이 간다는 의미이다. 사람들은 행복해지기 위해서 사는데 곰곰 생각해 볼 문제다.

3. 1개뿐인 병상, 90세·25세·3세 환자 중 누구에게 주는 게 옳을까?

이룬 공적에 따라 임명하면 사람은 말이 적지만 선량함에 따라 임명하면 사람은 말이 많다 (任功則民少言 任善則民多言, 임공즉민소언 임선즉민다언).

《한비자》〈칙령〉

이석재 서울대 철학과 교수가 코로나19와 관련하여 가치관이 충돌할 수 있는 상황으로 "병상이 딱 1개만 남았을 때 코로나 환자 3명(90세 노인, 25세 청년, 3세 아이) 중 누구를 먼저 병상에 눕힐 것인가"라고 질문을 했다 (2020.7.1. 중앙일보). 이석재 교수는 우리 공동체, 사회가 중요시하는 가치관이 무엇인지부터 논의해야 앞으로 더 강한 재난이 닥쳤을 때 당황하지 않을 수 있다고 말했다.

이석재 교수의 이 질문은 '공유지의 비극(the tragedy of commons)'이라는 글로 유명한 인류생태학자 가렛 하딩이 던진 질문과 같다. 하딩은 "바다에 60명이 수용 인원인 구명보트에 이미 50명이 타고 있어 10명만 추가 수용이 가능한 상황에서 구명보트 주변에 태워 달라고 애원하는 100명이 헤엄치고 있을 때, 어린이·임신부·노인·청소년들 중에서 누구를 10명으로 구조할 것인가"라는 질문을 던졌다.

과연 코로나 환자 3명 중 누구에게 병상을 내주고 100명 중 어떤 10명을 구명보트에 구조하는 게 좋을까? 나는 이석재 교수의 질문에 대해서 회사의 여러 직원들에게 물어봤다. 직원들은 병상을 줄 대상으로 90세 노인, 25세 청년, 3세 아이 등등 저마다 다양하게 선택했다. 90세 노인을 선택한 사람은 노인은 질병에 취약하기 때문에, 25세 청년을 선택한 사람은 젊은 청년이 벌어야 가족이 다 먹고살 수 있기 때문에, 3세 아이를 선택한 사람은 세상에 태어난 지 얼마 안 되어서 더 많이 살 기회를 주어야 하기 때문에 선택했다고 말했다.

자신의 외모·지능·윤리성을 주변 사람에 비교하여 자신이 각각 몇 점이 될지를 스스로 평가하도록 설문 조사를 했더니 외모는 평균 52점, 지능은 65점, 윤리성은 86점이 나왔다 한다. 자신이 최고라고 생각하면 100점, 그 반대면 0점을 주는 방식이므로 집단적 편견이 없다면 평균은 50점 가까이 되어야 정상이다. 그런데 외모는 눈에 보이는 객관성이 있으므로 중간값 50점에 근접한 점수(52점)이지만, 눈에 보이지 않는 요소인 지능은 65점이 나왔고 타인과 비교 자체가 어렵고 주관적 요소가 강한 윤리성은 무려 86점이나 나왔다. 사람들은 자기 자신을 타인보다 훨씬 윤리적이라고 생각하기 때문이라고 한다.

이렇게 자신을 옳다고 여겨서 86점의 높은 점수가 나오는 윤리성을 가진 사람이 단 1개뿐인 병상을 누구에게 주고 어떤 사람을 구명보트에 태우는 게 사회적으로 옳다고 순순히 말할 수 있을까?

구명보트 태우기의 사례에서 가렛 하딩은 선택 가능한 4가지 방안을 검토했다. 1안은 인도주의적 입장에서 구조 요청자 전원을 구명보트에 태우는 방안인데 이렇게 하면 이미 구명보트에 탄 사람까지 모두 죽게 되어서 선택할 방안이 아니고, 2안은 10명을 선별 구조해서 태우는 방안인데, 그러면 어떤 기준으로 누구를 구조할 것인가를 두고 논란이 있어 선택하기 어렵다 한다. 3안은 양심에 호소해서 더 생존 가치가 있는 사람에게 양보하도록 하는 방안인데, 죽음을 앞두고 양보할 사람이 없기 때문에 실현 가능성이 없는 방안이라 한다. 4안은 경쟁을 인정하는 방안인데, 어린이·임신부·노인·청소년 등을 가리지 않고 누구든지 먼저 구명보트에 빨리 도착하는 순으로 10명을 구조하는 방안이다. 하딩은 4안이 최선이라고 했다 (이용범, 《인간 딜레마》). 4안으로 하면 결국 능력주의가 되어 약육강식 사회를 지지하는 게 아닌가라는 의문을 제기할 수 있으나, 그래도 현실적으로 가장 최선이라고 한다.

한비자는 〈칙령〉에서 "이룬 공적에 따라 임명하면 백성은 말이 적고, 선(善)에 따라 임명하면 백성은 말이 많다"[1]라고 했다. 한비자는 작위와 봉록은 공적에 따라 얻고 형벌은 죄에 따라 받아야 한다는 자기책임원칙에 철저한 입장인데, 자신이 이룬 객관적 공적에 따라 보상이 주어지면 사람들이 수긍하게 되어 뒷말이 없으나 도덕성·인성 등의 주관적 기준으로 승진 등의 보상을 하면 뒷말이 많아진다고 말한다. 이룬 공적과 행한 범칙에 따라 상벌을 명확히 하면 자연히 사람들은 상을 받고 벌을 피하는 기준(法)에 따라 행동하게 되고, 그러면 군주가 개별적으로 나서서 다스리지 않아도 나라는 자연히 잘 다스려지게 되어 군주가 아무것도 하지 않아도 잘 다스려지게 되는 경지인 무위지치(無爲之治)가 이루어져 나라가 잘 된다는 입장이다.

어린이·임신부·노인·청소년 중에서 누구를 먼저 구명보트에 태울 것인가를 논의하면 말이 많아지게 되어 분란만 발생하므로, 구명보트에 도착하는 순으로 구조하는 것이 옳다는 가렛 하딩의 주장은 한비자의 입장과 같다고 볼 수 있다. 이런 관점으로 보면 이석재 교수의 질문에서 1개뿐인 병상은 90세 노인, 25세 청년, 3세 아이를 가리지 말고 병원에 도착하는 순으로 주는 게 옳고, 병원 도착 순서가 같다면 3명이 양보하지 않을 경우 가위바위보로 결정하는 것이 옳다고 생각된다(평등주의).

이렇게 가치관이 충돌하는 일에 대하여 우리는 '답이 없는 얘기를 해봐야 뭐하나'라면서 논의 자체를 기피하는 경우가 많다. 그러나 우리는 살아가면서 여러 가지 대립하는 대안 중에서 선택해야 하는 경우에 종종 직면한다. 이 선택을 기피한다고 해서 문제가 저절로 해결되지는 않는다. 어떤 가치관에 따라 어떤 선택을 할 것인가에 대하여 평소에 공론화하여 생각

---

1) 任功則民少言 任善則民多言(임공즉민소언 임선즉민다언).

해 보는 것이 필요하다. 대표적으로 2020년에 인천국제공항공사에서 비정규직을 정규직으로 전환하는 문제를 두고 청년층 등이 극렬히 반발한 가치 충돌의 사례가 있다. 신문에서 논쟁한 기사(2020.7.9. 매일경제)를 보면 어떤 국회의원은 공부 잘해서 정규직이 되었다고 해서 비정규직보다 2배 임금을 받는 것은 불공정하므로 정규직으로 전환해 주는 것이 타당하다고 했다. 반면 다른 국회의원은 인천국제공항공사의 비정규직 연봉이 4,150만 원인데, 이보다 훨씬 적은 연봉인 2,000만 원 이하의 하층 비정규직과 취업준비생을 챙기지 않고 4,150만 원의 인천국제공항공사의 비정규직을 정규직화하는 것은 부당하다고 했다. 과연 어느 국회의원이 더 공정한 사회를 꿈꾸는 사람으로 볼 수 있을까?

앞으로 어떤 정책을 실행할 때 가치 충돌이 더욱 빈발할 수밖에 없다. 이런 상황에서 우리가 어떤 가치 기준을 선택할 것인가라는 점을 미리 공론화하여 논의해 두면 선택한 그 방안에 대해서 선뜻 동의까지는 못 한다 해도 공감은 할 수 있게 된다. 이렇게 공감할 수 있는 수준만으로도 공론화해 두면 반목과 혼란을 가져오는 사회갈등 해소에 큰 도움을 주는 유익한 일이 되지 않을까.

4. 줄 세우기를 하면 정말 불행해질까?

> 이득이 한 구멍에서 나오면 그 나라는 적이 없고, 이득이 두 구멍에서 나오면 그 군
> 대는 반만 쓰이며, 이득이 열 구멍에서 나오면 백성은 지키지 않는다(利出一空者 其
> 國無敵 利出二空者 其兵半用 利出十空者 民不守, 이출일공자 기국무적 이출이공
> 자 기병반용 이출십공자 민불수).
>
> 《한비자》〈칙령〉

한 줄 세우기 정책은 비인간적이고 비교육적이라고 하는 말을 많이 듣
는다. 한 줄 세우기의 비정한 정책이 없어져야 아름다운 세상이 된다는
얘기도 많이 듣는다. 그래서 한 줄 세우기의 표본인 서울대를 없애야 한
다는 주장도 일부에서 한다. 정말 한 줄 세우기를 하면 우리가 불행하게
될까?

테크니온 이스라엘 공과대학의 나이라 뮤니처 교수와 아나트 라파엘
리 교수가 자신의 연구실에 업무 차 걸려오는 123통의 전화에 대해서 3가
지 응대 방법으로 나누어 실험을 했다. 1안은 고객이 전화를 하면 계속 통
화 대기음으로 음악만 흘려보냈다. 2안은 "죄송합니다. 지금은 먼저 걸려
온 전화를 받고 있으니 잠시만 기다려 주십시오."라는 안내 메시지를 듣게
했다. 3안은 자신이 통화를 하려면 현재 대기 순서가 몇 번째인지 알려주
었다. 실험 결과, 1안은 2/3가 전화를 금세 끊었고, 2안은 1/2이 잠시만 기
다리라는 메시지를 처음 듣고 전화를 끊었으며, 3안은 1/3 가량만 전화를
끊었다.

그런데 중요한 것은 기다림 끝에 통화에 성공한 사람들의 반응이다. 모
두 기다린 다음 똑같은 내용으로 통화했는데도 사람들이 통화 내용에 가

장 만족한 것은 3안이었다. 더욱 흥미로운 것은 만족도가 가장 낮은 경우는 1안이 아니라 2안이었다. '죄송합니다. 잠시만 기다리세요.'라는 사과의 말을 들었는데도 사람들은 그저 음악만 들은 1안보다 더 기분 나빠했다.

이 실험의 결과는 무엇을 말해주는 것일까? 이 실험을 소개한 심리학자는 사람들은 사과의 의미를 담아 말하는 것보다 무작정 기다려 달라는 말을 더 싫어한다고 한다. 무작정 기다리라는 말은 차라리 말을 하지 않는 것보다도 더 싫다는 것이다.

이 실험 결과는 한 줄 세우기 정책이 사람들을 불행하게 하는 비인간적이고 비교육적이라는 주장의 문제점을 보여줄 수 있다는 생각이다.

한 줄이든 두 줄이든 줄 세우기를 해야 하는 이유는 순위를 정해야 하기 때문이다. 입학이든 입사든 합격이든 순위를 정해야 하니까 줄 세우기를 한다. 줄 세우기에 의한 순위 결정은 약육강식의 정글 법칙이므로 소수의 승리자 외의 다수의 사람들에게는 마음의 상처를 주는 제도라고 흔히 얘기한다. 이런 이유로 대학 입시에서도 수능시험 성적에 의한 줄 세우기 입학 방식(정시)보다는 다양한 요소를 고려하여 입학생을 결정하는 방식(수시)으로 더 많이 학생을 선발한다.

한 줄 세우기를 하면 내 앞에 몇 명이 줄 서 있는지가 눈에 보인다. 몇 번째 이후에 내 차례인지 예측가능성이 보장된다. 많은 지원자 중에 일정한 수만 입학생으로 결정해야 하는데 한 줄 세우기를 하지 않으면 줄이 몇 개인지 내가 몇 번째인지도 알기 어렵다. 내 앞에서 누가 아빠 찬스로 새치기를 하는지도 알기 어렵다. 한 줄 세우기를 하면 아빠 찬스를 쓰는 새치기는 금방 드러나므로 새치기를 할 수 없다. 한 줄 세우기를 하지 않는 수시 방식으로 입학생을 많이 뽑으니까 아빠 찬스, 엄마 찬스를 사용할 수 없는 다수의 사람들을 더 불행하게 하는 불공평 문제가 발생하여 수시 입학의 공정성에 의문을 제기하는 사례가 많아져서 정시 입학을 더 늘리도록 하고 있다.

나이라 뮤니처와 아나트 라파엘리의 전화 응답 실험에서도 예측가능성이 보장된 대기 인원이 몇 명인지를 알려 준 3안에 가장 많은 사람이 기다렸고 통화 후 가장 만족도도 높았다. 대기 인원이 몇 명인지는 말하지 않고 단순히 먼저 걸려온 전화 처리 때문에 기다려 달라고 하는 2안은 통화 후 가장 만족도가 낮았다. 아무 말 하지 않고 음악만 들려 준 1안이 2안보다 기다리지 않고 전화를 더 많이 끊었지만 만족도는 1안이 2안보다 더 높았다.

한비자는 〈칙령〉 편에서 "이득이 한 구멍에서 나오면 그 나라는 적이 없고, 이득이 두 구멍에서 나오면 그 군대는 반만 쓰이며, 이득이 열 구멍에서 나오면 백성은 지키지 않는다."[1]라고 했다. 이득이 되는 방법이 하나로 명확하면 사람들은 불만 없이 모두 그를 따르지만 그 방법이 여럿이면 이득이 객관성 있게 주어지는지를 알 수 없기 때문에 사람들은 이득을 구하려고 애쓰지 않아 나라를 다스릴 수 없다는 이야기이다.

위 전화 응대 실험에서 보면 줄 세우기의 결과(통화 순번)를 말하지 않은 채 죄송하지만 통화 순서를 기다려야 한다고 한 2안에 불만도가 가장 높게 나왔다. 사람들은 전화가 연결되어 통화를 한 경우도 내가 순번대로 전화 연결이 되었는지 중간에 새치기라도 있지 않았는지 의심이 가고 얼마를 더 기다려야 할지 알지 못한 채 기다렸기 때문에 그런 게 아닌가 싶다. 1안이 2안보다 만족도가 높은 것은 기다리지 않고 전화를 바로 끊은 경우가 많아서 통화 연결에 의심이 덜 갔고 기다릴지 말지를 스스로 결정했기 때문이 아닐까. 줄 세우기를 하여 앞의 우선 통화 대기자 몇 명을 거쳐야 통화가 가능하다고 예측가능성을 보장한 3안이 사람들을 가장 만족스럽게 하였다. 순서라는 명확한 기준에 따라 통화가 되었기 때문이다.

이 결과를 보면 투명한 한 줄 세우기가 사람들을 불행하게 하는 것이

---

1) 利出一空者 其國無敵 利出二空者 其兵半用 利出十空者 民不守(이출일공자 기국무적 이출이공자 기병반용 이출십공자 민불수).

아니라 오히려 가장 만족도를 높게 한다. 가장 만족도가 낮은 것은 예측 가능성이 보장되지 않은 방식이다. 한 줄 세우기는 국민을 불행하게 하는 제도라는 주장은 사람 본성에 맞지 않는 주장은 아닐까.

그동안 줄 세우기 정책이라면서 시험 성적 순서에 따라 대학교에 갈 수 있도록 하는 정시가 좋지 않다고 줄여 왔는데 수시입학 제도를 이용한 사회 지도자층의 부정행위가 드러나서 사회적으로 파장을 불러일으키자, 대학 입시에서 정시 비율을 40%로 확대하여 입시의 공정성을 높이고 있다. 그런데 서울대의 2013~2017년 입학생의 전형별 평균 학점을 조사한 결과 불공정하다고 비난받는 학생부종합전형 출신이 학점이 가장 높고 가장 공정하다고 주장하는 수능 출신이 가장 낮은 것으로 드러났다고 한다. 그럼에도 수능 성적에 따른 정시 확대를 요구하는 여론이 많은 것을 보면 사람들은 명확하게 적용되는 기준(하나의 구멍)에 의하여 이득이 나오게 해야 나라가 잘 다스려진다는 한비자의 말이 설득력이 있음을 알 수 있다.

우리나라는 모든 학생을 대상으로 실시하던 국가수준 학업성취도 평가(일제고사)를 2017년부터는 3% 표집에 대해서만 실시하는 것으로 바꾸었다. 학교를 서열화하고 경쟁을 부추긴다는 지적 때문이었다. 그러나 그 결과 기초학력 미달 비율이 점차 늘어나고 학습 결손이 늘어나서 학생의 장기 성장을 저해하는 것으로 나타났다. 2021년 9월의 여론조사에 따르면 초·중·고 학부모의 57%는 국가수준 학업성취도 평가(일제고사)를 표집 평가에서 전수 평가로 바꾸어야 한다고 했고, 현행 표집평가를 찬성하는 의견은 15.3%에 불과했다.

이러한 것을 보면 과연 줄 세우기를 하는 것이 우리를 행복하게 하지 않는 정책인지를 다시금 생각하게 한다.

5. AI가 정답 제시하는 세상은 행복한 세상일까?

지금 온 나라가 옳다고 하고 있으므로 왕은 절반은 잃어버린 셈이다(今一國盡以爲
可 是王亡半也, 금일국진이위가 시왕망반야).

《한비자》〈내저설 상〉

우리나라 정치인은 대부분 소통, 통합이 자신의 임무라고 이야기한다. 그러면서도 서로 자신의 주장이 옳다고 다투는 것이 일상이다. 사람들이 서로 자신이 옳다고 다투는 것은 정답이 무엇인지 잘 모르기 때문이다. 자신이 정답이고 상대방은 정답이 아니라는 것 때문에 다툰다. 그러면 서로 다투는 대상에서 무엇이 정답인지를 신(神)과 같은 능력자가 쌍방에게 알려준다면 어떻게 될까? 알려 준 정답을 받아들여서 사람들은 더 이상 다투거나 논쟁하지 않고 그 정답을 받아들일까?

2021년 5월 12일 자 중앙일보에 박치문 바둑전문기자의 '세상사도 절대 고수가 복기할 수 있다면'라는 제목의 글이 실렸다. 대강은 다음과 같다.

종래부터 프로기사는 바둑이 끝나면 복기를 하는데, 복기 참가자는 기풍도 인생관도 다르므로 서로 자기주장을 앞세워 자신이 제시하는 수가 정답이라고 우겨서 복기가 진전되지 않는 경우가 허다하다 한다. 이때 누구나 인정하는 이창호 같은 고수가 나타나면 복기판이 조용해지고 경청하는 분위기가 된다. 그래서 복기가 제대로 되려면 한 명의 고수가 필수인데 어느 날 AI(인공지능)라는 바둑의 절대 고수가 나타나면서 순식간에 바둑 세상은 상전벽해가 됐다. 그중에서도 가장 큰 변화는 바로 복기 풍경이다. 복기 과정에서 어려운 문제에 대해서 AI가 제시하는 정답을 모두가 받아들이기 때문이다. 목진석 국가대표팀 감독(프로 9단)은 "의구심이 사라졌다. 동시에 토론도 사라졌다"라는 말로 이를 표현한다.

박치문 기자는 "프로기사라는 직업은 의심하는 직업이다. 과학이든 행정이든 다른 업종의 모든 전문가도 마찬가지로 의심하고 또 의심하며 살아간다. 내가 유리한가, 내가 선택한 이 수는 과연 옳은가, 바둑 둘 때도 복기할 때도 의구심은 떠나지 않는다. AI는 꿈속까지 쫓아다니는 이 의구심으로부터 프로기사를 해방시켰다. AI만 켜면 정답을 알 수 있다는 사실은 얼마나 큰 위안인가?"라고 말한다. 그러면서 정답을 AI가 알려주는 세상이 행복할까 여부는 다른 문제라는 말로 글을 끝냈다.

신한은행의 2021년 1월 정기인사에서 AI 알고리즘으로 직원의 업무 숙련도와 영업점 직무데이터를 활용해서 승진심사를 했더니 과장급 승진자 중 여성 비중이 42%로 과거 3년 평균 대비 10% 포인트 가까이 확대됐고 종합업적평가 특별승진에서도 승진자 9명 중 7명이 여성이라는 신문보도가 있었다(2021.1.27. 매일경제). AI가 아닌 사람이 평가하던 때와 비교해서 여성이 남성보다 훨씬 더 능력과 성과를 인정받아 승진한 것이다. 과거에는 상대적으로 여성이 남성보다 승진에서 불이익을 받았다는 얘기다. 만약 AI가 아닌 사람이 평가해서 이렇게 종전과 달리 여성을 많이 승진시켰다고 하면 어떻게 되었을까? 평가에 뭔가 문제가 있다, 평가 결과를 공개하라 등으로 시끄럽지 않았을까? 2021년 1월의 인사 평가를 두고 잡음이 들리지 않는 것을 보면 편견 없이 정답을 제시한다고 인정받는 AI가 한 인사 평가이므로 사람들이 이의를 제기하지 못하고 받아들이지 않았나 싶다.

지금 우리나라에서 자신의 주장이 옳다고 다투는 쟁론에 대해서 만약 AI가 정답이 무엇인지를 알려주면 사람들은 이 정답을 받아들이고 수긍할까? 예컨대 우리나라에서 뜨거운 감자인 복지문제, 정리해고 문제, 비정규직의 정규직 전환 문제, 일본군 위안부 피해자·강제동원 피해자 문제 등에서 쟁론자들이 합의해서 AI에게 정답을 구한 후 쟁론을 끝내자고 하면 받아들여질 수 있을까?

신한은행에서 직원 승진자 결정에서 AI를 활용했더니 예전과 다른 결과가 나왔지만 잡음 없이 그 결과를 받아들인 것을 본보기 삼아, 만약 사회적으로 쟁론이 되고 있는 정리해고의 문제에서 부득이 정리해고를 해야 하는 경우 그 대상자를 AI가 가려 낸 사람을 해고대상자로 하기로 하거나, 성과급도 AI가 평가해서 결정하도록 하거나, 복지정책인지 포퓰리즘인지를 AI가 가려주도록 하거나, 인사청문회도 AI가 하도록 해서 적격자, 부적격자를 가려내자고 하면 사람들은 찬성할까 반대할까? AI가 제시하는 정답을 받아들여서 그대로 실행하는 사회가 되면 사람들은 더 행복해질까?

한비자는 〈내저설 상〉에서 "남과 상의한다는 것은 헷갈리기 때문이다. 정말 헷갈리면 그렇다는 자가 절반이고 그렇지 않다는 자가 절반이다. 지금 온 나라가 옳다고 하고 있으므로 왕은 절반을 잃어버린 셈이다. 본래 군주를 겁박하는 간신은 그 절반의 사람을 제거하는 법이다"[1]라고 했다. 사람이 남과 상의하고 토론하고 나아가서 쟁론을 벌이는 것은 정답이 무엇인지 헷갈리므로 정답을 찾는 과정이다. 그런데 이런 과정을 거치지 않으면 정답을 찾기 어려운데, 정답을 구하려는 반대자를 제거해서 자신의 것이 정답이라고 하는 사람들이 간신이라는 얘기다.

사람들이 격렬히 다투고 있는 것 대부분은 그 쟁점을 간추려 보면 몇 개의 쟁점으로 압축된다. 이 쟁점을 두고 서로 설득하고 양보하는 협상을 하면서 서로 공감대를 넓힌다. 최종적으로 타협하면 넓혀진 공감대에 의하여 추진력이 더 높아지는 게 일반적이다. 그러나 관점이 서로 다르거나 사실에 대한 인식이 달라서 끝내 쟁점이 타협되지 않는 경우도 많다. 끝내 타협되지 않고 대립하는 분야에서는 AI가 정답을 제시하도록 한 후 이를

---

1) 凡謀者疑也 疑也者誠疑 以爲可者半 以爲不可者半 今一國盡以爲可 是王亡半也 劫主者 固亡其半者也(범모자의야 의야자성의 이위가자반 이위불가자반 금일국진이위가 시왕망반야 겁주자고망기반자야).

따르도록 하는 것에 대해서 나는 찬성이다. AI가 제시하는 정답에 편파적, 끼리끼리, 내로남불 등의 말이 나올 여지는 사람보다 적다. 그러면 사람들이 보다 쉽게 받아들일 수 있을 것이다. 끝내 대립하는 것에 대해서는 결국 결단할 수밖에 없는데, 그 결단을 AI가 제시하는 방안을 바탕으로 결단하면 실패할 확률도 줄어들 것이다.

그러나 AI가 정답을 제시하는 분야가 넓어질수록 사람들의 행복도는 비례적으로 높아지지 않을 것으로 본다. 사람들이 논의하고 다투는 것은 정답 찾기를 하는 것도 있지만 서로 생각하는 바를 나누어서 공감대를 넓히는 과정이기도 하다. 그런데 AI가 정답을 제시하는 분야가 많아질수록 이러한 공감대를 넓히는 과정이 생략되거나 축소된다. 그러면 AI가 제시하는 것이 정답이라는 이유로 강제로 따라야 한다는 느낌을 불러오게 되어 선택된 방안을 수행하는 데에 시너지 효과를 거두기가 어렵게 될 가능성이 높다. 한비자가 말한 반대하는 절반을 잃어버리는 결과가 될 확률이 높다.

AI 평가에서 낙오자 등으로 평가받으면 더 이상 변명 여지가 없게 되어 무능력자로 확실하게 낙인 되는 결과가 되어 큰 사회적 불만요소가 될 가능성도 있다. 따라서 AI에게 정답 제시를 요구하더라도 낙오자로 분류되는 사람들을 별도로 배려하는 정책이 필요하다. AI가 제시하는 정답을 받아들이는 사회가 사람들에게 더 행복을 가져 줄 것인가라는 것과는 별개의 문제로 생각된다. AI가 어느 정도까지는 사회갈등을 좁힐 수 있어도 그 한계는 존재할 수밖에 없다. 사회가 제대로 작동하려면 서로 양보해서 해답을 구해야 하는데 사람들이 제시하는 해답을 서로 수긍하지 않아 결국 인간이 만든 AI에게 향후 해답을 구해서 해결해야 하는 세상이라니, 참으로 아이러니를 느낀다.

6. 본성에 반하여 착한 행동을 할 것을 기대할 수 있을까?

세 사람이 말하면 호랑이가 있는 것이 된다(然而三人言而成虎, 연이삼인언이성호).

《한비자》〈내저설 상〉

악의 평범성이란 말이 있다. 나치가 독일을 지배할 때 유태인 600만 명을 죽인 수송책임자였던 루돌프 아이히만은 1961년 이스라엘에 잡혀 와서 자신의 과거 범죄에 대한 재판을 받을 때 '나는 오직 직분에 충실했을 뿐.'이라며 무죄라고 주장했다. 실제 그는 너무나 평범하게 생긴 얼굴이었고 굉장히 성실한 사람이었으며 가족에게는 무척 자상한 아버지였다고 한다. 그러나 그는 1961년 12월 사형판결을 받고 1962년 5월 교수형에 처해졌다.

미국 정치철학자 한나 아렌트는 〈뉴요커〉 특파원 자격으로 이 재판 과정을 취재한 후 '악의 평범성(the banality of evil)'이란 개념을 제시했다. 한나 아렌트의 주장은 "아이히만이 유대인 말살이란 반인륜적 범죄를 저지른 것은 그의 타고난 악마적 성격 때문이 아니다. 그의 죄는 자신에게 주어진 직무를 아무런 생각 없이 받아들여 수행한 '생각하지 않은 죄'에 지나지 않는다."는 것이었다. 아렌트의 주장은 전 세계 유태인들의 분노를 불러일으켰고 미국 전역에 엄청난 논쟁을 야기했다. 악의 화신이라고 생각했던 아이히만이 평범한 가장으로서 자신의 직무에 충실한 모범적 시민이었다는 사실은 많은 사람을 곤혹스럽게 만들었다.

악의 평범성 이론은 스탠리 밀그램 교수가 예일대학교 재직 중인 1963년에 실행한 복종 실험에서도 증명되어 큰 파문을 일으켰다. 이 실험은 교사가 낸 문제를 학생이 틀리면 교사 역할을 하는 평범한 실험대상자들이 학생들(사전에 연기하기로 한 전문 배우들이다)에게 체벌(전기충격)을 가하는 것이었다. 괴롭다고 울부짖는데도(물론 연기이다) 학생들이 쉬운 문제를 틀렸다고 점차 죽음에 이를 수 있는 400볼트까지의 전기충격을 가했다는 것이 실험 내용이다. 밀그램도 인간은 근본적으로 선량한 존재라고 믿었는데, 실험 결과는 실험대상자인 평범한 사람들이 나쁜 지시에도 순순히 복종하는 것으로 나타났다.

1971년에 미국 스탠퍼드대학의 심리학 교수인 필립 짐바르도가 한 스탠퍼드 교도소 실험에서도 똑같은 결과가 나왔다. 이 실험은 24명의 평범한 대학생을 두 무리로 나누어 교도관과 죄수의 역할 실험을 했는데, 교도관으로 선발한 학생들이 죄수들로 선발된 학생을 지나치게 폭력적으로 다루어서 당초 2주 동안 하기로 한 실험을 6일 만에 그만둔 실험이다. 교도관 학생들은 죄수 학생들에게 아무런 사적 감정이 없는 사이인데도 교도관 직분을 받아들여서 같이 뽑힌 학생 죄수들을 심각할 정도로 폭력적으로 다루어서 중도에 그만둔 것이다.

친구와 친일 문제에 관해 이야기하던 중 있던 일이다. 친구는 "아무리 일제 때 먹고살기 힘들었다 해도 고등계 형사가 되어 독립 운동가를 고문한 자는 용서할 대상이 아니다"라고 했다. 나는 반문했다. "그들도 그 당시 자신의 직분에 충실했다고 볼 수 있지 않은가, 해방 후 거의 80년이 된 지금도 그들 후손까지 비난하고 있는 게 옳은 것인가."

한나 아렌트의 악의 평범성, 스탠리 밀그램의 복종 실험, 필립 짐바르도의 스탠퍼드 교도소 실험을 보면 사람은 자신에게 주어진 직분을 충실히 실행하는 것에 죄의식이 아니라 오히려 자기 할 일을 충실하게 했다고 느낀다. 그러면 사람의 본성상 당시 일제 고등계 형사들도 자신의 직분을 수행할 때 그렇게 느꼈을 가능성이 높다. 그러면 지금 우리가 당시 고등계 형사들이 주어진 직분과 다른 행동을 했어야 한다고 생각하는 것은 사람의 본성에 반하는 요구를 기대하는 게 아닌가라는 생각이 든다.

사람들은 자신의 상식과 양심에 따라 정답을 말하기보다는 다른 사람들의 의견에 동조한다는 솔로몬 애쉬의 실험이 있다.

이 실험에서 실험대상자는 '선 1개(길이는 10㎝)가 그려져 있는 A카드'와 '길이가 다른 선 3개(6㎝, 14㎝, 10㎝)가 그려진 B카드'를 받았다. 누가 봐도 B카드의 3개 선(6㎝, 14㎝, 10㎝) 중에서 10㎝가 A카드 선과 같다는 것을 알 수 있는데, B카드의 선 3개 중에서 A카드의 선과 길이가 같은 것을 고르는 아주 쉬운 실험이었다. 실험실에는 실험대상자를 제외한 나머지 6명이 있었는데, 6명은 고의로 10㎝가 아닌 6㎝가 정답이라고 말하기로 사전에 모의했다. 6명은 먼저 B카드의 3개의 선 중에서 6㎝가 정답이라고 말한 후 실험대상자에게 B카드의 6㎝, 14㎝, 10㎝ 선 가운데 어느 선이 A카드의 선과 같은지를 물었다.

결과는 실험대상자가 6명이 없이 혼자 있으면서 정답을 말할 때는 정답률이 99%였지만, 6명이 있는 집단 상황에서는 정답률이 36%가 감소한 63%였다. 미국 외에 다른 나라에서도 실험해보았는데 결과는 동일했다. 실험대상자는 오답을 말하는 6명을 보면서 '어? 10㎝가 맞는데…내가 틀린 건가?'라고 내적 갈등을 하면서도 다수 6명이 고른 6㎝가 정답이라고 자신의 상식과 신념과 어긋나는 답변을 선택한 것이다.

한비자는 〈내저설 상〉에서 세 사람이면 호랑이도 만든다는 뜻의 삼인성호(三人成虎)를 말했다. 위나라의 신하 방공이 태자를 따라 인질이 되어 조나라 한단으로 가면서 위왕에게 한 사람이 시장에서 호랑이가 나왔다고 하면 믿겠냐고 묻자, 왕은 믿지 않을 것이라고 했다. 방공은 다시 두 사람이 시장에서 호랑이가 나왔다고 하면 믿겠냐고 물었고, 역시 왕은 믿지 않겠다고 했다. 방공은 다시 세 사람이 시장에서 호랑이가 나왔다고 하면 믿겠냐고 묻자, 왕은 그렇다면 믿게 될 것이라고 했다. 그러자 방공은 "시장에 호랑이가 있을 리 없다는 것은 다 아는 사실입니다. 그런데 세 사람이 말하면 호랑이가 있는 것이 됩니다. 지금 제가 가려고 하는 조나라 한

단은 위나라의 시장보다 훨씬 먼 곳에 있고, 제가 없는 동안에 저에 대하여 이런 저런 얘기를 할 사람은 세 사람 정도가 아닐 것입니다. 왕께서는 현명하게 판단해 주기시기 바랍니다.[1]'라고 말했다. 훗날 방공이 한단에서 귀국했으나 왕은 이미 여러 사람이 한 말을 믿고 있었기 때문에 그는 끝내 왕을 만날 수 없었다고 한다.

솔로몬 애쉬의 실험이나 한비자가 이야기한 삼인성호의 사례를 보면 인간은 다수가 말하고 행동하는 쪽에 동조한다. 일제 때 친일자도 그랬을 가능성이 높다. 한나 아렌트의 악의 평범성, 스탠리 밀그램 교수의 복종 실험, 필립 짐바르도의 스탠퍼드 교도소 실험의 내용을 보면 우리가 악질 친일분자라고 욕하는 그들도 자신의 직무에 충실했던 평범한 우리의 이웃이며 나 자신도 해당될 가능성이 높다.

위 실험 등에서 드러난 사람의 본래 모습을 생각하면 친일 등의 과거 문제로 국력을 낭비하거나 분열시키는 것은 바람직하지 않다. 1933년에 개최된 시카고 세계박람회의 구호는 '과학은 발전하고 산업은 적응하며 인간은 순응한다.'였다. 사람은 환경에 순응하면서 살아가는 존재라는 것을 일제 통치의 그 시절에도 세계가 인정한 셈이다. 사람의 본디 모습을 그대로 받아들여서 과거 역사 문제에 임해야 우리가 바람직한 방향으로 나아갈 수 있을 것이다.

---

1) 夫市之無虎也明矣 然而三人言而成虎 今邯鄲之去魏也遠於市 議臣者過於三人 願王察之
   (부시지무호야명의 연이삼인언이성호 금한단지거위야원어시 의신자과어삼인 원왕찰지).

7. 자신감, 높아야 성공할까? 낮아야 성공할까?

> 현명한 행동을 하면서 스스로 현명하다고 생각하는 마음을 버리면 어디를 가나 어
> 찌 아름답지 않겠는가(行賢而去自賢之心 焉往而不美, 행현이거자현지심 언왕이불미).
>
> 《한비자》〈세림 상〉

흔히 듣는 얘기 중 하나가 성공하거나 행복해지려면 항상 긍정적인 마음과 자신감을 갖고 살아가야 한다는 것이다. 부정적이고 자신감이 없으면 얼굴 표정에 나타나고 말에서도 배어나오며 부정적인 행동으로 연결되어 결국 부정적인 결과에 이른다고 한다. 반면 긍정적이고 자신감 넘치는 마음을 갖고 일하면 긍정적인 결과를 낳는다고 한다. 그래서 무엇이든 잘될 것이라는 무한 긍정과 확신 그리고 자신감을 갖는 것은 성공과 행복의 기본이라는 것이다.

그러나 더닝-크루거 효과라는 게 있다. 무능한 사람일수록 자신감이 높다는 내용이다. 데이비드 더닝 미국 코넬대 교수와 저스틴 크루거 일리노이대 교수가 코넬대 학부생들을 대상으로 한 심리실험에서 나온 결과다. 그들은 학생들에게 논리적 사고에 대한 시험을 먼저 치르고 성적을 통보한 후 자신의 점수가 몇 등일지 예측하게 했다. 그 결과 논리적 사고에 무능한 학생일수록 등수를 높게 예측했다. 반면 유능한 학생은 때때로 자기 등수를 실제보다 낮게 예측했다. 이 실험 결과를 바탕으로 더 연구하여 더닝 교수와 크루거 교수는 무능한 사람일수록 자신의 능력을 과대평가하고 다른 사람의 진정한 능력을 제대로 인식하지 못한다고 결론 내렸다. 무능한 사람은 높은 자신감을 갖고 있고 남보다 뛰어나다는 착각에 빠져있는데, 이 때문에 역량을 키우기 위해서 노력할 가능성이 낮고 이런

과정이 반복되면서 결국 그는 계속 무능한 상태로 있게 된다는 것이다.

　그렇지만 우리는 주변에서 유능한 이들 중에 자신만만한 사람을 많이 본다. 그래서 사람들은 자신감을 가져야 성공한다는 말에 많이 긍정한다. 그러나 토머스 샤모로 -프레무직 런던대 비즈니스 심리학 교수는 높은 자신감 덕분에 능력이 좋아진다는 생각은 착각이라고 한다. 그는 5개 대륙, 수천 명의 대학생을 대상으로 실시한 연구에서 학생들이 과거에 높은 성적을 얻은 것이 자신감을 높였을 뿐이고 자신감이 성적을 높인 것은 아니라는 게 드러났다고 말한다. 그는 낮은 자신감이야말로 능력을 키우는 데 핵심 역할을 하고, 높은 자신감은 오히려 방해가 된다고 주장한다. 낮은 자신감은 성공의 3가지 요소인 능력을 보이고 열심히 일하며 남들이 좋아하는 사람이 되려고 하는 데에 큰 기여를 한다는 것이다.

　높은 자신감이 능력을 키우는 데 도움이 되지 않는 이유는 자신감이 높은 사람은 현실을 왜곡해서 보기 때문이라고 한다. 자신이 능력 있다는 능력 환상에 빠져 있어서 발전을 위해 노력할 유인이 없어지게 된다는 것이다. 미국의 인지심리학자 크리스토퍼 차브리스와 대니얼 사이먼스가 체스 대회 참가자들을 대상으로 한 실험에 의하면 참가 선수들 75%는 자신의 공식 점수가 자신이 생각하는 실력보다 평균 99점 낮게 나왔다고 말하면서도 자신들은 진짜 실력보다 과소평가 받고 있다고 믿는다고 했다. 그러나 1년 뒤에도 이들의 점수는 달라지지 않았고, 5년 뒤에도 그들이 말한 진짜 실력에 도달하지 못했다고 한다. 자신감에 대한 착각의 예다.

　대부분 사람들은 자신감이 과도해서, 운전사 중 93%는 운전 실력이 평균 이상이라고 믿고, 스탠퍼드 경영대학원생 87%는 자신의 점수가 중간 이상이라고 여기며, 고교생 90%는 자신의 대인관계 능력이 평균을 웃돈다고 믿는다고 한다. 반면 자신감이 낮은 사람은 현실을 있는 그대로 인식하여, 자신의 현재 모습과 실제로 되고 싶은 모습 사이에 격차가 있음을 인식한다고 한다. 이 격차감은 자존감에 상처를 주므로 고통스럽지만 이

고통 때문에 스스로를 변화시키기 위해 노력한다고 한다. 낮은 자신감에서 비롯된 고통이 변화를 위한 동기를 부여한다는 것이다.

능력이 똑같은 두 사람이 있을 때 과도한 자신감을 보이는 사람보다는 겸손한 사람을 더 유능한 것으로 생각하는데 그 이유는, 전자는 남들이 자화자찬하는 사람으로 보지만 후자는 그가 겸손하게 말하고 행동하는 것 이상으로 실제 더 능력이 있다고 생각해 주기 때문이라고 한다. 그래서 능력이 있다면 자신감을 보이는 것보다 겸손한 척하는 게 유리하다고 말한다. 우리 속담의 '벼는 익을수록 고개를 숙이는 모습'을 보이는 게 좋다는 얘기다.

미국 유타대 심리학자 엘리자베스 테니 교수의 실험에서도 똑같이 일을 잘하지 못했더라도 사람들은 사전에 '그 일을 잘 할 수 있다'는 식으로 자신감을 보인 사람에게는 실망을 크게 느끼지만 '그 일을 잘할지는 아직은 확실히 모르겠다.'는 식으로 정확하게 현실을 얘기한 사람에게 신뢰를 보낸다고 한다.

한비자의 〈세림 상〉에 다음과 같은 이야기가 나온다. 양자가 송나라 여관에 묵게 되었는데, 여관 주인에게는 2명의 첩이 있었다. 1명은 예쁘고 1명은 못생겼지만 주인은 못생긴 첩을 귀여워하고 예쁜 여자를 천대하고 있었다. 양자가 그 이유를 묻자, 여관 주인은 "예쁜 첩은 스스로 예쁘다고 생각하나 나는 그녀가 예쁜 줄 모르겠고, 못생긴 첩은 스스로 못생겼다고 생각하나 나는 그녀가 못생긴 줄 모르겠다."라고 말했다. 이 말은 들은 양자는 제자들에게 "현명한 행동을 하면서 스스로 현명하다고 생각하는 마음을 버리면 어디를 가나 어찌 아름답지 않겠는가?"[1]라고 말했다는 것이다.

위 사례에서 양자가 말한 얘기를 단순하게 들으면, 얼굴이 예쁘고 행동

---

1) 行賢而去自賢之心, 焉往而不美(행현이거자현지심 언왕이불미).

도 예쁘게 하면 더 사랑받을 수 있으므로 예쁘든 예쁘지 않든 예쁘게 행동하는 게 최고라는 교훈으로 들린다. 그러나 한비자의 뜻은 '사람은 예쁘면 예쁜 티를 내기 십상인데, 못생긴 경우 이를 인정하면 못생긴 것을 극복하기 위해서 노력하게 되고 그럼으로써 더욱 사랑을 받게 된다.'는 의미도 담고 있다고 본다.

샤모로 –프레무직 교수가 '많은 사람들이 자신의 능력을 정확히 보지 못하고 자신감만 넘쳐서 열심히 준비하는 행동을 게을리하는 것 때문에 실패에 이르게 된다'고 한 것은 한비자가 말한 위 사례에서 예쁜 첩이 예쁜 것에 자만해서 여관 주인에게 예쁘게 보이는 행동을 제대로 하지 않아 사랑을 받지 못한 것과 똑같다.

사람이 긍정적 마음으로 자신감을 갖고 행동해야만 좋을 것 같지만 반드시 그렇지 않다는 것을 한비자는 〈해로〉 편에서 '화는 복이 기대는 곳에 있고, 복은 화가 잠겨있는 곳에 있다[2]'라고 말한 노자의 말을 통해 소개한다. 성공·행복의 길이라고 하는 긍정적 마음과 자신감이라는 복(福)은 낮은 성과와 패배감이라는 화(禍)를 가져오는 원인이 되기도 하고, 거꾸로 잘 될까라는 의구심과 낮은 자신감이라는 화(禍)는 높은 성과와 성공감이라는 복(福)을 불러오는 원동력이 되기도 한다는 것이다. 그리고 보면 한비자는 오늘날의 심리학에서 밝히고 있는 것을 2300년 전에 이미 통달하지 않았나, 하는 생각이 든다.

---

2) 禍兮福之所倚 福兮禍之所伏(화혜복지소기 복혜화지소복).

8. 배부른 돼지와 배고픈 소크라테스 중 누가 더 행복할까?

> 귀신은 형체가 없고 눈에 보이지 않기 때문에 (대충 그려도 되므로) 쉽습니다(鬼魅
> 無形者 不罄於前 故易之也, 귀매 무형자 불경어전 고이지야).
>
> 《한비자》〈외저설 좌상〉

회계사로서 개인 회계사무소를 운영하다가 50대 초반에 회계사무소를 폐업하고 집에서 자기가 평소 하고 싶었던 영어 공부와 독서로 지금까지 소일하면서 살고 있는 L이라는 친구가 있다. 남들은 60대 중반에도 일자리를 잡으려고 난리인데 정년이 없고 돈벌이가 쏠쏠한 회계사업을 접고 50대 초반부터 놀고 있다니, 친구들 대부분은 L을 이해할 수 없다고 말한다.

퇴직하고 정년 후 삶을 살고 있는 친구들이 모여서 어떻게 사는 게 잘 사는 건가라는 주제로 이야기를 나눌 때가 있다. 그럴 때 흔히 듣는 얘기가 "사는 게 별거 있나, 좋은 데 여행 가고, 맛있는 거 먹고, 때때로 골프 치고 즐기면서 살면 잘 사는 게 아닌가." 하는 말이다. 자기 하고 싶은 것을 하면서 사는 게 행복이라는 말도 많이 한다.

이런 얘기를 나누는 중에 내가 친구들에게 물었다. "L은 행복을 즐기고 있냐?" 그러자 모두 L은 이해할 수 없는 녀석이라고 했다. 그래서 나는 다시 반문했다. "자기가 하고 싶은 것을 하는 게 행복이라면 L이야말로 진정으로 행복한 사람 아니냐?" 그러자 가족의 동의를 받은 다음에 자기가 좋아하는 것을 즐겨야 하고, 자기가 좋아하는 것을 즐기더라도 적당히 일하면서 해야 하는데, L은 가족이 반대하는데도 회계사업을 완전히 접고 전적으로 자기 본위로 자기 하고 싶은 것을 하니까 행복하게 산다고 할 수 없다고 답했다. 다시 물었다. "자기 하고 싶은 것을 하면서 사는 게 행복이라고 했는데, 그러면 가족이나 남의 동의를 얻은 후에야 자기가 하고 싶은 것을 해야만 행복한 것이냐? 적당히 일하면서 자기가 하고 싶은 것을 해야만 행복한 것이라면 그 '적당히'라고 하는 것을 누구 수준에 맞추어 해야만 행복한 것이냐?" 그러자 친구들은 답을 하지 못했다.

내친김에 다시 물었다. "중·고등학교를 다닐 때 배부른 돼지보다 배고픈 소크라테스가 더 낫다고 배웠는데, 좋은 데 여행 가고, 맛있는 거 먹고, 때때로 골프 치면서 즐기는 게 행복이라면 배고픈 소크라테스보다 배부른 돼지가 더 행복한 것이라고 말하는 게 아니냐?" 그러자 대답이 없는 친구들도 있었고, 배고픈 소크라테스보다 배부른 소크라테스가 더 낫다고 말하는 친구도 있었고, 배고픈 소크라테스가 더 낫다고 하는 것은 학교에서나 가르치는 것이지 현실성 없는 얘기라고 말하는 친구도 있었다.

사람이 사는 목적이 행복을 추구하는 것이라고 하면서도 무엇이 진정한 행복인가라는 것에 대하여 이렇게 구체적으로 따지고 들면 대부분 무엇이 진정한 행복인지를 명료하게 말하지 못한다.

1인당 GDP가 3000달러에 불과한 부탄 국민이 세계에서 제일 행복도가 높다는 얘기가 언론에 많이 보도되었고 문재인 대통령도 후보자 시절에 대통령이 되면 부탄의 국민행복지수(GNH)를 한국식으로 도입하겠다고 말한 적이 있다. 그런데 부탄은 먹을거리가 풍부하지 않아서 호텔 뷔페조차 대여섯 가지 음식밖에 없고, 채소 종류는 제한적이며 과일이 거의 없어 대부분 인도에서 수입하기 때문에 비싸고, 살생을 금하므로 육류가 거의 없고 인도에서 수입한 돼지고기를 말려 볶아먹는 정도라 한다. 스타벅스 커피도 일반 국민이 사서 마시기에는 너무 비싸고, 무상으로 의료 혜택이 제공되지만 영아 사망률은 2.69%(북한의 영아 사망률보다 높다)고, 평균수명은 65세 안팎이라 한다.

이렇게 부탄 국민의 구체적인 삶의 모습을 얘기하면서 그래도 가장 행복한 나라인 부탄에 가서 살겠냐고 물으면 대부분 답을 하지 않거나 안 가겠다고 말한다.

부탄이 세계에서 제일 행복한 것으로 조사한 기관은 영국의 싱크탱크인 신경제재단(NEF)이라고 하는데, 2018년 3월에 발표된 2018 세계행복보고서에 따르면 부탄의 행복 순위는 세계 97위(우리나라는 57위, 핀란드가 1위)라고 한다. 언론이 우리에게 잘못 알린 셈이다.

서울대 심리학과 최인철 교수가 쓴 《프레임》을 보면 사람들은 단기적인 관점에서는 '하지 않은 일에 대한 후회(내가 그 일을 왜 안 했지?)'보다 '이미 저지른 일에 대한 후회(내가 그 일을 왜 했지?)'를 더 많이 하지만, 장기적인 관점으로 들어가면 '저지른 일에 대한 후회(그 일을 하지 말걸)'보다는 '하지 못했던 일에 대한 후회(그 일을 해볼걸)'가 더 크게 다가온다고 한다. 무슨 일이든 일단 하고 보면 단기적으로는 후회하더라도 장기적인 관점에서는 별로 후회하지 않는다는 뜻이다. 최인철 교수가 그 후에 쓴 《굿라이프》에 따르면, 재미(즐거움을 누리고 고통을 피하는 것)를 추구하는 것이 좋은 삶이라고 믿을수록 역설적으로 즐거움과 만족을 경험하지 못하고, 의미(자신을 성장시키고 타인 삶에 긍정적으로 기여하는 것)를 추구하는 것이 좋은 삶이라고 믿을수록 삶에 대한 만족감이 크고 긍정 정서도 강하게 느낀다고 한다. 그러면서 행복은 의미 있는 목표를 달성하면 부산물로 주어진다고 한다. 30개 국가의 사전에서 행복을 어떻게 정의하고 있는지를 조사해 보았더니, 24개국(80%)에서 '운 좋게 찾아오는 사건이나 조건'으로 정의하고 있다 한다. 행복을 뜻하는 영어 단어 '해피(happy)'는 우연히 발생하는 것을 말하는 '해픈(happen)'과 어원이 같은데, 행복은 행복하려고 애쓴다고 해서 행복해지는 게 아니라 어떤 일을 할 때 우연히 느끼게 되는 것이기 때문이라 한다. 최 교수는 가장 행복한 상태 중 하나는 무엇인가에 대한 관심으로 머릿속이 가득한 상태고, 행복하지 않은 상태는 관심 있는 것이 없는 상태라 한다.

미국 심리학회의 회장을 역임한 미하이 칙센트미하이가 쓴《몰입의 즐거움》을 보면, 삶을 훌륭하게 가꾸어 주는 것은 '행복감'이 아니라 '깊이 빠져드는 몰입'이고, 사람은 몰입한 후 뒤돌아보면서 행복을 느낀다고 한다. 그러면서 그는 수십 년 동안 연구해 오면서 본인의 입으로 털어놓는 행복감은 그 사람의 삶의 질을 썩 잘 반영하지 않는다는 사실을 알게 되었다고 한다. 이 말은 행복감은 지금 느끼는 것이라기보다는 뒤돌아보면서 느끼게 되는 것이라고 생각된다.

한비자의 〈외저설 좌상〉 편에 나오는 내용이다. 제나라 왕이 그림 그리는 사람에게 무엇이 가장 그리기 쉽고 어려운가를 물어보았다. 그 사람은 귀신이 가장 쉽고, 개와 말은 그리기 어렵다고 했다. 그 이유를 "개나 말은 사람이 잘 알고 있습니다. 아침저녁으로 눈앞에 보이는데 꼭 같이 그려야 되는데 그것이 어렵습니다. 귀신은 형체가 없고 눈에 보이지 않기 때문에 (대충 그려도 되므로) 쉽습니다"[1]라고 설명했다.

뭐든지 눈에 보이지 않는 추상적인 것은 대충 얘기해도 그럴 듯하다. 귀신과 같이 눈에 보이지 않는 추상에 대해서 개와 말과 같이 눈에 보이도록 구체적으로 따지고 들어가면 설명하기 어렵다. 행복이라는 추상에 대하여 쉽게 그 정의를 말하다가 그 추상을 구체적으로 따지고 들면 추상적으로 말한 행복의 정의와 다르게 말했다는 것이 많이 드러난다. 뭘 그리 따지냐고 말하지만 이렇게 따지고 의미를 새기는 것이 행복의 길인지도 모른다.

---

1) 夫犬馬 人所知也 旦暮罄於前 不可類之 故難 鬼魅 無形者 不罄於前 故易之也(부견마 인소지야 단모경어전 불가류지 고난 귀매 무형자 불경어전 고이지야).

9. 공무원의 복지부동을 막으려면 어떻게 해야 할까?

신하에게 자기들의 의견을 말하게 한 다음 의견이 정해지면 그 의견에 책임을 묻는다(故使之諷 諷定而怒, 고사지풍 풍정이노).

《한비자》〈팔경〉

어느 날 친구들과 등산한 후 하산하여 점심을 먹을 때 정부기관·공기업과 주로 거래하는 사업체를 운영하는 친구가 이런 얘기를 했다. 회사 운영하면서 제일 힘든 때는 정부기관·공기업의 담당자가 아무것도 하려고 하지 않는 스타일의 사람일 때라고 했다. 차라리 돈을 받아먹고 일 처리를 해 주면 좋은데, 온갖 핑곗거리를 대면서 아예 일 처리를 하지 않으려는 실무자를 만나면 미칠 지경이란다. '복지부동하는 공무원을 척결하고 일 처리 과정에서 발생한 사소한 실수는 불문에 붙이는 적극행정을 펼치겠다.'라고 하는 정부의 다짐은 예전부터 많이 있어왔지만 실제 소용이 없다는 친구의 말은 현실 사례를 보여준다.

복지부동과 관련하여 미국 스토니브룩대학교의 피터 드치올리 교수와 펜실베이니아대 로버트 커즈번 교수의 연구가 있다.

그들은 첫 번째 실험에서 사람들을 A와 B 두 그룹으로 나눈 다음에 돈을 B 그룹 사람들에게만 1달러씩 나눠준 후 2가지 안으로 실험을 했다. ① 15초 내에 10센트나 90센트를 A 그룹 사람이 B 그룹 사람에게서 가져오게 한 후 그 돈(10센트나 90센트)은 가져온 A 그룹 사람이 가지고 나머지 90센트나 10센트는 B 그룹 사람이 가지는 1안, ② 15초 내에 어떠한 결정도 하지 않으면 A 그룹 사람은 85센트를 갖고 B 그룹 사람은 15센트는 반납해야 하는 2안의 2가지 실험을 했다. 즉 A가 행동을 하는 1안을 선택하면 B는 남은 90센트나 10센트를 가지지만 A가 행동을 하지 않는 2안을 선택하면 B는 한 푼도 못 가지는 실험이다. 그 결과 A 그룹에 있는 72%가 1안을 선택했는데, 그중 64%는 90센트(B는 10센트)를 가지겠다고 했고 8%는 10센트(B는 90센트)를 가지겠다는 이타적인 결정을 했다. 나머지 28%는 15초 내에 행동을 하지 않고 85센트(B는 무일푼)를 가지는 2안을 선택했다.

두 번째 실험을 했다. 두 번째는 첫 번째 실험과 조건을 똑같이 하되, X라는 처벌자를 참여시켜서 A 그룹의 사람들 각자가 가져온 돈 중에서 최대 30센트까지 빼앗도록 했다. 그 결과 1안 선택자 가운데 90센트를 가져오겠다고 한 사람들은 64%에서 46%로 줄었고, 10센트만 가져오겠다는 이타적인 사람들도 8%에서 3%로 줄었다. 그러나 2안 선택자들은 28%에서 51%로 크게 급증했다. 행동에 따른 처벌이 있게 되자 무행동(복지부동)이 초래되어 B에게 더 좋지 않은 결과가 되고 말았다. 그런데 처벌자인 X의 행동이 주목된다. X는 1안 중에서 A가 90센트를 갖고 B에게 10센트를 남기는 결정을 한 경우 평균 20.8센트를 빼앗았으나, A가 무행동(복지부동)하여 85센트를 갖고 B는 한 푼도 가지지 못하게 한 2안의 경우는 평균 14.4센트만을 빼앗았다. A 그룹 사람들 중에서 무행동(복지부동)을 선택한 사람이 많아졌지만 처벌자 X는 이 무행동에 관대했다. 이 실험은 어떤 일을 해서 실수할 때 징계를 하면 사람들은 복지부동을 선택하는데, 이 복지부동에 대해서는 사람들이 관대한 태도를 취한다는 것을 보여준다.

세 번째 실험을 했다. 세 번째는 15초 내 의사결정을 하여 행동해야 한다는 조건을 없애버리고, ㉮안(A가 90센트를 가져와서 B는 10센트를 가지는 안), ㉯안(A가 10센트를 가져와서 B는 90센트를 가지는 안), ㉰안(A가 아무런 행동을 하지 않아 85센트를 가지되 B는 한 푼도 못 가지는 안) 중에서 하나를 고르게 했다. 그러자 무행동(복지부동)의 ㉰안을 고른 A는 크게 줄었다. 그러나 X는 ㉰안을 선택한 사람들에게 가장 큰 금액(최대치에 가까운 평균 29.9

센트)을 빼앗았다. 한 푼도 못 가지게 되는 B를 고려하지 않은 행위에 대해서 가장 가혹하게 대한 것이다.

어떤 행위에 대하여 처벌하면 복지부동이 증가한다는 것을 두 번째 실험이 보여주었다. 그런데 세 번째 실험은 A가 천천히라도 행동할 수 있는 상황인데도 복지부동해서 B에게 불이익이 돌아가게 되는 상황이 초래되면 복지부동이 크게 줄어들고, 그런데도 복지부동을 해서 B(거래처나 근무하는 회사 등)에게 손해가 초래되면 그 복지부동에는 처벌을 강하게 한다는 것을 보여준다.

공무원들이 복지부동을 하는 이유를 물어보면 감사에 걸리는 것을 염려해서 그렇다는 이야기를 많이 한다. 가만히 있으면 되는 데 괜히 일했다가 잘못이라도 생기면 나중에 감사원 등의 감사에 걸려 징계를 받게 되고 그러면 승진에서 불이익을 받는데, 적극적으로 일 처리 할 필요가 없다는 얘기다. 복지부동의 이유를 이렇게 분석하는 신문 기사도 많다. X라는 처벌자를 두면 복지부동이 늘어난 위 두 번째 실험(2안 선택자가 28%에서 51%로 증가)이 이를 잘 보여준다. 감사를 하지 않으면 부정이 많이 발생한다. 그러면 부정도 막고 복지부동도 막으려면 감사 제도를 어떻게 운영해야 할까?

부정행위 또는 중대하고 명백한 과실에 기인한 잘못 이외에 공무원이 일을 수행하다가 실수 등으로 한 사소한 잘못에 대해서까지 감사 지적을 함으로써 공무원으로 하여금 복지부동에 빠지게 하는 것을 방지하기 위한 대안 중 하나는 감사를 하는 감사관에게도 책임을 묻는 제도를 도입하는 것이다.

감사관이 감사를 하여 업무를 잘못 수행한 직원에 대하여 징계를 하고자 할 때는 절차상으로 감사관은 피감사관(해당 직원)에게 사실을 인정하는 '확인서'를 작성하여 제출할 것을 요구한다. 이때 감사관이 해당 직원에게 확인서의 제출을 요구하는 근거·이유·확인서 제출 후 처리계획 등을 기재한 '확인서 제출요구서'를 서면으로 제시해야만 확인서를 받을 수 있도록 하는 제도를 도입할 필요가 있다. 감사관이 내용도 잘 모르면서 자신의 지적 건수를 높이기 위하여 애매할 때에도 무조건 지적하는 사례도 많다. 실제로 조세 불복 사건을 보면 감사원 감사·국세청 감사관실 감사에서 지적하여 추징한 세금이 나중에 조세심판원 또는 법원에서 부당한 세금 추징으로 결정이 나는 경우가 종종 있다. 무리한 감사 지적 사례다.

이런 것을 막고 나중에 잘못 지적한 감사관에게 책임을 물을 수 있는 근거를 확보하기 위하여 서면에 의한 '확인서 제출요구서'를 도입할 필요가 있다. 잘못 지적한 감사관에게 피해를 본 국민이 직접 민사소송 등을 통해서 그 감사관에게 손해배상을 구할 수 있는 근거를 마련하자는 것이다. 이 제도를 도입할 경우 실제 감사 지적이 어떻게 될 것인가를 실무자들에게 물어보았는데 대부분 그러면 지적이 50% 이상 크게 줄어들고 애매하면 '지적하는 것에서 지적 하지 않는 것'으로 변화할 것이라고 답했다. 확인서 제출요구서 제도를 도입하면 무서워서 어떻게 감사를 할 수 있냐고 할 수 있다. 그러나 개인 신상에 위해가 될 수 있는 감사 지적을 하려면 두려움을 느껴야 마땅하다. 국민의 권익을 침해하는 것이기 때문이다.

한비자는 〈팔경〉에서 '신하에게 자기들의 의견을 말하게 한 다음 의견이 정해지면 그 의견에 책임을 묻는다. 그래서 신하가 말한 날짜를 반드시 문서에 기록해 둔다.[1]'라고 했다. 감사를 하는 사람이든 감사를 받는 사람이든 모두 자신의 의견을 명백히 문서로 남겨서 나중에 잘못이 드러나면 책임을 지을 수 있도록 해야 한다는 자기책임원칙이 필요하다는 것이 그의 주장이다.

공무원의 복지부동은 친구가 말한 바와 같이 나라의 주인인 국민에게

---

1) 故使之諷 諷定而怒 是以言陳之日 必有笨籍(고사지풍 풍정이노 시이언진지일 필유협적).

부담으로 돌아온다. 이를 막기 위해서 복지부동의 원인 중 하나인 부적절한 감사 지적에 대해서도 책임을 묻는 제도를 도입할 필요가 있다. 이것은 그리 어려운 일도 아니다. 의지만 있으면 된다.

10. 사촌이 땅을 사면 배 아픈 게 꼭 나쁠까?

복은 본디 화(禍)가 있는 데에서 생긴다(而福本生於有禍, 이복본생어유화).

《한비자》〈해로〉

인기 있는 예능 방송 중에 연예인·유명 운동선수 등이 필드에서 골프 게임하는 것을 보여주는 프로그램이 있다. 그 프로그램은 드라이버를 칠 때 뒤땅을 쳐서 공이 바로 앞에서 또르르 굴러가는 실수를 한 유명 운동선수를 보고 함께 골프 치는 사람들이 옆에서 '킥킥' 하면서 웃는 모습을 보여준다. 골프장에서 흔히 볼 수 있는 보통 사람들의 모습이기도 하다. 이런 모습은《위로해 주려는데 왜 자꾸 웃음이 나올까》라는 제목의 책이 출간된 배경을 보여주고, 옛 속담에 '사촌이 땅을 사면 배 아프다'는 말의 의미를 보여준다.

남이 잘못되는 것을 보고 쾌감을 느낀다는 의미로 우리나라 말에 '고소하다'는 말이 있는데, 일본은 이 경우 '밥맛(めし)이 달다(うま)'라는 뜻으로 '메시우마'라고 말한다. 남이 잘못된 것을 보면 밥맛이 달다니, 우리보다 더 적나라하다.

독일어로는 이 경우 '샤덴프로이데(Schadenfreude)'라고 하는데 고통을 뜻하는 '샤덴'과 기쁨을 뜻하는 '프로이데'가 결합되어 남의 고통에서 느끼는 기쁨을 가리키는 단어다. 사람은 더불어 살기 때문에 남이 잘되면 축하해주고 잘못되면 격려해줘야 한다고 배워왔고 또 그래야 좋은 사회가 된다고 생각해 왔는데, 실제 인간은 그렇지 않으니까 아예 샤덴프로이데라는 쌤통심리를 표현한 단어까지 있는가 보다.

철학자 알랭 드 보통(Alain de Botton)도 "가장 가까운 친구의 성공이 가장 견디기 힘들다"라고 했고, 소설가 겸 극작가인 고어 비달(Gore Vidal)도 "친구가 성공하면 언제나 내면에 무언가 무너지는 느낌이 든다"라고 고백했다. 실제로 동네 친구·동기 동창·동서 등 나와 가까운 사람들이 성공하고 횡재하는 모습을 보면 그 사실을 인정하기 싫고 쉽게 받아들이기 어렵다. 남들은 잘 나가는데 그들과 비교할 때 나 자신이 너무 초라해 보인다. 친구란 보통 초중고를 같이 다니면서 비슷한 환경에서 예민한 시기를 함께 겪으면서 살아온 사람이다. 초중고 시절에는 성공과 실패 간에 그 차이가 별로 나지 않았는데 사회에 나와서 생활하면서 맞이하는 친구의 성공과 나의 실패는 내가 받아들이기에는 격차가 너무 커서 받아들이기가 쉽지 않다. 이렇게 되면 마음조차 멀어지는 수가 있다.

내가 성공하면 주변 친구를 도와줄 수 있고 남들에게 내가 잘 나간다고 뽐낼 수도 있어서 신이 난다. 그러나 내가 아닌 친구가 성공하면 어쩐지 인정하기가 쉽지 않다. '넌 뭐가 모자라 걔보다 못하냐' 하고 주변에서 비아냥거리는 듯하기도 하다. 대놓고 성공한 친구를 비하하면 옹졸한 사람 취급받으므로 그렇게 할 수도 없다.

나는 형편상 골프도 못 치고 해외여행을 갈 수도 없고 자식들도 좋은 곳에 취직하지 못했는데, 친구들은 모이면 해외로 골프 치러 간 이야기, 여행 가서 즐긴 이야기, 자식이 잘된 이야기로 자랑하기 바쁘다. 다음부터는 그 모임에 가기가 싫어지고 슬그머니 분노까지 느낄 때도 있고 한편으로는 부럽기도 하다.

사람은 묘하다. 인간은 남의 성공 얘기를 들으면서 한 수를 배우고 성공 비법도 알게 된다. 또 '쟤는 하는 데 내가 못할 게 뭐 있나'라는 자신감이 생겨나서 노력도 하게 된다. 그러므로 이런 부러움에서 나오는 질투의 감정이 꼭 나쁘다고만 할 수 없다.

동년배의 천재 사업가 빌 게이츠와 스티브 잡스도 예외는 아니다. 2020년 8월에 미국 경제금융 전문TV 채널인 CNBC는 빌 게이츠가 "스티브 잡스는 천재였고 나는 그를 많이 질투했다"라고 털어놨다고 전했다. 두 사람은 때로 협력하기도 했고 비난하기도 하는 등 서로 질투심을 갖고 일하면서 상대를 이기기 위해 노력한 결과 세계를 발전시켰다.

스포츠에 뛰어넘기 힘든 마(魔)의 벽이 있다. 육상 1마일 달리기의 마의 벽은 4분이었다. 1마일을 4분 안에 뛰면 인간의 심장이 견디지 못하고 파열할 것이라는 통설이 있었다. 이 통설을 영국 옥스퍼드대 의대생 로저 배니스터라는 아마추어 육상선수가 1954년 5월 6일 세계 최초로 1마일을 3분 59초 4의 기록으로 깼다. 그런데 놀랍게도 로저 배니스터가 마의 벽을 깨자 한 달 뒤에는 10명, 1년 뒤에는 37명, 2년 뒤에는 300명이 넘는 선수들이 4분 벽을 뛰어넘었다.

어떤 분야든 사람들이 불가능이라고 생각하는 마의 벽이 있는데, 누군가 그 벽을 깨면 순식간에 많은 사람들이 그 벽을 뛰어넘는다. 그 이유는 여러 가지가 있을 수 있다. 내 스스로 벽이라는 한계를 설정하고 있있는데 다른 사람이 그 벽을 넘었으니, 그럼 나도 할 수 있겠다는 생각이 우러난 것이 가장 클 것이다.

남이 잘 되면 배가 아픈 질투라는 감정은, 남도 할 수 있으니 나도 할 수 있고 또 해야겠다는 자신감·자발심과 함께 부러움이라는 감정 속에 같이 숨어 있다가 상황에 따라 밖으로 나온다. 부러움이 부정적으로 작용하면 질투심으로 나타나고 긍정적으로 작용하면 자신감·자발심으로 나타난다. 1마일 달리기의 마의 벽 4분을 로저 배니스터가 깬 이후 많은 선수가 이 벽을 뛰어 넘은 게 긍정적으로 작용한 좋은 예다.

한비자는 〈해로〉에서 "사람은 재앙을 당하면 두려워하는 마음이 생기고, 그러면 행동이 단정해지고 재앙과 화(禍)가 없게 된다."라고 한 후 "복은 본디 화(禍)가 있는 데에서 생긴다."[1]라고 말한다. 그러면서 노자가 "화(禍)는 복(福)에 기대고 있다고 말했고, 이로써 그 공을 이룬 것이다"[2]라고 말한 것을 전한다. 한비자는 '화(재앙)'와 '복'은 서로 분리된 것이 아니라 그 속에 같이 있는 것이고 사람이 이를 어떻게 다루냐에 따라 재앙이 되기도 하고 복이 되기도 한다는 것을 인정한다. 사람이 부러움이라는 감정에서 질투가 나와서 화(禍)가 되기도 하지만 한편으로는 나도 할 수 있고 나도 해야겠다는 자신감과 자발심도 나와서 성공으로 이끌어진다는 점을 인정했다.

고소한 것은 나에게 맛있는 좋은 맛도 되지만 질투감을 드러낸 우리나라 말이기도 하다. 밥맛이 단 것은 나에게 좋은 밥맛이기도 하지만 한편으로는 질투심을 표현한 일본 말이기도 하다. 샤덴프로이데는 고통(샤덴)과 기쁨(프로이데)이 결합한 독일어다. 3가지 말 모두가 좋기도 하고 나쁘기도 한 것이 함께 한 곳에 숨어 있다가 각각의 감정으로 나타난다는 것을 보여준다. 또한 이것은 모두 복(福)과 화(禍)가 함께 있고 화(禍)가 복(福)에 기대어 있다는 노자와 한비자의 말이기도 하다.

살아가면서 부러움에서 나오는 배가 아픈 질투감이라는 화(禍)도 잘만 다루면 자신감·자발심을 불러와서 나의 성공의 동력이 된다는 점을 한비자가 깨우쳐 준다.

---

1) 而福本生於有禍(이복본생어유화).
2) 故曰禍兮福之所倚 以成其功也(고왈 화혜복지기소 이성기공야).

11. 원칙을 준수해야 하나, 예외를 인정해야 하나?

그래서 작은 충성을 행하는 것은 큰 충성의 적이 된다고 말한다(故曰 行小忠 則大
忠之賊也, 고왈 행소충 즉대충지적야).

《한비자》〈십과〉

모 대학교에서 '민법과 세법'의 과목을 강의할 때의 일이다. 민법 제1조
의 '민사에 관하여 법률에 규정이 없으면 관습법에 의하고 관습법이 없으
면 조리에 의한다'를 설명할 때 학생들에게 물어보았다. "민사 문제를 해
결할 때 민법 제1조에 나와 있는 것과 같이 '법률→관습법→조리'의 순
서로 적용하는 게 당연하다고 생각하지 않는 사람은 손을 들어보라"고
했다. 아무도 손을 드는 학생이 없었다.

다시 물어보았다. "여배우 최진실이 자살한 후 야구선수 출신의 전 남
편이었던 조성민이 비록 이혼해서 따로 살아 왔지만 최진실과 함께 살아
온 어린 자녀들의 법정대리인으로서 최진실이 남긴 유산을 자신이 관리하
겠다고 나선 적이 있는데 이것은 잘못된 것인가?" 그러자 많은 학생들(특
히 여학생)이 조성민의 행동은 잘못된 것이라고 대답했다. 당시 조성민이
자살한 지 얼마 되지 않은 때였다.

다시 물어보았다. "우리 민법에 부부가 이혼했다 하더라도 한 사람이 죽
으면 살아있는 친부모가 미성년 자녀의 친권자로서 권리행사를 하도록
되어 있고, 자녀 명의로 된 재산도 관리할 수 있도록 되어 있다. 그런데 조
성민이 친권자로서 최진실이 남긴 유산을 관리하려고 한 것이 잘못된 것
이라면 민사 문제의 해결에 '법률→관습법→조리'의 순서가 아니라 '조
리→관습법→법률'의 순서로 적용하자고 하는 주장이 아닌가? 그러면

처음에 민사 문제 해결에 '법률→관습법→조리'의 순서로 해야 한다고 한 주장과 어긋나는 게 아닌가?"라고 물었다. 아무도 반론을 제기하지 않았다.

그래서 내가 말했다. "우리가 총론적·원칙적으로 말할 때는 '법률→관습법→조리'의 순서로 법질서를 적용하는 것은 당연하다고 말한다. 그러나 실제 상황에서 이렇게 말한 원칙대로 적용하지 않고 원칙의 논리와 거꾸로 적용해야 한다고 주장하는 경우가 많다. 조성민은 법률의 규정에 따라 자신이 할 수 있는 당연한 행동을 하고자 했다. 그러나 우리는 조성민을 돈을 탐내는 몹쓸 사람으로 매도했다. 이러한 우리의 비난이 조성민으로 하여금 자살하게 만들었으니, 결국 우리의 모순이 조성민을 죽게 한 것이 아닌가?" 나는 이것이 우리가 총론(원칙)에서는 찬성하면서 각론(현실)에서는 반대하는 실제 사례라고 하면서, 이렇게 실제 상황에서 이성적으로는 원칙을 존중해야 하겠지만 감정적으로는 원칙을 받아들이기 어려울 때, 우리가 당초 찬성했던 원칙의 논리를 그대로 밀고 갈 것인지, 아니면 감정적으로 받아들이기 어려운 구체적 사안에서는 원칙에 예외를 인정하여 구체적 타당성을 추구할 것인지의 문제가 법 해석에 있어서 어려운 문제이고, 이것이 세법의 해석에도 많은 영향을 미친다고 이야기했다.

한비자의 〈십과〉에 나오는 내용이다. 초나라 공왕이 진나라의 여공과 언능에서 싸웠을 때 초나라가 패하고 공왕은 눈에 부상을 입었다. 싸움이 한창일 때 초나라 장군 자반은 목이 말라서 물을 찾았다. 이때 부하 곡양이 술을 권했다. 자반이 "치워라, 술은 마시지 않겠다."라고 했다. 그러나 곡양은 이것은 술이 아니라고 했다. 그래서 자반이 받아 마셨다. 그러나 자반은 원래 술을 좋아했기 때문에 술을 입에 대면 끝장을 보는 사람이었다. 자반은 그만 취하도록 마시고 말았다. 전투가 끝났지만 공왕은 다시 싸우기 위해 자반을 출전시키려 불렀으나 자반은 술에 취해 있었으므로 아프다는 핑계로 거절했다. 공왕은 직접 자반을 부르기 위해 친히 천막에 들어가 보니 자반이 술에 곯아떨어진 것을 확인하고 돌아와서, "나는 오늘 전투에서 부상을 입었고 믿을 것은 자반 장군 뿐인데, 그는 취해 있다. 나는 이제 싸울 뜻이 없어졌다." 이렇게 말하고 자반을 처형했다.

이에 대하여 한비자는 "곡양이 자반에게 술을 권한 것은 그를 해치려고 한 것이 아니다. 그 본심은 충성과 사랑이었지만 결과적으로는 그를 죽게 했다. 그래서 작은 충성을 행하는 것은 큰 충성의 적이 된다고 말한다."[1]라고 설명한다. 전투 중에 금주해야 한다는 원칙을 어기고 부하 곡양이 자반에게 충성하는 마음에서 '이번만은 예외'라는 생각에서 물 대신에 술을 주었다. 그러나 결국은 거꾸로 자반을 죽게 했으니, 통탄스러운 실수의 사례다.

우리는 살아가면서 총론 찬성, 각론 반대의 경우를 많이 본다. 원칙에 어긋나는 예외를 적용해 달라는 요구가 너무 많다. 사무실이 있는 여의도 국회 주변에 보면 '○○○특별법 또는 ○○○특례법을 제정하라'는 요구와 플래카드가 난무한다. 원칙을 정한 일반 법률을 적용하지 말고 예외적으로 적용되는 특별법·특례법을 만들어서 특별히 보호하고 구제해 주고 지원해 달라는 요구다. 나쁘게 말하면 평등 사회(일반법의 적용)에서 나를 특별대우(특별법·특례법의 적용)해 달라는 주장이다. 이렇게 특별법·특례법을 만들고 예외를 남발하면 너도 나도 예외 적용을 해 달라고 하는 포퓰리즘에 물들게 된다.

그러나 이렇게 예외 적용이 난무하면 말없이 묵묵히 일하는 사람, 배운게 없어 자기주장을 잘 하지 않는 사람, 집단화하지 못한 사람들은 원칙(일반법)을 적용받고 그렇지 않은 사람은 예외(특별법)를 적용받아 오히려 약자에게 불리하게 법이 적용되는 경우가 비일비재하게 발생하게 된다.

우리도 살아가면서 스스로 모순적인 행동과 말을 많이 한다. 총론(원칙)

1) 故豎穀陽之進酒 不以讐子反也 其心忠愛之而適足以殺之 故曰 行小忠 則大忠之賊也(고
수곡양지진주 불이수자반야 기심충애지이적족이살지 고왈 행소충 즉대충지적야).

과 달리 구체적 사안에 대하여 예외를 적용해 주는 것을 보고는 융통성이 있고 탄력성이 있는 조치를 한다고 많이 얘기한다.

그러나 우리가 살아가면서 조금 모순적이고 가슴에 와 닿지 않는 결과가 되더라도 일관성 있게 법을 적용하는 것이 우리 전체를 위하여 올바르다는 것을 인식하는 것이 중요하다. 원칙을 적용하는 일관성(예측가능성)은 사회의 가장 근원적 질서다. 일관성보다는 상황에 맞게 법을 적용하자는 주장은 그럴 듯하지만 실제로는 '가진 자, 배운 자, 집단화한 자를 위한 주장'이 아닌가라는 생각이 든다. 원칙을 허물면 충성하고 사랑하는 상관 자반을 죽인 곡양이 되기 쉽다. 최진실의 전 남편 조성민도 자살하게 만든다.

12. 범죄를 엄하게 처벌하면 오히려 좋은 사회가 되지 않을까?

잡초를 불쌍하다 여기고 뽑지 않는다면 벼 이삭에 방해가 된다(夫惜草茅者耗禾穗,
부석초모자모화수).

《한비자》〈난이〉

　　2017년 6월부터 2020년 6월까지 공공기관 매출채권에 투자한다면서 투자금 1조 3천억여 원을 끌어모은 뒤 실제로는 부실채권 인수와 펀드 돌려막기에 쓴 혐의로 재판에 넘겨졌던 옵티머스 자산운용 대표가 1심에서 징역 25년을 선고받았으나 2022년 2월 18일 2심에서는 15년이 더해져서 징역 40년을 선고받았고, 2022년 7월 14일에 대법원에서 이렇게 최종 확정되었다는 보도가 있었다. 우리나라에서 경제 범죄에 이렇게 중형을 선고한 것은 일찍이 없었다. 옵티머스 사건으로 1심에서 징역 8년을 선고받았던 2대 주주와 이사 1명도 각각 징역 20년과 징역 15년으로 형량이 늘었다. 2심 재판부는 이들의 조직적인 금융사기 범죄로 다수의 선량한 피해자에게 막대한 충격을 줬고, 금융시장 신뢰와 투명성을 훼손하는 등 사회에 미친 해악이 너무 크다고 질타했다. 옵티머스 대표는 현재 50세가 넘는다 하니 40년형을 모두 살고 나온다면 90세가 넘어야 출소하게 된다. 옵티머스 자산 펀드 사기 사건으로 3천 명이 넘는 피해자와 약 1조 원의 피해액이 발생했다.

　　한편 미국 역사상 최대 규모의 폰지 사기 주동자인 버나드 메이도프는 법원으로부터 150년형을 선고받고 감옥에서 복역하다가 2021년 4월 14일에 82세 나이로 사망했다. 이 사건의 피해액은 금융사기로는 최대 규모인 650억 달러(약 72조 5천억 원)에 달했는데, 2008년 글로벌 금융위기 때 고객들의 투자금 반환 요구가 빗발치자 사기극의 실체가 드러났다. 사업을 함께 했던 그의 장남 마크는 아버지가 수감된 지 2년 만인 2010년 자살하였고, 차남 앤드루도 2년 뒤 림프종으로 세상을 떠났다.

한비자는 〈내저설 상〉에서 범죄를 엄정히 처벌하면 일반 국민은 살기 좋게 된다는 것을 다음과 같은 사례를 들어 말한다.

중국 최초로 성문법을 만들고 정나라를 부흥하게 한 정나라 재상 자산은 임종이 가까워지자 유길이라는 자에게 당부했다. "내가 죽은 뒤 당신이 정나라의 국정을 맡게 될 것이오. 그렇게 되면 엄격하게 사람들을 다스리도록 하시오. 불이라는 것은 그 모양이 사납고 무서우므로 사람들은 그것을 경계하여 가까이 하지 않으므로 타죽는 사람이 적습니다. 그러나 물은 겉모양이 유약하므로 사람들이 물을 두려워하지 않아 빠져 죽는 사람이 많습니다. 당신은 반드시 엄하게 형벌을 적용해야 하고 당신의 그 유약함에 사람이 빠져 죽지 않도록 해야 합니다."

그러나 자산이 죽은 뒤 유길은 형벌을 엄격하게 적용하지 않았다. 그러자 정나라 젊은이들은 작당하여 도둑질을 하고, 갈대 늪을 거점 삼아서 장차 반란을 일으키려고 하였다. 유길은 수레와 기병을 이끌고 가서 밤낮을 싸워서 겨우 토벌할 수 있었다. 유길은 탄식하면서 "내가 좀 더 일찍 자산의 가르침을 실행하였더라면 이 지경에 이르러 후회하지 않았을 것이다." 하고 말했다.

자산이 나라를 다스리면서 체득한 것을 임종 시에 알려주었는데도 유길은 어쩐지 형벌을 엄하게 적용해서 다스리는 것이 마음이 들지 않아 좀 부드럽게 다스렸는데, 자산이 다스리던 때와 달리 범죄가 늘어나서 나라가 혼란스럽게 되자 비로소 자산이 말한 바를 깨닫고 후회하면서 한 말을 한비자가 소개한 것이다.

보통 법가 또는 한비자라고 하면 엄벌주의와 함께 비정하고 폭력적인 이미지를 떠올린다. 그러나 앞선 유길의 사례에서 보듯이 법가 사상가인 자산이 범죄에 엄하게 대처하라고 한 것의 속뜻은 평범한 시민들의 안녕을 위해서였고 이를 유길이 뒤늦게 깨달았던 것이다.

또 한비자는 〈내저설 상〉에서 다음의 사례도 소개한다.

초나라 남쪽의 여수라는 강에서 금이 나오자 사람들 대다수가 몰래 금을 채취하였다. 그래서 금을 몰래 채취 못하게 하는 법령을 만들어서 체포되면 즉시 시장에 끌고 나가 공개 처형했다. 그런데도 몰래 채취하는 자가 많아 처형된 시체로 인해 강물이 막히게 될 정도가 되어도 그치지 않았다. 시장에서 공개 처형하는 것처럼 무서운 처벌이 없지만 도둑질이 그치지 않은 것은 도둑질을 하여도 반드시 체포되는 것이 아니기 때문이었다.

한비자는 이 사례에서 이렇게 말한다. "어떤 사람이 '너에게 천하를 줄 것이니 대신 네 목을 내놔라'라고 한다면 아무리 우매한 자라도 천하를 받을 사람은 없다. 천하를 갖는 것은 커다란 이익이지만 그것을 받아들이는 것은 곧 죽는다는 것을 알기 때문이다. 그러므로 반드시 체포되는 것이 아니라면 비록 찢어 죽이는 형벌을 당한다는 것을 알면서도 금을 훔치는 것을 그만두지 않는다. 그러나 '반드시 죽는다'는 것을 알면 비록 천하를 준다 해도 받으려 하지 않는다."

범죄를 저지르더라도 반드시 처벌받는 것이 아니고 그 범죄에 따른 이익이 엄청나면 사람은 처벌을 무릅쓰고 범죄를 저지른다는 것을 위 초나라 사람의 사례가 보여준다. 현재 남아메리카에서 엄청난 수익성 때문에 처벌의 위험성을 감수하고도 마약 밀매가 성행하고 있는 것과 같다. 이런 사람들도 반드시 검거되어 엄하게 처벌받는다면 천하를 준다고 해도 범죄를 저지르지 않게 된다고 한비자는 말한다.

미국은 자본주의의 천국인데 경제 범죄도 자주 일어난다. 그러나 메이도프 사례에서 보듯이 경제 범죄로 검거되면 엄격하게 처벌한다. 그동안 우리나라는 살인, 폭행죄 등에 비해서 상대적으로 경제 범죄에 대한 처벌이 약했다. 그래서인지 최근만 하더라도 부산저축은행 사건, 동양그룹 사건, 다단계 금융사기 사건, 라임 펀드 사건, 옵티머스 펀드 사건, 디스커버리 펀드 사건 등 일반 국민에게 엄청난 재산 피해를 입히는 경제 범죄가 다수 발생했다. 그런데 옵티머스 사건에서 2심 법원은 그동안 경제 범죄에 온정적으로 대처한 것과는 달리 엄하게 처벌하였고, 대법원도 이를 받아들였다. 마치 이러한 행태는 송나라의 유길이 온정적으로 법을 적용하다가 범죄가 속출하자 후회하는 것을 보는 듯하다.

한비자는 또 〈난이〉 편에서 "잡초를 불쌍하다 여기고 뽑지 않는다면 벼 이삭에 방해가 되고, 도둑에게 은혜를 베풀면 양민을 해치게 된다. 지금 관용과 은혜를 베풀면 간사한 자에게는 이익이 되고 선량한 사람에게 해가 된다. 이것은 다스림의 소이가 아니다"[1]라고 말한다. 범죄에 엄하게 형벌을 적용하는 것은 범죄와 상관없는 일반 국민들의 생활을 안전하게 하기 위해서 하는 것임을 말한 것이다. 우리나라가 뒤늦게 미국과 같이 경제 범죄에 엄하게 처벌하여 일반 국민을 보호하려고 하는 것은 한비자의 가르침을 뒤늦게 깨달아서 시행하는 것은 아닌가 싶다.

---

1) 夫惜草茅者耗禾穗 惠盜賊者傷良民 今綏刑罰 行寬惠 是利姦邪而害善人也 此非所以爲治也(부석초모자모화수 혜도적자상양민 금완형벌 행관혜 시리간사이해선인야 차비소이위치야).

13. 재난지원금, 균등 배분과 선별 지원 중 어느 것이 나을까?

'최상의 덕은 덕이 아니다'라는 노자의 말은 마음이 외부에 흔들리지 않는 것을 말한다(上德不德 言其神不淫於外也, 상덕부덕 언기신불음어외야).

《한비자》〈해로〉

코로나19가 지속하자 정부에서는 전 국민에게 균등하게 나눠 준 1차 재난지원금(2020년 5월 14.3조 원)에 이어 2차 재난지원금(2020년 9월 7.8조 원)을 지급하기로 하면서 그 지원 방법을 두고 의견이 많이 갈렸다. 1차 때와 마찬가지로 전 국민에게 똑같이 주자는 균등 지원안과 실제로 피해 본 사람을 선별해서 집중적으로 더 지원하자는 선별 지원안이 대립했다. 결국 정부는 선별 지원안을 선택했다. 그러면 균등 지원안이 좋은 것일까, 선별 지원안이 좋은 것일까? 이 문제는 각자의 가치관과 사회 정의를 어떻게 생각하느냐에 따라 달라지겠지만 한 번쯤 생각해 볼만 하다. 어차피 의견이 좁혀질 수 없는 문제인데 논의해 봐야 무슨 소용이 있냐고 그냥 넘어갈 문제는 아니다. 이런 논의를 해둠으로써 비록 자신의 의견과 다른 방안이 선택되더라도 그 선택된 방안을 이해하는 데 많은 도움이 되고 사회 갈등을 줄이는 데에도 도움이 된다.

아리스토텔레스와 순자는 정의를 '같은 것은 같게 다른 것은 다르게'(同則同之 異則異之 동즉동지 이즉이지)하는 것이라고 말했다. 그러면 사회 정의 실현이라는 입장에서 볼 때 균등 지원안을 '같은 것을 같게' 하는 정의 실현 방안으로 볼 것인지 아니면 선별 지원안을 '다른 것을 다르게' 하는 정의 실현 방안으로 볼 것인지 문제가 된다.

공자가 "가난한 것을 걱정할 게 아니라 균등하지 못한 것을 걱정해야 한다."[1]라고 주장한 것을 생각하면 공자는 균등 지원안을 지지할 것으로 생각되기도 하지만, "가난하면서 원망하지 않기는 어렵고, 부유하면서 교만하지 않기는 쉽다."[2]라고 한 말을 생각해 보면 선별 지원안을 지지할 것으로 보이기도 한다.

스위스 취리히대학의 경제학자 에른스트 페어가 실험한 것이 있다. 아이들에게 과자 2개를 주고 하나는 자신이 가지고 다른 하나는 나누어 가지는 1안(1 : 1)과 2개 모두 자신이 가지는 2안(2 : 0) 중에서 선택하게 했다. 1안을 선택한 비율이 7, 8세 아이는 50%, 5, 6세 아이는 20%, 3, 4세 아이는 10%이었다고 한다. 폴 블룸 예일대 심리학과 교수가 5~10세의 아이들을 대상으로 한 실험도 있다. 두 아이가 토큰 2개씩 각각 받는 1안(2 : 2)과 선택하는 아이는 1개를 받고 다른 아이는 1개도 못 받는 2안(1 : 0)을 선택하게 했다. 이성적으로 생각하면 1안을 선택하면 나는 항상 2개를 받게 되므로 1안이 더 좋다. 그러나 8~10세 아이들은 1안을 선호했지만 5, 6세 아이들은 2안을 더 선호했다고 한다.

이러한 실험 결과를 보면 분배 문제에 관한 인간의 심리를 읽을 수 있다. 어릴수록 남을 배려하지 않고 이기적이지만 나이가 들수록 사회적이고 이성적이 된다는 것을 알 수 있다. 심리학자가 밝힌 이러한 인간의 심리를 생각하면 분배(복지) 문제에서는 감성적(이기적)으로 하기보다 이성적으로 하는 것이 더 정의롭다는 것을 알 수 있다. 이성적으로 해야 '같은 것을 같게 하고 다른 것을 다르게' 하는 정의의 관념에 더 부합하고 더 사회 친화적이 된다.

한비자는 보편적 복지 정책에 대해서는 기본적으로 반대 입장이다. 한비자는 〈현학〉에서 "국가가 부자에게서 거두어서 가난한 집에 베푼다면 이는 노력하고 검약하는 것을 빼앗아서 사치하고 게으른 자에게 주는 것

---

1) 不患貧 患不均(불환빈 환불균). -《논어》〈계씨〉
2) 貧而無怨難 富而無驕易(빈이무원난 부이무교이). -《논어》〈헌문〉

이다"[3]라고 주장한다. 그러나 사회에는 도와줘야 할 어려운 사람이 있는 것이 현실이므로 어려운 이들에게는 선별적으로 지원하는 것을 반대하지는 않는다. 홀아비와 과부, 고아와 자식 없는 노인(鰥寡孤獨 환과고독)에게는 국가가 지원해야 한다는 입장이다(《외저설 우하》). 한비자는 보편 복지보다는 선택 복지가 바람직하다는 입장인 것이다.

선택적 복지를 하면 사회 갈등이 많이 발생한다. 복지의 대상자를 정할 때 항상 경계선에 있는 사람이 있기 마련이다. 예컨대 연간 소득이 2천만 원 미만인 사람에게만 복지 혜택을 준다고 했을 때 19,999,000원의 소득자는 대상이 되는데 2천만 원의 소득자는 대상이 되지 않는다. 연간 소득이 1천 원밖에 차이가 나지 않는데도 수혜 대상자가 되느냐 안 되느냐가 결정되기 때문에 갈등이 생길 수밖에 없다. 또 연간 소득이 얼마가 되느냐를 조사해서 확정하는 데에도 많은 시간과 비용이 든다. 그 조사가 신뢰성 있게 이루어졌느냐를 두고도 갈등이 많이 발생한다. 선택 복지를 실행할 때 발생하는 이러한 문제 때문에 선택 복지의 실행 비용이 많이 소요되어 배(복지 지원금)보다 배꼽(복지 실행비용)이 더 크다는 비난도 많다. 이런 문제 때문에 보편 복지를 실행하는 경우도 있고, 보편 복지가 더 좋은 제도라고 말하기도 한다.

한비자는 〈해로〉에서, "최상의 덕은 덕이 아니라는 노자의 말은 마음이 외부에 흔들리지 않는 것을 말한다."[4]라고 하여, 최선의 정책(上德)을 수행할 때는 외부의 비판에 상관하지 않고 처리해야 한다는 뜻으로 말했다. 그런 다음 노자가 말한 "최상의 덕은 덕이 아니다. 그래서 덕이 있는 것이다"[5]의 뜻이 바로 이런 의미라고 해석했다. 선택적 복지를 실행할 때 선택

---

3) 今上徵斂於富人以布施於貧家 是奪力儉而與侈惰也(금상징렴어부인이포시어빈가 시탈력검이여치타야).

4) 上德不德 言其神不淫於外也(상덕부덕 언기신불음어외야).

5) 上德不德 是以有德(상덕부덕 시이유덕).

복지의 실행비용이 더 클 경우에는 보편 복지를 실행해야 타당하겠지만 선택 복지를 시행했을 때 나타나는 사회 갈등 문제 등에서는 비판이 있다고 해서 흔들리지 말고 추진하는 것이 옳은 정책이라는 것이다. 선택 복지의 실행비용이 더 커서 보편 복지를 실행하더라도 그렇다고 해서 보편적 복지가 더 좋은 제도라고 말할 수 없고, 기본적으로는 선택 복지 제도에 대한 저항이 있더라도 실행하는 것이 좋다는 것이 노자가 말한 진정한 뜻이라고 한비자는 해석한다.

분배(복지) 문제에서는 감성적이 아닌 이성적으로 처리해야 사회 전체적으로 이익이 된다는 점을 경제학자 에른스트 페어와 심리학자 폴 블룸도 밝혔다. 따라서 재난지원금 지원과 같은 복지 문제에서는 이성적으로 처리하는 것이 옳다.

재난지원금이란 단어 자체가 '재난을 당한 사람에게 지원한다.'는 뜻이다. 그러면 재난당한 사람을 선별해서 지원하는 선별 지원안이 타당하다. 정부가 재난지원금의 취지에 맞게 실행하는 것에 대하여 각 지방자치단체에서 자체 예산으로 국가에서 지급하는 재난지원금을 받지 못한 사람에게 추가로 10만 원, 20만 원씩을 지급하는 등으로 반발하는 사례가 나오더라도 선별 지원안으로 실행하는 것이 타당하다.

최선의 정책을 수행할 때는 외부의 비판에 상관하지 말고 밀고 나가야 그것이 바로 최선의 정책이라는 상덕부덕 시이유덕(上德不德 是以有德)이라는 한비자와 노자의 말도 선별 지원안이 옳다는 것이다.

14. 운동하니까 날씬할까, 날씬하니까 운동하는 걸까?

노자는 복에는 화가 숨어 있다고 말했다(故曰 福兮禍之所伏, 고왈 복혜화지소복)

《한비자》〈해로〉

수년 전 위암 수술 후였다. 추운 겨울 새벽임에도 걷기 운동을 하려고 일산호수공원을 찾았다. 때마침 날씬한 중년 여성이 숨을 가쁘게 몰아쉬면서 달려오고 있었다. 순간 저 여성은 이렇게 추운 날씨에도 열심히 운동을 하니까 날씬한 것일까, 아니면 날씬하니까 더 열심히 운동을 하는 것일까 하는 생각이 문득 떠올랐다.

이런 생각은, 공부 잘하는 학생은 열심히 공부하니까 공부를 잘하는가 아니면 공부를 잘하니까 더 열심히 공부하는가, 부자는 열심히 일하니까 부자가 된 것인가 아니면 부자니까 더 열심히 일하는 것인가, 남보다 빨리 승진하는 사람은 열심히 일해서인가 아니면 남보다 빨리 승진을 하니까 더 열심히 일하는 것인가 등으로 생각이 꼬리를 물었다. 그 후 어떤 책에서 저자가 미국 월마트에서 비만인 흑인 여성이 느릿느릿 카트를 끌고 가는 것을 보고 저 여인은 뚱뚱해서 느릿느릿 걸어가는 것일까 아니면 평소 행동이 느릿느릿 하니까 살이 찐 것일까라는 생각이 문득 들었다고 한 내용을 보았다. 그 저자도 나와 같은 의문을 가졌던 것이다.

이 의문을 직장 동료와 직원들에게 물어보았다. 대부분 이 질문에 답을 하지 않았다. 되돌아온 답 중에는 운동하니까 날씬해지기도 하고 날씬해지니까 또 운동하는 것이 아닌가라는 답변이 가장 많았다. 나도 똑같이 생각했다. 새벽에 달리던 중년 여성은 운동(원인)이 날씬함(결과)을 가져오고 날씬함(원인)이 다시 운동(결과)을 하게 한 것이라고 생각되었다. 열심히 공부하니까 공부를 잘하게 되고 공부를 잘하게 되니까 더 열심히 공부하는 것과 같이, 원인(공부)이 결과(좋은 성적)가 되고 그 결과가 다시 원인(좋은 성적)이 되어 결과(공부)를 가져오는 관계가 되는 게 세상의 이치라는 생각이 들었다.

원인과 결과가 서로 선순환으로 작용하여 성장하게 된다는 이 생각을 '상승의 법칙'이라고 이름 붙였고, 호수공원을 걸으면서 처음 크게 깨달은 것이므로 '호수공원 1법칙'이라 내 나름대로 명명했다.

한비자는 〈간겁시신〉에서 "어리석은 자도 본래 잘 다스리기를 바라나 그렇게 다스리는 것은 싫어하고, 모두가 위험한 것을 싫어하지만 위험해지는 것을 하는 것은 좋아한다."[1] 하고, 〈심도〉 편에서는 "사람의 본성은 노고를 싫어하고 노는 것을 좋아한다."[2] 했다. 한비자는 제 아무리 폭군이라고 해도 현명한 군주가 되기를 모두 원한다는 것을 인정한다. 그러나 현명한 군주가 되기 위해서 귀에 거슬리는 것을 듣고 사람이 마음에 들지 않아도 유능하면 채용하고 군주 스스로 일을 열심히 해야 하지만, 폭군은 이런 것을 실행하기를 싫어한다고 말한다. 사람은 날씬한 것을 좋아하면서도 운동하기를 싫어하고, 달고 맛있는 것을 피해야 한다는 것을 알면서도 군것질을 좋아해서 살이 찌는 것과 같은 이치다.

한비자의 말처럼 노고를 싫어하고 편히 놀기를 좋아하는 인간의 본성은 왜 생기는 것일까? 열심히 운동하면 날씬해지고, 열심히 공부하면 성적이 오르고, 열심히 일하면 빨리 승진하는 것을 인간은 뻔히 안다. 그런데도 사람들이 실제 이를 행하지 않는 이유는 무엇일까?

2017년도 노벨경제학상을 받은 리처드 탈러(Richard Thaler)가 MBA 과정에 있는 학생을 상대로 조사한 바에 따르면 학생들 가운데 학기말에 자신

---

1) 愚者固欲治而惡其所以治 皆惡危而喜其所以危者(우자고욕치이오기소이치 개악위이희기소이위자).
2) 民之性 惡勞而樂佚(민지성 오로이락일).

의 성적이 하위 50%(중간 이하)가 될 거라고 생각하는 학생은 5% 미만이고, 상위 20% 이상에 들 거라고 생각하는 학생은 50% 이상이었다고 한다. 또 미국의 유명 대학교의 교수 중 94%는 자신이 평균적인 교수들보다 더 낫다고 생각한다고 한다.

자신의 현재 상황을 비교적 정확하게 판단할 것으로 기대되는 MBA 과정의 학생과 미국 유명대학 교수들도 자신의 현재 능력을 현실보다 더 장밋빛으로 생각한다. 그러면 보통 사람들은 자신의 현재 능력을 실제보다 더 높게 평가하고 그래서 자신의 미래도 실제보다 더 낙관적으로 보는 것이 아닐까? 예컨대 열심히 운동하지 않더라도 내가 설마 남보다 더 뚱뚱해지겠냐고 생각하고, 열심히 공부하지 않더라도 내가 설마 성적이 아래에서 맴돌겠냐고 생각하며, 열심히 일하지 않더라도 내가 설마 승진에서 크게 뒤지겠냐고 생각하는 게 아닐까? 이렇게 '내가 설마'라고 하면서 자신의 미래가 평균적인 다른 사람들보다 나쁘게 되지 않을 것이라고 낙관하는 사람들의 자기 합리화 습성이 지금 당장의 행동을 미루게 하고 게으름을 피우게 하는 원인이 아닐까.

현대 의학에서 밝힌 바에 의하면 열심히 운동해서 날씬해지고 열심히 공부해서 성적이 오르며 열심히 일해서 빨리 승진하면 뇌에서 도파민이라는 행복 호르몬이 분비가 된다고 한다. 도파민이 분비되면 사람은 행복감을 느끼는데 이 행복감은 더욱 열심히 운동하게 하고 공부하게 하며 일하게 하는 것으로 촉진시킨다고 한다. 이러한 일련의 선순환 과정이 행복에 이르는 과정이 된다고 한다.

자신의 미래를 낙관하는 습성이 지금 당장의 게으름을 피우게 하는 원인이지만 이 습성을 이기고 실제 행동에 나서면 그에 따른 보상(날씬함, 좋은 성적, 부의 획득, 승진 등)이 주어지고 이 보상이 다시 그 행동을 지속하게 하는 것이 도파민이라는 행복 호르몬인 것이다.

한비자는 〈해로〉 편에서 "사람에게 복이 있으면 부귀에 이르고 부귀에 이르면 입고 먹는 게 호화로워진다. 입고 먹는 게 호화로워지면 교만한 마음이 생긴다. 교만한 마음이 생기면 행동이 나빠지고 도리에 어긋나게 된다. 나쁜 행동을 하면 일찍 죽게 되고 도리에서 벗어나면 성공하지 못한다. … 화는 원래 복이 있는 데에서 생긴다. 그래서 노자는 복에는 화가 숨어 있다고 했다."[3] 하고 말한다. 한비자는 사람은 '복→부귀→호사→교만→나쁜 행동→도리에 어긋남→일찍 사망→실패'의 과정을 겪기 쉽고, 노자가 말한 '복에는 화가 숨어 있다'는 말이 이런 뜻이라고 말했다. 한비자와 같은 법가 사상가들이 법(法이란 글자 자체가 '물氵'이 '흘러가는 去' 것을 말한다)을 만들어 이를 위반하면 벌주고 달성하면 상을 주어야 한다고 주장하는 이유는, 인간의 본성을 직시하여 사람이 도파민이라는 행복 호르몬의 메커니즘에 따라 행동하도록 하면 개인의 행복과 나라의 번영이 이끌어진다고 생각했기 때문이라는 생각이 든다.

---

3) 人有福 則富貴至 富貴至 則衣食美 衣食美 則驕心生 驕心生 則行邪僻而動棄理 行邪僻 則身死夭 動棄理 則無成功…而禍本生於有福 故曰 福兮禍之所伏(인유복 즉부귀지 부귀지 즉의식미 의식미 즉교심생 교심생 즉행사벽이동기리 행사벽 즉신사요 동기리 즉무성공…이화 본생어유복 고왈 복혜화지소복).

15. 키 작은 사람들이 키 큰 사람보다 어떻게 빨리 걸을까?

> 못생긴 자는 스스로 못생겼다고 생각하지만 그 못생긴 것을 모르겠다(惡者自惡 吾
> 不知其惡也, 악자자악 오부지기악야).
>
> 《한비자》〈세림 상〉

위암 수술 전에는 일산 호수공원에서 운동할 때 달리기를 했다. 위암 수술 후에 달리기는 그만두고 걷기로 운동을 바꾸었다. 달릴 때는 잘 몰랐는데 걷기 운동을 하다 보니, 키 작은 여자들이 나보다 훨씬 빠른 걸음으로 걷는 경우가 많았다. 그런 여성들을 뒤따라가면서 어째서 나보다 빨리 가는지 살펴보니 나보다 걸음 폭은 작지만 발걸음은 더 빨랐다. 나도 그 여성들만큼 발걸음을 빨리하니까 따라갈 수는 있었지만 무척 힘들었고 지속하기가 어려웠다.

순간 깨달았다. 남자보다 보통 키가 작은 여자들이 남자들과 나란히 같이 가거나 더 빨리 가기 위해서 어릴 때부터 부지불식간에 남자보다 발걸음을 빨리하는 습관이 몸에 배어서 나보다도 발걸음을 빨리 해도 힘들지 않구나, 하는 사실을. 이것을 깨닫고 나보다 빨리 가는 키 작은 남자들도 살펴보았다. 그들 역시 걸음 폭은 작지만 발걸음은 빨랐다. 지하철을 타기 위해 빨리 걸어가면서 나보다 빨리 가는 여자들의 발걸음을 보았다. 역시 걸음 폭은 작지만 발걸음이 빨랐다. 이 사실을 보고 깨달았다. 사람·기업·국가를 막론하고 남보다 열악한 상황에 처한 경우가 있는데 그 열악한 처지에서 벗어나기 위해 꾸준히 노력하면 키 작은 여성들의 빠른 발걸음이 몸에 배듯이, 그 노력의 행동이 몸에 배어 습관이 되면 그것이 더 나은 환경의 사람·기업·국가를 따라잡는 원인이 된다는 사실을. 이 깨달음을 2번째 깨달음이라는 뜻에서 '호수공원 2법칙'이라고 하고 '극복의 법칙'이라고 명명했다.

오늘날 우리나라에서 강남 부자들은 그 자녀들도 좋은 대학교에 입학해 좋은 곳에 취직하기 때문에 부(富)와 사회 지위가 대물림되는 신 계급사회라고 비난하는 경우가 많다. 그러나 강남 부자들의 자녀가 명문대에 가고 좋은 직장에 취직하는 주된 이유가 부모의 지원 탓인지 그들 자신의 노력 탓인지는 생각해 볼 문제다.

소득 수준과 명문대 입학 간의 상관관계 연구는 종종 언론에서 보도된다. 부모의 소득 수준이 높을수록 그 자녀의 명문대 입학 가능성이 높다고 한다. 그런데 부자의 자녀들이 명문대에 입학하기 위해서 투입한 총 공부 시간과 그렇지 않은 사람의 자녀들이 투입한 총 공부 시간을 비교해서 총 공부 시간과 부모의 재력 중에서 어느 것이 더 명문대 입학과 상관관계가 높은지를 분석한 연구는 아직 보지 못했다. 연구의 어려움 때문인지 그 이유는 알 수 없지만 이를 연구해 보면 상당히 의미 있는 결과가 나오지 않을까 싶다. 키 큰 나보다 더 빠르게 호수공원을 걷는 여성들과 공부에 관한 지금까지의 나의 실제 경험에 비추어 보면 부모의 재력보다는 학생들의 총 공부 시간이 명문대 입학에 더 결정적 요소가 될 거라고 생각한다. 이런 추론이 만약 사실로 밝혀진다면 강남 부자 자녀들이 명문대에 많이 입학한다고 해서 사회 지위가 대물림되는 신 계급사회라고 비난할 것이 아니라 보통 사람의 자녀들이 명문대에 많이 입학할 수 있게 하는 공부 방법 정책도 바꾸어야 할 것이다.

보통 사람들과 그 자녀들은 자신의 처지가 강남 부자 자녀들에 비해서 경제력, 정보, 인적 네트워크 등에서 좋지 않다는 사실을 그대로 받아들인 후 강남 부자 자녀들을 따라 잡기 위해서 조금 더 노력하는 것이 좀 더 현실적이지 않을까. 남보다 못한 처지를 인정하면 열등감 내지 굴욕감이 드는 것이 사실이다. 그러나 그렇다고 해서 현실 인정을 피하는 것이 해결책은 아니다. 사실을 인정하고 이를 극복하도록 하는 것이 더 현실적이다. 키 작은 사람이 키 작다는 것을 인정하고 키 큰 사람을 따라 잡기 위해 발걸음을 빨리하는 향상심의 마음이 결과직으로 빠른 발걸음의 습관을 가져와 더 빨리 걸을 수 있게 되는 것과 같은 이치다.

지금 삼성은 세계 초일류 기업이다. 그러나 이건희 전 삼성그룹 회장이 회장에 취임(1987년 12월)한 후 5년이 지난 다음에 삼성의 각 계열사를 이렇게 표현했다. 삼성전자는 암 2기, 삼성중공업은 영양실조, 삼성건설은 영양실조에 당뇨병, 삼성종합화학은 선천성 불구 기형으로 태어날 때부터 잘못 태어난 회사, 삼성물산은 전자와 종합화학을 합쳐서 나눈 정도의 병에 걸려 있는 회사라고 했다. 1993년 이 회장은 주요 계열사의 중병을 고치기 위해 제2 창업을 선언하고 마누라와 자식만 빼고 다 바꿔야 한다는 프랑크푸르트 선언을 했다. 그 변화 중 하나가 7시 출근, 4시 퇴근이라는 파격적인 제도다. 이렇게 꾸준히 변화해 온 결과 지금은 삼성의 주요 계열사가 크게 성장하여 세계적인 기업이 여럿이다. 이 회장이 프랑크푸르트 선언을 한 1993년 당시만 해도 삼성의 주요 계열사는 해당 분야에서 우리나라 최고의 성적을 거두고 있던 회사였다. 그런데도 이 회장은 주요 계열사 대부분이 중병에 걸려있다고 진단했다. 대부분은 재벌 총수의 엄살쯤으로 생각했다. 그러나 지금 생각해 보면 이 진단은 정확했다. 기업도 자신이 안고 있는 문제점을 인정하고 선진 기업을 따라 잡기 위해 꾸준히 노력하면 어떤 결과를 가져오게 되는지를 삼성그룹의 성장이 잘 보여준다.

내가 어렸을 때 국정지표는 '올해는 일하는 해'(1965년), 그다음 해는 '올해는 더 일하는 해'(1966년)였다. '올해는 일하는 해 모두 나서라/ 새살림 일깨우는 태양이 떴다~일하는 즐거움을 어디다 비기랴/ 일하자 올해는 일하는 해다'라는 노래를 듣고 자랐다. '잘살아보세 잘살아보세 우리도 한번 잘살아보세.'라는 노래와 '새벽종이 울렸네, 새아침이 밝았네~' 하는 새마을 노래도 듣고 자랐다.

지금 기준에서는 국정지표를 '올해는 일하는 해'로 한다든가, 해가 떴으니 최고의 즐거움인 일하러 가자는 노래를 국가가 만들어 보급한다든가, 우리도 한번 잘살아보기 위해 새벽종이 울렸으니 일하러 가자든가 하는 노래를 국가가 만들어 보급하는 것은 꿈도 꿀 수 없다. 지금 그렇게 하자고 하면, 사람 잡는 국가, 잘사는 자가 나누어서 골고루 잘살 수 있게 하지 않고 못사는 노동자들의 고혈만 짜내려는 악질 국가라고 하면서 맹비난을 퍼붓지 않을까라는 생각이 든다. 그러나 당시 지상낙원이라면서 재일교포를 북송선에 태워 데리고 갔던 북한과 최빈국임을 인정하고 잘살기 위해서 새벽부터 열심히 일하자는 노래와 국정지표까지 만든 남한이 그 후 어떻게 되었는가를 생각해 보면, 못산다는 사실을 그대로 인정하고 극복하기 위해서 노력한 결과가 어떤 차이를 가져오는가를 남북한 사례가 잘 보여준다.

좋은 창의적 결과를 만들어내는 데에는 충분한 인적·물적 자원보다 부족한 자원이 더 효과적이라는 라비 메흐타 일리노이대 교수와 멩 주 존스홉킨스대 교수의 연구가 있다. 이 연구에서 실험 참가자들을 두 그룹으로 나눈 후 A 그룹은 자신들이 자라면서 풍족했던 경험을 쓰게 하고 B 그룹은 반대로 부족했던 경험을 쓰게 했다. 그 후 A 그룹과 B 그룹 사람들을 상대로 다양한 창의적 실험을 하였다. 그 결과 모든 과제에서 자원이 부족하고 가난함을 생각했던 B 그룹이 A 그룹보다 더 창의적으로 과제를 수행했다. 그 이유는, 자원이 부족하다는 생각을 하게 되면 자연스럽게 기존 방식으로는 문제 해결이 어렵다는 사고가 촉발되어 창의적인 생각을 하게 되지만, 자원이 풍부하면 기존 방식으로 문제를 바라보게 되는데 이것이 창의와 혁신에 방해물이 되기 때문이라고 한다. 결국 궁하면 통한다는 옛말과 같이, 사람은 자원이 부족하면 새로운 생각으로 그 부족함을 메꾸려고 한다는 것이다.

한비자의 〈세림 상〉에 다음과 같은 내용이 나온다. 양자가 송나라를 지날 때 묵은 여관 주인에게 두 명의 첩이 있었는데, 주인이 못생긴 첩을 예쁜 첩보다 더 높게 대우해서 양자가 그 이유를 물었다. 여관 주인이 "예쁜 자는 스스로 예쁘다고 생각하지만 나는 그녀가 예쁜지를 모르겠고, 못생긴 자는 스스로 못생겼다고 생각하지만 나는 그녀가 못생겼는지 모르겠다"[1]라고 대답했다. 못생겼다는 사실을 인정한 후 자신의 약점을 극복하기 위해서 열심히 노력하는 못생긴 첩을 예쁜 미모를 믿고 노력하지 않는 예쁜 첩보다 훨씬 더 좋아한다는 얘기다.

열악한 현실을 그대로 인정하고 그 현실을 극복하기 위해서 꾸준히 노력하면 키 작은 여성들이 키 큰 남자보다 더 빠르게 걷고, 중병에 걸렸다는 삼성그룹의 계열사도 세계적인 기업이 되며, 최빈국이었던 우리나라가 선진국으로 된다. 부족하고 가난한 것을 받아들이면 이를 극복하기 위하여 더 창의적인 해법을 생각해 낸다. 미모를 극복하기 위해 노력하는 못생긴 여자가 예쁜 여자보다 더 예뻐 보이는 법이다. 궁할 때 노력하면 통하는 길이 열린다.

---

1) 美者自美 吾不知其美也 惡者自惡 吾不知其惡也(미자자미 오부지기미야 악자자악 오부지기악야).

16. 1시간은 걸어야 하는 줄 알면서도 왜 호수공원에는 안 갈까?

어리석은 자도 본래 잘 다스리기를 바라지만 그렇게 다스리는 것은 싫어한다(愚者
固欲治而惡其所以治, 우자고욕치이오기소이치).

《한비자》〈간겁시신〉

경기도 고양시 일산에 사는 거래처 임원이 있었다. 그는 목 디스크로 고생했는데 병원에서는 건강을 위하여 매일 1시간 정도 걷기 운동을 권했다고 한다. 그의 말에 따르면 30분이나 20분은 걷는데 1시간 동안 걷기는 잘 안된다고 했다. 어디서 걷느냐고 물으니 집 주변 공원에서 걷는다고 했다. 일산 호수공원을 한 바퀴 돌면 1시간 걷기가 되지 않느냐고 하니까 집에서 호수공원까지 가는데 10분 정도 걸려서 가지 않는다고 한다. 일산 호수공원은 중앙에 있는 호수를 따라 조성된 산책길이 약 5㎞다. 걸어서 한 바퀴 돌면 50분쯤 걸린다. 호수공원에는 중앙에 있는 호수를 가로질러 난 길이 없다. 그래서 걷다 보면 중간에 되돌아가거나 그대로 한 바퀴 도는 것이나 거리가 비슷해서 사람들은 일단 걷기 시작하면 대부분 한 바퀴를 걷는다. 나는 그 임원에게 이 얘기를 하면서 호수공원을 한 바퀴 걷는 것을 목표로 해서 걸으면 매일 1시간 이상 걷는 게 쉽게 될 거라고 했다. 그러나 그 임원은 날마다 1시간 정도 걷기 운동을 해야 한다는 생각은 하면서도 여전히 호수공원에 가지 않는다.

하기 힘든 것을 꾸준히 하려면 그렇게 할 수밖에 없는 환경에 처해야만 잘하게 된다는 것을 호수공원 걷기에서의 3번째 깨달음이므로 '호수공원 3법칙'이라고 이름 지었다. 호수공원이라는 환경 때문에 깨달은 것이므로 '환경의 법칙'이라는 이름도 붙였다.

친한 친구가 서울대학교 최고경영자 과정(AMP)을 다닐 때 수업 시간에 교수님에게 들은 이야기라고 하면서 당시 세계 최고의 기업이었던 월마트가 잘 되는 이유가 IT와 인공위성에 의한 통신망 등으로 구축한 물류시스템에 있다고 했다. 그때 나는 월마트가 잘 나가는 진짜 이유는 물류시스템이라기보다는 'Everyday Low Price 매일 낮은 가격'이라는 슬로건 때문이라고 생각한다고 했다. IT와 인공위성에 의한 통신망으로 구축한 물류시스템은 매일 저렴한 가격을 제공한다는 슬로건을 실현하는 하나의 수단에 불과한 것이고, 월마트 경쟁력의 핵심은 이 슬로건에서 비롯된 것이라고 말했다.

와신상담이라는 말이 있다. 패배를 설욕하기 위해 절치부심하면서 노력하는 모습을 나타내는 말이다. 나무 장작 위에 눕고 쓸개를 맛본다는 뜻의 이 말은 중국 춘추시대 말기 오나라 부차와 월나라 구천이 서로 복수하기 위해서 한 행동에서 유래했다. 오나라 왕 합려는 월나라 왕 구천과의 싸움에서 패하여 죽으면서 아들 부차에게 복수할 것을 유언으로 남겼다. 아들 부차는 왕이 된 후 매일 나무 장작 위에서 자고 일어나면 부하들이 구천에게 원수 갚을 것을 기억하느냐라는 말을 아침 인사로 대신하게 하는 등의 노력 끝에 월나라와 싸워서 월 왕 구천을 생포하는 복수를 했다. 이 부차의 행동이 '나무 장작 위에 누워 잔다'는 뜻의 와신(臥薪)이다. 오나라에 패한 월나라 구천은 오나라에 붙잡혀 와서 3년간 온갖 힘든 일을 다 한 후에 월나라로 돌아올 수 있었다. 구천은 치욕을 잊지 않기 위해 잠자리 옆에 쓸개를 놓아두고 핥으면서 복수를 위해 노력한 결과 오나라와 싸워 부차를 죽이는 복수를 했다. 이 구천의 행동이 '쓸개를 맛본다.'는 뜻의 상담(嘗膽)이다. 이 두 개의 말이 합쳐서 패배를 설욕하기 위해 노력하는 것을 와신상담이라 한다.

그러나 와신상담의 의미를 패배를 설욕하기 위해서 힘들게 노력하는 행동이라는 측면보다는 오나라 부차와 월나라 구천이 패배를 잊지 않고 설욕하기 위하여 꾸준히 노력할 수밖에 없도록 만든 환경(와신과 상담)의 측면이 사람들에게는 더 의미 있는 게 아닌가라고 생각한다. 패배나 실패를 만회하려면 꾸준한 노력이 필요하다는 것은 누구나 안다. 그러나 실제 꾸준히 노력하는 사람은 그리 많지 않다. 꾸준히 노력한다고 해서 패배나 실패를 만회할 수 있을지 여부도 불확실하고, 꾸준히 노력하는 과정 자체가 몹시 어려운 일이기 때문이다. 이 힘든 과정을 이겨내고 처음에 작심한 꾸준한 노력을 지속하려면 처음의 각오가 흔들리지 않고 지속할 수 있는 환경을 만드는 게 중요하다. 오나라 부차는 나무 장작 위에서 자는 것으로, 월나라 구천은 날마다 쓴 쓸개를 핥는 것으로 그 환경을 만들었다. 만약 부차와 구천이 나무 장작 위에서 자지 않고 매일 쓴 쓸개를 핥지 않았다면 복수라는 목표를 이루고자 하는 마음을 끝까지 밀고 갈 수 있었을까?

'어머니의 눈물'이라는 박목월 시인의 시가 있다.

회초리를 들긴 하셨지만
차마 종아리를 때리시진 못하고
노려보시는
당신 눈에 글썽거리는 눈물

와락 울며 어머니께 용서를 빌면
꼭 껴안으시던
가슴이 으스러지도록
너무나 힘찬 당신의 포옹

바른 길
곧게 걸어가리라

울며 뉘우치며 다짐했지만
또다시 당신을 울리게 하는

어머니 눈에
채찍보다 두려운 눈물
두 줄기 볼에 아롱지는·······
흔들리는 불빛.

박목월 시인도 잘못을 저질러 어머니로 하여금 회초리를 들게 하고 눈물을 흘리게 한 후 뉘우치고 다시는 어머니가 울지 않도록 바른 길 걸어가겠다고 다짐을 했지만 또다시 잘못을 저질러서 어머니의 볼에 흐르는 눈물에서 아롱지며 흔들거리는 불빛을 보고 쓴 시다. 이 시처럼 과거의 잘못을 다시는 하지 않겠다고 다짐을 해도 그 잘못을 되풀이하지 않는 것이 생각처럼 쉽지 않다. 좋지 않은 시험 성적을 받아든 후 열심히 공부해서 꼭 만회하겠다고 다짐하지만 그렇게 공부하지 않아 또다시 나쁜 시험 성적을 받아드는 것이 우리의 모습이다.

한비자는 〈간겁시신〉에서 "어리석은 자도 본래 잘 다스리기를 바라지만 그렇게 실제 다스리는 것은 싫어하고, 모두가 위험한 것을 싫어하면서도 그 위험해지는 것은 좋아한다."[1]라고 말했다. 마치 일산의 거래처 임원이 1시간 정도의 걷기 운동을 하면 목 디스크에 많은 도움이 된다는 것을 잘 알지만 1시간씩 걷기 운동을 할 수밖에 없도록 호수공원에 가는 습관(환경)을 만들기를 싫어하는 것과 같다는 얘기다. 박목월 시인이 어머니가 다시는 눈물을 흘리지 않도록 바르게 살아가려고 마음을 먹지만 바르게 살아가는 것 자체를 실제 실행하기가 쉽지 않아 또다시 어머니가 눈물 흘리

---

1) 愚者固欲治而惡其所以治 皆惡危而喜其所以危者(우자고욕치이오기소이치 개오위이희기소이위자).

도록 하는 것과 마찬가지이기도 하다.

　오나라 부차와 월나라 구천은 나무 장작 위에서 자고〔臥薪〕 쓴 쓸개를 핥아서〔嘗膽〕 자신들이 세운 목표를 달성했다. 월마트는 'Everyday Low Price'라는 슬로건을 달성하기 위하여 인공위성에 의한 통신망을 구축하여 물류혁명을 이루어서 세계 최고의 기업이 되었다. 평범한 우리는, 우리의 의지를 믿기보다는, 'Everyday Low Price'와 같이 생활의 목표를 써 붙이는 등으로 목표를 잊지 않도록 하고 이 목표를 달성하기 위해 실천할 수밖에 없는 환경을 조성하는 것이 꾸준한 노력을 불러오는 지름길이 아닐까.

17. 잔디가 토끼풀을 이겨내고 자라게 하려면 어떻게 해야 할까?

일을 잘 처리하려고 하면 그것이 미세할 때 해야 한다(是以欲制物者於其細也, 시이
욕제물자어기세야).

《한비자》〈유로〉

일산 호수공원에는 나무도 많지만 잔디를 가꾼 정원도 많다. 정원에는
토끼풀이 잔디와 함께 자라는 곳이 많은데 토끼풀은 잔디보다 더 빨리
무성하게 자란다. 그래서 토끼풀이 무성한 곳에는 잔디가 제대로 자라지
못한다.

호수공원을 걸으면서 잔디가 잘 자라도록 토끼풀을 제거하는 3가지 방
법을 보았다. ① 처음에는 잔디의 천적인 토끼풀을 없애려고 토끼풀이 무
성한 곳에 제초제를 뿌렸다. 토끼풀을 말려 죽이는 독한 제초제를 뿌리면
사람에게도 해롭지 않을까, 하고 걱정도 되었다. 그러나 제초제를 뿌려도
비가 오면 금방 토끼풀이 되살아 무성해져서 이 방법은 효과적이지 않았
다. ② 그다음에는 사람들을 동원해서 호미로 토끼풀의 뿌리를 아예 뽑
는 방식이었다. 많은 인력을 동원하여 그 넓은 정원의 토끼풀의 뿌리를 뽑
았으나 시간이 지나자 금방 토끼풀이 다시 무성해졌다. ③ 그러자 이번에
는 풀 깎는 기계로 잔디, 토끼풀, 그 밖의 잡초를 가리지 않고 모두 짧게
깎았다. 호미로 토끼풀의 뿌리를 뽑아내는 것보다 훨씬 적은 인력으로 훨
씬 짧은 시간에 관리하는 것으로 현재 이 방법을 쓰고 있다.

풀 깎기 방법이 토끼풀 뿌리 뽑기 방법보다 훨씬 효과가 좋았다. 모든
풀을 짧게 깎자 잔디가 조금씩 토끼풀을 헤치고 자랐다. 호미로 하는 토
끼풀 뿌리 뽑기는 많은 인력이 필요해서 자주 할 수가 없었다. 그래서 그

다음 뿌리 뽑기까지 시간 간격이 길었다. 토끼풀의 뿌리를 호미로 말끔히 뿌리 뽑기가 힘들어서 잔여 뿌리가 많이 남아 있는 것 같았다. 그래서인지 시간이 지나면 금방 토끼풀이 무성해져서 뿌리 뽑기 하기 전과 차이가 없었다. 그러나 풀 깎기를 하니까 인력과 시간이 훨씬 적게 들기 때문에 뿌리 뽑기보다 자주 했다. 그러자 잔디가 토끼풀이 있는 곳에서도 조금씩 자라고 있다.

잔디가 잘 자라도록 하기 위해서 토끼풀을 제거하는 방법을 보면서 몇 가지를 깨달았다. ①토끼풀이 무성하면 토끼풀을 근절하기 몹시 어렵기 때문에 토끼풀이 무성하게 되기 전에 근절하는 게 가장 손쉽다는 것, ②호미로 토끼풀 뿌리를 뽑는 것보다 풀 깎는 기계로 토끼풀과 잔디를 함께 자주 깎아 주는 것이 잔디가 자라는 데 훨씬 효과적이라는 것, ③토끼풀을 제거해서 잔디가 무성히 빽빽하게 자라고 있는 곳에서는 토끼풀은 없고 잔디만 무성하게 자란다는 것이다. 호수공원을 걸으면서 네 번째로 깨달은 것이므로 '호수공원 4법칙'이라고 이름 지었고, 잔디 본래의 성장력이라는 본성에 기초한 생명력에 관한 것이어서 '본성의 법칙'이라는 이름을 붙였다.

나와 같은 병실에서 같은 날 위암 수술을 받은 K라는 30대 후반의 남성이 있었다. K는 나보다 열두 살이나 어리면서도 수술 후 깊은 심호흡을 잘하지 못해서 몹시 힘들어했다. K는 수술 후 3일째 되는 날 병원 뒤 흡연 금지구역에서 몰래 담배를 피우다가 적발이 되어 의사로부터 크게 혼이 났다. K는 수술 후 심호흡이 잘 되지 않아(심호흡을 잘해야 가래가 잘 생기지 않는다) 밤에 끙끙거리고 잠도 잘 자지 못하면서도 심호흡에 좋지 않은 담배를 피웠으니 담배의 유혹이 얼마나 강한지를 잘 보여준다.

척추관협착증 시술 때문에 입원했을 때다. 시술한 다음 날 아침에 병원 복도에서 걷기 운동을 하는데 환자복을 입은 60대 중반으로 보이는 남자가 병원 복도에서 링거병을 꽂은 받침대를 끌고 걷기 운동을 하면서 핸드

폰으로 화투놀이 게임을 하고 있었다. 운동을 하려면 꼿꼿이 척추를 세우고 걸어야 한다. 그 사람도 척추 관련 수술이나 시술을 한 사람일 텐데 핸드폰으로 화투놀이 게임을 하면서 링거병을 꽂은 받침대를 밀고 가니까 허리가 구부려져 걷는 자세가 좋지 않을 수밖에 없었다. 척추 질환으로 수술 후에 환자복을 입고 운동하면서도 화투놀이 게임을 하고 있으니 게임 중독에서 벗어나기 얼마나 어려운지 알 수 있다.

중독에 따른 행동은 마치 토끼풀과 잔디의 관계를 보여주는 것과 같다는 생각이 든다. 일단 토끼풀이 무성해지면 잔디의 생육을 위해서 토끼풀을 근절하는 것이 어렵듯이, 일단 골초가 되거나 게임 중독이 되면 금연하거나 게임을 하지 않는 것이 얼마나 어려운가를 보여준다. 제초제를 뿌리고 호미로 뿌리를 뽑아도 금방 토끼풀이 잔디보다 무성해지듯이, 생명의 위험이 있는 위암 수술을 받고 척추 관련 수술을 받고도 금방 흡연이나 게임의 습관에 빠진다.

사람은 누구나 남들로부터 인정받고 건전하고 건강하게 한평생 살아가려는 욕망을 갖고 있다. 그러나 그렇게 잘 되지 않는다. 호수공원의 정원에서 토끼풀이 잔디보다 훨씬 더 잘 자라서 잔디가 잘 자라지 못하게 방해하듯이, 좋지 않은 습관(흡연, 도박, 마약, 게임 등)은 좋은 습관(운동, 공부, 꾸준한 노력 등)을 눌러서 방해한다.

①토끼풀이 무성하면 잔디가 자라지 못하므로 토끼풀이 아예 처음부터 자리 잡지 못하도록 하는 게 제일 좋다. 마찬가지로 좋지 않은 습관이 좋은 습관을 억누르므로 좋지 않은 습관이 자리 잡지 않도록 하는 것이 가장 좋다. ②토끼풀에 제초제를 뿌리고 호미로 토끼풀의 뿌리를 뽑더라도 토끼풀을 근절하는 것은 어렵기 때문에 차라리 잔디가 스스로의 힘으로 자라나도록 토끼풀과 잔디를 함께 자주 깎아 주는 게 더 낫다. 마찬가지로 좋지 않은 습관에 젖어 있는 때에는 그것을 아예 못하도록 하는 것은 어렵기 때문에 사람의 기본적인 본성인 남들로부터의 인정감, 건전

하고 건강하게 살아가려는 마음이 더 발휘될 수 있는 환경에 젖어들게 하는 것이 더 낫다. ③잔디가 빽빽하게 자란 곳에는 토끼풀이 그 잔디 속에서 자라지 않듯이, 사람이 가진 기본적인 좋은 습관에 충실해지면 나쁜 습관은 파고들지 않는다.

한비자는 〈유로〉에서 "형태가 있는 일에서 큰 것은 반드시 작은 것에서 비롯된다…따라서 일을 잘 처리하려고 하면 그것이 미세할 때 해야 한다. 그래서 노자가 어려운 일은 쉬울 때 도모하고 큰일은 미세할 때 한다고 말했다"[1] 하고 노자의 말을 해설한다. 잔디가 잘 자라도록 하려면 토끼풀이 적을 때 이를 제거해 주어야 하고 이렇게 하는 것이 일 처리를 잘한다는 얘기다. 위암 수술 후 심호흡을 잘하지 못하여 힘겨워하면서도 담배를 피우는 습관을 막고, 척추 수술 후 허리를 꼿꼿이 해서 운동해야 하는데도 허리를 구부리게 되는 게임 습관을 방지하기 위해서도 흡연과 게임의 초기에 중독되지 않도록 하는 게 최고라는 말이기도 하다.

나쁜 습관 때문에 인생을 망치는 사람이 많다. 나쁜 습관을 억제하고 좋은 습관을 기르기 위해서 어떻게 해야 하는가를 잔디가 토끼풀을 이기고 자라는 모습에서 배운다.

---

1) 有形之類 大必起於小…是以欲制物者於其細也 故曰 圖難於其易也 爲大於其細也(유형지류 대필기어소…시이욕제물자어기세야 고왈 도난어기이야 위대어기세야).

18. 풀은 왜 잎보다 높게 줄기를 뻗어내어 꽃을 피울까?

이가 서로 달라들어 힘을 모아 돼지의 피를 빨았다. 돼지는 여위었다(於是乃相與聚
嘬其身而食之 彘臞, 어시내상여취최기신이식지 체구).

《한비자》〈세림 하〉

호수공원에는 벚꽃, 살구꽃, 철쭉, 장미, 목련 등 나무꽃도 많고 개망초, 금계국, 접시꽃, 코스모스 등 풀꽃도 많다. 호수공원을 무심코 걷다가 풀에서 피는 풀꽃은 대부분 꽃이 달린 꽃줄기가 풀잎보다 높이 솟아올라서 풀잎보다 높은 곳에서 꽃이 핀다는 사실을 알았다. 주말농장을 하면서 보니까 고추, 가지, 오이, 참외, 수박 등 식용 식물의 꽃은 대부분 꽃줄기가 풀잎과 같은 높이에서 꽃을 피웠다. 나무에 피는 꽃은 장미, 무궁화 등 일부는 꽃줄기가 잎을 헤치고 뻗어 나와 나뭇잎보다 높은 곳에서 꽃이 피지만 대부분의 나무는 꽃줄기가 뻗어 나오지 않고 나뭇가지 사이에서 꽃줄기를 내고 꽃을 피우고 있었다. 장미가 꽃꽂이용으로 많이 쓰이는 것은 꽃이 예쁜 것도 있지만 꽃줄기가 잎사귀보다 위로 뻗어 나와 꽃이 피므로 꽃이 잘 보여서 예뻐 보이니까 그런 게 아닌가 싶다. 나무꽃은 대부분 벚꽃, 철쭉과 같이 나뭇잎이 생기기 전에 꽃이 먼저 핀다. 그러나 풀이 나기 전에 꽃부터 먼저 피는 풀꽃은 보지 못했다.

호수공원을 걸으면서 피어있는 꽃을 보다가 '왜 풀꽃은 나무꽃과 달리 대부분 꽃줄기가 풀잎보다 높이 솟아올라서 피고, 나무꽃은 대부분 풀꽃과 달리 나뭇잎이 나기 전에 먼저 필까?'라는 의문이 들었다. 이것을 생각하다가 이런저런 생각이 떠올랐다. 이 생각을 '호수공원 5법칙'이라 이름 짓고, 풀꽃이든 나무꽃이든 모두 자신의 씨앗을 널리 퍼뜨리기 위한 방식에서 차이가 발생한다는 생각에서 '번성의 법칙'이라고 이름 지었다.

먼저, 1년생 풀과 수십 년을 사는 나무 간에는 꽃이 피는 것이 다르다는 것을 보고 다음과 같은 생각을 했다. 풀은 1년생이 많은데 1년밖에 살지 않는 풀의 입장에서는 내년을 생각해서 살아갈 수 없다. 풀의 입장에서는 살아있는 올해에 최대한 벌과 나비가 많이 찾아올 수 있도록 꽃을 피우는 게 최선이다. 벌과 나비가 꽃을 잘 찾을 수 있게 그들의 눈에 띄려면 풀은 가능한 한 모든 에너지를 모아서 꽃줄기가 풀잎보다 높이 솟아오르도록 하는 게 최선이다. 꽃줄기가 풀잎보다 높이 솟아올라 꽃이 피는 건 이런 필요성에 부응해서 진화한 결과가 아닐까. 반면, 나무는 수십 년을 생존하므로 내년에도 존재한다. 그래서 꽃이 피는 꽃줄기에 모든 에너지를 쏟아 부어 꽃줄기가 나뭇잎보다 높이 솟아오르게 하여 꽃이 피도록 할 필요가 없다. 그 대신 나무는 나뭇가지가 더 많이 뻗어 나가도록 하여 더 많은 가지에서 꽃이 만발하도록 하는 게 낫다. 실제 나무꽃은 이렇게 피는데 이런 요구에 부응해서 진화한 것은 아닐까 싶다.

이런 생각은 기업 경영에서 오너와 전문 경영인 중 누가 경영을 하는 게 좋은가를 두고 예전부터 있어 온 논란에까지 확장되었다. 전에는 오너가 기업을 경영하기보다는 전문적 경험과 지식을 갖춘 전문 경영인이 경영하는 게 좋다는 의견이 많았다. 그러나 실제 기업을 관찰한 결과, 오너 경영 기업이 전문 경영인 경영 기업보다 더 성과가 높다는 연구 사례가 많이 나와서 현재는 오너 경영 기업에 대하여 종전과 같이 비난을 그리 하지 않는 사회적 분위기가 형성되었다. 오너가 경영하는 것을 두고 소유와 경영이 분리되지 않은 후진국형 경영을 하고 있다고 비난하는 말을 요즘은 전처럼 듣기 어렵다.

임기가 있는 전문 경영인의 입장에서는 연임할 수 있도록 자신의 임기 중에 자신이 이룬 성과가 돋보이도록 하는 단기 실적에 치중하게 된다. 이것은 1년생 풀이 벌과 나비를 불러 모으기 위해서 꽃줄기를 위로 쭉 키워

올려서 꽃을 피우는 것과 다를 바 없다. 기업은 나무와 같이 장기간 생존하는 조직이다. 꽃줄기를 잎보다 위로 높이 뻗어 올려 꽃을 피우는 1년생 풀과 달리 꽃이 필 수 있는 터전인 가지를 더 많이 키워 내어 내년 이후에 더 많은 꽃이 필 수 있도록 하는 나무는 영속 조직인 기업에 더 가깝다. 그렇다면 1년생 꽃의 전략에 치중하는 전문 경영인보다는 다년생 꽃을 피우는 나무의 전략을 추구하는 오너 경영인이 영속 조직인 기업에 더 적합한 것은 자연 생태계의 순리라는 생각이다. 물론 무능한 오너가 기업을 경영해서 기업을 망하게 할 수도 있다. 무능한 오너가 경영하는 기업이 경쟁력에 뒤처져 망하는 것은 마치 꽃을 피우는 나뭇가지를 많이 만들지 못하는 나무가 번성하지 못하고 시들어서 죽는 것과 같은 자연의 법칙이어서 이 또한 자연의 순리이다.

꽃을 피우는 나무의 모습은 제각각이며 식용 식물이 꽃 피우는 모습은 비식용 식물이 꽃 피우는 모습과 다르다는 점을 보고 느낀 바도 있다.

나무는 대부분 풀과 같이 꽃줄기를 쭉 뻗어서 꽃을 피우는 대신에 벌과 나비가 꽃을 쉽게 찾을 수 있도록 나뭇잎이 생기기 전에 꽃을 먼저 피운다. 나뭇잎이 생긴 이후에 꽃을 피우는 밤나무, 아카시아 같은 나무도 있는데 이런 나무는 진한 꽃향기를 내어서 벌과 나비를 불러들인다. 꽃이 잎사귀에 가려서 잘 안 보이면 진한 향기를 내어서 그 부족함을 메우는 전략을 쓰는 것이다. 고추, 가지, 오이, 참외, 수박 등 식용 식물은 꽃줄기를 잎사귀보다 더 높게 해서 꽃 피우지 않는다. 이렇게 하는 이유는 고추, 가지, 오이, 참외, 수박 등 열매를 키우는 데 필요한 영양분을 만드는 잎이 무성하게 자라도록 하기 위해 그런 게 아닌가 싶다. 이런 식용 식물은 그 열매가 크고 당도가 높다. 그래서 꽃보다 열매를 키워서 눈에 띄게 하고 달콤한 맛으로 동물들을 유혹한다. 동물들이 그 열매를 먹으면 열매 속에 있는 씨앗이 이 동물을 통해서 멀리까지 퍼지게 되어 자신의 후손을 널리 퍼뜨린다.

'잎보다 꽃을 먼저 피워서 벌과 나비가 쉽게 찾아오도록 하는 나무'나 '잎이 생긴 후에 핀 꽃에서 진한 향기를 품어 내어 벌과 나비가 쉽게 찾아오도록 하는 나무'는 긴 진화의 과정에서 그의 후손을 잘 퍼뜨릴 수 있도록 자신에 맞는 방법을 찾아내어 적응한 결과다. 식용 식물은 크고 달콤한 열매를 맺어서 그 열매를 먹은 동물로 하여금 씨앗을 널리 퍼뜨리도록 하는 방법으로 진화해 왔다.

한비자는 〈세림 하〉에서 다음과 같이 말한다. 이(蝨) 세 마리가 서로 다투고 있었다. 그때 이 한 마리가 지나면서 무엇 때문에 다투느냐고 물었다. 그러자 이 세 마리가 살찌고 먹을 게 많은 곳이 어디인지를 두고 다툰다고 말했다. 지나가던 그 이가 말했다. "납향 제사 때가 되어서 띠풀로 돼지 귀를 불사르는 것을 걱정하지 않고 무엇을 걱정하고 있는가? 그러자 서로 달려들어 힘을 모아 돼지의 피를 빨았다. 돼지는 여위었다. 사람들은 돼지를 죽이지 않았다"[1]는 내용이다. 이조차도 살아남기 위하여 다투지 않고 돼지 피를 빨아서 돼지를 여위게 만들어 제사에 쓰이지 않게 함으로써 계속 그 돼지에서 피를 빨면서 살아갈 수 있도록 적응해 나간다는 이야기이다.

풀과 나무가 저마다의 모습으로 꽃을 피워서 그 자손이 널리 퍼지게 하는 것은 자신이 처한 환경에 맞추어 적응한 결과다. 풀과 나무가 꽃과 열매를 번성하게 해서 이를 찾는 동물이 모여들게 한다. 이런 과정으로 자연이 조화를 이루면서 더욱 번성한다. 모두가 자신과 후손이 번성하기 위해서 하는 것이지 남을 위해 하는 것이 아니다. 그러나 자연은 조화를 이룬다. 푸줏간과 빵집 주인이 자신의 이익을 위해 노력한 결과로 내가 맛있는 저녁을 먹게 된다는 애덤 스미스의 보이지 않는 손의 법칙이 자연에서 그대로 실현되고 있음을 꽃에서도 본다.

---

1) 若亦不患臘之至而茅之燥耳 若又奚患? 於是乃相與聚嘬其身而食之 彘臞 人乃弗殺(약역불환랍지지이모지조이 약우해환 어시내상여취최기신이식지 체구 인내불살).

19. 주차단속용 CCTV를 설치하면 사람들은 좋아할까?

대신은 법을 고통스러워하고 서민들은 잘 다스려지는 것을 싫어한다(大臣苦法而
細民惡治也, 대신고법이세민오치야).

《한비자》〈화씨〉

전에 신문에서 본 어떤 독자의 투고 내용이다. 버스정류장에 사람들이
서서 버스를 기다리는데 정류장 앞 도로에 한 사람이 승용차를 주차하
고 내렸다. 그곳에 차를 주차하면 정류장에 정차해야 하는 버스 운행에
큰 방해가 된다는 것을 아는 사람들이 일제히 그 사람을 쳐다보았다. 그
는 머리를 짧게 깎은 조폭 차림의 젊은이였다. 그는 여기 주차한다고 누가
감히 나에게 시비를 걸 수 있겠냐는 거만한 표정으로 주위 사람들을 둘
러보았다. 모두 그 위세에 눌려 아무 말도 못 하고 있는데, 한 노인이 손을
내밀어서 젊은이를 가리키더니 천천히 위로 손을 들어 올렸다. 젊은이가
노인의 손을 따라 위로 고개를 들어보니, 거기에는 주차 단속용 CCTV가
설치되어 있었다. 젊은이는 CCTV를 보고는 황급히 차를 몰고 가 버렸다.
버스 정류장에서 버스를 기다리던 사람들의 따가운 눈초리보다 주차 단
속용 CCTV가 훨씬 효과적이라는 것을 보여주는 생생한 현장이다.

일산 호수공원에서도 비슷한 사례가 있었다. 호수공원 바로 옆에 있는
왕복 6차선 도로 중 호수공원과 붙어있는 보행도로 쪽 1개 차선(지금은 이
곳에 자전거 전용도로가 설치되어 있다)은 공휴일에는 호수공원에 놀러 온
사람들의 주차로 완전히 주차장이 되곤 했다. 불법 주차에 딱지를 떼고
경찰이 단속하고 견인 등의 조치를 해도 불법 주차를 막는 데에는 한계가
있었다. 그러나 당국에서 보행도로 쪽 차선에 CCTV를 달아 불법 주차를

단속하자 불법 주차는 완전히 사라졌다. 딱지를 떼거나 경찰이 단속하거나 견인을 하는 것보다 누구에게나 항상 예외 없이 단속하는 CCTV에 사람들이 가장 잘 순응한 것이다. 이를 보고 느낀 점을 '호수공원 6법칙'이라 이름 짓고 사람이 어떤 경우에 법을 잘 지키는가를 보여준다는 점에서 '준법의 법칙'이라 명명했다.

나의 사무실이 있는 서여의도에는 국회가 있어 여당, 야당 등의 정당과 국회의원 관련 사무실이 많다. 국회의원은 국민이 지켜야 할 법률을 제정하므로 남들보다 법을 잘 준수해야 하는 것은 당연하다. 그러나 서여의도의 정당 사무실 근처 도로는 불법 주차가 만연한다. 종종 골목 도로에 불법 주차한 차에 위반 딱지를 붙이고 견인하는 경우도 있지만 불법 주차는 좀처럼 사라지지 않는다. 만일 이곳에 불법 주차 단속용 CCTV를 설치하면 어떻게 될까? 단번에 불법 주차가 사라지지 않을까? 경찰청장으로 임명받은 사람이 인사청문회 때 향후 취임하면 지위고하를 막론하고 엄정하게 법 집행을 하겠다고 약속하는 경우가 많다. 구청장도 선거 때가 되면 공정하게 일 처리 하겠다고 약속한다. 경찰청장이나 구청장은 서여의도 정당 사무실 주변 골목 도로의 상시적 불법 주차 실태를 잘 알고 있다. 그러나 이들은 주차 단속용 CCTV를 설치하면 단번에 주차질서가 잡힐 것을 잘 알면서도 설치하지 않고 있다. 엄정한 법 집행을 약속하는 경찰청장이나 구청장이 실제로는 국회의원들의 눈치를 살피면서 일 처리하고 있다는 것을 잘 보여주는 사례다.

만약 서여의도 정당 사무실 주변 도로에 불법 주차를 막기 위하여 CCTV를 설치하면 국회의원들은 공무원들이 일 처리를 잘 하고 있다고 칭찬할까 아니면 왜 내 차에 상시 딱지 뗄 위험이 있는 CCTV를 설치하느냐고 항의할까? 이성적으로 생각하면 법을 제정하는 국회의원은 정당 사무실 부근 도로의 불법 주차를 막도록 CCTV 설치를 자발적으로 요청해야 맞다. 그러나 현실은 거꾸로다.

한비자는 〈화씨〉에서 "정부가 법을 제대로 집행하면 떠돌아다니던 백성은 농사를 짓고, 놀고 있던 선비는 위험을 무릅쓰고 전쟁터에 나간다. 따라서 법술은 신하, 선비, 백성에게 화(禍)가 된다"[1]라고 하고, 또 "대신은 법을 고통스러워하고 서민은 잘 다스려지는 것을 싫어한다"[2]라고 했다. 비유해서 말하면 이렇다. 정부가 주차 단속용 CCTV를 설치하면 불법 주차를 하던 국민이나 국회의원 등도 비용을 내고 주차하거나 조금 먼 주차장에 주차하는 수고를 해야 하는데, 이렇게 돈을 내거나 힘들게 주차하도록 만드는 CCTV가 자신을 힘들게 하는 원인(禍)이라고 생각하여 CCTV 설치를 싫어한다는 것이다. 또한 사람들은 도로가 엉망인데도 왜 불법 주차 단속을 안 하는가라고 불평하면서도 실제 주차 단속용 CCTV를 설치하면 국회의원 등 고위층도 고통스러워하고 국민들도 마찬가지로 CCTV 설치를 싫어한다는 것이다.

미국의 범죄학자인 제임스 윌슨과 조지 켈링이 1982년 3월에 공동으로 발표한 '깨진 유리창 법칙(broken windows theory)'이란 게 있다. 사회 무질서에 관한 이론이다. 깨진 유리창 하나를 그대로 방치해 두면 그것이 사람들에게 심리적인 영향을 주어 너도나도 도덕적으로 죄의식 없이 돌을 던지거나 훼손에 동참하여 범죄가 확산되기 시작한다는 이론이다. 사소한 무질서를 방치해 두면 큰 범죄로 이어질 가능성이 높다는 것을 의미하는 것이다.

우리나라에서도 《깨진 유리창 법칙》이라는 제목으로 번역 출판되어 큰 인기를 끌었다. 고객들은 깨진 유리창 하나가 방치되는 것을 보고 관리가 안 되는 가게 내지 기업이라고 인식하게 되고, 이것이 가게나 기업의 전체 이미지에 나쁜 이미지를 심어주게 되어 경영 실적에 나쁜 결과를 가져오

---

1) 官行法 則浮萌趨於耕農 而遊士危於戰陳 則法術者乃群臣士民之所禍也(관행법 즉부맹추어경농 이유사위어전진 즉법술자내군신사민지소화야).

2) 大臣苦法而細民惡治也(대신고법이세민오치야).

게 된다는 것이다. 그래서 기업은 원대한 비전을 세우고 경영 전략을 펼치는 것 못지않게 사소한 잘못을 방치하지 않는 것이 중요하다는 것이다.

경찰청장, 구청장, 국회의원이 거창하게 자신이 앞으로 뭘 하겠다고 국민들에게 약속하는 것 못지않게 중요한 것은 당장 눈에 보이는 사소한 잘못이 시정되도록 조치하는 일이다. 이를 간단히 할 수 있는 대표적인 것이 정당 사무실이 밀집한 서여의도 골목 도로에 불법 주차 단속용 CCTV를 설치하는 일이다. 이렇게 간단한 것도 실제 하지 않으면서 지위고하를 막론하고 엄정하게 법 집행을 하겠다고 약속하는 경찰청장 등이나 지위고하를 막론하고 엄정하게 법 집행하라고 요구하는 국회의원은 위선이다. 준법, 불법 단속 등을 약속하면서 서여의도 골목 도로의 불법 주차 단속용 CCTV 설치라는 간단한 것조차 하지 않는 것은 깨진 유리창을 갈아 끼우는 간단한 것조차 하지 않는 것과 같다. 기업 이미지를 좋게 만들기 위해서 애쓰는 기업과 대형 범죄를 방지하기 위해서 노력하는 당국은 차이가 없다. 깨진 유리창을 갈아 끼우는 간단한 일조차 곧바로 하지 않는 비효율적인 기업은 망한다. 즉시 깨진 유리창을 갈아 끼우는 효율적 기업으로 대체되어 경제 질서가 바로 잡힌다. 그러나 당국은 망하는 일이 없으므로 그 비효율은 전부 국민에게 되돌아온다.

일산호수공원 옆 도로에 CCTV를 설치하는 간단한 것만으로도 주차 질서가 바로 잡혀 원활하게 도로 소통이 되었다. 누구에게나 평등하게 일처리하는 CCTV와 같은 사회 시스템을 도입하면 궁극적으로 국민들에게 이익이 된다는 점을 우리는 긍정적으로 받아들이고 지지하는 것이 필요하다. 이렇게 하면 사회 전체가 질서 있게 되어 살기 좋은 나라가 된다는 것을 일산 호수공원 옆 도로의 CCTV 설치 사례를 통해 알 수 있다.

20. 잘못 사용한 화장실, 비난하면 나쁘기만 할까?

현명한 군주는 어리석은 자도 하기 쉬운 것을 생각하지 지혜로운 자도 하기 어려운 것은 추구하지 않는다(明主慮愚者之所易 以責智者之所難, 명주려우자지소이 이책지자 지소난).

《한비자》〈팔설〉

오래전에 책인가 신문인가에서 읽은 모 명문대학교 총장님의 이야기이다. 이분이 새벽에 학교 화장실에서 일을 보고 있는데, 화장실 청소를 하던 아주머니가 화장실 바닥에 눈 똥을 치우면서 "아이고, 대학생이 된다는 놈이 이렇게 똥도 하나 똑바로 못 누냐?" 하며 욕을 했다(당시는 좌변기나 양변기가 없이 콘크리트 바닥에 똥과 오줌을 누는 구멍이 있던 시대였다). 총장님이 그 얘기를 듣고 "똥을 그렇게 똑바로 누지 못하는 사람이 있으니까 아주머니와 같이 청소하시는 분이 필요한 게 아닙니까? 똥도 똑바로 누지 못하는 사람이 아주머니 같으신 분에게 일자리를 주는 거니까 오히려 고마워해야 되지 않겠습니까?"라고 얘기했다고 한다. 그 얘기를 들은 아주머니는 아무 말 없이 청소를 계속했다 한다. 그 총장님은 이 사례를 언급한 후 사람은 이렇게 욕을 할 상황이라도 뒤집어 보면 자신에게 오히려 이익을 가져다주는 경우도 있고, 어떤 마음을 먹고 일하느냐에 따라 일이 보람되고 즐겁게도 되는 것이므로 일이란 늘 긍정적인 마음을 갖고 하는 것이 여러모로 좋다고 하였다. 당시에 이 글을 읽었을 때는 이분은 명문대의 총장이 될 충분한 자질을 갖추었고 참으로 좋은 이야기를 하신다고 생각했다.

어느 날 일산호수공원에서 걷기를 하다가 화장실을 이용하는데, 때마침 화장실 청소를 하던 아주머니가 "아이고, 어떤 놈인데 있는 화장지도 안 쓰고 다른 거를 쓰고 버려서 변기를 막히게 했냐?" 하면서 욕을 했다. 이 욕을 듣는 순간 앞서 말한 총장님의 이야기가 떠올랐다. 그러면서 과연 그 총장님의 말은 흠잡을 데 없이 타당하다고 봐야 하나라는 생각이 문득 들었다. 이 생각을 '호수공원 7법칙', '불만과 발전의 법칙'이라고 명명했다.

사람이 살아가면서 위 총장님의 말씀과 같이 좋지 않은 환경도 긍정적으로 생각하면서 살아가면 참 좋다. 그러나 사람은 그렇게 쉽게 되지 않는다. 그런데 사회 발전 측면에서 보면 긍정적으로 생각하면서 살아가는 사람과 불만을 내뱉는 사람 중에서 누가 더 기여를 한 사람인가를 생각해 보면 불만이 많은 사람이 불러오는 긍정적 파급 효과를 인정할 수 있게 된다.

만약 위 총장님이 청소 아주머니의 월급을 받으면서 실제로 청소를 한다면 과연 화장실 바닥에 눈 똥을 치우면서 이 사람 때문에 내가 먹고살수 있으니까 참 고마운 사람이라고 진정 생각했을까? 또 막힌 변기를 뚫으면서 화장실에 비치된 화장지가 아닌, 다른 것을 쓰고 버려서 변기를 막히게 한 이 사람 때문에 내가 먹고살 수 있다고 진정 고맙게 생각했을까? 박봉의 월급밖에 받지 못하는 청소 노동자들이 힘들게 일하는 것을 생각해서라도 사람들이 조금만 더 신경 써서 화장실을 이용하면 좋지 않을까라는 생각을 하지 않았을까? 사람은 타인에 대해서는 쉽게 잘 이야기한다. 그러나 막상 자신이 그 일을 하게 되면 말한 것처럼 되지 않는 게 사람이다.

얼마 전, 타고 다니던 그랜저를 아들에게 주고 1600cc인 코나로 차를 바꾸었다. 지방 출장을 가면 주로 지방 공항에서 차를 렌트해서 회사에 가는데, 이때 1600cc인 기아의 K3, 현대의 아반떼, 삼성의 SM3를 주로 렌트한다. 이런 차들을 몰아보니까 큰 차보다 주차, 연료비 등 여러 면에서 좋았다. 이 차종은 실제로 공항에서 가장 인기 있는 렌트 차종이기도 하다. 그래서 차를 바꾸면서 코나로 했다. 회계법인 대표의 모임에 가보면 코나급의 1600cc의 차를 몰고 오는 사람은 나 밖에 없다. 거래처에 코나를 몰고 가면 거래처 사람들이 조금 의아하게 내 차를 쳐다본다. 내가 근무하는 회계법인에서도 나보다 소득이 많지 않은 젊은 회계사 중에 값비싼 외제차 등을 몰고 다니는 사람이 많다. 차는 교통수단이지 과시 수단이 아니라고 흔히 얘기하지만 현실은 그렇지 않다. 돈벌이가 시원찮아서 코나를 몰고 다닌다는 인식에서 벗어날 정도로 수입이 되므로 나는 코나를 모는 것을 그리 상관하지 않는다. 수입이 그렇지 않다면 아마 나도 코나를 몰고 다니지 않을 것이다. '차는 과시 수단이 아닌 교통수단이다', '청소할 때 힘든 일을 하도록 한 사람에게 오히려 고맙게 생각해야 한다' 등등 말은 쉽게 하지만 실제로 자신이 행동할 때에는 그렇게 쉽게 행동하지 못하는 것이 사람이다.

근원적으로 화장실 바닥에 똥을 눌 수 없도록 아예 대중 화장실에 양변기를 설치하고, 변기가 막히지 않도록 화장실에 화장지를 눈에 잘 띄게 두어서 보통 사람들이 화장실을 사용할 때 실수하지 않도록 하는 것이 가장 좋다. 이렇게 양변기를 설치하고 화장지를 눈에 잘 띄게 두도록 하여 우리가 화장실을 편리하게 이용할 수 있게 하는 환경을 만드는 데 누가 더 기여하는 것일까? 화장실 바닥에 눈 똥을 치우면서 욕하거나 막힌 변기를 뚫으면서 욕하는 청소 노동자 같은 사람일까, 아니면 총장님과 같이 긍정적으로 생각하는 사람일까?

선진국을 여행해 보면 우리나라 대중 화장실은 선진국 어디에 비교해도 잘 관리되고 있다고 느낀다. 화장실 청소를 하면서 지저분하게 이용한 사람들을 거침없이 비난하는 청소 노동자와 같이 불만을 토로하는 사람들이 앞서 언급한 총장님 같은 분보다 우리나라 화장실을 선진국보다 깨끗하게 관리되도록 하는 데 더 기여하지 않았을까.

화장실을 청소하는 아주머니와 같이 자신의 일을 더 힘들게 만드는 사람에 대해서 나도 모르게 욕이 나오는 게 보통 사람이다. 직장인도 퇴근 후 동료들과 소주 마시면서 윗사람을 욕하고 험담하는 게 일상사다. 이런 과정은 스트레스도 풀게 하고, 어떤 행위가 아랫사람들에게 욕을 듣는지, 아랫사람이 좋아하고 좋아하지 않는 행위가 어떤 것인지를 알게 해 준다. 적의 없이 무심코 튀어나오는 욕과 비난은 이렇게 긍정적으로 기능하기도 한다.

한비자는 〈팔설〉에서 "현명한 군주는 어리석은 자도 하기 쉬운 것을 생각하지 지혜로운 자도 하기 어려운 것은 추구하지 않는다. 그래서 지혜, 사려, 노력은 나라를 잘 다스리는 데에 필요하지 않다"[1]라고 말했다. 고상하고 배운 것이 많은 사람들이 내는 지혜, 사려 등보다 어리석은 보통 사람들이 쉽게 하는 욕과 불만을 국가가 부정적으로 보지 말고 이를 해소해 주는 데 중점을 두어야 잘 다스리는 것이고, 국가는 고상하고 배운 것이 많은 사람들조차 실제로 이행하기 힘든 것을 추구하지 않아야 올바르다는 얘기다.

사람들은 뭐든지 좀 더 편리하고 실수하지 않게 쉽게 작동되는 것을 원한다. 경제가 발전할수록 시설 등이 그렇게 작동하게끔 발전한다. 사람들이 불만을 많이 토로하고 특히 욕설을 내뱉는 분야일수록 사용하기 편하고 실수하지 않게 하는 시설이 더 빨리 도입돼야 살기 좋은 나라가 된다. 욕이 나오는 환경이나 시설이라도 욕을 하기보다는 오히려 그 환경이나 시설이 지닌 긍정적인 면을 생각해서 나 자신의 수양의 계기를 삼는 것은 수양 면에서는 좋다. 그러나 그런 태도는 보통 사람들의 생활 향상에는 그리 도움이 되지 않는다. 사회 발전은 욕 나오는 환경과 시설을 욕 나오지 않도록 만드는 데서 이루어진다. 인격 수양의 태도가 반드시 사회 발전이나 다른 사람들에게 행복을 더 가져다주는 것은 아니다.

---

1) 明主慮愚者之所易 以責智者之所難 故智慮力勞不用而國治也(명주려우자지소이 이책지자지소난 고지려력로불용이국치야).

2장
한비자, 사회를 뜯어보다

1. 명문대학교를 졸업하고 미용사가 되면 불행한 것일까?

> 위태롭고 욕되는 것 때문에 족함을 탐하지 않는 사람은 노담뿐이다(夫以殆辱之故
> 而不求於足之外者, 부이태욕지고이불구어족지외자).
>
> 《한비자》〈육반〉

힘이 좋은 친구와 골프를 쳤다. 친구는 힘이 좋지만 골프공은 멀리 날아가지 않았다. 좋은 힘을 스윙에 넣어 공을 멀리 보내려고 하지만 마음대로 되지 않았다. 골프는 힘을 빼고 쳐야 잘 친다고 한다. 그러나 골프를 쳐보면 힘 빼기가 마음대로 되지 않는다. 연습 스윙을 할 때는 힘을 빼고 부드럽게 잘 되지만 실제 공을 칠 때는 힘이 빠지기는커녕 오히려 힘이 더 들어간다.

힘 빼고 쳐야 골프공이 잘 맞는다는 것을 친구도 잘 안다. 그러나 힘을 빼지 못하고 힘이 들어가서 뒤땅치거나 오비를 낸다. 공을 잘 치려는 욕심을 스스로 제어할 수 없어서 공을 치는 순간 어깨에 힘이 들어간다. 이런 것이 다 사람의 본모습이다.

'행복=성과÷기대(욕심)'라는 등식이 성립한다는 얘기를 많이 듣는다. 행복하려면 분자인 성과를 올리거나 분모인 기대, 욕심을 낮춰야 한다는 것을 이 등식이 보여준다. 분자인 '성과'는 올리는 것이 쉽지 않은데 이를 올리려고 애쓰다 보면 불행해지기 쉽다는 것을 이 등식은 보여 준다고 말한다. 그 대신 분모인 '기대(욕심)'를 낮추면 쉽게 행복(값)이 달성되므로 분모를 낮추도록 하는 게 더 현명하다는 것을 이 등식이 뜻하는 의미라고 한다.

하지만 의문이 생긴다. 살아가면서 행복해지기 위해서는 욕심을 낮춰야 한다고 말하지만, 골프공을 칠 때 어깨에 힘 빼는 것도 마음대로 안 되는데 살아가면서 욕심을 버리는 것이 가능한 일인가라는.

초등학교 1학년 학생이 2013년에 쓴 '여덟 살의 꿈'이라는 시를 두고 언론에서 말이 많았다. 시는 이렇다.

나는 영훈초등학교를 나와서
국제중학교를 나와서
민사고를 나와서
하버드대를 갈 거다
그래 그래서 나는
내가 하고 싶은
정말 하고 싶은
미용사가 될 거다

이 시에 대해서, 미용사가 되고 싶어 하는 어린이의 꿈을 무시하고 최고 학벌 과정을 부모가 강요하는 서글픈 현상을 어린이가 짤막한 시로 잘 표현했고, 어린이의 꿈보다 부모의 욕심 때문에 공부를 강요하는 것은 어린이를 불행하게 만든다고 하는 게 중론이었다.

'영훈초→국제중→민사고→하버드대'라는 과정은 대다수의 부모가 자식들이 걷기를 바라는 꿈이다. 어린이조차도 대부분 그렇다. 그런데 만약 이 시와 같이 A는 '영훈초→국제중→민사고→하버드대'를 거쳐서 미용사가 되었고, B는 평범한 학벌을 거친 후 미용사가 되었다고 하자. 그러면 A와 B 중에서 누가 더 행복한 것일까? 누가 더 행복하게 살았다고 얘기할 수 있을까?

중국 춘추전국 시대에 욕심을 버려야 행복을 얻을 수 있다고 주장한 송자라는 사람이 있었다. 이 송자를 두고서 한비자의 스승 순자는 "송자는 욕심에 가로막혀서 얻는 것을 알지 못했다"[1]라고 했다. 욕심을 버려야만 행복해진다고 송자가 말하지만, 욕심 버리기는 가능하지 않는데도 가능하다는 전제에 사로잡혀서 하는 주장이라고 순자가 비판한 것이다. 사람은 본디 욕심을 버릴 수 없고 욕심을 이루기 위해 노력하게 되는데, 그 노력의 과정에서 얻게 되는 긍정적인 면이 더 많다는 것을 송자가 알지 못했다는 것을 "송자는 욕심에 가로막혀서 얻는 것(得)을 알지 못했다"는 말로 순자가 비판한 것이다.

순자는 사람이 욕심을 버리려고 해도 그게 어렵다는 사실을 인정했다. 비유하자면 골프 칠 때 어깨에 힘 빼야 한다는 것을 알지만 쉽게 힘을 뺄 수 있는 게 아니라는 것을 인정한 것이다. 그래서 순자는 버리기 어려운 욕심을 버려야 행복해진다고 사람들에게 말할 게 아니라 사람의 타고난 욕심을 인정하고 욕심 달성 과정을 잘 다루는 게 더 중요하다는 입장이다. 욕심 달성 과정에서 많은 것을 얻게 되고 이것이 더 큰 행복으로 이끈다는 점을 인정한 것이다. 골프를 잘 치기 위해 꾸준히 노력하는 과정에서 많은 것을 배우고 이런 노력 과정을 통해서 어깨 힘이 저절로 빠져서 공도 잘 치게 된다는 것이다.

한비자는 〈육반〉에서, "노담(=노자)이 족함을 알면 욕됨이 없고 멈출 줄 알면 위태롭지 않다고 말했지만 위태롭고 욕되는 것 때문에 족함을 탐하지 않는 사람은 노담뿐이다"[2]라고 했다. 그러면서 걸왕(하나라의 마지막 왕)은 천자가 되었지만 천자가 존귀하다는 것에 만족하지 않았고 천하를 가지고 있었는데도 보물을 탐하는 욕심을 부렸는데 어떻게 백성들에게 욕심을 버리라고 말할 수 있냐고 했다.

순자와 한비자는 사람이 가진 욕심은 천부적인 것이어서 이를 버릴 수

---

1) 宋子蔽於欲而不知得(송자폐어욕이부지득).–《순자》〈해폐〉
2) 老聃有言曰 知足不辱 知止不殆 夫以殆辱之故而不求於足之外者(노담유언왈 지족불욕 지지불태 부이태욕지고이불구어족지외자).

없다는 것을 인정하고, 사람은 이 천부적인 욕심 추구 과정을 통해서 개인의 발전은 물론 사회 전체적으로도 발전을 가져오는 동력이 된다고 보았다.

순자와 한비자의 관점에서 생각하면 '평소 바라던 그대로 곧바로 미용사가 된 B'보다는 '영훈초→국제중→민사고→하버드대를 거쳐서 미용사가 된 A'가 개인적으로나 사회적으로 더 바람직하다고 볼 수 있다. A는 미용사가 되기까지 노력하는 과정에서 여러 가지를 많이 깨닫게 되는데, 이런 깨달음의 끝에 하버드대까지 마친 후 미용사가 되었다면 미용사가 되기까지의 좋은 학벌의 과정은 결코 낭비가 될 수 없고 오히려 삶을 살찌우고 행복에 이르는 길이 된다는 입장이다.

사실 A가 '영훈초→국제중→민사고→하버드대→미용사'가 되는 과정에서 최종 목표인 미용사가 되려는 마음이 변하지 않는다고 보장할 수 없다. A가 미용사가 되기까지의 학업 과정에서 당초 자신이 목표로 삼았던 미용사 대신에 자신에게 더 맞는 좋은 직업을 발견할 수도 있다. A가 이런 과정을 거쳐서 자신의 목표를 바꾸어 그 목표를 달성하면 A나 사회적으로 더 바람직하다. A가 이런 과정을 거치고도 당초 목표인 미용사가 자신에게 가장 적합하다고 여겨져 미용사가 되었다면 이런 과정을 거치지 않고 곧바로 미용사가 된 것보다 A는 더 행복해지게 될 것이다. 사람이 이렇게 욕심을 추구하는 과정에서 얻게 되는 것(得)이 잃게 되는 것보다 더 많다는 것을 송자가 몰랐다는 것이 순자의 비판이다.

골프를 칠 때 어깨 힘을 빼는 것이 어렵다는 것을 인정하고 골프를 잘 치기 위해서 꾸준히 노력하면 자연히 어깨 힘을 빼고 치는 것이 가능해진다. 이 과정에서 많은 깨달음이 생긴다. 이런 깨달음 속에 생각하지도 못했던 발전이 이루어지고 행복도도 높아진다는 것이 순자와 한비자가 사람들의 욕심을 긍정한 이유이다.

2. 사랑은 주는 것일까 받는 것일까?

혹 꾸짖고 혹 원망하는 것은 모두 서로 위한다는 마음만을 가지고 자신을 위한다는 생각에 못 미치기 때문이다(而或誚或怨者 皆挾相爲而不周於爲己也, 이혹초혹원자 개협상위이불주어위기야).

《한비자》〈외저설 좌상〉

지인의 별장에서 부부 동반으로 삼겹살에 반주를 곁들인 모임이 있었다. 취기가 오른 집주인은 나에게 사랑이 뭐라고 생각하느냐고 물어왔다. 나는 유행가 가사를 흉내 내 '사랑은 눈물의 씨앗'이 아니냐고 가볍게 응답했다. 그러자 집주인은 사랑은 주는 것(give)이라고 하면서 옆에 있는 자신의 아내를 보면서 자기가 주고 있는 사랑이 어떠한지를 장황하게 설명하기 시작했다.

이 이야기를 듣다가 문득 '사랑은 주는 것일까, 받는 것일까, 아니면 주고받는 쌍방 관계일까' 하는 의문이 들었다.

'사랑은 받는 것이 아니라면서'라는 노래 가사가 있고, '아낌없이 주련다'라는 영화 제목이 있는 것을 보면 사랑은 받기보다는 주는 것에 더 무게가 실리는 것처럼 여겨진다.

몇 년 전 신문에 '백점맞기'라는 제목의 시가 실렸다. 그 내용은 다음과 같다.

엄마가 얘기했지?
문제는 천천히 읽고
다 풀고 다시 한번 검토하라고.

한 문제 안 틀리는 거
그게 실력이니까.
절대 실수하지 말라고
그랬니 안 그랬니?
정신 똑바로 안 차리니까
이 모양이지.
꼭 한 개씩 틀리잖아
몇 번을 말해야 알아듣겠니?

근데 너 왜 울어?

이 시를 읽으면 어떤 느낌이 들까? 자식이 잘 되라는 엄마의 마음이 담긴 '주는 사랑'이 느껴질까, 백점 자식을 기대하는 엄마의 마음이 담긴 '받는 사랑'이 느껴질까, 아니면 자식 잘 되라는 엄마의 마음과 백점 자식을 기대하는 엄마의 마음이 모두 담긴 '주고받는 사랑'이 느껴질까?

부모 자식 간의 사랑은 이 세상에서 가장 진실하고 아낌없는 사랑이다. 그런데 이 시를 읽으면 부모 자식 간의 사랑도 주는 사랑이라기보다는 받는 사랑이나 주고받는 사랑이 아닌가라는 생각이 든다.

위 시의 마지막 구절, '근데 너 왜 울어?'는 엄마는 너를 위해서 공부 잘하는 방법을 알려주는데(사랑을 주고 있는데), 너는 엄마가 나를 위해서 공부하라고 말하는 줄(내가 사랑을 요구하는 줄) 생각하느냐고 말하는 듯 보인다.

한비자는 사랑은 주는 것이 아니라 받는 것으로 본다. 한비자는 〈외저설 좌상〉에서 "서로 남을 위한다고 하면서 책망하지만 그 책망이 자신을 위하는 것이라고 여기면 일이 잘 이루어진다. 그래서 아버지와 아들 간에도 원망하고 꾸짖는 경우가 있다"[7]라고 했다. 또한 "영아일 때 부모가 양육을 등한히 하면 자식이 자라서 원망하고, 자식이 장년이 되었는데도 부모 봉양을 소홀히 하면 부모는 노여워하고 꾸짖는다. 자식과 부모는 가장 가까운 사이다" 한 후 "그러나 혹 꾸짖고 혹 원망하는 것은 모두 서로 위한다는 마음만을 가지고 자신을 위한다는 생각에 못 미치기 때문이다"[2] 라고 했다. 사실 부모와 자식 사이도 서로 자신을 위한 관계고, 베푸는 사랑에 대해서 그 대가를 바라는 관계라는 것이다.

부모와 자식 사이 사랑도 상대방을 위한 것이 아니라 나 자신을 위한 것이라고 하면 세상을 지나치게 삭막하고 야박하게 만드는 주장이라고 말할 수 있다. 그러나 한비자는 부모와 자식 간 사랑은 헌신적이고 무조건적인 사랑이 되어야 따뜻하고 아름다운 세상이 된다는 '당위'와 실제 부모와 자식 사이 사랑의 본질이 어떠한가라는 '사실(존재)'과는 별개라는 입장이다. 세상이 이렇게 되어야 아름다워진다는 당위(sollen) 때문에 세상의 있는 그대로의 모습(sein)이 달라질 수 없고, 세상은 보고 싶은 대로 보아서는 안 되고 보이는 대로 보아야만 부모와 자식 간의 갈등에서도 올바른 대책 등이 나온다는 입장이다.

백점 맞기를 요구하는 엄마에게 초등학생은 '엄마를 닮은 아들'이라는 시를 통해 다음과 같이 말한다.

야!
이것도 점수라고 받아온 거야?
어떻게 삼십일점을 받아와?

저도 어쩔 수 없죠.
엄마를 닮았는데……

---

1) 挾夫相爲則責望 自爲則事行, 故父子或怨譙(협부상위즉책망 자위즉사행, 고부자혼원초).
2) 而或誚或怨者 皆挾相爲而不周於爲己也(이혹초혹원자 개협상위이부주어위기야).

아니, 누가 엄마를 닮았대?

아빠가요.
4학년 때까지 구구단을 못 외웠다면서요?

졌다.

진정 사랑은 '주는 것'일까, '받는 것'일까? 세상을 아름답게 만드는 당위와 세상을 있는 그대로 보는 사실(존재) 중에서 어느 것이 갈등 해소 등 문제 해결에 더 적합한 것일까?
아무래도 있는 그대로 보는 모습을 취하는 것이 부모와 자식 간 일어나는 갈등에서도 그 해결책을 찾는 데 더 낫지 않을까.

3. 소외 계층을 특별 대우하는 것이 정의로울까?

군주가 상을 주어 권장하니 당연히 백성이 호응하지 않겠는가?(而尙可以賞勸也 況
君上之於民乎, 이상가이상권야 황군상지어민호)

《한비자》〈내저설 상〉

　사회적으로 정규직보다 어려운 처지에 있는 비정규직 문제를 근원적으로 해결하기 위한 방법으로 인천국제공항공사에서 비정규직을 정규직으로 전환했다. 뜻밖에도 2030 젊은이들이 이에 대하여 불공정한 문제라면서 크게 반발했다. 비정규직을 정규직으로 전환하는 문제는 사회학자 오찬호의 저서 《우리는 차별에 찬성합니다》에서도 언급된다.

　그가 모 대학교에서 강의할 때 일이다. 그는 2008년 KTX 여승무원들이 정규직 전환 요구 문제 때문에 파업, 해고 등의 문제가 있다는 것을 이야기하면서 "KTX 여승무원을 정규직으로 전환해 주는 게 사회 정의가 아닌가?"라고 질문했다. 그러자 한 학생이 "비정규직이 정규직을 요구하는 것은 도둑놈 심보 아닙니까? 우리는 공기업에 입사하기 위하여 온갖 스펙을 채우고 열심히 공부합니다. 이런 과정을 거치지 않고 비정규직이 그냥 정규직으로 전환해 달라는 것은 날로 먹겠다는 것이 아닙니까?"라고 답했다. 놀랍게도 당시 대학생 2/3 다수가 이 학생 의견에 동조했다. 이를 보고 크게 충격을 받아서 그는 《우리는 차별에 찬성합니다》를 썼다고 밝혔다. 그는 책에서 요즘 학생들이 능력 위주의 신자유주의의 환경 아래에서 자랐기 때문에 약자에 대한 배려가 없고, 그래서 현재 대학생들은 '우리는 차별에 찬성합니다'라는 사고를 갖고 있다고 말한다.

　비정규직을 정규직으로 전환해 주는 것에 대해서, 찬성하는 쪽과 반대하는 쪽 중에서 과연 어느 쪽이 더 정의로울까? 나는 반대하는 쪽이 정의롭다고 생각하는데 오찬호 교수는 거꾸로 이야기한다. 정의와 공정, 차별과 평등이 무엇인지 헷갈린다.

사회를 다스릴 때 법에 따라 다스려야 하지만 소외받는 계층에 대해서는 '법'의 논리가 아닌 '밥'의 논리를 존중해 주어야 정의롭다고 하는 말이 있다. 소외 계층에게 법의 논리를 들이대면 그들이 먹고살아 가는 환경을 무시한 것이어서 비인간적이라는 주장이다. 그들에게는 차가운 법의 논리보다 따뜻한 밥의 논리가 적용되어야 아름다운 세상이 된다는 이야기이다. 이런 주장에 따르면 비정규직인 인천국제공항공사의 비정규직과 KTX의 비정규직 여승무원을 정규직으로 전환하는 것은 따뜻하고 아름다운 일이라고 박수칠 일이다. 이를 반대하거나 비난하는 사람은 '우리는 차별에 찬성한다'는 사고를 가진 이라고 할 수 있다.

오찬호 교수의 책을 읽고 비정규직의 정규직 전환에 대해 함께 일하는 회계사들에게 물어봤다. 그 결과 모두가 공사 입사 시험을 위해 열심히 공부한 사람들과 달리 별도의 입사 시험 없이 입사한 비정규직을 정규직으로 전환해 주는 것이 오히려 차별이라고 답했다. 누구나 똑같이 시험을 쳐서 정규직이 되는 것이 정의롭다고 했다.

아리스토텔레스는 정의는 '같은 것은 같게, 다른 것은 다르게' 하는 것이라고 했다. 순자도 〈정명〉에서 '같은 것은 같게 해야 하고, 다른 것은 다르게 해야 한다[1]'라고 했다. 이 말에 비추어 보면 시험을 치르지 않고 비정규직을 정규직으로 전환하는 것은 정의롭지 않은 것으로 보인다. 같은 것(同)을 같게(同) 하는 것이 아니라 다른 것(異)을 같게(同)하는 것으로 여겨지기 때문이다. 지금 우리나라 2030 젊은 세대가 비정규직을 정규직으로 전환하는 것에 분노하는 것도 이렇게 생각하기 때문일 것이다.

---

1) 同則同之 異則異之(동즉동지 이즉이지).

한비자가 〈내저설 상〉에서 소개하는 내용이다. 송나라의 숭문 안에 사는 사람이 부모상을 치르느라 몸이 상하여 몹시 야위었다. 송나라 군주가 그 사람을 효심이 깊다고 생각하여 관리로 채용했다. 그러자 이듬해부터는 부모상을 치르느라 여위어서 죽는 사람이 해마다 열 명이나 되었다. 한비자는 이 사례를 소개한 후 "자식이 부모상을 치르는 것은 사랑 때문이다. 군주가 상을 주어 권장하니 당연히 백성이 호응하지 않겠는가?"[2]라고 했다. 부모상을 치르느라 몸이 상할 정도로 효심이 깊다는 이유로 관리 채용 기준을 바꾸어 적용하자 그 채용 기준에 맞추어 관리가 되기 위해서 여위다 못해 굶어 죽기까지 한 부작용의 사례를 한비자가 보여주면서 이런 부작용이 나타나는 것은 당연하다고 말한다.

CCTV가 개개인의 사정을 봐주지 않고 모든 사람을 차별 없이 단속하듯이 주차 단속은 주차 단속 기준에 따라 해야 한다. 주차 단속원이 주차자의 딱한 사정을 봐주면서 따뜻한 마음으로 단속하면 도로 소통이 제대로 되지 않는다. 정당하게 비용을 내고 주차장에 주차한 사람만 바보가 된다. 모든 사람을 차별 없이 단속해야 올바르고 진정한 평등 사회가 이루어진다. 주차 단속원이 선의로 주차자의 딱한 사정을 고려해서 봐주게 되면 '나는 왜 안 봐주느냐'고 주차 단속원에게 강하게 항의하는 일이 벌어져서 주차 단속이 어려워진다. 관리 채용 기준을 효성이라는 선(善)을 기준으로 변경하면 백성이 굶어 죽는 부작용이 나타나는 것과 같다.

비정규직 문제는 대기업, 공기업, 정부기관 등에서 주로 발생하고 중소기업에서는 일어나지 않는다. 중소기업은 정규직, 비정규직 구분이 그리 중요한 차이를 가져오지 않기 때문이다. 대기업 임금수준을 100으로 보면 대기업의 비정규직은 65, 중소기업의 정규직은 57이어서 대기업의 비정규직이 오히려 중소기업 정규직보다 임금이 더 높다. 이를 보면 근로자 간

---

2) 子之服親喪者 爲愛之也 而尙可以賞勸也 況君上之於民乎(자지복친상자 위애지야 이상가 이상권야 황군상지어민호).

진정한 문제는 정규직, 비정규직의 문제가 아니라 대기업(공기업, 공무원 포함), 중소기업 간의 임금 격차이다. 그렇다면 이런 본질적인 문제를 해결하는 데 집중하는 것이 옳다. 그럼에도 중소기업보다 더 임금 수준이 좋은 공기업인 인천국제공항공사의 비정규직을 정규직화 하는 데 집중함에 따라 공기업 입사 준비자가 입사 기회를 박탈당하는 문제가 생긴다고 보아 2030세대의 불만으로 나타난 것이 아닐까.

인천국제공항공사의 비정규직의 정규직 전환과 KTX 여승무원들의 정규직 전환, 사회 소외 계층의 문제를 다룰 때는 법의 논리가 아닌 밥의 논리를 적용하는 것이 정의롭다고 할 수 있을까?

귀천을 구분하지 않고 법을 어긴 자에게 예외 없이 딱지를 떼는 CCTV, 예외 없이 똑같이 시험을 쳐서 임용하는 공무원 시험과 같은 시스템은 정의롭다. 이렇게 하는 것이 같은 것[同]은 같게[同]하고, 다른 것[異]은 다르게[異]하는 것이어서 아리스토텔레스와 순자의 정의론에 부합한다. 사회 소외계층인 비정규직을 배려해 주는 것은 좋은 일이라는 선(善)의 기준을 먹고사는 문제인 직원 채용에까지 적용하면 송나라 백성이 관리로 채용되기 위해서 여위다 못해 굶어 죽기까지 하는 부작용이 발생한다.

정규직으로 되는 것을 성적순으로만 하는 사회가 되면 능력주의 사회가 되어 능력 있는 사람에게는 좋겠지만 뒤떨어지거나 탈락한 사람에게는 비정한 사회가 되지 않는가, 하는 반론이 있을 수 있다. 뒤떨어지거나 탈락자에게는 사회복지 등의 차원에서 다룰 문제이지 이들을 처음부터 차별적인 정책으로 우대할 것은 아니라고 생각한다.

4. 업의 본질은 어떻게 볼 수 있을까?

아무리 작은 조각도 칼로 파야 하는데 깎인 것은 칼보다 크기 마련입니다(諸微物
必以削削之 而所削必大於削, 제미물필이삭삭지 이소삭필대어삭).

《한비자》〈외저설 좌상〉

이건희 전 삼성그룹 회장은 '업(業)의 본질'을 강조하신 분이다. 삼성그
룹이 신세계그룹을 계열 분리한 후 일시적으로 백화점업을 한 적이 있었
다. 그때 이 전 회장이 임원회의에서 담당 임원에게 백화점업의 본질이 무
엇인가를 물었는데 그 임원이 서비스업이라고 대답했다가 혼이 났다는 얘
기를 들은 적이 있다. 이 전 회장은 백화점업의 본질은 임대업(부동산업)
이라고 했다고 한다. 처음에 이 얘기를 들었을 때 백화점업을 임대업이라
고 한 말의 뜻을 이해할 수가 없었다. 그러다가 납품업체가 백화점에 입
점해서 물품을 판매하고 백화점은 품질 서비스 등을 책임지는 거래 형태
인 '특정매입거래'에 대해서 2004년에 기업 회계 기준이 변경되었다. 변경
된 회계처리는 납품업체(A)가 물품을 백화점에 납품한 후 백화점에서 최
종 소비자에게 판매(150) 하면 A의 매출은 그 가액(150)으로 하고 A가 백화
점에 납품한 가액(100)으로 하지 않는 것이다. 즉, 종전에 백화점 측의 매출
로 하던 소비자에 대한 판매액(150)은 A의 매출로 하고, 백화점 측의 매출
은 관련 수수료(50=150 -100)만 하는 것으로 변경되었다. 이 변경으로 말미
암아 그동안 백화점의 매출 1위가 롯데백화점이었는데 1위가 신세계백화
점으로 변경되었고, 이 때문에 이 회계처리의 변경에 대해서 당시 반대하
는 의견 제시도 많았다. 이 회계처리를 접하면서 비로소 이 전 회장이 백
화점업을 부동산임대업이라고 한 것을 이해할 수 있었고 대단한 통찰력

이라고 생각했다. 이 전 회장은 당시 백화점이 재고 부담을 피하기 위하여 주로 특정매입거래 형태로 영업하는 것에 착안하여 백화점은 단순히 판매 장소만 빌려주는 부동산 임대와 다를 바가 없다고 본 것이다. 이 논리에 따르면 백화점의 매출은 소비자에게 파는 150이 아니라 장소 임대 등의 이유로 받는 50이 되어야 맞다. 현재 회계처리 방식이다. 이 전 회장은 회계 전문가도 아니면서도 업의 본질을 정확하게 본 것이다.

이런 일이 있었다. 내가 알고 지내는 X사와 Y사는 동일 업종의 전문기술 업체다. 후발업체인 Y사와 선발업체인 X는 각 회사가 가진 상호 보완적인 기술을 협력하면 시너지 효과를 거둘 수 있는 관계였다. X사와 Y사의 사장은 저녁 식사를 몇 번 같이 하면서 서로 도와서 상호 시너지를 내자는데 의기투합하였다. 그런데 X사와 Y사의 실무자가 서로 만나서 업무 협의를 하였으나 협조가 잘 되지 않아 상호 보완적인 기술 개발이 잘 되지 않고 시간이 흘렀다. 그런 과정에서 X사와 Y사의 실무자들은 서로 비난하였다. X, Y사의 사장은 사이가 좋고 서로 적극 협조하자고 하는데도 실무자들 간에는 협조가 되지 않고 기술개발이 진척되지 않은 것이다.

나를 포함해 X사 사장, Y사 사장 세 사람이 만난 자리에서 나는 이렇게 제안했다. "현재 X사와 Y사 간에 기술 협력이 잘 되지 않는 것 중에서 후발업체인 Y사가 한 달 내에 '실무자 간에 협력하면 해결할 수 있는 사항(실무자 해결 목록)'과 'X사, Y사의 사장이 결단해야 할 사항(사장 결단 목록)'의 목록을 적어서 제출하도록 하자. 그러면 실무자 해결 목록에 있는 것은 실무자 간에 협의해서 해결하고, 사장 결단 목록에 있는 것은 양 회사의 사장이 만나서 결단을 내리면 되지 않겠냐."

그러나 한 달이 가고 두 달이 지나도 Y사에서는 사장 결단 목록을 제시하지 않았다. 나는 이해가 되지 않아서 왜 이렇게 목록 제시가 안 되느냐고 물어보았다. 문제 사항을 실무자 해결 목록과 사장 결단 목록으로 구분할 수 없다는 얘기였다. 그러면 구분하지 말고 실무자 해결 목록과 사장 결단 목록을 합쳐서 총목록을 제시하면 이를 토대로 구분하면 되지 않느냐고 말했다. 그러나 끝내 Y사는 이 목록을 제시하지 않았다. 주로 Y사 실무자가 X사 실무자의 도움을 받아 기술개발을 해야 하는데 그동안 X사 실무자가 비협조적이어서 기술개발이 잘 안된다고 하는 얘기를 들었다. 그런데, 어떠한 분야에서 X사 실무자가 비협조적인지 그 목록을 제시하라고 하니까 그 목록을 제시하지 못했다. 이해할 수가 없었다. 가만히 생각해 보니까 Y사 실무자들이 기술개발에서 무엇이 문제인지를 정확히 모르는 것 같았다. 기술개발이 잘 진척되지 않는 것이 X사 실무자의 비협조 때문이라고 계속 얘기해 왔는데, 문제가 되는 사항의 목록을 제시하라고 하니까 제시하지 못하는 것을 보면 기술개발이 진척되지 않는 핑곗거리로 지금까지 X사 실무자의 비협조를 내세운 것이 아닌가라는 생각이 들었다. 이것도 결국 기술개발에서 업의 본질을 정확히 모르는 것에서 기인한 것이 아닐까.

이런 사례는 2차 세계대전 때 영국 공군의 폭격기 수리에서도 발견된다. 영국 공군은 독일군의 포화를 뚫고 무사히 귀환한 폭격기들의 수많은 총탄 자국을 검토하고 분석하여, 폭격기의 약점이 총탄에 의해 뚫린 부분이라고 생각해 그 부분의 방탄 능력을 보강하기 위해 장갑판을 덧대는 조치를 강화했지만 효과가 없었다. 얼마 후 영국 공군은 자신들의 생각이 잘못된 것임을 깨닫는다. 생존한 폭격기는 그 부분을 맞고도 귀환했으니 그 부분은 폭격기의 강한 부분이고, 약한 부분은 총탄을 맞고 추락한 폭격기를 봐야만 알 수 있다는 것을 깨달았다. 그랬더니 추락한 폭격기는 생존해서 귀환한 폭격기와는 전혀 다른 곳에 공격을 받아서 추락한 것임이 밝혀졌다. 영국 공군은 이를 보완해서 폭격기의 생존율을 높일 수 있었다. 이 영국 폭격기의 사례도 처음에는 추락의 본질을 잘못 본 것이다.

한비자의 〈외저설 좌상〉에 나오는 내용이다. 연나라 왕에게 대추나무 가시 끝에 암원숭이를 조각해서 바치겠다고 한 위나라 사람이 있었다. 그는 왕이 그 조각을 보려면 반년 동안은 후궁들 방에 들어가지 않고 음주와 육식을 금한 후 비가 그치고 햇볕이 쨍쨍할 때 그늘에서 보면 볼 수 있다고 했다. 그러자 한 대장장이가 연왕에게 이렇게 말했다. "아무리 작은 조각도 칼로 파야 하는데, 깎인 물체는 칼보다 크기 마련입니다. 대추나무 가시 끝은 칼날로 깎을 수 없으므로 가시 끝을 칼로 조각하기 어렵습니다."[1] 그래서 연나라 왕이 위나라 사람에게 가시 끝에 조각하는 칼이 어떤지 보자고 하니까 위나라 사람이 달아나 버렸다는 것이다.

왕이 6개월 동안 후궁 방에 들어가지 않고 음주와 육식을 금하는 것이 어렵다는 것을 알고 위나라 사람이 대추나무 가시 끝에 암원숭이를 조각해서 보여주겠다고 사기를 친 것이다. 왕은 처음에는 속았지만 어떤 물체를 조각하려면 조각되는 물체보다 더 작은 칼로 파야 한다는 간단한 사실을 깨닫고 사기에서 벗어날 수 있었다는 이야기이다. 조각이라는 본질에서 생각해 보면 간단한 사항인데, 이 본질을 보지 못하면 이렇게 사기를 당한다는 의미이다. 본질은 간단한 곳에 있다는 것을 알려준다. 어떤 업종이든 단순화해서 '업의 본질'을 말한 이건희 전 회장은 "경영자는 보이지 않는 것을 보는 사람이다"라고 했는데, 이런 정신이 삼성을 일류 기업으로 만든 것에 기여했으리라.

---

1) 諸微物必以削削之 而所削必大於削 今棘刺之端不容削鋒 難以治棘刺之端(제미물필이삭삭지 이소삭필대어삭 금극자지단불용삭봉 난이치극자지단).

5. 신의 직장 퇴직자는 퇴직 후 왜 새 직장을 얻기 어려울까?

묵자는 가지런한 것만 보았고 어지러운 것은 보지 못했다(墨子有見於齊 無見於畸, 묵자유견어제 무견어기).

《순자》〈천론〉

친구들은 모두 다니던 직장에서 정년퇴직했다. 그 친구들은 퇴직 후에도 새 직장이나 새 일거리를 잡으려고 노력했으나 현실은 그리 쉽지 않다. 이런 어려운 현실을 뚫고 한 친구가 서울신용보증재단에 기간제 근로자로 취업했다고 한다. 참으로 축하할 일이다. 은행원, 선생님, 공무원, 공기업이나 대기업 근무자 등 이른바 신의 직장이라고 하는 곳에 근무해왔던 사람들이 퇴직 후 새 직장을 잡는 데 더 힘들어한다. 연금이 두둑한 친구들은 먹고사는 데 문제가 없으므로 굳이 취업하려고 애쓰지 않지만 악착같이 노력하는데도 취업이 어려운 친구들도 있다. 내게 한 달 급여가 2백만 원 아래여도 좋으니까 취업할 수 있는 곳이 있으면 연락해 달라고 말하는 신의 직장 퇴직자도 많다. 이런 것을 보면 신의 직장을 퇴직한 사람들이 취업하기 힘든 것은 종전 직장에서 받았던 월급 수준 때문만은 아니다.

친구들과 등산할 때 있었던 일이다. 정부가 경제에 간섭하는 정책에 대하여 이런저런 얘기를 하다가 한 친구가 사회가 자율적으로 운영되도록 내버려 두면 혼란이 있을 수 있으므로 종합적이고 적절한 관리는 꼭 필요하다고 했다. 거기에 나는 반문했다. "'종합적'이고 '적절한'이란 말은 참 좋은데, 우리 사회에서 종합적이고 적절한 방안을 낼 수 있는 사람이 누가 있지?" 돌발적인 질문에 그 친구는 머뭇거렸다.

나는 가급적 정부는 경제에 간섭하지 않는 것이 좋다고 말했다. "인간의 능력은 한계가 있어서 종합적이고 적절한 방안을 낼 수 있는 사람은 찾기 어렵다. 각 경제 주체가 자신의 이익을 위해서 최선을 나 하도록 자유롭게 일할 수 있는 분위기를 만들어 주면 각자가 최선의 방안을 찾아서 활동하게 된다. 이런 과정을 통해서 찾은 방안이 결과적으로 종합적이고 적절한 방안이 된다. 그렇기 때문에 정부는 가급적 간섭하지 말고 경제인들이 자유롭게 일할 수 있도록 하는 것이 좋은 정책이다." 내 주장은 이런 요지였다.

신의 직장이라고 하는 곳에서 근무하던 사람들이 퇴직 후 새 직장을 얻는 데에 어려움을 겪는 것은 그 신의 직장이라는 곳이 친구가 말한 '종합적이고 적절한' 관리를 해 온 조직이어서 그런 게 아닌가라는 생각이 든다. 그런 좋은 직장에서 근무한 사람들은 20~30년간 직장 생활을 하면서 타인(본사나 내부 관리부서 등)이 만든 종합적이고 적절한 관리에 순응하면서 살아왔다. 이러한 조직 문화에서 직장생활을 한 후 정년 후에 직면하는 환경은 타인이 아닌 내가 종합적이고 적절한 관리 방안을 만들어야 하는 환경이다. 종합적이고 적절한 관리를 하는 주체가 남이 아닌 내가 되는 새로운 환경에 적응하기가 곤란한 것이 신의 직장 출신들이 정년퇴직 후 취업하기 힘든 큰 원인이 아닐까.

명문대학교에서 법학을 전공한 은행원도 정년퇴직 후 나에게 계약서 초안을 좀 봐달라는 부탁을 종종 해온다. 은행에 있을 때 각종 계약서를 접하면서 일했을 텐데도 퇴직 후에 자신의 일과 관련한 계약서를 작성하는 것을 몹시 어려워한다. 은행에서 근무할 때는 본점에서 만들어 준 지침과 관계 당국에서 제시한 기준에 따라 업무하는 데 익숙했다. 법대를 나왔지만 아무것도 없는 백지상태에서 자신이 스스로 계약서를 만들어 본 경험이 은행 근무 30년 동안 없었던 것이다. 내가 아닌 남이 한 '종합적이고 적절한 관리'에 익숙해 있다가 정년퇴직 후 자기 스스로 간단한 계약서를 만들려고 하니까 어려운 것이다.

순자는 〈천론〉에서 '묵자는 가지런한 것만 보았고 어지러운 것은 보지 못했다'[1]라고 했다. 춘추전국시대에 겸애설을 주장한 묵자는 사회 평등과 평화를 위해서는 국가와 같은 조직의 통일적인 간섭이 필요하다고 주장했다. 그러나 순자는 세상은 각자가 자유롭게 창의적으로 생각하는 어지러움(畸) 속에서 좋은 해법이 나오는데, 이러한 어지러움(자유로움. 畸)을 막고 통일(가지런함. 齊)을 추구하면 사회의 발전이 어렵다는 뜻에서 이 같이 말했다.

이른바 신의 직장은 각 구성원이 자발적이고 창의적으로 생각하면서 일하기보다는 조직에서 정해 준 가지런한 질서(종합적이고 적절한 방안)에 따라 일하는 곳이다. 정해진 규정에 따라서 일하면 문제가 없는 곳이다.

이런 직장에서 20~30년간 일해 오던 사람들이 퇴직 후 어떻게 해 나가야 하는지를 알려주는 사람이 없는 어지러운 환경에서 내 마음대로 내가 자유롭게 정하고 판단해야 하는 현실 앞에 서게 되면 막막해진다. 가지런한 질서가 없는 소규모 회사에서 나 스스로가 가지런한 질서인 계약서, 지침 등을 만들어서 성과를 내야 하는데 이게 쉬운 일이 아니다. 좋은 직장에서 근무하다가 정년퇴직한 사람이 새 직장을 얻기가 어려운 원인 중 하나가 이런 문제 때문은 아닐까.

유가는 종합적이고 적절한 방안은 성현(聖賢)이 만들 수 있고 성현이 만든 방안을 충실히 수행하면 좋은 나라와 사회가 된다는 입장이다. 그래서 정명론(正名論)을 주장한다. 그러나 한비자는 "종합적이고 적절한 방안은 누구도 모른다. 실제로 해봐야 안다. 그래서 실제로 해보는 과정에서 좋은 방안을 찾아서 실적을 거둔 자에게 큰 보상을 하면 좋은 나라가 된다."고 말한다. 그래서 형명론(形名論)을 주장한다.

---

1) 墨子有見於齊 無見於畸(묵자유견어제 무견어기).–《순자》〈천론〉

일본 에도 막부시대의 유학자이자 사상가인 오규 소라이(1666~1728)는 그의 저서 《정담 政談》에서 이렇게 말했다. "일반적으로 아랫사람에게 지시하여 일을 시키는 것은 세상 사람들의 눈에는 좋이 보일지 몰라도 아주 나쁜 방법이다. 아랫사람은 재능과 지혜를 발휘할 수 없기에 멍청해지고 만다. 일을 지시하는 대장이 살아 있으면 좋아 보여도 그가 죽으면 밤중에 불 꺼진 방처럼 되고 만다." 그러면서 그는 "현명한 인재는 성질이 있는 사람 중에 많다. 윗사람은 그런 사람이 전념해서 일할 수 있도록 환경을 조성해 주어야 한다."라고 말했다. 오규 소라이도 위에서 시키는 대로 일하는 가지런함 속에서는 좋은 방안이 나오기 어렵고, 윗사람 지시와 달리 자기 나름대로 성질을 부리면서 일하는 과정에서 좋은 방안이 나온다는 것을 인정했다. 그래서 윗사람은 이런 환경을 만들어야 바람직하다고 주장했다.

신의 직장은 위에서 시키는 대로 규정에 명시한 대로 움직이면 되는 곳인데, 퇴직 후 구하려고 하는 새 직장은 대부분 위에서 시키거나 준수할 규정 자체가 없기 때문에 새 직장에서 일하려고 보면 오규 소라이의 말대로 밤중에 불 꺼진 방에 들어와 있는 것 같은 깜깜함을 느끼는 것이다.

물론 좋은 직장을 다니다 퇴직한 사람이 퇴직 후 새 직장을 얻기 어려운 이유에 대해서는 사람마다 생각이 다를 것이고, 실제 그 이유도 각양각색일 것이다. 그러나 실제로 이들이 새 직장을 얻기 어려운 이유가 가지런한 질서에 지나치게 오랫동안 젖어 살아온 것 때문이라면 이들이 재취업을 성공하기 위해서는 위에서 시키는 대로, 규정에 명시된 대로 움직이기만 해서는 안 된다는 것을 받아들이고 이를 혁파해 나가도록 하는 것이 좋을 것이다.

6. 스티브 잡스가 말한 궁극의 정교함은 어디에서 나오는가?

재상은 반드시 주부에서 나와야 되고 맹장은 반드시 병졸에서 뽑아야 된다(宰相必
起于州部 猛將必發于卒伍, 재상필기우주부 맹장필발우졸오).

《한비자》〈현학〉

애플의 CEO였던 스티브 잡스는 '단순함이란 궁극의 정교함이다.'라고
말했다. 스티브 잡스가 이 말과 같이 애플 제품의 디자인을 단순하게 한
것은 유명하다. 이 말은 원래 천재 화가 레오나르도 다빈치가 했고 아리
스토텔레스는 같은 뜻으로 '현상은 복잡하나 본질은 단순하다'고 말했다
한다.

한때 우리나라 직장에서 기안서를 1장으로 작성하면 최고(Best), 2장은
그다음(Better), 3장은 최악(Worst)이라는 말이 유행한 적이 있다. 실제 결재
를 올리기 위해서 일해 보면 기안서를 1장으로 작성하는 것은 무척 어렵
다는 것을 알게 된다. 기안 내용을 정확히 이해하지 못하거나 결재하는
상사가 기안서에 없는 내용을 질문할 때 자신 있게 답변할 수 없는 경우
는 기안서를 1장으로 요약 작성하여 결재를 받는 것은 불가능에 가깝다.
달리 생각하면 기안서를 1장으로 요약 작성해서 상사의 결재를 잘 받아오
는 사람은 대단히 유능한 사람일 가능성이 높다.

어떤 일이나 현상을 단순화하여 압축적으로 표현하려면 그 일이나 현
상의 본질을 꿰뚫어서 개념화할 수 있어야 한다. 그러나 아리스토텔레스
의 말과 같이 현상은 단순하지 않고 복잡하다. 복잡한 현상 속에서 단순
하다는 그 본질을 꿰뚫어서 압축적으로 추상화하기가 쉽지 않다. 다양한
의견을 듣고, 많이 생각하며, 여러 방면에서 많은 시도를 해 봐도 쉽지 않

다. 이런 과정을 거치지 않고도 단순한 그 본질을 꿰뚫어 내는 사람이 있다면 그 사람은 인간의 영역을 넘은 신의 경지거나 보통 사람이 다다를 수 없는 천재이다.

사람들은 대부분 복잡한 현상에서 '단순한 그 본질(정답)'을 찾아내기 위해서 여러 가지를 시도해 본다. 정답(본질)을 찾기까지에는 많은 어려움을 겪는다. 사람들은 이런 복잡한 과정을 거쳐서 정답(본질)을 찾고 나면 그제야 '아, 정답은 간단하구나' 또는 '아, 본질은 단순하구나.'라는 사실을 깨닫는다. 어지럽고 복잡한 과정을 거친 끝에 찾은 본질이 단순하다는 사실을 스티브 잡스는 '단순함이란 궁극의 정교함이다'라는 압축적인 말로 표현한 것은 아닐까. 수많은 시행착오 끝에 발견한 답이 간단한 원리에 있었음을 알고 나면 '단순함이란 궁극의 정교함이다'라고 표현한 스티브 잡스의 말에서 심오함을 느낀다.

경제학에서 케인스와 대척점에 선 프리드리히 하이에크는 《치명적 자만》에서 사람은 원래 합리적으로 행동하는 것이 아니라 경쟁이 사람으로 하여금 합리적으로 행동하도록 강요한다고 말했다. 경쟁을 하는 이유는 결과를 모르기 때문에 하는 것이고, 그래서 경쟁은 발견의 절차(discovery procedure)며, 이 경쟁을 통하여 사회가 발전한다고 했다. 하이에크는 사람이 이성을 통해서 어떻게 행동하면 경쟁에서 이길 수 있는지를 배우는 것(이성→행동→배움)이 아니라, 사람은 행동(경쟁)을 통해서 이성과 합리성을 배운다(행동→이성→배움)고 했다. 사람은 정답을 가지고 행동하는 것보다는 행동을 통해서 정답을 알아왔다는 것이다.

경쟁에서 이기려고 하면 사물(현상)의 본질을 알아야 한다. 누구라도 경쟁에서 이기려고 하나, 누구도 경쟁에서 이기기가 쉽지 않다. 그래서 사람들은 자기가 질 수 있기 때문에 경쟁을 싫어한다. 이 사실은 사물의 본질인 단순함을 알아낸다는 것은 쉬운 일이 아니라는 것을 말해준다.

춘추전국 시대 때 백가쟁명 중에서 묵가와 유가는 현명한 사람(현자)이

나라를 다스리면 나라가 잘 된다는 상현주의(尙賢主義)를 주장했다. 현자는 복잡한 현상 속에서 단순한 그 본질(정답)을 잘 찾아내서 다스릴 수 있기 때문에 무엇보다도 현자를 찾아내서 다스리도록 하는 것이 중요하다고 했다.

그러나 한비자는 〈현학〉에서 현자를 찾는 것도 현자가 잘 다스린다는 것도 불가능하다고 주장한다. 그래서 한비자는 "재상은 반드시 주부(州部 지방을 다스리는 사람)에서 나와야 되고, 맹장은 반드시 병졸에서 뽑아야 된다"[1]라고 말했다. 현자가 나라를 잘 다스리는 것이 아니라 작은 나라지만 실제 잘 다스려 본 사람(州部)이 현자(宰相)가 될 수 있다고 본 것이다.

한비자는 복잡한 현실에서 여러 가지를 실제로 겪어 본 사람이 그 현상의 본질(단순함)을 잘 짚어 낼 수 있고, 그런 사람을 중용해야 나라가 잘 다스려진다는 입장이다. 직장을 예를 들면 영업 현장에서 뛰어난 실적을 실제로 거둔 사람이 복잡한 현실의 정답(단순함)을 잘 찾아내 회사를 잘 경영할 수 있다는 얘기다. 복잡한 영업 현장에서 성공한 경험을 가진 경쟁력 있는 직원을 찾아내는 것을 두고 하이에크는 절차적 과정이라고 표현했다.

결론적으로 스티브 잡스가 말한 '궁극의 정교함을 거친 다음에 단순함이 나온다'는 속뜻은, 이것저것 많이 해 보아야 정답(단순함)에 이를 수 있다는 말이고, 이것은 이성에 바탕을 둔 현자보다는 현실에 바탕을 둔 주부(州部)를 더 존중해야 한다는 한비자의 입장과 같은 것으로 볼 수 있다.

삼성전자 회장을 역임한 권오현 회장이 쓴 《초격차 : 리더의 질문》에서는 "동류의 사람들끼리 모이면 에너지를 낼 수는 있지만 시너지를 내기는 쉽지 않다. 다른 생각을 가진 사람과 상의하고 토론하고 때로는 논쟁도 하면서 답을 찾아냈을 때 시너지가 생긴다."는 표현이 나온다. 조직이 에너

---

1) 宰相必起于州部 猛將必發于卒伍(재상필기우주부 쟁장필발우졸오).

지를 넘어서 시너지를 내는 답을 찾아내려면 같은 생각이 아닌 다른 생각을 가진 사람과 의견을 나누어야 한다는 이 말도 결국 다른 생각과 토의하면서 정교함을 거친 후에 단순함이라는 정답을 찾게 된다는 말이 된다.

중국 역사를 살펴보면 다양함이 어우러져 있는 현장에서의 경험보다 책에 의한 이론으로 무장한 사람에 의하여 나라에 큰 해가 끼쳐지고 역사의 줄기가 크게 바뀐 사례가 많다. 조나라군을 끌고 장평대전을 한 조괄과 삼국지에서 촉나라군을 이끈 마속이 대표적이다.

장평대전(BC 260년)은 진시황이 진나라 왕이 되기 전에 조나라가 진나라와 벌인 전투이다. 이 장평대전에서 조나라군을 이끈 장수가 조괄이다. 조괄은 전쟁의 현장 경험 없이 이론에만 밝다고 보아 그의 부친 조사는 세상을 떠나면서 아들이 사령관이 되어서는 안 된다는 유언을 남겼다. 그러나 조괄은 장평대전에서 사령관으로 나서서 대패했고 그 자신도 전사했다. 이때 패전한 조나라 장병 40만 명은 진나라에게 생매장을 당했다.

삼국지를 보면 유비가 죽기 전에 제갈공명에게 마속은 말만 요란하고 실속이 없어 크게 쓸 사람이 아니니 주의하라고 했는데도 제갈공명이 마속에게 1차 북벌 당시 중요한 길목인 가정을 지키게 한다. 하지만 실전 경험이 없는 탓에 위나라 장합에게 패해 가정에서 쫓겨나 1차 북벌은 실패로 돌아가고, 제갈공명은 울면서 마속을 베는 유명한 읍참마속을 한다.

단순함이라는 정답은 다양한 현장의 경험과 반대 의견과의 치열한 토론에서 정교하게 다듬어져서 나오게 된다. 이 본질을 꿰뚫어 본 스티브 잡스가 애플이라는 세계 최고의 기업을 만든 것은 어찌 보면 당연하다는 생각이 든다. 실제 어려움을 겪지 않고 책에서 얻은 지식이 가진 위험성을 조괄과 마속의 사례가 보여준다.

7. 비혼모를 선택한 사유리 씨, 어떻게 보아야 할까?

고정한 표적이 없으면 아무렇게나 쏘아서 가을 터럭 같이 작은 물건을 맞추어도 서툴다고 한다(無常儀的 則以妄發而中秋毫爲拙, 무상의적 즉이망발이중추호위졸).

《한비자》〈외저설 좌상〉

방송인 사유리 씨가 비혼모(非婚母)가 되었다. 알지 못하는 남성의 정자를 기증받아 임신하여 출산한 것이다. 사유리 씨의 비혼모 출산에 대해 사회 흐름을 따라 긍정적 분위기인 것 같다. 과거 2007년 방송인 허수경 씨의 비혼모 출산 사례까지 기사화하여 재조명하고 사유리 씨의 비혼모 출산을 계기로 법제화를 시도하려는 분위기도 있다. 과거 우리의 전통적인 출산 개념에서 개인이 선택하는 자유를 존중해 주어야 한다는 분위기가 확산되는 느낌이다. 여성의 자기결정권과 행복추구권을 좀 더 중요시하는 입장으로 변화하는 듯하다. 그러면 다음의 질문은 어떤가?

첫째, 미국 버지니아대 심리학자 조너선 하이트(Jonathan Haidt)가 다음과 같은 질문을 한다. A와 B는 20대 대학생으로 남매지간이다. 여름방학을 이용하여 함께 여행하다가 서로 섹스를 하여 즐기기로 합의했다. 오빠는 콘돔을 사용하고 여동생은 피임약을 먹은 후 즐겁게 섹스한 후 다시는 섹스를 하지 않기로 했다. 이 사실은 영원히 비밀로 하기로 합의한 다음 즐겁게 여행을 마쳤다. 하이트 교수는 이 A와 B의 행위를 어떻게 평가하느냐고 묻는다.

대부분 이 질문을 들으면 알레르기 반응을 보인다. 질문 자체를 불경스럽다고 한다. 그러나 왜 무엇 때문에 이들의 행위가 잘못되었냐고 되물으면 구체적으로 잘못을 꼭 집어내기 어려워한다. A와 B의 행위를 비난하는 것을 보면 대충 이렇다. ①근친상간은 유전적으로 열성 유전자의 자녀를 낳는 것이므로 나쁘다는 이유로 비난하기도 한다. 그러나 이들은 완벽하게 피임했으므로 자녀 출산과는 무관하다. 그래서 이 비난은 설득력이 없다. ②A와 B는 상호 죄책감에 시달릴 것이라는 의견도 내놓는다. 이들은 오히려 즐겁게 섹스를 했고 다시는 하지 않기로 약속하면서 비밀로 부쳤기 때문에 이 의견도 그다지 설득력이 없다. ③가족 관계에 악영향을 미칠 것이라는 의견도 있다. 이 의견도 추측에 불과할 뿐 구체적인 설명으로는 부족하다. ④인간이 어떻게 그럴 수 있느냐라는 의견도 제시한다. 과거 신라의 성골제 하에서는 남매간에 부부가 되는 일이 많았으므로 이 의견도 설득력이 부족하다.

A와 B의 행위도 사람의 자기결정권과 행복추구권의 차원에서 보면 비난할 일이 아니라고 볼 수 있다.

둘째, 춘추전국시대 때 중국 양주(楊朱)라는 사람은 "내 정강이의 털 한 개를 뽑아서 천하가 이롭게 된다 하더라도 나는 내 털을 뽑지 않겠다."라고 했다. 이런 양주를 비난할 수 있을까? 맹자는 양주를 공동체와 군주는 없고 자기만 아는 자라고 비난했다. 그러나 양주가 말한 진의는 맹자의 비난과 차원이 다른 곳에 있다고 보아야 한다. 사실 자기 정강이의 털 한 개 뽑는 것은 그리 어려운 일이 아니다. 양주가 하고자 한 말은 천하에 도움이 된다는 이유로 개인의 의사를 무시한 채 국가 또는 공동체가 개인에게 어떤 행위를 강요하면 안 된다는 뜻으로 읽어야 한다(위아사상 爲我思想). 지금 우리나라의 사례로 보면 아파트값을 잡아야 한다는 천하의 이익을 위한다는 명분 아래 '재산 있으니까 종합부동산세를 더 내야 한다.'는 식의 제도를 만들어, 마치 정강이 털 한 개를 뽑으면 된다고 요구하는 정책을 해서는 안 된다는 것이 양주가 말한 뜻이라고 볼 수 있다.

셋째, 낙태죄에 관한 문제다. 헌법재판소는 2012년 8월 23일에 낙태 행위를 처벌하는 형법의 조문(낙태죄)에 대하여 합헌 대 위헌 의견이 4 : 4

이었으나 의결정족수에 미달하여 합헌결정을 하였다. 그러나 헌법재판소는 2019년 4월 11일 산부인과 의사가 낸 헌법소원 사건에서 재판관 7대 2 의견으로 위헌 결정했다. 다만 낙태죄를 당장 폐지하면 부담이 따르는 만큼 2020년 12월 31일까지 법조항을 개정하라는 헌법불합치 결정을 내렸다. 낙태죄가 폐지되어야 한다고 하는 주장의 가장 큰 논거는 임신한 여성의 자기결정권을 침해한다는 것이다. 낙태죄가 위헌이 아니라고 주장하는 사람들도 낙태죄는 여성의 자기결정권을 제한한다는 것은 인정한다. 그러나 그 제한의 정도는 태아의 생명권 보호라는 공익에 비하여 결코 중하다고 볼 수 없기 때문에 위헌이 아니라고 한다. 생명권은 인간의 생존 본능과 존재 목적에 바탕을 둔 선험적이고 자연법적인 기본권인데, 태아의 생명이 엄마에게 의존하더라도 엄마와 별개의 생명체인 태아에게도 생명권이 인정되어야 한다는 점을 강조한다.

넷째, 안락사의 문제다. 2018년에 104세의 호주 최고령 과학자인 데이비드 구달 박사가 불치의 질환은 없지만 삶의 질의 현저한 하락으로 안락사를 스스로 결정하여 안락사가 허용되는 스위스에서 스스로 삶을 마감했다. 그는 "이 나이까지 생존하고 있다는 사실이 유감스럽다. 행복하지 않다. 죽고 싶다. 누군가 삶을 끝내기로 선택한다면 그 선택에 누구도 개입해서는 안 된다."라고 말했다. 구달 박사는 1979년 은퇴한 이후에도 계속 연구하여 죽기 전 몇 년 동안 30권 분량의 '세계의 생태계' 시리즈를 출간했고 과학 연구의 업적을 평가받아 호주 훈장을 받기도 했다.

세기의 미남 배우 알랭 들롱도 2019년 뇌졸중으로 쓰러진 후 건강이 더 악화되면 안락사를 선택하기로 하고 그의 아들의 동의도 구했다고 한다. 그는 프랑스인이지만 안락사가 가능한 스위스 시민권도 갖고 있다.

세계에서 안락사를 가장 먼저 법으로 허용한 나라는 네덜란드인데 2001년에 안락사를 공식적으로 허용하는 법을 제정했다. 이듬해인 2002년 벨기에, 2004년 룩셈부르크가 그 뒤를 이었다. 이들 나라 외에도 현재 미국 일부 주에서도 제한적으로 안락사를 허용하고 있고, 캐나다, 콜롬비아, 뉴질랜드, 스위스 등도 안락사를 허용한다. 개인의 자기 결정권과 행복추구권을 존중한다면 안락사를 인정하는 것이 논리적이다.

한비자는 〈외저설 좌상〉에서 "고정된 표적이 있으면 예나 봉몽이 다섯 치의 표적을 맞혀도 활의 명수라 할 수 있지만, 고정한 표적이 없으면 아무렇게나 쏘아서 가을 터럭같이 작은 물건을 맞혀도 서툴다고 한다. 그러므로 법도가 없이 응하면 상대가 멋대로 떠들지만 법도가 유지되면 실수할까 두려워서 함부로 말하지 않는다"[1]라고 했다. 명확한 기준에 따라 처리하고 의견을 말하도록 해야 혼란이 없다는 말이다.

사유리 씨의 비혼모, 조나단 하이트 교수가 제기한 A와 B, 정강이 털한 개를 뽑지 않겠다고 한 양주, 낙태를 하는 여성, 안락사를 선택한 구달 박사 등의 사례는 타인에게 직접적으로 피해를 주지 않는 사건이다. 이 사건에서 개인을 사회보다 우선하면 이들의 행동을 비난할 것이 아니라 존중해야 한다는 관점이 된다. 그러나 사회(공동체, 국가 등)를 개인보다는 우선하면 이들의 행동은 공동체를 해칠 수 있다는 이유로 이들을 비난하거나 제약할 수 있다는 입장이 된다. 사람마다 관점이 다를 수 있다. 표적이 분명해야 명사수와 보통 사수가 구별되는데, 어떤 표적을 세워야 혼란이 없을까?

개인이 있어야 공동체가 있는 것이고 공동체도 결국 개인을 위한 조직체이므로 개인의 이익을 공동체의 이익보다 더 존중하는 것이 타당하지 않을까.

---

1) 有常儀的 則羿逢蒙以五寸爲巧 無常儀的 則以妄發而中秋毫爲拙 故無度而應之 則辯士繁說 設度而持之 雖知者猶畏失也 不敢妄言(유상의적 즉예봉몽이오촌위교 무상의적 즉이망발이중추호위졸 고무도이응지 즉변사번설 설도이지지 수지자유외실지 불감망언).

8. 말은 똑바로 해야 하나, 똑바로 들어야 하나?

군주는 지혜가 막다른 데에 이르지 않는다(故君不窮於智, 고군불궁어지).

《한비자》〈주도〉

유명 정치인이 자신의 여비서를 성폭행했다는 이유로 처벌받았다. 그는 재판 과정에서 비서가 자신을 좋아하는 줄 알았다고 했다. 그의 부인도 비서가 그를 좋아해서 적극적으로 유혹했다는 취지의 주장을 했다. 재판부도 엇갈렸다. 1심에서는 무죄 선고했고 2심과 3심에서 유죄 선고를 내렸다. 재판부도 엇갈린 것을 보면 제삼자도 헷갈린다.

똑같은 사실을 두고 당사자 간에 정반대로 이해하는 것은 무엇 때문일까?

말콤 글래드웰의 《아웃라이어》에 나오는 이야기이다. 254명 중 229명이 사망한 1997년 8월 5일 KAL 비행기의 괌 추락 사건의 주원인은 블랙박스로 밝힌 바에 따르면 기장과 부기장 간 부정확한 의사소통 때문이라고 한다. 기장과 부기장 간 부정확한 의사소통은 말하는 문화에서 비롯된 것이라고 이 책에서는 말한다.

말콤 글래드웰에 따르면 의사소통이 명확하게 이루어지지 않을 경우 서구인은 부정확하게 말한 화자(話者)에게 책임 있다고 생각하는 문화이지만, 다른 많은 아시아 국가와 마찬가지로 한국은 화자가 아닌 청자(聽者)에게 책임 있다고 생각하는 문화라고 한다. 그날 비가 내리는 가운데 괌 공항에 비행기가 착륙을 시도했을 때 활주로가 보이지 않은 것을 알았던 부기장은 장시간 비행으로 피곤해하던 기장에게 '착륙을 포기하자'고 분명하게 의사 표현을 했다면 기장은 비행기를 일단 올렸다가 재상륙해서 사고를 방지할 수 있었다고 한다. 그러나 그 급박한 순간에도 부기장은 애매모호하게 이야기했다. 그래서 기장이 당시 상황을 정확히 알지 못하고 착륙을 시도한 결과 비행기가 야산의 언덕을 들이받고 추락한 것이다.

주변에서 시어머니가 말귀를 못 알아듣는다고 며느리를 비난하는 경우 등 화자가 청자를 비난하는 경우를 흔히 본다. 노인이 죽고 싶다고 하는 말과 노처녀가 시집 안 간다고 하는 말은 본심과는 정반대의 의사표현이라는 이야기를 나는 많이 듣고 자랐다.

정확한 의사소통이 되지 않는 책임을 화자가 아닌 청자에게 돌리는 문화에서는 화자가 자신이 부정확하게 의사표현을 한다는 사실을 인식하기 어렵다. 앞선 사례에서도 화자(여비서)가 정확하고 분명하게 자신의 의사를 드러내지 않는 이러한 문화 환경 때문에 유명 정치인과 그 부인(청자)도 서로 말에 대한 이해가 달랐던 게 아닌가라는 생각이 든다. 1심과 2심·3심의 재판부 판단이 달랐던 것도 화자가 말한 것에 대한 이해의 차이에서 비롯된 것은 아니었을까.

조선 중기의 문신 윤휴(1617~1680)는 "경전의 오묘한 뜻을 주자(주희)만이 알고 어찌 우리는 모른단 말이냐" 부르짖었다가 사문난적으로 몰렸고 끝내 사약을 받았다. 허목(1595~1682)도 "어찌 유학만이 진리라 할 수 있느냐"는 취지의 발언을 해서 사문난적으로 몰려 매장되었고, 박세당(1629~1703)도 기존 성리학을 비판했다는 이유로 사문난적에 몰려 귀양살이를 했다.

조선 시대는 학문 분야에서조차 주류의 견해와 다른 의견을 분명하게 피력하면 목숨을 보장받을 수 없는 아주 위험한 사회였다. 오늘날 우리의 모습도 크게 다르지 않은 느낌이다. 일제의 수탈론·한일청구권 협정·위안부 등에 관한 주류의 견해와 반대인 책을 쓰고 발언한 사람에 대해서 우리 사회가 대하는 모습은 조선 시대와 유사하다는 생각이다. 이런 사람들 주장이 허구라면 이를 학술적, 사실적으로 반박해서 진실을 밝히는 것이 옳다. 그러나 이런 주장 자체를 아예 하지 못하도록 하고 그런 주장을 한 사람을 교수직에서 내쫓고 사회적으로 매장하라고 요구한다. 심지어 이런 발언을 하지 못하도록 처벌할 법률을 만들자고 주장한다.

지금 우리나라는 자유로운 민주 사회인데 윤휴·허목·박세당을 사문난적으로 몰아 탄압한 조선 시대와 다를 바 없이 흘러가는 게 아닌가라는 염려가 든다. 주류의 견해에 반대되는 견해를 분명하게 의사 표현할 수 없는 사회에서는 화자가 의사표현을 분명하고 뚜렷하게 하는 문화가 싹트기 어렵다.

미국의 전 대통령 레이건은 "소련 헌법은 발언의 자유(freedom of speech)를 보장하지만 미국은 발언 후의 자유(freedom of after speech)를 보장한다."라고 했다. 현재 우리나라가 발언 후의 자유가 있는 사회인지에 곰곰이 생각해 볼 문제이다.

어떤 사안에 대해서 Yes인지 No인지를 분명하게 말하는 사람을 두고 '똑 부러지기는 하나 인간성이 없다'든가 '싸가지가 없다'라는 말을 하는 것을 많이 보고 듣는다. 이런 사회 분위기에서는 상대방의 의견에 반대되는 자신의 의사를 분명하게 표시하기가 어렵다. 반대 의견을 분명하게 말하기보다는 완곡하고 애매모호하게 말하는 게 현명한 태도로 권장받기도 한다. 이런 사회 분위기는 성폭력이나 성희롱이 있더라도 여성이 자신의 거부 의사를 분명하게 말할 수 없게 한다. 여성의 이러한 불분명한 의사표현이 성폭력이나 성희롱을 야기하는 원인으로도 작용하지 않나, 하는 생각이 든다.

한비자는 〈주도〉에서 "현명한 군주의 길은 지혜 있는 자로 하여금 생각을 모두 다 짜내게 하여 그것을 근거로 군주가 결단을 하기 때문에 군주는 지혜가 막다른 데에 이르지 않는다"[1]라고 했다. 지혜 있는 자로 하여금

---

1) 名君之道 使智者盡其慮 而君因以斷事 故君不窮於智(명군지도 사지자진기려 이군인이단사 고군불궁어지).

생각을 모두 다 짜내게 하려면 모든 의견을 거침없이 자유롭게 말할 수 있어야 한다. 청자보다 화자가 더 중요하다는 분위기가 조성되어야 가능해진다.

말은 똑바로 듣는 것보다 똑바로 하는 것이 더 중요하다. 성폭력이나 성희롱의 발생을 방지하기 위해서도 Yes인지 No인지를 분명히 말하는 것이 바람직하다는 문화가 만들어져야 한다. 사회 주류의 의견에 반대되는 소수 의견을 말한다고 억압하거나 불이익을 주는 분위기가 없어져야 좋은 사회가 된다. 화자가 의사를 분명하게 표현해야 청자가 오해하거나 곡해하는 일이 많이 줄어든다.

말은 개떡같이 하더라도 듣기는 찰떡같이 알아들어야 한다는 말이 있지만 개떡같이 한 말은 개떡같이 알아듣지 찰떡같이 알아듣기 어렵다. 개떡같이 말해 놓고는 찰떡같이 알아들으라고 하면 부정확한 의사 표현 때문에 KAL기의 추락과 같은 참사가 또 발생하게 된다.

9. 교도소와 형무소 중 어느 것이 우리 정서에 맞는 말인가?

> 잣대없이 길고 짧은가를 가린다면 왕이도 절반으로 자를 수 없다(廢尺寸而差短長
> 王爾不能牛中, 폐척촌이차장단 왕이불능반중).
>
> 《한비자》〈용인〉

　주변에서 '○○○은 교도소에 보내야 한다.'라고 말하는 것을 종종 듣는다. 예전에는 죄를 지어서 복역하는 곳을 감옥이라고 했다. 일제 때 형무소라고 하다가 1961년부터 교도소로 명칭을 바꾸었다 한다.

　흔히 우리는 '죄는 미워도 사람은 미워하지 말자.'라는 말을 많이 듣는다. 이 말은 참으로 아름답다. 감옥이란 사람을 가두어 두는 곳이란 뜻이고 형무소는 형을 집행하는 곳이라는 뜻이지만 교도소는 죄지은 사람을 바로잡고(矯) 인도하는(導) 곳이라는 뜻이어서 훨씬 좋은 말이다. 저지른 죄 때문에 사람은 벌을 받지만 환경 탓 등으로 사람은 누구나 죄를 범할 수 있다. 그래서 죄인에게도 다시 올바른 삶을 살아갈 기회를 주자는 뜻에서, '죄는 미워도 사람은 미워하지 말자'는 정신을 나타내는 말이 교도소라는 명칭이라고 생각된다.

　그러나 지금 우리 주변의 실상을 보면 '죄는 물론 사람이 더 밉다'는 현상이 난무한다. ①전 남편을 죽였다는 고유정을 전처 자식도 죽인 자라고 하면서 더 강하게 처벌하라고 요구한다. ②입양 후 10개월 만에 세상을 떠난 피해 아동(정인이)의 양모와 양부를 살인죄로 처벌하라는 여론에 검찰은 기소 후 첫 공판에서 공소장 변경을 통하여 살인죄 적용으로 바꾸었다. 1심에서 정인이 양모는 살인죄로 무기징역을 선고받았고 양부는 징역 5년을 선고받았다. ③2008년 12월에 저지른 아동 성범죄로 12년의 형을 살다 나온 조두순과 그의 부인이 매달 120만 원 가량의 복지급여(기초연금 30만원, 생계급여 62만원, 주거급여 26만원 등)를 받는다고 왜 이런 범죄자에게 혈세를 들여 지원하느냐고 청와대 국민청원 게시판 등에 비판을 쏟아내고 있다. 2021년 12월에는 20대 남성이 조두순 집에 침입하여 둔기로 머리를 치는 사건도 발생했다. ④흥국생명의 쌍둥이 여자 배구선수가 중학교 때 상습적으로 학교 폭력을 행사했다고 주장하면서 선수생활은 물론 모든 사회 활동을 중단하라고 요구했다. 끝내 그녀들은 우리나라에서 선수 생활을 하지 못하고 그리스에 가서 선수 생활을 하고 있다.

이러한 모습은 '죄는 미워도 사람은 미워하지 말자'면서 형무소를 교도소로 명칭을 개정한 아름다운 생각과는 그 취지에 어긋난다. '죄지은 자는 끝까지 엄하게 처벌해야 한다.'는 의미의 감옥이나 형무소 명칭을 사용하는 모습과 같다. 법의 뿌리는 사랑이고 사랑이 법의 완성이라고 하는데, 우리는 말로만 사랑을 얘기하면서 실제는 증오가 법의 뿌리이고 법의 완성이라는 사회에 살고 있지 않은가 싶어진다.

사람은 누구나 실수할 수 있고 그 실수로부터 많은 것을 배워서 더 성장한다. 그래서 실수나 실패를 두려워하지 말고 도전하는 사회가 되도록 해야 좋은 사회가 된다고 말한다. 그러나 지금 우리 주변에서 일어나는 일을 보면 오히려 거꾸로다. 과거의 실수를 흠 잡아서 끌어내리고 아예 새로운 도전이나 성공을 꿈꾸지 못하도록 하는 분위기이다. 10년도 더 지난 일을 들춰내서 복수하려고 하는 사람에게 동조한다(쌍둥이 여자 배구선수 사건). 과거에 잘못하여 12년이나 바로잡고(矯) 인도받기(導) 위한 곳(교도소)에서 지내다가 출소한 65세를 넘은 자에게 국민 모두가 받는 연금조차 주어서는 안 된다고 주장한다(조두순 사건). 불확실해서 당초 살인죄를 적용하지 않은 사항까지 살인죄로 처벌하라고 우리는 요구한다(고유정, 정은이 사건).

과거의 잘못에 대하여 명확하지도 않은 사실까지도 들먹여서 엄하게 처벌하라고 하는 것은 '죄는 미워도 사람은 미워하지 말자'는 교도소의 논리가 아니라 '지은 죄 값은 죽을 때까지 치러야 한다'는 감옥이나 형무소의 논리이다. 우리는 사람의 본성은 원래 착하다는 성선설에 바탕을 두어 교도소로 명칭까지 바꾸었다. 그런데 실제 우리는 사람의 본성은 본디 악하다는 성악설에 바탕을 둔 형무소의 논리를 계속 주장하는 위선을 보이고 있다.

한비자는 〈용인〉에서 '규구(공작용 제도기)를 버리고 어림잡으면 해중(고대의 이름난 목수)도 수레바퀴 하나를 완성할 수 없다. 잣대 없이 길고 짧은가를 가린다면 왕이도 절반으로 자를 수 없다…현명한 군주는 누구나 받을 수 있는 상을 제정하고 누구나 피할 수 있는 벌을 설정한다[1]라고 했다.

우리가 이미 설정한 법·제도(형사처벌 등의 규구나 잣대)를 버리고 뚜렷한 잣대도 없이 어림잡아서 장단을 가려야 한다면(명확한 기준 없이 사회적 기준을 내세워 처벌하라고 한다면) 사회 정의나 사회 활력을 얻을 수 없다(수레바퀴 하나를 완성할 수 없고 정확히 절반을 자를 수 없다)는 뜻이다. 한비자는 그래서 누구나 받고 피할 수 있는 상벌을 설정하고 운영해야 현명한 군주(주권자=국민)가 된다고 한다.

지금 우리나라와 같이, 상대방이 명성을 얻고 있다고 해서 그 명성에 흠이 가는 복수에 호응하고 명확하지 않은데도 정서 등의 이유로 엄히 처벌하라고 요구하면 사람들은 실수하지 않는 데에 골몰하게 된다. 실수한 자는 그 실수를 딛고 성공하려고 하기보다 그저 평범히 사는 것에 가치를 둘 수밖에 없게 된다. 그냥 평범히 사는 것이 최선인 사회는 소위 '안전빵'이라고 하는 직장인이 되는 것만 선호할 수밖에 없다. 실수와 실패를 토대로 그다음의 성공으로 나아가는 창업 등이 활발해지는 사회가 될 수

---

1) 去規矩而妄意度 奚仲不能成一輪 廢尺寸而差短長 王爾不能半中…明主立可爲之賞, 設可避之罰(거규구이망의도 해중불능성일륜 폐척촌이차장단 왕이불능반중…명주립가위지상 설가피지벌).

없다.

시험 종류를 막론하고 대부분 우등생의 공통 비법은 오답노트 정리라고 한다. 틀린 문제를 잊지 않고 시험 바로 전에 정확한 내용을 상기시키는 데 크게 도움이 되기 때문이다. 성공은 이렇게 실수와 실패를 먹고 자란다.

교도소로 명칭을 변경했으면 그 변경의 취지에 맞는 사회를 이루도록 노력해야 한다. 말만 아름답게 교도소라는 명칭으로 변경하고 실제 행동은 교도소가 아닌 형무소가 맞다고 하는 위선적 사회에서는 바람직한 사회가 이룩되기 어렵다.

지금과 같이 교도소가 아니라 형무소가 옳다고 주장하는 사회 분위기라면 차라리 솔직히 교도소를 형무소로 명칭을 복귀하는 것이 우리의 정서에 맞지 않을까. 말만 성선설에 입각해 교도소라고 할 것이 아니라 성악설에 입각한 형무소가 우리 정서에 맞다는 점을 인정하고, 그 바탕에서 사회제도를 설계, 운영하는 것이 좀 더 분명하고 더 좋은 사회를 만드는 길이 아닐까라는 생각이다. 교도소라는 명칭을 계속 사용한다면 명칭 변경에 걸맞게 '죄는 미워도 사람은 미워하지 말자'는 사회가 실제로 구현되도록 노력하여야 옳다. 그래야 좋은 사회가 된다.

10. 교육이 번영을 이끌었나, 번영이 교육을 이끌었나?

이익 앞에서는 모두 맹분이나 전저와 똑같게 된다(利之所在 皆爲賁諸, 이지소재 개
위분저).

《한비자》〈세림 하〉

2014년 여름, 서유럽을 여행할 때다. 현지 한국인 가이드가 "관광지 어디를 가나 한국인이 많은데, 한국인이 이렇게 잘 살아서 해외여행을 많이 하는 것은 높은 교육 수준으로 한국 경제가 발전한 덕분이다"라고 했다. 평소에도 한국인의 높은 교육열이 경제 발전을 이끌었다는 주장을 종종 들었지만 이때 가이드의 말을 듣고 언뜻 의문이 들었다. 한국인의 높은 교육열이 경제 발전을 이끈 게 아니라 거꾸로 경제 발전이 높은 교육열을 이끈 게 아닌가라는 의문이 그것이다. 이것은 닭이 먼저냐 달걀이 먼저냐는 것과 같이 부질없는 순환론으로 볼 수도 있다. 그러나 높은 교육열과 한국 경제 발전 간의 선후 관계는 닭과 달걀 간의 생물학적 문제가 아니므로 순환론으로 보기 어렵다. 생각해 볼 필요가 있는 문제다.

1930년 일본 국세조사에서 당시 한국인들의 문맹률이 77%였고, 광복 직후 남한 지역의 문맹률은 약 78%로서 같은 시기의 말레이시아(62%), 짐바브웨(64%)보다 높았다. 광복 후 정부에서 문맹퇴치운동을 활발히 하여 1958년 남한의 문맹률은 4.1%까지 떨어졌고, 북한은 1945년 말부터 문맹퇴치 교육을 본격적으로 시작해서 불과 4년 후인 1949년에는 문맹이 전부 퇴치되었다고 주장한다. 실제 탈북자들의 증언에서도 북한에서 글을 모르는 사람은 찾아보기 어렵다고 한다.

현재 세계에서 교육열이 높은데도 발전을 못 하고 있는 나라가 북한과

쿠바다. 높은 교육열이 경제 발전의 원동력이라면 교육열이 높은 북한과 쿠바가 발전하지 못하는 것을 보면 이 말이 선뜻 이해가 잘 되지 않는다.

미국의 오바마 전 대통령은 미국 교육의 문제점을 지적하면서 우리나라의 교육을 본받아야 한다고 했고, 노벨 경제학상을 받은 로버트 E 루카스 주니어는 "한국은 인적 자본을 키우는 교육을 통해 경제이론을 실제로 구현한 나라다."라고 말했을 정도로 우리나라의 교육열을 세계가 인정하고 있다.

지금보다 훨씬 취업이 용이했던 2007년도에 대학생들을 상대로 대학 진학의 주된 목적을 설문조사한 결과, 취업 목적이 가장 많았고(36.5%), 그 다음이 적성과 소질 개발(21%), 교양 및 전문지식 습득(18.6%), 사회 지위 획득(11.3%) 등이며, 교수들에게 기대하는 것도 취업 지도(31.7%)가 가장 높았다. 취업이 몹시 어려운 지금 조사하면 대학 진학의 주된 목적을 취업이라고 답하는 비율이 훨씬 높게 나오지 않을까라는 생각이다.

우리나라의 대학진학률은 현재 세계 최고다. 진학해 봐야 취업에 유리할 것이 없다면 우리나라가 세계 최고의 대학진학률을 보일까? 설문조사에서 나타난 바와 같이 대학생들이 공부하는 주된 이유가 취업이라면 '공부→취업'으로 이어진다는 것을 사람들이 진리로 받아들인다는 것을 보여준다.

'공부→취업'으로 이어지는 것이 진리라면 '높은 교육열→우수 노동력→한국 경제 발전'으로 연결되기보다는 '공부하면 취업이 된다는 사람들의 믿음→한국인의 높은 교육열'로 된 것이 아닐까? 만약 높은 교육열이 경제 발전을 이끈 주 요인이라면 우리는 경제 발전에 큰 기여를 한 종업원들을 기업인들보다 더 존경하고 고마워해야 할 것이다. 그러나 만약 높은 소득 수준의 일자리 보장이 높은 교육열을 유도한 주 요인이라면 종업원에게 일자리를 보장해 준 기업인을 보다 더 존경하고 고마워해야 마땅할 것이다.

우리 사회는 아직도 기업인들(특히 재벌)을 혼내 주는 것에 박수를 보내는 경우가 많다. 문재인 정부에서 국민경제자문회의 부의장(의장은 문재인 전 대통령)을 역임한 김광두 서강대 석좌 교수가 언론 인터뷰에서 "아직도 기업은 악이고 그렇기 때문에 이들의 몫을 빼앗아서 착한 노조에 나눠줘야 한다는 생각을 가지고 있는 것이 아닌가 싶다."라고 토로했다(2021.3.10. 중앙일보).

일본에서 48년간 가전판매업을 해 오면서 종업원 1만 1천 명, 연매출 약 6조 원의 대형 가전판매회사를 운영하고 있는 노지마 히로시 사장이 우리나라와 일본의 가전업에 관하여 말한 기사를 신문에서 본 적이 있다(2022.2.14. 매일경제신문). 그는 파주에 있는 LG 디스플레이어의 LCD 공장을 방문하고 느낀 소감으로 일본의 공장과 달리 세계 시장을 겨냥한 투자로서 용기가 느껴졌다고 말했다. 한때 세계를 제패한 일본 가전산업은 몰락하고 한국의 가전산업이 잘되는 이유로 '일본은 사장이 오너가 아니라서 자주 바뀌어 장기 투자를 안 하나, 한국은 오너가 앞을 보고 용기있는 투자를 하기 때문'이라고 했다. 우리나라 기업인의 대단한 일면을 말한 것이다.

한비자는 〈심도〉에서 "사람의 본성은 노고를 싫어하고 노는 것을 좋아한다"[1]라고 했다. 그러나 〈세림 하〉에서는 "장어는 뱀을 닮았고, 누에는 애벌레를 닮았다. 사람들은 뱀을 보면 무서워하고, 애벌레를 보면 소름 돋는다. 하지만 어부는 장어를 손에 쥐고, 아낙들은 누에를 어루만진다. 이익 앞에서는 모두 맹분(전국시대 제나라의 용사)이나 전저(춘추시대 오나라의 용사)와 같이 용감하게 된다"[2]라고 했다. 사람은 힘든 일을 하기 싫어하지만 눈앞에 이익이 있으면 용감하게 일한다는 것이다. 이 한비자 말에 따

---

1) 夫民之性 惡勞而樂佚(부민지성 오로이락일).
2) 鱔似蛇 蠶似蠋 人見蛇 則驚駭 見蠋 則毛起 漁者持鱔 婦人拾蠶 利之所在 皆爲賁諸(전사 사 잠사촉 인견사 즉경해 견사 즉모기 어자지전 부인습잠 이지소재 개위분저).

르면 '공부→취업→이익'이 되는 구조 때문에 사람들은 일하기 싫어하고 놀기 좋아하는 본성을 참고 힘든 공부를 한다는 것이 된다.

북한과 쿠바가 교육열이 높은데도 살기 힘든 것은 교육 내용(콘텐츠)이 좋지 않기 때문이기도 하다. 이에 비해 우리가 이렇게 발전한 것은 사회 발전에 필요한 교육 내용(콘텐츠)을 요구하는 기업이 있었고 이 요구에 부응해 왔기 때문이다. 그러면 높은 교육열이 발전을 가져온다고 하기보다는 발전에 필요한 콘텐츠를 만들어 내고, 이 콘텐츠를 충족시키면 높은 보상을 하는 기업이 높은 교육열을 가져왔고, 이 높은 교육열이 다시 발전을 가져오는 선순환 때문에 우리가 이렇게 발전한 것이라고 보는 게 옳다고 하겠다. 이런 점에서 교육이 번영을 가져왔다고 하기보다는 오히려 번영(콘텐츠, 기업가)이 교육을 가져왔다고 보는 것이 옳다고 하겠다.

우리가 해외여행을 하는 등 풍요로운 생활을 누릴 수 있도록 한 번영의 근본 원인이 높은 교육열 덕분이라기보다는 높은 교육열을 유도하는 높은 소득 기회를 제공한 기업인들 덕분이라면 우리가 기업인들을 혼내는 것에 박수치는 것을 다시 생각해 봐야 하고, 유독 다른 나라에 비해서 높다는 우리나라의 반 기업 정서도 다시 생각해야 할 문제가 된다.

11. 보아 오빠에게 싸늘하게 말한 의사가 뭇매를 맞아야 하는가?

되로 재는 일은 사람을 위하여 많거나 적게 할 수 없고 저울질은 사람을 위하여 가볍거나 무겁게 할 수 없다(石不能爲人多少 衡不能爲人輕重, 석불능위인다소 형불능위인경중).

《한비자》〈팔설〉

2021년 5월, 가수 보아의 친오빠(권순욱 뮤직비디오 감독. 40세)가 복막암 4기 치료 과정에서 의사들로부터 들었던 이야기를 자신의 SNS에 올려서 많은 공감을 얻은 일이 언론에 소개되었다.

권 감독은 "저는 당장 이대로 죽고 싶은 마음이 전혀 없는데 의사들은 왜 그렇게 싸늘하신지 모르겠다."라고 한 후 의사들이 자신에게 싸늘하게 대했던 사례를 소개했다. A 의사는 "이 병이 나을 거라고 생각하세요? 이 병은 낫는 병이 아녜요. 항암 시작하고 좋아진 적 있어요? 그냥 나빠지는 증상을 늦추는 것뿐입니다."라고 말했고, B 의사는 "최근 항암 약을 바꾸셨는데 이제 이 약마저 내성이 생기면 슬슬 마음의 준비를 하셔야 될 것 같습니다. 조금씩 주변 정리부터 하세요."라고 말했으며, C 의사는 "환자가 의지가 강한 건 알겠는데 이런저런 시도로 몸에 고통을 주지 말고 그냥 편하게 갈 수 있게 그저 항암약이 듣길 바라는게…"라고 이야기한 사례를 소개했다. 그러면서 그는 "최근 입원했을 때 그리고 다른 병원 외래에 갔을 때 제 가슴에 못을 박는 이야기들을 제 면전에서 저리 편하게 하시니 도대체 제정신으로 살 수 없었던 시간들이었다."라는 글도 SNS에 올렸다. 이 글에 많은 사람들의 응원과 조언이 잇따르자 그는 "마지막까지 최선을 다해서 이 시도 저 시도 다해 보도록 하겠다."는 글을 올렸다. 그러나 그는 4개월 후인 2021년 9월에 결국 세상을 떠났다.

차갑기 그지없는 의사들의 말을 권 감독이 SNS에 올린 이후 의사들을 향한 비난이 이어졌고, 환자 입장에서 진심으로 대화하고 공감할 수 있는 인성을 갖추도록 의과대학 교육을 강화하라는 요구가 빗발쳤다. 그러자 전(前) 대한의사협회장을 지낸 분이 자신의 SNS에 다음과 같은 요지의 글을 올렸다.

"얼마나 섭섭했을까. 그 심정 백분 이해가 된다. 의사들이 환자의 아픔을 공감하고 환자를 가족처럼 생각해서 안타까워하면 얼마나 좋을까. 이것은 모든 환자들의 바람일 것이다." 이렇게 운을 뗀 후, "의사들이 싸늘하게 된 그런 환경은 환자분들이 스스로 만든 것이다. 이런 싸늘한 환경은 바뀌지 않고 오히려 시간이 갈수록 악화될 것이다"라고 한 다음, 의사가 이렇게 싸늘하고 냉정한 경고를 하지 않을 경우 의사에게 초래되는 불이익 사례를 소개했다. 환자의 상태를 정확히 알리지 않았다는 이유로 가족은 조기 사망에 대한 책임을 의사에게 돌려 치료 의사가 법정소송으로 시달리는 경우가 허다하고, 불충분하게 설명했다는 이유로 의사가 법적 책임을 지는 상황까지 몰릴 수 있다는 것이다. 국가와 사회는 의사들에게 '싸늘하고 냉정한 경고'를 하도록 주문해왔고 이제 그 주문은 의사들에게 필수적인 의무사항이 됐다고 한다. 그러면서 그는 "발생할 수 있는 수많은 부작용에 대한 빠짐없는 설명 의무가 의사에게 주어져 있기 때문에 의사들은 희박한 부작용 설명까지 하는데, 이를 들은 환자가 겁먹고 꼭 필요한 치료를 거부하는 경우가 섭섭함보다 더 큰 문제다."라고 했다.

이런 의료 환경에서 권 감독에게 싸늘하게 말한 의사들이 뭇매를 맞을 만큼 과연 잘못한 것일까? 생각해 볼 문제이다.

사람은 누구나 죽지만 또 누구나 죽기를 싫어한다. 의학적으로 생존 기간이 약 6개월 정도밖에 남지 않은 환자에게 의사가 사실을 털어놓을 경우 남은 생존 기간 동안의 행태가 우리나라의 환자와 미국 환자들은 다르다고 한다. 서울대학교병원 종양내과 팀 연구에 의하면 우리나라 사람들은 환자의 희박한 치료 가능성에 기대를 걸고 치료에 온 힘을 다하다가 결국 사망 한 달 전이 되어서야 치료가 불가능하다는 사실을 받아들이고 환자의 마지막 생을 정리한다고 한다. 미국 사람들은 의사의 말을 받아들여서 더 이상 치료하지 않고 남은 6개월 동안 환자가 마지막 생을 충분히 정리한다고 한다.

2002년에 노벨경제학상을 받은 대니얼 카너먼과 함께 심리학자로서 심리학에 바탕을 둔 경제행위에 관한 연구로서 행동경제학이라는 새로운 영역을 개척한 아모스 트버스키라는 사람이 있다. 그가 일찍 사망하지 않았다면 대니얼 카너먼과 노벨경제학상을 공동수상했을 것이라고 한다. 그는 59세에 말기 암으로 6개월밖에 살 수 없다는 선고를 받았다. 그는 자신에게 남겨진 6개월을 그저 죽어가는 환자로 살아가기를 원치 않았다. 그는 가족 외에 가까운 친구 2명을 포함해서 단 몇 명에게만 자신의 상황을 이야기하고, 잔여 생존 기간에 연구를 계속하고 가족과 시간을 함께 보내며 농구 경기를 관람하였고, 슬픔을 표하는 방문객이 아니라 연구하는 방문객만 방문을 허락했다 한다. 그는 고통만 가중시키고 기껏해야 몇 주밖에 생명을 연장하지 못하는 의미 없는 치료를 받으면서 마지막 생의 몇 달을 보내는 것은 좋은 선택이 아니라고 판단하여 이런 결정을 내린 것이다.

아무리 건강 상태가 좋지 않더라도 의사가 환자(권 감독)에게 따뜻한 말로 위로하지 않고 어떻게 싸늘하게 말할 수 있느냐라는 당위(도덕, 배려)를 내세우면 그 의사를 비난할 수 있다. 그러나 노력한다 해도 고통스럽고 별 의미 없는 생존 기간을 얼마쯤 연장하는 것에 불과하다는 의학적 사실을 말해 주는 것이 싸늘하게 들리더라도 냉정하게 말하는 게 옳다고 보면 그 의사를 비난할 것이 아니다.

가능성이 희박하지만 노력하면 나을 수 있다는 희망을 환자에게 이야기하는 것은 아름다운 일이다. 그러나 이러한 행동은 환자에게는 기대감을 높여서 무의미한 치료 행위를 계속하도록 한다. 환자 가족에게는 무의미한 치료 행위로 인한 시간적·경제적 부담이 가중되고, 치료를 중단할 경우 돈 때문에 치료를 그만두었다는 심리적 죄책감에 빠지게 한다. 또 돈 때문에 치료를 그만둔 사람이라는 주변 사람들의 곱지 않은 시선에 시달려야 하는 부작용을 초래하기도 한다.

한비자는 〈팔설〉에서 "되로 재는 일은 사람을 위하여 많거나 적게 할 수 없고, 저울질은 사람을 위하여 가볍거나 무겁게 할 수 없으며, 그렇게 하고자 해도 할 수가 없다. 그래서 사람은 그대로 두는 것이다"[1]라고 말했다. 사실은 사실 그대로 말해야 하고 좋게 말하는 것보다 꾸미지 않고 사실 그대로 말하는 것이 더 좋다는 의미이다.

아름다운 일인 당위(sollen, 배려, 공감, 도덕)를 실행하는 데에 사회적 비용이 수반되지 않는다면 실행하지 않을 이유가 없다. 그러나 당위를 실행하는 데 사회적 비용이 많이 들기 때문에 문제다. 보아의 오빠인 권 감독에게 싸늘하게 말한 의사도 당위(배려, 공감 등)를 실행하는 것에 사회적 비용이 많이 들기 때문에 의사에게 요구되는 사실(sein)을 충실히 말한 것으로 볼 수 있다. 우리는 나의 일이라면 전 대한의사협회장의 말과 같이 싸늘하지만 진실을 말해 주도록 의사에게 요구한다. 그러나 남의 일(보아 오빠 일)이면 따뜻한 배려(당위)를 요구한다. 나의 일이면 돈이 적게 드는 진실을 선호하면서 남의 일이면 돈보다 따뜻함(당위)이 우선되어야 한다고 말한다. 이러한 우리의 이중성은 생각하지 않고 가수 보아의 오빠에게 싸늘하게 말한 의사를 비난할 수 있을까?

---

1) 石不能爲人多少 衡不能爲人輕重 求索不能得 故人不事也(석불능위인다소 형불능위인경중 구색불능득 고인불사야).

12. 토끼와 거북이의 경주에 개입하는 것이 공정할까?

공이 있는 자가 반드시 상 받는다면 상 받는 자는 군주의 덕이라고 여기지 않는다
(今有功者必賞 賞者不得君, 금유공자필상 상자불득군).

《한비자》〈난삼〉

요즘의 2030 MZ세대는 능력에 따른 실력주의를 선호한다고 한다. 이러한 실력주의가 판을 치면 엘리트주의가 되어 엘리트라는 소수만이 사회의 달콤한 열매를 거의 다 차지하는 세상이 되는 게 아닌가라는 우려도 제기된다. 과연 능력과 노력에 기반을 두는 실력주의 정책이 엘리트를 위한 정책일까?

우리는 따뜻한 공동체를 만들어 더불어 사는 게 잘사는 것이라는 아름다운 말을 많이 들어왔다. 시험 성적에 의한 경쟁으로 승부를 가리는 것은 엘리트를 위한 한 줄 세우기이며 살벌한 정글의 법칙이라는 비난을 많이 들어왔다. 그래서 시험 성적에 따른 차가운 경쟁으로 순위를 가리는 것보다는 사회적 배려, 종합적 평가, 블라인드 면접 등 따뜻한 제도로 순위를 가리는 것이 더 좋은 세상을 만들 수 있게 한다는 주장에 많이 공감하기도 했다. 그런데 지나고 보니, 그렇지 않다는 것을 알게 되었다. 알고 보니 시험은 몰인정한 경쟁이라고 비난해 왔던 사람들이 도리어 새치기, 허위 서류 등으로 진학, 취업 등에서 부정을 저질러 온 것이다. 유명 인사들의 자녀의 진학, 취업 등에서 행해진 부정행위들이 만천하에 드러났다.

이솝 우화의 토끼와 거북이 이야기를 초등학교 시절 배웠다. 토끼와 거북이가 달리기 시합을 한다는 것은 도저히 게임이 될 수 없는 경주이다.

그러나 이 경주에서 토끼가 달리다가 방심하고 잠든 사이에 거북이는 열심히 달려서 최종 승리를 거둔다.

토끼와 거북이가 달리기 시합을 하면 생물학적으로 거북이가 이길 수 없다는 것은 누구나 안다. 그러나 생물학적으로만 승부를 예측할 수 없는 게 인간사다. 참으로 묘하다. 달리기 경주에서 토끼가 꾀를 부리지 않고 자신의 생물학적 능력을 살려서 묵묵히 경주를 하기도 하지만 그렇지 않은 경우도 많다. 이것이 세상의 묘미다. 사람도 마찬가지이다. 금수저를 물고 태어났다는 이른바 서울 강남 지역 학생들 중에도 부모가 마련해주는 사교육 등 좋은 환경(토끼 입장에서의 달리기 재능)에서 묵묵히 열심히 공부하는 학생도 있지만 공부하지 않고 나태하게 생활하는 경우(달리기 하다가 잠자는 경우)도 많다. 그런데 토끼(환경 좋은 학생)가 경주 중에 잠자지 않고 달려서 거북이(환경이 좋지 않은 학생)를 이기게 하는 경주는 원천적으로 불공정하다고 보고, 거북이가 가진 선천적 불리함을 바로잡아서 경주를 하도록 해야 공정하다는 명목으로 대학 입시에서 시험 성적에 의한 합격만이 아니라 여러 가지 다양한 평가를 통해서 합격할 수 있도록 제도화했다.

그런데 이 제도에 의한 입시에서 고위층 사람들 일부는 자녀의 능력이 아닌 그들(부모)의 불법적 도움으로 자신의 자녀가 입시에서 유리하게 한 것이 드러났다. 일반 학생들은 하기 어려운 인턴·봉사 활동·논문 쓰기 등의 입시에 도움이 되는 기회를 그들은 사회 지위를 이용하여 자녀들에게 제공했고, 심지어 표창장을 위조하고 허위 인턴 자료를 만들기도 했다. 대학 교수 등 유명인사들이 서로 품앗이로 상대방 자녀에게 입시에 유리한 스펙을 만들어 주는 범죄적이고 불공정한 게임을 한 것이 드러났다. 그들의 자녀는 쉬지 않고 계속 달린 토끼가 아니라 약물을 복용하고 달리거나 정식 코스가 아닌 지름길 코스로 달리거나 심지어 남들이 보지 않을 때 자동차나 자전거를 타고 가는 등 부정한 달리기 경주를 한 토끼임이 드러난 것이다. 이런 부정한 경주에서 그 토끼들과 실제 달리기를 한 당사자인 MZ세대는 이런 부정행위에 분노하여, 새치기를 할 수 없고 오로지 학생 자신의 노력만으로 결과가 나오는 시험 성적에 따라 당락을 결정짓는 대입 제도(정시)를 확대하라고 요구하고 있다. 현재의 MZ세대는 강남 지역 학생들이 명문 대학에 진학하고 좋은 곳에 취업하려면 부모가 마련해주는 좋은 환경(토끼의 생물학적 우위성) 때문이 아니라 나태하지 않고 열심히 공부를 한 것(잠자지 않고 달리기 한 덕분)에 좌우되도록 해야 공정하다고 생각하며, 이러한 생각을 바탕으로 공정한 룰의 적용을 다른 어느 세대보다 더 강하게 요구하고 있다고 생각된다.

달리기 시합에서 부정한 방법으로 경주(입학)했다면 부끄러워해야 마땅하다. 그러나 언론 보도에 따르면 부정한 방법의 경주(입학)에 대한 수사에 대해서 '추천서나 표창장 등은 강남에선 다들 그렇게 하는데 뭘 수사하느냐'는 식으로 술자리에서 항의까지 한 소위 고위층 사람들도 있다고 한다. 경주(입시)의 당사자인 MZ세대가 이런 불공정에 분노하여 오로지 자신의 노력에 따라서 결과가 나오는 능력주의를 선호하는 것은 어쩌면 당연하다고 여겨진다.

한비자는 사람은 능력에 따라 대우받아야 하며, 그 능력을 평가하는 법(法), 즉 기준은 명확하고 차별 없이 적용해야 한다고 주장한다. 한비자는 〈난삼〉에서 "공이 있는 자가 반드시 상 받는다면 상 받는 자는 군주의 덕이라고 여기지 않는다. 자기의 노력으로 얻은 것이기 때문이다"[1]라고 한 후 "백성은 상벌이 모두가 자신에게서 기인한다는 것을 알고 있기 때문에 일에서 공을 세워 이득을 얻으려고 하지 군주로부터 은혜를 받으려고 하지 않는다. 공이 이득을 주지 군주가 이득을 주지 않는다는 사실을 백성들이 알고 있는 때가 최상의 군주다. 이것은 최상의 군주 아래에 있는 백

---

1) 今有功者必賞 賞者不得君 力之所致也(금유공자필상 상자부득군 역지소치지).

성은 특별히 기뻐할 필요가 없다는 것을 말한다."라고 했다. 상을 받는 기준이 명확하지 않으면 상 주는 군주에게 잘 보여서 상을 받으려고 하지만, 공을 세우면 상 받는 것이 확립되어 있다면 백성들은 그 공을 세우려고 노력하지 상 주는 사람에게 잘 보이려고 노력하지 않는데, 이렇게 기준을 세워 실행하는 군주가 최상의 군주라는 얘기다.

생물학적 차이가 있는 토끼와 거북이가 똑같이 출발하면 불공정한 경주가 된다는 이유에서 불공정을 시정하기 위해 도입한 다수의 입시 제도들(수시입학, 입학사정관제도, 학생부종합평가제도, 인성평가 등)을 용인해 왔다. 그러나 평가 기준이 불명확하고 부모의 도움으로 좋은 평가를 받을 수 있는 제도상의 허점 때문에 소위 골품제와 같은 지위 세습이 은밀하게 이루어지는 것을 많이 보았다.

《K-를 생각한다》의 저자 임명묵은 "MZ세대에게 최소한의 마지노선은 국가 시스템, 시험제도다. 개혁이든, 특혜든 쓸데없이 개입해서 예측 불가능한 상황을 만들지 말라, 시스템을 교란하지 말라는 요구 딱 거기까지다."라고 말한다.

객관적 지표에 의한 능력주의를 지향하되, 경쟁에서 뒤처지는 사람은 별도로 지원하는 제도를 운영하는 것이 더 나은 사회 시스템이 아닌가라는 생각이 든다. 주관적 요소를 지표로 삼아 평가하는 제도는 경쟁의 탈을 쓴 '마음대로 해먹기 제도'로 전락해 버린 것이 우리의 현실이기 때문이다.

13. 정의의 여신상은 왜 칼을 들고 있을까?

선왕이 법을 우선하고 눈물 흘리는 것을 듣지 않았다는 것은 인(仁)만으로는 다스릴 수 없다는 것이 분명하기 때문이다(先王勝其法 不聽其泣 則仁之不可以爲治亦明矣, 선왕승기법 불청기읍 즉인지불가이위치역명의).

《한비자》〈오두〉

대법원 청사에 들어가는 입구 위 가로 지주대에 '자유 평등 정의'라는 글자가 새겨져 있다. 대법원의 대법정 앞에는 정의의 여신상이 있다. 눈을 뜨고 오른손에 저울을 왼손에는 법전을 들고 있다. 서양의 정의의 여신상 디케(Dike)가 대부분 눈을 가린 채 왼손에는 저울을, 오른손에 칼을 들고 있는 것과 대비된다. 우리나라 대법원의 정의의 여신상이 오른손에 저울을 들고 있는 것은 어느 한쪽에 치우치지 않고 공평하게 법을 적용해야 한다는 의미이고, 왼손에 법전을 들고 있는 것은 올바른 판단의 근거는 오로지 법전에서 찾아야 한다는 뜻이라고 한다. 반면, 서양의 정의의 여신상의 모습은 한쪽에 치우치지 않고 공평한 판결을 하되(저울의 모습) 이 판결을 받아들이지 않으면 칼로 다스리는 게 정의의 속성이라는 것을 암시한다.

우리나라와 서양의 정의의 여신상이 손에 들고 있는 책과 칼은 양 극단의 모습이다. 책이라면 문(文)이 생각나고 온화하고 민주적인 느낌이다. 칼이라면 무(武)가 생각나고 무섭고 강압적인 느낌이다. 사회 전체가 추구하는 정의라는 가치를 실현하는 모습을 조형화한 것인데 어떻게 이렇게 양 극단의 모습일까? 정의 실현에 책과 칼 중에서 어느 것이 올바른 수단인가를 우리나라와 서양 사람들이 생각하는 차이를 상징적으로 보여주는 대비라는 생각이다. 현실적으로 정의 실현에 책과 칼 중에서 어느 것이 올바른 수단일까?

우리나라는 전직 법무부 장관과 그의 부인에 대한 수사와 판결을 두고 극명하게 의견이 대립하였다. 국민이 양쪽으로 갈려서 광화문과 서초동에서 수사하는 검찰과 수사받는 사람에 대한 지지 시위가 극렬하였다. 전식 내법원상이 사법농단을 하였다는 이유로 재판을 받고 있고, 대법원장은 모 부장판사가 낸 사표에 대해서 국회 탄핵을 이유로 반려해 놓고는 그런 적이 없다고 했다가 녹취록이 공개되자 사과하였다. 이렇게 정의 실현을 목표로 하는 법무부, 검찰, 법원과 관련된 일련의 사건을 보면 어떻게 하는 것이 정의를 실현하는 것인가라는 생각에 잠기게 한다.

대법원의 정의의 여신상이 서양의 정의의 여신상과 달리 눈을 가리지 않고 뜨고 있는 것은 재판 당사자가 봐줄 사람인가 아닌가를 판사가 보기 위해서이고, 서양의 정의의 여신상이 칼을 들고 있는 것과는 달리 손에 법전을 들고 있는 것은 저울에 달아서 공정을 기하는 척 하지만 실은 손에 들고 있는 장부를 보고 나서 나에게 도움이 될 사람인지를 확인한 후 재판하는 모습을 형상화한 것이라는 냉소적 비판이 있다고 한다. 현재 우리나라에서 법원이 내린 판결에 대하여 승복하지 못하고 판결을 내린 판사를 비난하는 것을 종종 보면서 이런 냉소적 평가가 그럴듯하다고 여겨질 때도 있다.

이명박 대통령 시절에 공정이라는 개념을 국정 운영의 화두로 던졌는데 당시 마이클 센델 하버드 교수가 저술한 《정의란 무엇인가》는 전 세계 중 우리나라에서 가장 많이 팔렸다고 한다. 문재인 대통령은 취임사에서 '기회는 평등하고 과정은 공정하고 결과는 정의로운 사회를 만들겠다.'고 한 멋진 약속에 많은 국민은 기대를 했다. 그러나 문대통령 시절에 인천국제공항공사가 용역회사 직원들을 정규직으로 직고용하기로 한 조치에 대해서 많은 국민들, 특히 2030 젊은 세대가 기회 평등, 과정 공정, 결과 정의에 반하는 조치라고 비난했고, 국민건강보험공단 고객센터의 직원들을 직고용하기로 한 결정에 대해서도 이 공단의 2030 젊은 직원들은 똑같이 불공정하다는 반응을 보였다.

대법원 청사의 자유 평등 정의의 글자, 대법원의 정의의 여신상, 문재인 대통령의 기회 평등·과정 공정·결과 정의의 슬로건 등이 지향하는 최종적인 종점은 모두 정의의 실현이다. 그런데 정의의 실현을 두고 왜 이렇게 양 극단으로 갈리는 걸까? 도대체 어떻게 정의를 실현해야 좋은 방법이 되는 것일까?

공자는 정치를 할 때는 덕으로 해야 한다는 덕치주의를 강조했다. 그래서 "정치를 덕으로 하면 마치 북극성(군주. 덕)이 제자리에 있는데 모든 별(백성)이 그에게 향하는 것과 같다"[1]고 했고, "군자의 덕은 바람과 같고 소인의 덕은 풀과 같다. 풀 위로 바람이 불면 풀(백성)은 반드시 눕는다"[2]고 했다. 덕으로 다스리면 뭇 백성은 반드시 따르게 된다는 이러한 유교의 덕치주의 사상이 반영되어 우리나라 대법원의 정의의 여신상은 서양과는 달리 책을 들고 있는 게 아닌가라는 생각이 든다.

한비자는 〈오두〉 편에서, "대체 법으로 형을 집행하고 그 때문에 군주가 눈물을 흘린다는 것은 인(仁)을 드러내는 것이지만 다스린다고 할 수 없다. 대저 눈물을 흘리며 형을 집행하려고 하지 않는 것은 인(仁)이다. 그러나 형을 집행할 수밖에 없는데 이것은 법 때문이다."라고 한 후 "선왕이 법을 우선하고 눈물 흘리는 것을 듣지 않았다는 것은 인(仁)만으로는 다스릴 수 없다는 것이 분명하기 때문이다"[3]라고 했다. 인의 정치를 해야 한다

---

1) 爲政以德 譬如北辰 居其所而衆星 共之(위정이덕 비여북신 거기소이중성 공지). -《논어》 〈위정〉
2) 君子之德 風 小人之德 草 草上之風 必偃(군자지덕 풍 소인지덕 초 초상지풍 필언). -《논어》 〈안연〉
3) 先王勝其法 不聽其泣 則仁之不可以爲治亦明矣(선왕승기법 불청기읍 즉인지불가이위치역 명의).

고 말은 하지만 실제 형을 집행하여 처벌하는데, 그렇다면 현실적으로 인으로 다스린다고 할 수 없고 법의 수단으로 처벌해서 다스리는 것이 현실이라는 얘기다. 또한 한비자는 〈오두〉에서, 못된 자식은 부모가 화를 내도 고치지 않고, 마을 사람들이 꾸짖어도 듣지 않으며, 스승과 어른이 가르쳐도 바꾸려 하지 않지만, 관리가 병사를 끌고 와서 법을 집행하려고 하면 말을 듣는다고 했다. 부모, 마을 사람, 스승, 어른의 말(仁)은 효과가 없으나 법 집행은 효과가 있다는 것이다.

한비자의 이러한 주장은 정의를 실현하기 위해서 우리나라의 정의의 여신상이 들고 있는 책보다는 서양의 정의의 여신상이 들고 있는 칼이 더 현실적이라는 주장이다.

우리나라는 예전에는 교도소를 감옥이라고 했다가 형무소라고 고친 후 다시 교도소로 명칭을 바꾸었다. 사람이 일시 범죄를 저질렀다 하더라도 바로잡고 이끌어서 본래의 착한 심성의 사람으로 원상회복시킨다는 뜻의 교도소로 바꾼 것이다. 그런데 지금 우리나라에서 서로 상대방을 비방하면서 교도소가 아닌 감방에 보내야 한다는 말을 많이 한다. 한비자의 법보다는 공자의 인(仁)이 좋은 것이라고 해서 교도소로 명칭을 변경하였음에도 실제로는 인보다는 법으로 다스려야 사회 질서가 제대로 잡힌다는 사고를 바탕으로 이렇게 감방에 보내야 한다고 말하는 게 아닌가라는 생각이다.

이런 것은 우리가 말로는 아름답고 온화한 책(文)으로 다스려야 좋다는 공자의 사상을 지지하면서도, 실제로는 무섭고 냉혹한 칼(武)로 다스려야 제대로 다스려진다고 스스로 인정하는 모습이다. 책을 들고 있는 우리나라 정의의 여신상보다는 칼을 들고 있는 서양의 정의의 여신상이 더 현실적이라는 것을 인정하는 모습이다. 우리가 정의를 '책'으로 실현해야 한다고 말은 하면서도 정의를 '칼'로 실현하는 것이 더 현실적이라는 것을 인정하는 모습이다. 그렇다면 제도도 이런 취지에 맞게 하는 것이 더 진실

한 인간의 모습이고, 오히려 사회 갈등을 덜 야기하는 방법이 아닌가라는
생각이 든다.

14. 부탁하는 자는 몸을 굽혀서 부탁해야 옳지 않을까?

옛 친구와 오랜 시간 이야기를 하였다. 그것으로 그 친구는 부자가 되었다(與故人久語 則故人富, 여고인구어 즉고인부).

《한비자》〈내저설 하〉

요즘은 지인들 간에 카톡으로 수시로 좋은 글을 주고받기도 하고 단톡방에 올리는 시대다. 친구가 카톡 단톡방에 '외모를 보고 사람을 취하면 안 된다'는 뜻의 물취이모(勿取以貌)에 관한 글을 올렸다.

내용은 옛날 고을 원님이 나무꾼으로 변장하고 민심을 살피러 나갔다가 목이 말라 물을 얻어먹기 위해서 어느 부잣집에 들어갔다가 일어난 일이다.

원님은 그 부잣집에 가서 냉수 한 사발을 부탁했다. 주인 영감은 나무꾼인 주제에 양반 말투를 쓰면서 부탁해서 아니꼽다고 바가지에 담은 물을 주지 않고 원님 옷에 끼얹은 후 "나무꾼이면 나무꾼답게 머리를 조아리고 물을 구걸해도 줄까 말까 한데 어디 와서 건방지게 양반 말투를 해가며 머리를 꼿꼿이 들고 물을 달라고 하느냐"면서 내쫓았다. 원님은 관복으로 갈아입고 다시 그 부잣집으로 갔더니 주인 영감은 버선발로 뛰어나와 원님을 맞아 진수성찬으로 대접했다. 원님은 대접받은 음식과 술을 옷에 들이부었다. 당황한 주인 영감에게 원님은 "이 음식과 술은 사람을 보고 차린 것이 아니라 내 옷을 보고 차린 것이니, 마땅히 옷이 먹어야 하지 않겠소?"라고 한 후 "사람은 다 같이 귀한데, 나무꾼 옷을 입었다고 천한 대접을 하고 관복을 입었다고 귀한 대접을 하는 것은 무슨 도리냐?"라고 꾸짖었다. 주인 영감은 원님이 바로 전의 나무꾼이었음을 알고 무릎을 꿇고 용서를 빌었다는 내용이다.

나는 이 글에 주인 영감도 나쁘지만 나무꾼 모습을 하고도 공손하게 물을 부탁하지 않은 원님도 나쁘다고 가볍게 댓글을 달았다. 그러자 글을 올린 친구는 어찌 그렇게 생각하느냐면서 의아해했다.

워싱턴포스트의 칼럼니스트 진 바인가르텐(Gene Weingarten)이 기획한 '바인가르텐의 실험'이라는 것이 있다. 미국인이 가장 좋아하는 세계적 바이올리니스트 조슈아 벨이 출근길의 워싱턴 D.C. 지하철역에서 청바지와 티셔츠 차림에 야구 모자를 눌러쓰고 낡은 바이올린으로 연주를 했다. 6분이 지나자 1명이 벽에 기대어 음악을 들었고 43분 동안 7명이 연주를 1분 남짓 지켜보았다. 27명이 바이올린 케이스에 돈을 넣었고 모두 32달러 17센트였다. 현장을 오가던 1,070명은 단 1초도 그를 쳐다보지 않고 연주를 듣는 척도 않고 지나쳐 갔다.

조슈아 벨이 이 실험 연주를 하기 3일 전에 보스턴 심포니 홀에서 연주를 했는데 그때 그의 연주를 듣기 위해 전 좌석이 매진되었다. 그런데 조슈아 벨이 신분을 밝히지 않은 채 지하철역에서 연주하니까 그 앞을 지나친 1097명중 27명(2.5%)만 총 32달러 17센트를 주었고, 잠깐이라도 발을 멈추어 귀 기울인 사람은 8명(0.7%)밖에 되지 않았다는 실험이다. 이 실험에 대하여 여러 가지 내용의 평가가 있지만 사람은 일반적으로 밖으로 드러난 외모 등으로 타인을 판단하는 것임을 잘 보여준 사례다.

바인가르텐의 실험에서 보듯이, 사람들은 일반적으로 타인이 가진 진정한 내면의 가치를 겉모습이 어떤지와 상관없이 알아보기가 쉽지 않다. 조슈아 벨이 보스턴 심포니 홀에서 바이올린을 연주하면 비싼 돈을 들여서 좌석을 가득 메우나 지하철역에서 모자를 쓰고 연주하면 불과 0.7%만 발을 멈추고 그의 연주에 귀를 기울이는 게 현실이다.

부잣집 영감이 '나무꾼이면 나무꾼답게 머리 조아리고 물을 구걸해도 줄까 말까 한데, 건방지게 양반 말투를 하면서 머리 꼿꼿이 들고 물을 달라고 하느냐'고 말하는 것은 사람들의 일반적인 모습이다.

한비자는 〈내저설 하〉에서 "정곽군이 제나라 재상으로 있을 때 옛 친구와 오랜 시간 이야기를 하였다. 그것으로 옛 친구는 부자가 되었다"[1]는 내용을 소개한다. 옛 친구가 재상인 정곽군과 오랜 시간 이야기를 하는 것을 보고 정곽군과 친하다고 믿게 되어 세상 사람들이 선물을 많이 보냈기 때문이다.

이런 이야기를 들은 적이 있다. 부산에서 신발공장을 하는 P라는 사람이 부산 지역 상공인 다수와 함께 부산 상공인 대표로 노무현 대통령으로부터 청와대에 초대되어 갔다. P는 좌석의 맨 앞에 앉아서 정식 간담회가 개시되기 전에 노 대통령과 농담을 주고받았다. 이를 본 부산 유력 상공인들이 청와대 방문 후 부산으로 가는 비행기에서 다수가 P에게 와서 명함을 주었다고 한다. 지금도 그렇지만 그 당시 신발산업은 사양산업이어서 보통의 상공인 모임에서는 지역 유력 상공인은 P를 거들떠보지도 않았는데 P가 노 대통령과 농담을 주고받는 관계라는 것을 보고는 P에게 와서 인사를 하고 명함을 준 것이다.

인간은 다른 사람의 됨됨이를 잘 알기 어렵고 밖으로 드러나는 외모나 행동 그리고 그 사람에게 일어난 주변 상황을 보고 판단한다는 것을 잘 보여주는 사례다.

위 사례에서 신분 시대였던 그 무렵 나무꾼 모습으로 변장한 원님이 물을 얻어먹으려면 그 당시 나무꾼이 하던 일반적 차림으로 몸을 낮추어서 물 한잔을 부탁하는 자세로 했어야 하지 않을까. 그런데도 그렇게 하지 않고 양반이 쓰는 말투와 태도로 나왔으니 부잣집 주인 입장에서는 아니꼽게 생각한 것은 자연스럽다. 그 당시 나무꾼들이 어떻게 행동하는지 원님은 잘 모르는 채, 자신의 몸에 배어 있던 양반의 태도로 물 한잔을 청했

---

1) 靖郭君相齊 與故人久語 則故人富(정곽군상제 여고인구어 즉고인부).

던 것이다. 설사 가벼운 부탁이라도 부탁하는 사람은 부탁을 들어주는 사람의 입장을 생각하여 그 사람이 좋아할 말투와 태도를 취해서 부탁해야 옳다. 이런 말과 태도를 취하지 않고 부탁하는 사람 입장에서 말투나 태도를 취하는 것은 옳지 못하다. 일상생활에서 상대의 입장이 아닌 나의 입장에서 말하고 행동하면 실패하기 십상이다. 토머스 샤모로-프레무직 런던대 교수는 성공하려면 남이 좋아할 만한 사람이 되어야 하고, 특히 보스 마음에 들도록 해야 한다고 말한다. 나무꾼 모습을 한 원님은 물을 주는 주인 영감 마음에 들도록 행동하지 않았다. 이런 태도는 성공하기 어렵다는 것이 토머스 샤모로-프레무직 교수의 주장이다.

우리는 인간 본연의 모습(본성)은 고려하지 않고 남을 배려하는 따뜻한 마음을 가지고 살아야 한다는 당위론적인 말을 많이 한다. 이런 당위론적 입장에 서면 우리는 부탁하는 입장이었던 원님(나무꾼)이 취한 말과 자세는 보지 못하고 고작 물 한잔을 주지 않고 행패를 부린 부잣집 주인 영감의 나쁜 행동만 주목하게 된다. 물 한잔 부탁에 물을 끼얹은 주인도 잘못이지만, 물을 부탁하는 나무꾼의 태도도 그에 못지않게 잘못 처신한 것이다.

주인 영감의 행동만 비난하고 그런 대접을 받게끔 한 나무꾼의 언동에 대해서 생각해 보지 않는 것은 사람의 본성을 제대로 보는 자세가 아니라는 생각이다. 남을 배려하는 마음을 가지는 것은 좋은 일이다. 그러나 사람이 살아갈 때 사람의 본성이 어떠한가를 정확히 파악하도록 하고 이 본성에 맞추어서 대처해 나가는 게 옳은 행동이라고 가르치는 것도 그에 못지않게 중요하다. 그래야 살아가면서 실수하는 일이 적어지기 때문이다.

15. 본성에 반하는 행동으로 감동시킨다면 감동해야 옳을까?

> 자기 자식도 사랑하지 않는데 어찌 군주를 사랑할 수 있겠습니까?(其子弗愛 又安能愛君乎, 기자불애 우안능애군호)
>
> 《한비자》〈십과〉

네덜란드가 해상무역을 거의 독점하면서 번영할 수 있었던 데에는 신용을 목숨처럼 지킨 네덜란드 선장 빌렘 바렌츠의 사례가 있다. 그 내용은 이렇다.

바렌츠는 선원들과 새로운 교역로를 찾기 위해 1597년 여름에 북극해에 들어갔다. 그들은 백야 현상으로 여름에는 24시간 낮이 지속되므로 바다가 얼지 않아서 아시아에 갈 수 있는 최단 항로를 찾을 수 있을 것으로 믿었으나 예상과 달리 배는 빙하에 갇히고 말았다. 선원들은 닻을 내리고 빙하에 올라 갑판으로 움막을 짓고 북극여우와 곰을 사냥해 허기를 달랬다. 이러는 사이 4명이 죽었고 일주일 만에 쇠약해진 빌렘 바렌츠도 세상을 떠나고 말았다. 오십여 일 뒤 그곳을 지나던 러시아 상선에 12명이 구조되었는데 그들이 네덜란드로 돌아왔을 때 사람들은 감동했다. 위탁 화물인 옷과 식량, 약품이 그대로였기 때문이다. 선원들은 영하 40도의 혹독한 추위에 떨고 괴혈병과 굶주림에 시달리면서도 고객의 물건에 손대지 않았던 것이다. 생명 못지않게 고객과의 약속을 지킨 그들의 모습은 깊은 감명을 주어 네덜란드 상인은 신용을 목숨처럼 여긴다는 소문이 돌았고, 이 덕분으로 네덜란드의 해상 무역이 번영할 수 있게 되었다 한다.

그런데 17명 중 5명이 죽는 극한 상황에서도 고객의 물건에 손을 대지 않고 버틴 후 고객 물건을 돌려준 것이 잘한 상인의 행동일까?

이 문제는 마치 '카르네아데스의 판자'의 문제와 같다고 본다. 이것은 고대 그리스의 철학자 카르네아데스가 제시한 문제다. 기원전 2세기에 그리스에서 배가 난파되어 승무원 전원이 바다에 빠졌다. 그중에서 혼자만이 매달릴 수 있는 널빤지 한 조각을 붙잡고 간신히 살아난 사람이 있었다. 거기에 다른 한 사람이 나타나 그 판자에 매달리려고 했지만 2명이 매달리면 널빤지가 가라앉아 2명 모두 죽게 된다. 그래서 처음 매달린 사람이 나중에 매달리려고 한 그 사람을 밀어내 빠져 죽게 했다. 처음 그 사람은 구조되어 재판을 받게 되었으나 무죄를 선고받았다는(형법상 이른바 긴급피난에 해당) 것이다.

한비자는 〈외저설 좌하〉에서 다음의 사례를 소개한다. 중국 진나라 문공이 망명할 때, 기정이란 신하가 음식 항아리를 들고 따라가다가 길을 잃어 문공과 서로 떨어졌다. 기정은 배고픔을 참고 그 음식을 먹지 않았다. 나중에 임금이 된 문공이 군사를 일으켜 원나라를 쳐서 빼앗은 후 기정을 원나라의 장관으로 삼았다. 그러자 대부 혼헌이 배고픈데도 음식 항아리에 손대지 않았다는 이유로 그가 원나라 땅을 갖고 배반하지 않으리라 믿는 것은 계책 없는 일이라고 한 후 "현명한 군주란 나를 배반하지 않는다고 믿지 않습니다. 내가 배반당하지 않게 하는 것을 믿습니다"[1]라고 말했다는 것을 소개한다.

한비자는 〈십과〉에서 다음과 같은 이야기도 한다. 제나라의 명재상 관중이 죽음을 앞두었을 때 제나라 환공이 관중에게 물어본다. 사람 고기 맛이 어떤지 궁금하다고 한 환공에게 자기 맏아들의 머리를 삶아 요리하여 바친 역아를 관중의 후임자로 하면 어떤가라고. 이 질문에 관중은 "자기 자식도 사랑하지 않는데 어찌 군주를 사랑할 수 있겠습니까?"[2]라고 하면서 반대했다. 그럼에도 불구하고 관중이 죽고 난 이후에 환공은 역아

---

1) 明主者 不恃其不我叛也 恃吾不可叛也(명주자 불시기불아반야 시오불가반야).
2) 其子弗愛 又安能愛君乎(기자불애 우안능애군호).

를 재상으로 삼았는데 충신이라고 여겼던 역아가 반란을 일으켜서 환공을 굶어 죽게 했다.

또 한비자는 〈세림 상〉에서 다음의 사례도 소개한다. 위나라 장수 악양이 중산국을 칠 때의 일이다. 당시 중산국에서 악양의 아들이 벼슬을 하고 있었다. 중산국의 군주가 악양의 아들을 내세워 악양을 회유했으나 악양은 듣지 않았다. 그러자 아들을 죽여서 국물을 만들어 악양에게 보냈다. 악양은 아들의 국물을 받아 마시고 중산국을 쳐서 큰 공을 세웠다. 위나라 문후가 "악양이 나를 위해 제 자식의 고기까지 먹었다"라면서 그 충성심을 높이 칭찬했다. 그러자 위 문후를 모시던 신하 도사찬이 "제 자식까지 먹었으니 또 누군들 먹지 못하겠습니까?"[3]라고 했다. 그래서 위 문후는 악양에게 포상을 하면서도 그의 마음을 의심하였다는 이야기를 소개한다.

한비자는 배고픔을 참고 음식에 손대지 않은 신하 기정의 사례, 아들 머리까지 삶아서 환공에게 바친 요리사 역아의 사례, 아들을 삶은 국물을 받아 마신 장수 악양의 사례 등을 들면서 사람이 생물적 본성에 어긋나게 충성을 하면 의심해야 하고 이런 충성은 사람들로부터도 의심을 산다고 말했다.

고객의 물건을 건드렸다면 살았을 수도 있는데 손대지 않아서 17명 중 5명이 굶주림과 추위로 죽었다는 것이 사실인지 의문이다. 5명이 죽는 극한 상황에서 살 수 있는 방안이 눈에 보이는데도 굶어 죽는다는 것은 믿기 어렵기 때문이다. 그러나 5명이 굶어 죽었다는 것이 사실이라면 선장 빌렘 바렌츠와 선원들의 행위가 과연 올바른지 의문이 든다. 오히려 그것보다는 그들이 고객의 물건을 손대서 생존한 다음, 고객들에게 찾아가서 물건에 손을 댄 경위를 설명하고 양해를 구한 후에 향후 그 고객들의 이

---

3) 其子而食之 且誰不食(기자이식지 차수불식).

익을 위해서 더 노력해서 더 큰 이익으로 보답하겠다고 약속하는 것이 오히려 상인으로서 취해야 할 올바른 행동이 아닌가라는 생각이다.

고객들도 빌렘 바렌츠와 선원들이 죽으면서까지 자신의 물건에 손을 대지 않을 것으로 기대했다고 볼 수 없다. 고객들이나 주변 사람들이 물건에 손을 대지 않은 것을 보고 감동했다는 것은 기대했던 행위에서 훨씬 벗어난 것이기 때문이다.

한비자는 생존이라는 생물적 본능에 반하는 행위를 하거나 충성을 하는 것에 대하여 높이 평가하지 않는다. 생물적 본능에 반하는 행동에는 무언가 다른 뜻이 숨어져 있을 가능성이 높다고 보기 때문이다. 한비자가 이렇게 사람의 본성을 존중해서 꼼꼼히 관찰한 후 판단을 내리는 것은 근본적으로 사람을 존중하는 마음을 갖고 있기 때문에 가능한 일이다. 이런 점에서 한비자는 진정한 인본주의자가 아닐까 싶다.

'카르네아데스의 판자' 문제에서 보는 바와 같이 2명 모두가 목숨을 잃을 환경이라면 1명이라도 생존하는 방법을 선택하는 것이 현명하다. 이러한 본능적 행동에 대해서 비난할 수 없다. 상인이 진정으로 고객을 위하는 것은, 생물학적 본능에 반하여 죽음을 받아들이면서까지 고객을 위했다는 선장 빌렘 바렌츠의 행동이 아니라, 고객의 물건에 손을 대어 일단 생존한 다음 고객이 기대하는 이익을 위해서 최선을 다해 주는 것이 오히려 올바른 행동이라고 본다.

16. 신분에서 계약으로 된 사회가 되어야 하지 않을까?

바람이 세차다고 해서 신의를 잃는 일을 나는 할 수 없다(以風疾之故而失信吾不爲
也, 이풍질지고이실신오불위야).

《한비자》〈외저설 좌상〉

친구가 단톡방에 기차 안에서 다리가 불편한 목발 짚은 여인이 노인에게 자리를 양보하는 내용의 만화로 된 동영상을 올렸다. 내용은 이렇다. 노인은 입석표를 끊었는데도 좌석이 어디 있을까 두리번거리면서 열차 내로 들어온다. 자리에 앉아 있던 젊은 남녀들은 자는 척하면서 아무도 노인에게 자리를 양보하지 않는다. 그때 한 여인이 노인에게 자리를 양보한후 서 있었다. 차표를 검사하던 차장이 자리를 양보한 여인에게 감동하여 "저쪽 칸에 빈자리가 있으니 거기 앉아서 가라"고 했다. 이 말을 듣고 그여인이 빈자리가 있는 칸으로 가는데 목발을 짚은 것이 드러났다. 잠든 척하던 젊은이들은 그 모습을 보고 깜짝 놀란다는 내용이다.

나는 이 내용이 학생들에게는 교훈을 줄 수 있겠으나 성인에게까지 교훈적인지는 생각해 볼 필요가 있다고 단톡방에 의견을 올렸다. 동영상을 올린 친구는 의아해했다.

중학교 시절, 사회 과목을 배울 때 헨리 메인이라는 영국의 법학자가 '신분에서 계약으로'라는 촌철살인의 한마디 명언으로 자유롭고 평등한 시민이 역사의 주역이 된 근대를 압축적으로 표현했다는 것을 배웠다.

기차를 탈 때 입석표보다 비싼 좌석표를 사는 것은 좌석표가 목적지까지 앉아서 갈 권리를 주기 때문이다. 만화로 된 동영상에서 노인은 다른 칸에 자리가 있는데도 좌석표가 비싸니까 값이 저렴한 입석표를 끊었다.

입석표를 끊고서도 자리 양보를 기대하면서 실내 칸으로 들어와서 두리번 거렸다. 입석표를 끊고도 좌석표의 권리를 양보받기를 기대한 것이다.

입석표, 좌석표의 구분이 없는 지하철이었다면 자리 양보를 기대하는 노인의 모습은 이해가 된다. 그러나 엄연히 입석표, 좌석표의 구분이 있고 푯값이 다른데도 입석표를 끊은 노인이 좌석표를 끊은 승객의 양보를 기대하고 기차 안에서 두리번거린 것은 비난받아야 하는 행동이 아닐까? '신분에서 계약으로'의 정신이라면 노인이라는 신분보다는 좌석표를 산 계약이 우선시되어야 근대정신에 부합한다. 노인이 좌석표를 살 돈이 없었다면 더 값싼 교통편을 이용해서 가는 것이 맞다.

한비자는 약속 내지 신뢰의 중요성을 여러 곳에서 사례를 들어 설명하는데, 〈외저설 좌상〉에서 약속을 하면 반드시 지켜야 한다는 것을 아래의 사례로 말하고 있다. ①오기(위나라 재상)가 외출했다가 친구를 만나서 함께 오기 집에서 식사를 하기로 했다. 친구가 오기에게 먼저 집에 가서 기다리면 곧 가겠다고 해서, 오기는 친구가 올 때까지 밥을 먹지 않고 기다리겠으니 일 끝나면 오기 집으로 오라고 했다. 그러나 그 친구가 저녁이 되어도 오지 않자 밤을 새우고 그다음 날 아침에 사람을 보내어 친구를 데려와서 비로소 식사를 함께했다. ②위나라 문후가 사냥꾼들과 사냥하기로 약속했다. 다음 날 바람이 세차게 불어 신하들이 말렸으나, 문후는 "아니 되오. 바람이 세차다고 해서 신의를 잃는 일을 나는 할 수 없오"[1]라고 말한 후 강풍을 뚫고 사냥터로 가서 모여 있던 사냥꾼들을 집에 돌아가게 했다. ③증자의 아내가 시장에 가는데 아들이 따라오면서 울자 "집에 가 있으면 돌아와서 돼지를 잡아 삶아주겠다"라고 했다. 아내가 시장에서 돌아와 보니, 증자가 돼지를 잡아 죽이려고 해서 아내가 말리면서 아이를 달래려고 말한 것뿐이라고 했다. 그러나 증자는 "아이들에게 빈말

---

1) 不可 以風疾之故而失信吾不爲也(불가 이풍질지고이실신오불위야).

을 해서는 안 되오. 아이들은 부모를 통해 배우는데, 지금 아이를 속이면 아이에게 거짓말을 가르치는 것이 되오."라고 한 후 "어미가 아이를 속이면 자식은 그 어미를 믿지 않을 것이오. 그것은 가르치는 방법이 아니오."[2]라고 한 후 돼지를 잡아서 삶았다.

또 한비자는 〈외저설 좌상〉에서 군주와 백성, 상사와 부하 간에 신뢰가 깨어졌을 때 초래된 다음의 사례를 말하고 있다. ① 초나라 여왕은 긴급 상황이 발생하면 북을 쳐서 백성들과 함께 나라를 지킬 것을 약속했는데, 어느 날 술에 취해서 실수로 북을 쳤다. 백성들은 놀라 경비를 하기 위해 모여들며 허둥대는 것을 보고 술에 취하여 북을 잘못 쳤다고 이야기했다. 몇 달 뒤 실제로 긴급 상황이 발생해서 북을 쳤지만 백성들은 오지 않았다. 다시 명령을 내리고 호령을 분명히 한 뒤에야 백성들이 믿게 되었다.

② 위나라 이회가 진나라와 싸울 때 왼쪽 진영 병사들에게는 오른쪽 군대가 이미 성벽에 올라갔다고 말하고 오른쪽 진영 병사들에게는 왼쪽 군대가 이미 성벽에 올라갔다고 말하면서 빨리 성벽에 올라가서 싸우라고 했다. 그래서 오른쪽, 왼쪽 진영 병사들이 모두 성벽에 올라가서 싸웠다. 그러나 그다음 해, 진나라 군대의 습격을 받아 이회의 군대는 거의 전멸당했다. 그것은 부하들이 이회가 말하는 것을 믿지 않았기 때문이다.

한비자는 한 약속을 반드시 지키기 위하여 노력한 것으로, 저녁을 같이 먹기로 한 친구가 약속을 지키지 않자 다음 날 아침에 데리고 와서 비로소 아침을 같이 먹었다는 오기의 사례, 강풍이 불었지만 사냥터에 정해진 시간에 나가서 사냥하기로 약속한 사람들에게 약속 취소를 시킨 위나라 문후의 사례, 울며 보채는 아이를 달래기 위해서 엄마가 빈말로 돼지를 잡아 주겠다고 한 약속을 지킨 증자의 사례를 내세워 말했다. 이 3가지 사례는 그 약속 위반을 크게 비난할 것까지 없다고 생각되는 가벼운 경우

---

2) 母欺子 子而不信其母 非以成敎也(모기자 자이불신기모 비이성교야).

인데도 약속은 반드시 지켜야 한다는 점을 사례로 들어 엄중히 말한다.

또 한비자는 군주와 백성, 상사와 부하 간에 신뢰가 깨졌을 때 초래된 사례로서, 공격받는 경우에 곤란을 당한 초나라 여왕의 사례, 공격하는 경우에 곤란을 당한 이회의 사례를 내세워서, 공격을 당하는 경우든 공격을 하는 경우든 각각 군주와 백성, 상사와 부하 간의 신뢰가 얼마나 중요한 것인가를 알려준다.

앞서 이야기한 동영상에서 자리를 양보하지 않은 젊은이들이 도덕적 측면에서 문제가 있다고 비난하기 전에 값싼 입석표를 끊고서는 기차 칸에서 자리 양보를 기대하고 두리번거린 노인이 도덕적으로 문제가 있다고 먼저 이야기하는 사회가 되어야 자기책임원칙에 의한 사회가 되고 '신분에서 계약으로' 발전된 사회가 된다고 본다. 이런 사회가 되어야 입석표를 끊은 노인이 자리 양보를 기대하면서 기차 칸에 들어와서 '어디 자리 양보하는 사람이 없나' 하면서 그다지 죄의식도 없이 자연스럽게 두리번거리지 않는 사회가 된다고 본다. 그래야만 정당하게 비싼 좌석표를 사고도 두리번거리는 노인 때문에 잠든 척해야 하는 불편함이 사라지게 된다. 그래야만 진정으로 좌석표, 입석표에 따른 '신분에서 계약으로' 발전된 사회가 된다. 신뢰는 약속이 지켜졌을 때 생기고, 신뢰가 있어야 계약이 성립한다. 계약이 성립하면 지켜야 하는 사회가 발전한 사회다.

17. 어떻게 하는 것이 진정한 쉼일까?

직근은 나무가 넘어가지 않고 똑바로 서 있게 하는 기초고, 만근은 생명을 유지하는 기조다(柢也者 木之所以建生也 曼根者 木之所以持生也, 저야자 목지소이건생야 만근자 목지소이지생야).

《한비자》〈해로〉

친구들과 대화를 나누다가 '쉼'에 대한 얘기가 나왔다. 내가 위암 수술을 받고도 쉴 줄 모르고 지나치게 열심히 일한다는 것이다. 나는 쉰다는 것이 어떻게 하는 것인지 잘 모르겠다 하면서 위암 수술을 받고 나서 한 달 동안 출근하지 않고 집에서 요양할 때의 일상을 얘기했다.

위암 수술 후 한 달 동안 집에 있을 때 일상은 이랬다. 아침에 잠을 깨면 약 10분간 체조와 스트레칭을 하고 30분 동안 산책을 한 후 신문 보고 아침밥을 먹었다. 아침밥을 먹은 후 TV 보다가 누워서 자거나 가벼운 책을 읽는 등으로 시간을 보내다가 점심을 먹었다. 식사 후 TV를 보다가 누워서 잠깐 자고 일어나서 1시간쯤 산책한 후 샤워를 하고 간식을 먹고, TV를 보는 등 빈둥거리다가 저녁을 먹고 30분쯤 산책한 다음 TV를 보다가 잤다. 이런 생활을 한 달간 했는데 이렇게 생활하는 게 쉬는 것인지 분간이 되지 않았고, 컨디션도 그리 좋지 않았다. 이 일상을 이야기한 후 친구들에게 이런 생활이 쉬는 것이냐고 물으니까 그렇다고 답을 하는 친구가 없었다.

사실 나도 그 한 달 동안 집에 있을 때 어떻게 하는 것이 쉬는 것인지 헷갈렸다. 살면서 쉰다는 얘기는 많이 들었지만 도대체 어떻게 하는 게 쉬는 것인지 알기 어려웠고 친구들도 딱히 쉬는 것은 이렇다고 쉬는 모습을 구체적으로 제시하지 못했다.

그즈음 빌 게이츠에 관한 책을 보았는데, 빌 게이츠가 휴가 때 보낸 일상은 테니스 치고 수영하고 책 읽고 밤에는 친구들과 어울려 포커 치는 등 바쁘게 보냈다.

한미파슨스 김종훈 회장의 저서 《우리는 천국으로 출근한다》를 보면 일에 파묻혀 살아온 김 회장이 2개월간 휴가를 보낸 내용이 나온다. 그는 휴가 기간 동안 철두철미하게 휴가 계획을 세워서 '매일 등산, 매일 온천목욕, 매일 책 한 권 읽기, 매일 산책'이란 목표를 세워서 실행했다. 42일 동안 설악산에서 매일 새벽 4시 30분에 일어나 6~7km 등산로를 걷고 하루 한 권씩 책을 읽었다. 이렇게 빡빡한 시간계획에 따라 평소 회사에 출근해서 일할 때보다 훨씬 더 빡빡하게 하루 일정의 휴가를 보내다가 어느 날 문득 "내가 휴가를 왔나, 노역하러 왔나?"라는 생각이 들어 그다음부터는 마음을 느긋하게 먹고 지냈다고 한다.

그런데 나중에 김종훈 회장이 언론과 인터뷰한 것을 보니까 그는 그 42일간 설악산에서 보낸 휴가가 재충전의 기회가 되었고 업무 집중도를 높이기 위해서도 아주 중요한 자산이 됐다고 말하고 있었다.

우리는 쉰다는 얘기를 쉽게 얘기하면서도 어떻게 하는 게 쉬는 것이냐고 되물으면 답하기 어려워한다. 또 휴식이란 일을 내려놓고 아무것도 안 하는 것이 아니라 일, 놀이, 휴식 간에 적절히 배분해서, 열심히 일을 하면서도 적절한 시기에 적절히 휴식과 놀이를 즐기는 것이 제대로 쉬는 것이라고도 한다. 그러나 말이 쉽지 그 적절히 한다는 것이 구체적으로 어떤 상태를 말하는가라고 물으면 사람마다 상황이 다르다는 등으로 말한다. 가슴에 딱 와닿는 말을 쉽게 들을 수 없다.

휴식을 뜻하는 영어 단어 'rest'는 고지(高地)독일어 'rasta'에서 나왔다 한다. rasta는 본래 거리 단위를 뜻하는데, 열심히 걸은 다음에 멈춰서 걸어온 거리를 재는 것을 말한다고 한다. 그래서 휴식의 '쉬다'는 '게으르다'가 아니라 '일하다'의 다음에 오는 것이라 한다.

사람들을 상대로 진정한 휴식 활동으로 생각하는 것이 무엇인가를 조사해보니 독서가 1위였고 그다음이 자연 체험, 혼자 있기, 음악 듣기, 빈둥대기, 산책, 목욕, 몽상, TV 시청, 명상 순이라고 한다. 그러나 휴가 때 독서를 즐긴다는 사람은 주변에서 거의 보지 못했다. 그런데도 독서를 휴식 활동의 1위로 손꼽고 있으니 아이러니하다.

신문에 '95세 할머니, 초등학교 졸업장 품었다'는 기사가 났다(2022.2.22. 중앙일보). 1926년 강원도 홍천군에서 태어난 신광천 할머니가 집 근처 성수 종합사회복지관의 문해교육프로그램에 2018년에 입학해, 4년간 한 번도 수업에 빠지지 않고 출석하여 졸업하면서 교육감 표창장까지 받았다는 것이다.

이탈리아에서는 97세 주세페 파테르노라는 할아버지가 대학 졸업장을 받기도 했다(2020.8.4. 매일경제). 그는 2020년 7월 29일 시칠리아 팔레르모 대학에서 역사·철학 학사 학위를 받아 이탈리아 역사상 최고령 대학 졸업자가 되었다. 이탈리아 국립 철도회사에서 1984년 퇴직 후에도 손에서 책을 놓지 않다가 94세가 되던 2017년 '지금 아니면 절대 기회는 없다'는 생각에 대학에 입학해 정식으로 역사학을 공부했다고 한다.

2012년에 파킨슨병을 진단받고 병마와 싸우고 있는 정만용 씨가 74세 고령에도 불구하고 2020년 5월 2일 해남 땅끝마을에서 출발, 600킬로미터를 걸어서 5월 28일에 서울 여의도 태극기 공원에 도착했다는 신문기사도 보았다. 파킨슨병에 걸리면 점차 온몸이 경직돼 걷기 힘들고 몸을 움직이기 쉽지 않아 우울증을 동반하는 경우가 많다고 한다. 건강한 젊은이도 어려운 일을 파킨슨병이라는 병마에도 불구하고 74세의 나이에 날마다 20km 이상 27일간을 걷는다는 것은 참으로 초인적인 일이 아닐 수 없다.

95세에 초등학교 졸업장을 받은 신광천 할머니, 97세에 대학 졸업장을 받은 이탈리아의 주세페 파테르노 할아버지는 충분히 쉬어야 할 나이다.

그럼에도 열심히 공부하여 초등학교와 대학교를 졸업했다. 온몸이 경직되는 파킨슨병을 안고 매일 20㎞ 이상 27일을 해남 땅끝마을에서 서울까지 걸어서 온 정만용 씨는 요양이 필요한 건강 상태다. 그럼에도 건강한 젊은 이도 하기 어려운 일을 해냈다. 이런 사례를 보면, 과연 '휴식'이 쉬는 것과 정반대 개념인 '일하고 공부하고 운동하는 것'과 다른 것인가라는 생각이 든다. 오히려 별개의 것, 다른 것이 아니라 하나가 아닌가라는 생각이다.

한비자는 〈해로〉에서 "나무는 옆으로 퍼져나가는 만근(蔓根)과 아래로 곧게 뻗는 직근(直根=柢)이 있다"라고 하면서 "직근은 나무가 넘어가지 않고 똑바로 서 있게 하는 기초이고, 만근은 생명을 유지하는 기초이다"[1]라고 한 후 "단단한 것이 직근인데 직근이 단단하면 나무가 오래 산다. 뿌리가 깊게 박히면 오래 볼 수 있다"라고 한다. "그래서 깊은 것이 뿌리고 단단한 것은 직근(柢)이며, 오래 살아서 보는 것이 도(道)라고 한다"[2] 이렇게 말한다. 나무는 넘어지지 않게 아래로 뻗는 직근과 수분을 섭취하기 위해 옆으로 뻗는 만근에 의해서 살아가는데, 직근과 만근이 저마다 자신의 역할을 함으로써 나무가 튼튼하게 오래 살아갈 수 있다고 말한다. 인간이 살기 위해서는 일을 해야 하고, 또 일을 해내기 위해서는 휴식함으로써 에너지를 보충하고, 이렇게 보충한 에너지로 또 일을 하는 순환 과정과 다를 바 없다는 이야기로 보인다. 결국 일과 휴식은 별개라고 생각하기보다는 상호 보완적 순환 관계인 점에서 나무의 직근과 만근처럼 동반자적 관계로 보아야 하겠다. 괴테도 "죽을 때까지 삶을 지탱해 주는 것은 사랑과 일이다."라고 말하지 않았는가.

---

1) 柢也者 木之所以建生也 蔓根者 木之所以持生也(저야자 목지소이건생야 만근자 목지소이지생야).
2) 故曰 深其根 固其柢 長生久視之道也(고왈 심기근 고기저 장생구시지도야).

18. 가치가 가격을 결정할까, 가격이 가치를 말해주는 것일까?

주인이 돈을 써서 맛있는 음식을 주고 돈을 마련해서 임금을 주는 것은 일꾼을 사랑해서이기 아니다(主人費家而美食 調布而求易錢者 非愛庸客也, 주인비가이미식 조포이구역전자 비애용객야).

《한비자》〈외저설 좌상〉

회계사들의 업무 중에 기업 가치평가(valuation)가 있다. 회계사가 평가한 기업 가치금액을 회사가 보유한 주식의 장부가액으로 회계장부에 기록하기도 하고 M&A거래 등 거래가액으로 삼기도 한다. 이렇게 기업 가치를 평가하는 것은 가치가 곧 가격을 결정한다는 믿음이 밑바탕에 깔려있다. 회계사도 먹고살아야 하므로 주 업무 중 하나인 회계감사에 대한 보수를 올려 달라고 회사에 종종 요구한다. 보통 회사는 회계감사 보수를 올려주는 데 몹시 인색하다. 그러나 법인세를 신고하기 위하여 하는 업무인 법인세 세무조정 보수를 올려달라고 하면 회사는 회계감사 보수보다 훨씬 잘 올려준다. 이럴 때 회계감사 업무와 세무조정 업무에 대한 가치가 왜 이렇게 차이가 날까, 하는 생각을 많이 한다. 실제 회계감사의 필요성을 그다지 느끼지 못하는 우량 회사인 비상장법인이 많다. 이런 회사는 우량 회사이다 보니까 담보 없이 돈을 빌려 드릴 테니 돈을 빌려가라고 여러 은행에서 회사를 찾아온다. 그러니 회계감사 받은 재무제표의 필요성을 못 느낀다. 단지 법적으로 회계감사를 받아야 하므로 받는 것일 뿐이라는 우량회사가 많다. 이런 회사도 매년 법인세는 신고 납부해야 하므로 당장 세금을 얼마 납부하느냐의 문제와 관련된 법인세의 세무조정업무에 대한 중요성은 실감한다. 그래서인지 많은 회사가 회계감사 보수의 인상에는 인색하나 세무조정 보수 인상에 대해서는 상대적으로 인색하지 않다. 가치가 있다고 생각하는 것에는 가격(보수)을 높게 지급하려고 하나 가치를 그다지 느끼지 못하는 것에는 낮게 지급하려고 하는 것이다.

학교에서 노동가치설을 배울 때 가치가 가격을 결정한다고 배웠는데 정말 가치가 가격을 결정하는 것일까, 아니면 가격이 가치를 말해주는 것일까? 이것은 사회 전반적인 면에 큰 영향을 미치는 문제이다. 주식시장에서도 가치투자라는 말이 나온다. 가치투자란 말은 기업 가치에 비해서 주가가 낮은 회사를 찾아내 그 주식을 사면 돈을 번다는 것을 전제한 것이다. 그러나 유명 펀드매니저의 주식투자 수익률이 장기적으로 종합주가지수 수익률보다 낮은 경우가 허다한데, 이 사례를 보면 가치가 가격을 결정한다는 믿음에 의문이 간다.

가치는 돈을 주는 사람과 받는 사람 간에 다르게 느낀다. 돈을 주는 사람은 돈 받는 사람이 돈값을 했느냐, 즉 자신에게 얼마의 효용가치를 주었느냐에 따라 가치를 생각한다. 반면 돈을 받는 사람은 자신이 얼마나 많은 시간을 투입하고 고생했는가, 즉 자신의 투입가치(노동가치)에 따라 가치를 생각한다. 이 양자 간의 가치 대립의 관점이 자본주의, 공산주의 간의 대립이고 사회의 가치 대립 문제를 불러온다.

회계법인의 회계사 간에도 돈 주는 사람 입장의 효용가치와 돈 받는 사람 입장의 투입가치 간에 갈등이 종종 발생한다.

한번은 이런 일이 있었다. X라는 회계사는 같이 있는 Y라는 회계사에게 주택재건축과 관련한 양도소득세 계산을 부탁했다. 중소 회계법인은 보통 그 내부에서 한 회계사가 다른 회계사에게 어떤 일을 해 주면 하루 일당을 계산해서 주고받는다. 회계법인마다 그리고 업무 성격마다 다르지만 보통 하루에 50만 원 내외로 일당을 계산한다. Y 회계사는 그 양도소득세 계산을 위해 사흘간 판례, 기존 해석 등을 찾아가면서 일을 완료한 다음 150만 원을 X회계사에게 달라고 했다. 양도소득세 계산은 매우 복잡한 일이므로 사흘이 소요된 것이다. X 회계사는 "사흘 동안 시간을 투자한 것은 당신 사정이다. 반나절만 시간을 투자하면 계산할 수 있는 것인데 실력이 부족해서 3일이나 투입한 것이다. 그러니까 최대 50만 원 이상은 줄 수 없다"라고 이야기했다. 이것 때문에 분쟁하다가 결국 Y회계사는 다른 회계법인으로 가 버렸다. 같은 직종의 회계사 간에도 돈 주는 사람의 효용가치와 돈 받는 사람의 투입가치 간의 입장이 극명하게 대립한 사례다.

우연히 손에 든 책에서 "어느 놈이 커피 한 잔 산다 할 때는/뭔가 바라는 게 있다는 걸 안다…"는 박노해 시인의 〈통박〉이라는 시를 읽었다. 박노해 시인은 1980년대 노동운동에 많은 영향을 미쳤다는 것은 알고 있었지만 개인적으로는 관심이 없었는데, 〈통박〉의 내용을 보고는 이 시인이 궁금해져서 그의 첫 시집인 《노동의 새벽》을 사 보았다. 그중에 '바겐세일'이라는 시가 있다. 시에는 당시 그의 고단한 삶이 담겨있다.

"오늘도 공단거리 찾아 헤맨다마는/검붉은 노을이 서울 하늘 뒤덮을 때까지/찾아 헤맨다마는/없구나 없구나/스물일곱 이 한 목숨/밥 벌 자리 하나 없구나 (…) 10년 걸려 목메인 기름밥에/나의 노동은 일당 4,000원/…/내 손목 이끄는 밤꽃의 하이얀 미소도/50% 바겐세일이구나/에라 씨팔/나도 바겐세일이다/3,500원도 좋고 3,000원도 좋으니 팔려가라/바겐세일로 바겐세일로…"

이 시는 당시 가난한 공장 노동자의 분노와 고통스러운 현실을 잘 표현하고 있다고 설명한다. 그러나 나는 이 시를 읽고 가치와 가격의 문제가 떠올랐다. 시인이 자기 일당이 4,000원이라고 하는 것은 그의 입장이다. 돈 주는 사람의 입장에서는 같은 노동을 일당 3,000원에 사 갈 수 있다면 일당 3,000원은 정당한 가격을 준 것에 해당한다. 시인은 일당 3,500원, 3,000원이 바겐세일 가격이라고 생각하지만 돈 주는 사람은 바겐세일한 노동을 산 것이 아니라 정당한 가격을 주고 거래한 것이다. 일당이 3,000

원으로 떨어진 것은 노동의 공급이 많기 때문이다. 노동을 구매하는 입장에서는 같은 효용가치의 노동이라면 일당이 낮은 노동을 사는 게 당연하다. 가난한 노동자 입장에서는 일당 3,000원은 먹고살기 힘든 가격이므로 일당 4,000원은 받아야 한다고 절규하면서 일당 4,000원을 주지 않는 사회를 저주하더라도, 근본 원인은 그 당시 산업 현장에 노동자는 많고 일거리는 적은 데에 있지 다른 데 있지 않다. 노동의 가치를 제대로 평가해 주면 박노해 시인 자신의 일당은 4,000원이라는 전제 하에 3,500원, 3,000원의 일당은 바겐세일 가격이라고 하지만, 시장에서 결정한 3,500원, 3,000원의 일당(가격)이 오히려 박노해 시인 노동에 대한 가치라고 보는 것이 더 현실적이라는 생각이다.

공돈을 나눠가져도 되고 혼자 가져도 되는 독재자 게임이라는 심리 실험에서도 돈을 나눠주는 분배자는 수령자에게 주는 금액이 커질수록 금액에 민감해진다고 한다. 공돈 10만 원이 있으면 수령자에게 3만 원을 주더라도 100만 원이 공돈이면 30만 원이 아닌 10만~15만 원을 준다고 한다. 아무것도 하지 않은 수령자에게 10만 원을 주더라도 적은 돈이 아니라고 생각하기 때문이라고 한다.

한비자는 〈외저설 좌상〉에서 "주인이 돈을 써서 맛있는 음식을 주고 돈을 마련해서 임금을 주는 것은 일꾼을 사랑해서가 아니다. 이르기를 이와 같이 하면 밭가는 자는 깊이 갈고 김매는 자는 완전하게 잡초를 없애기 때문이다"[1]라고 말한다. 주인이 돈을 지급하는 것은 일꾼이 밭을 깊이 갈고 김을 완전하게 매는 효용가치 때문이라는 것이다. 관념적으로는 가치가 가격을 결정한다고 할 수 있을지라도, 실제는 가격이 가치를 말해준다고 보는 게 현실적이라고 생각한다.

---

1) 主人費家而美食 調布而求易錢者 非愛庸客也 曰 如是 耕者且深 耨者熟耘也(주인비가이
   미식 조포이구역전자 비애용객야 왈 여시 경자차심 누자숙운야).

19. 단순한 일에서도 의미를 찾아내는 사람은 어떻게 될까?

화(禍)와 복(福) 간의 관계가 크고 깊으며 도(道)가 넓고 크다는 것을 모른다(不知其
禍福之深大而道闊遠若是也, 부지기화복지심대이도활원약시야).

《한비자》〈해로〉

20여 년 전에 회계감사 업체의 사장, 부사장과 함께 중국에 출장 갔을 때의 일이다. 중국 청도의 한 식당에 점심 먹으러 갔는데, 식당 직원(조선족이 아닌 한족의 여직원이었다)이 우리 앞 식탁의 물 잔에 물을 따르다가 그만 사장 앞에 놓인 물 잔을 엎질러서 사장의 옷이 젖어 버렸다. 사장은 불쾌해서 잔소리를 하고 우리는 옆 자리로 옮겨 점심을 먹은 후 믹스 커피를 주문했다. 그런데 그 직원은 부사장과 나에게는 커피믹스 봉지 그대로 탄 커피를 주었는데 사장의 커피는 설탕을 빼고 커피를 타서 주었다. 그러자 사장은 "내가 설탕을 빼고 커피를 마시는 것을 어떻게 알고 이렇게 타주느냐"라고 물었다. 그 직원은 "3개월 전에 사장님이 우리 식당에 오셨을 때 커피믹스에서 설탕을 빼고 커피를 타 드시는 것을 보고 알았고 이를 기억해 두었다가 이번에 설탕을 빼고 커피를 타 왔다" 하고 대답했다. 좀 전에 물을 엎질러서 옷이 젖어 기분이 상했는데, 3개월 전의 사소한 행동을 기억하고 자신의 기호에 맞게 커피를 타 왔으니 사장은 감동하지 않을 수 없었다. 사장은 이렇게 말했다. "저렇게 고객 한 사람, 한 사람을 기억해서 그 고객의 기호에 맞게 대응하는 직원들이 있는 회사라면 그 회사가 잘 되는 것은 불문가지다." 그러고는 그 여직원이 한국에 있다면 당장에라도 자신의 회사에 취업시키겠다고 말했다.

일본 백화점에서 인사과장을 지낸 사람이 쓴 책에서 보았던 내용이다.

자신이 근무하는 회사에서 대학 졸업생 20명을 채용한 후 수습기간 한 달 간 지하도의 담배 판매 부스에서 혼자서 실제로 담배를 파는 실습을 하도록 한 적이 있었다. 이때 겪었던 경험을 적은 내용이다. 20명이 한 달 후 담배를 각자 얼마를 팔았는지 집계를 하고 각자가 느낀 담배 판매 경험에 대하여 이야기하도록 했다. 그랬더니 대부분은 오로지 담배만 판매하는 부스에서 종일 담배만 파는 단순한 일에 대하여 좋게 평가하지 않았다. 그러나 서너 명은 아주 좋은 경험을 했다고 말했고 그들의 판매 실적도 월등히 좋았다. 그들도 처음에는 담배 판매 부스에서 담배만 파는 따분한 일에 재미를 못 느꼈으나, 담배를 사 가는 고객이 매일 같은 시간대에 부스를 찾아와서 똑같은 종류의 담배를 사가는 것을 보고는 그 고객을 기억해 두었다가 그 고객이 담배를 사러 오면 사갈 담배 종류를 고객이 말하기 전에 미리 '이 담배죠?' 하면서 사려고 하는 담배를 알아서 내주었더니 고객들이 좋아했다고 말했다. 그래서 그들은 매일 담배를 사 가는 단골 고객 외의 일반 고객들의 성향을 찬찬히 살펴서 고객별로 어떤 종류의 담배를 사 가는지를 파악한 다음 고객마다 사 갈 담배 종류를 미리 헤아려 보고 자신들의 예상대로 담배를 사 가는지를 관찰했다고 한다. 처음에는 예상이 많이 틀렸지만 점차 자신의 예상이 많이 들어맞았고, 그 후에는 고객이 필요한 담배 종류를 말하기 전에 지금 우리나라로 치면 "이프 드릴까요, 에쎄 드릴까요, 디스 드릴까요?" 등으로 담배 종류를 먼저 얘기했더니 고객이 기뻐했고, 자신들도 예상이 맞으니까 기분이 좋았으며, 그래서 담배 판매 경험이 즐거웠다고 얘기했다는 것이다. 20명을 실제 각 부서에 배치한 후 나중에 업무 수행능력을 살펴봤더니, 담배를 즐겁게 팔았다고 이야기한 직원들의 업무수행 능력도 훨씬 뛰어났다고 한다.

한때 아시아에서 최고 부자로 손꼽혔던 홍콩 창장그룹 이가성(리자청)의 경영철학에 관한 책, 《리자청에게 배우는 기업가 정신》에도 이와 유사한 내용이 나온다. 이가성은 집이 가난해서 학업을 중단하고 14세 때부터 찻집에서 돈을 벌었다. 그 당시 홍콩의 찻집은 차도 마실 수 있지만 간단한 식사도 하는 곳이었다. 이가성은 찻집에 오는 단골손님을 관찰해서 손님들의 고향, 나이, 직업, 재산의 정도, 성격 등을 짐작한 후 실제 자신의 예측과 맞는지를 확인해 봤고, 어떤 차를 좋아하고 어떤 과자를 좋아하는지도 관찰했다. 처음에는 전혀 맞히지 못했지만 계속 시도해 본 결과 나중에는 거의 80% 이상 맞히게 되었다. 이렇게 되자 찾아오는 단골손님들이 좋아하는 음식, 기호 등에 따라 비위를 맞추고 진심으로 대할 수 있게 되어 매상이 크게 오르게 되었다. 점차 처음 오는 손님들까지도 그들의 지위, 신분, 취미, 성격을 맞힐 수 있게 되었다. 이렇게 되자 주인의 환심을 사게 되어 급여도 가장 빨리 올랐다. 리자청은 17세에 철강 도매상의 판매원이 되었는데 처음에는 판매 실적이 저조했으나 곧 만나는 고객이 살 사람인지, 안 살 사람인지, 주저하는 사람인지를 알아볼 수 있게 되었고, 이렇게 분류한 고객에 따라 판매 전략을 달리해서 자신보다 나이와 경험이 많은 7명의 판매원 중에서 곧 7배의 판매 실적을 올리게 되어 18세 때는 부문 책임자가 되고 2년 뒤에는 부문장이 되었다고 한다.

요즘은 젊은이들이 참으로 취업하기 힘든 시대다. 취업이 어려우니 창업을 하지만 창업도 대부분 실패한다. 거래처에 회계감사를 가서 거래처의 젊은이들과 한담을 하는 중에 위 3가지 사례를 말한 후 소위 취업에 필요한 학벌, 토익과 같은 스펙은 없지만 위와 같이 사람을 잘 알아보는 능력이 있는 사람이라면 회사에서 그 사람을 채용하지 않을까라고 물어보았다. 거래처 젊은이들도 모두 회사에서 채용할 것으로 생각한다고 대답했다. 그러면 학교에서 소위 스펙을 충족하도록 가르칠 것만이 아니라 사람의 성향을 알아보는 테크닉 등을 가르치는 것도 필요하지 않느냐고 물어보니, 필요한데 가르치기는 쉽지 않을 것이라고 했다.

한비자의 〈해로〉편을 보면 "많은 사람들이 경솔하게 도리를 버리고 제멋대로 행동하는 것은, 화(禍)와 복(福) 간의 관계가 크고 깊으며 도(道)가

넓고 크다는 것을 모르기 때문이다. 그래서 노자가 사람을 일깨우면서 '누가 그 궁극을 알겠는가'라고 말했다"[1] 하면서 노자의 말을 해설하고 있다.

아무리 살아가기가 어렵다 하더라도 세상사는 일상적으로 접하는 상대방의 내심을 잘 읽는 사람이 성공한다. 3개월 전에 온 손님의 커피 취향을 기억했다가 손님의 기호에 맞게 커피를 타 온 여직원의 행동에 사장이 감동했다. 따분한 담배 판매 부스에서 담배를 사 가는 손님들의 성향을 파악하는 의미를 찾아낸 사람은 즐겁게 담배를 팔았고 근무 성적도 뛰어났다. 14세 때 취업한 찻집에서 사람 알아보기를 익힌 이가성은 동양 최대의 부자가 되었다. 이들은 모두 어려움(禍) 속에서 즐거움(福)을 찾아낸 사람들이다. 이런 것을 보면 세상은 정말 노자의 말과 같이 궁극을 알기 어렵다. 사람 하기 나름이다.

---

1) 衆人之輕棄道理而易妄擧動者 不知其禍福之深大而道闊遠若是也 故論人曰 孰知其極(중인지경기도리이역망거동자 부지기화복지심대이도활원약시야 고유인왈 숙지기극).

20. 똑같은 사실을 사람마다 달리 말하는 것을 어떻게 막을까?

군주가 불인하고 신하가 불충하게 되면 가히 패왕이 될 수 있다(此謂君不仁 臣不忠 則可以霸王矣, 이위군불인 신불충 즉가이패왕의).

《한비자》〈세난〉

임진왜란 직전에 일본에 통신사로 갔다 온 정사(正使) 황윤길은 일본이 침략할 것이라고 보고했으나 부사(副使) 김성일은 침략하지 않을 것이라고 보고하였다. 당시 조정은 김성일의 말을 믿고 대비를 제대로 하지 않아 임진왜란 참화를 당했다는 것은 우리가 익히 아는 바이다. 일본에 통신사로 가서 똑같이 보고 왔는데도 황윤길과 김성일은 정반대로 이야기했으니, 이럴 때 누구 말이 옳은지를 어떻게 분별해야 할까?

전국책에 나오는 내용이다. 중국 제나라에 '추기'라는 아주 미남인 재상이 있었는데, '서공'이라는 꽃미남이 있다는 이야기를 들었다. 추기는 자신과 서공 중에서 누가 더 미남인가에 대하여 아내, 첩, 손님에게 각각 물어보았다. 모두가 추기가 더 미남이라고 대답했다. 그런데 실제로 추기가 서공을 만나보니 서공이 자신보다 더 미남이라는 것을 알았다. 추기는 서공이 자신보다 더 잘생겼다는 사실(fact)을 두고 왜 세 사람이 모두 사실과 다르게 이야기했을까 곰곰 생각해 보았다.

그 결과 아내는 진정으로 남편 추기를 사랑하기 때문에 남편이 더 미남이라고 말했고, 첩은 서공이 더 미남이라고 하면 추기가 자신을 버릴까 봐 그랬던 것이고, 손님은 추기가 더 미남이라고 해야 자신이 더 이익을 얻을 수 있다고 판단했기 때문이라는 것을 깨달았다. 사실 왜곡은, 나를 사랑하거나 충성하는 사람도 할 수 있고, 나를 무서워하는 사람도 할 수 있으며,

나에게서 이득을 얻고자 하는 사람도 할 수 있다는 것을 깨달은 것이다.

추기는 제나라 왕을 만나 이 이야기를 하면서 주변 사람들이 왕에게 말하는 것은 자신의 이익을 위해서 하는 것이므로 왜곡될 수 있다고 말했다. 그러자 왕은 자신의 면전에서 자신의 허물을 말하는 자에게는 상급의 상을 주고, 글로 상소하는 자에게는 중급의 상을 주며, 시중에서 왕을 비난하여 그 말이 왕의 귀에 들어오게 하는 자에게는 하급의 상을 준다고 공표하였다. 그러자 간언하는 자가 쇄도하게 되었고 1년 뒤에는 나라가 잘 다스려져 간언할 것이 없어졌다고 한다. 누구나 듣기 싫은 말은 듣기 꺼리는데 추기가 재치 있게 비유를 들어 잘 이야기한 것을 제나라 왕이 잘 알아들어서 선정을 펼친 사례다.

한비자는 이와 유사한 사례를 많이 소개하고 있다.

한비자의 〈세난〉에 이런 내용이 나온다. "송나라에 돈 많은 부자가 있었다. 비가 내려서 담장이 무너졌다. 그의 아들이 담장을 새로 쌓지 않으면 반드시 도둑이 들어올 것이라고 말했다. 이웃의 노인도 역시 그렇게 말했다. 그날 밤에 도둑이 들어 많은 재물을 잃었다. 그 집에서는 자기 아들은 매우 지혜롭다고 여겼지만 이웃 노인은 도둑이 아닌지 의심했다"라고 한다. 똑같이 예상되는 것을 말했는데도 나와 어떤 관계인지에 따라 내 마음이 달라지고 왜곡된다는 것을 잘 보여주는 사례이다.

초나라 장왕은 제나라 환공, 진나라 문공에 이어서 3번째 패자가 된 춘추오패 중 한 사람이다. 그가 왕이 되었을 때 초나라는 국정이 문란하였다. 그런데 그는 즉위하고 나서 3년 동안 명령을 내리지도 않고 밤낮 향락만 일삼으면서 '감히 간(諫)하는 자가 있으면 죽게 될 것이며 사면(赦免)은 없다'는 명령을 전국에 내렸다.

충신 오거가 간하기 위해 입궐해보니 장왕은 왼팔에는 정나라 미녀를, 오른팔에는 월나라 미녀를 껴안고 악사(樂士)들 틈에 앉아 있었다. 오거는 왕과 수수께끼 내기를 하였다. "남쪽 동산에 새가 한 마리 있습니다. 이 새는 3년간 날갯짓도 안 하고 날지도 않고 울지도 않습니다. 웅크리고 앉아 아무 소리도 없습니다. 이 새의 이름이 무엇인지 아십니까?" 장왕은 이렇게 대답했다. "3년 동안 날갯짓을 하지 않은 것은 장차 날개를 크게 펼치려는 것이다. 날지도 않고 울지도 않는 것은 백성의 동태를 관찰하려는 것이다. 지금은 날지 않지만 한 번 날기만 하면 반드시 하늘을 찌르고 비록 지금은 울지 않지만 한 번 울기만 하면 사람을 놀라게 할 것이다. 잠자코 있거라." 그리고 반년이 지나자 장왕은 스스로 정치를 장악하여 10가지 제도를 폐지하고, 새로 9가지 일을 일으켰으며, 대신 5명을 처형하고, 처사 6명을 새로 등용해 국가를 훌륭하게 다스렸다. 그 후 군대를 동원하여 제나라를 공략하여 서주를 무찌르고, 진나라와 싸워 하옹에서 승리를 거두고 송나라를 눌러 마침내 천하의 패왕이 되었다. 한비자의 〈유로〉 편에 나오는 이야기이다.

장왕은 즉위 후 3년간 향락을 일삼으면서 누가 진정한 충신이고 간신인지를 살피고 폐지할 제도와 실행할 전략을 구상하고 있었던 것이다. 3년간의 관찰 기간이 끝난 후 간신은 처형하고 충신은 중용하여 구상한 정책을 펼쳐서 춘추오패 중 한 사람이 된 것이다. 왕이 되어도 충신과 간신을 구별하기란 어렵다는 것을 잘 보여주는 사례다.

한비자는 〈내저설 상〉에서 다음과 같은 사례도 소개한다. 한나라의 소후는 신하들 중에 누가 진실한가를 알아보기 위하여 깎은 손톱 하나를 잃어버린 척하고 빨리 이 손톱을 찾아내라고 했다. 그러자 신하 중 한 사람이 자기 손톱을 잘라서 잃어버린 손톱을 찾았다고 했다. 그래서 소후는 그 사람이 성실하지 못하다는 것을 알게 됐다. 또 이런 사례도 있다. 자지(子之)가 연나라 재상으로 있을 때다. 자지는 방 안에 앉아서 "방금 문 밖에서 달려간 것이 무엇이냐, 흰 말이 아니냐"는 엉뚱한 말을 했다. 좌우에 있는 사람들이 모두 아무것도 보지 못했다고 하는데 한 사람만이 쫓아나갔다가 돌아와서 '정말로 흰 말이었습니다'라고 보고했다. 자지는 이 일로 좌우에 있는 사람들이 성실한지 불성실한지를 구분할 수 있게 되었다.

함께 일하는 아랫사람이 성실한지 여부를 알아보기 위하여, 손톱을 잃어버렸다면서 찾으라고 한 한나라의 소후나 있지도 않은 흰 말이 문 밖에서 달려갔지 않았느냐고 한 자지는 모두 비열한 꼼수를 쓴 사람이라고 비난을 할 수 있다. 그러나 이런 수단을 쓴다는 것은 그만큼 사람의 됨됨이를 알아보기 쉽지 않다는 얘기이기도 하다.

한비자는 성악설을 지지하므로 사람은 모두 자신의 이익을 위해서 행동한다는 것을 인정하여 나라를 다스려야 한다고 주장한다. 그래서 〈육반〉이란 글에서 "부귀를 얻는 것은 신하에게 큰 이익이 된다. 신하가 큰 이익을 염두에 두고 일 처리를 하므로 위험을 무릅쓰고 목숨까지 바친다. 있는 힘을 다해 써버려도 원망하지 않는다. 그래서 군주가 불인(不仁)하고 신하가 불충(不忠)하게 되면 가히 패왕이 될 수 있다고 말한다"[1] 이렇게 주장한다. 우리는 군주는 인자하고 신하는 충성스러워야 한다고 알고 있는데, 한비자는 거꾸로 말한다. 군주는 '법과 원칙'을 엄정하게 지켜서 처벌할 경우는 가차 없이 처벌해야 하고, 신하는 군주에게 잘 보이려고 할 것이 아니라 '법과 원칙'이 정한 것을 이행하는 데 힘써야 나라가 잘된다는 얘기다. 한비자의 말이 지나치게 엄격하다는 생각이 들기도 하지만 앞 추기의 사례에서 가장 가까운 아내조차 사실을 왜곡하는 것이 인간인 것을 보면 고개가 끄떡여지기도 한다. 똑같은 사실에 대하여 자신의 이익에 따라 달리 말하는 것이 사람이기 때문이다. 사실을 왜곡한 김성일도 자기 이익을 위해서 일본이 침공하지 않을 것이라고 말했다. 그 결과 임진왜란을 맞아 나라가 도륙당했다. 조선이 군주가 불인(不仁)에 충실한 사회였다면 김성일이 자신의 이익을 위해서 객관적 사실을 달리 말하지 않았을 것이다.

---

1) 富貴者 人臣之大利也 人臣挾大利以從事 故其行危至死 其力盡而不望 此謂君不仁 臣不忠 則可以霸王矣(부귀자 인신지대리야 인신협대리이종사 고기행위지사 기력진이불망 차위군불인 신불충 즉가이패왕의).

3장
한비자, 유교와 역사를 돌아보다

1. 배우고 익혀야 하나, 익히고 배워야 하나?

배우지 않는 것을 배우는 것은 모든 사람이 간과한 진리에 복귀하는 것이다(學不學 復歸衆人之所過也, 학불학 복귀중인지소과야).

《한비자》〈유로〉

철학자 강신주의 《관중과 공자》에 이런 내용이 나온다. 그가 대학 철학과에 다니던 시절, 겨울방학 때 한국고전번역원에서 논어 강의를 듣던 때였다. 그는 강의를 듣던 중 아침에 도를 들으면 저녁에 죽어도 좋다는 내용인 '조문도 석사가의(朝聞道 夕死可矣)'에 대하여 강사에게 질문했다. "아침에 도를 듣고 깨달았다면 지금 당장 죽어도 여한이 없다고 해야 맞는 말인데, 굳이 저녁때까지 살다가 죽겠다고 한 이유가 무엇인가?" 하는 질문이었다. 그러자 교실 분위기가 싸늘해졌고 강사 표정도 일그러졌다. 강사는 백번 읽으면 자연히 그 뜻이 드러난다는 의미의 '독서백편의자현'을 말하였다. 그러나 그는 무슨 뜻인지 모르는데 그다음으로 넘어가는 게 옳은지 강한 의심이 들었다고 한다. 그 후 공자가 조문도 석사가의를 말한 뜻을 그가 이해했다고 이렇게 책에 적었다. 아침에 도를 들었다 하더라도 하루 동안 다른 사람들과 관계를 맺어보아 그 도가 진실로 인간과의 관계를 조화롭게 해주는지, 아니면 미사여구에 불과한 것인지 검증한 후 아침에 들은 도가 전자에 해당한다는 것을 깨달은 다음 비로소 저녁에 '이제 죽어도 좋구나.'라는 감격에서 말했을 것이라고.

논어의 첫머리에 '배우고 때로 익히면 즐겁지 아니한가(學而時習之 不亦說乎, 학이시습지 불역열호)'라는 유명한 말이 나온다.

한비자의 글을 읽으면서 가장 이해하기 어려웠던 것 중 하나가 '배우지 않는 것을 배운다'(학불학 學不學)는 글귀였다. 배우면 기쁘다는 말에 이의 없이 살아왔는데 배우지 않는 것을 배운다니, 대체 이게 무슨 뜻인가라는 의문이 들었다. 한비자의 〈유로〉에 이 내용이 나온다.

왕수라는 사람은 어디를 가나 책을 짊어지고 다니면서 공부하는 사람 인데, 주나라로 가는 중에 서풍이란 사람을 만났다. 서풍이 "일은 해보는 것이다. 해보는 것에는 정해신 것이 없다. 책에 있는 옛사람의 말은 지(知) 에서 나오는데 지(知)는 책에 담아둘 수 없다. 그대는 왜 책을 짊어지고 다 니는가?"라고 하였다. 왕수는 이 말을 듣고 책을 불사르고 춤을 추었다고 한다. 한비자는 이 일화를 소개하면서, "아는 자(知者)는 말로 사람을 가 르치지 않고 지혜로운 자(慧者)는 장서(藏書)를 상자 속에 넣지 않는다(중 하게 여기지 않는다). 이것을 세상 사람들은 모르고 지나쳐 버린다. 왕수는 지나쳤다가 되돌아왔으니 배우지 않는 것을 배운 것이다. 그래서 배우지 않는 것을 배우는 것은 대다수 사람이 지나쳐 버린 곳에 되돌아오는 것이 라고 말한다"[1]라고 노자가 한 말을 한비자가 전한다.

2015년 9월에 서울공대 교수 26명이 공동으로 한국 경제의 문제점을 분석하여 집필한 《축적의 시간》은 결론적으로 정상에 오르는 과정에는 시행착오의 누적이 반드시 필요하다고 주장한다. 이 책의 대표 저자였던 이정동 교수는 2017년 5월에 새로 발간한 《축적의 길》에서도 현재 우리나 라 산업의 가장 큰 문제점은 개념 설계 역량의 부족이라고 하면서, "과거 우리가 따라잡아야 하는 선진국이라는 정답이 있을 때는 그 정답을 향 하여 질주하기만 하면 되었지만 대부분 분야에서 선진국을 따라잡은 지 금은 앞으로 나아가야 하는 방향(정답)이 어디인지 모르는 상태가 되었 고, 지금은 실패하더라도 꾸준히 현장에서 경험을 축적해서 그 축적의 끝

---

1) 知者不以言談教 而慧者不以藏書篋 此世之所過也 而王壽復之 是學不學也 故曰 學不學 復歸衆人之所過也(지자불이언담교 이혜자불이장서협 차세지소과야 이왕수복지 시학불학야 고왈 학불학 복귀중인지소과야).

에 정답을 찾아내는 과정을 거듭해야 개념설계 역량이 키워진다."라고 말한다.

케임브리지대학교 석좌교수인 장하석 교수는 한 칼럼(2021.4.13. 중앙일보)에서 "새로운 지식을 만들어 내는 연구는 한 목표를 정해놓고 그것만 보고 빨리 달려가는 경쟁이 아니다. 탐구를 하다 보면 목표 자체가 바뀌고 해답을 찾는 과정에서 질문 자체가 계속 변형된다. 혁신적 발전을 위해서는 기존의 질문에 답하기보다는 새로운 질문을 던지는 것이 더 중요하다. 이미 다 아는 사실은 새로운 관점에서 조명해야 한다. 그것이 바로 창의력이다."라고 말했다. 그는 또 한 인터뷰(2021.6.26. 중앙일보)에서 "자신이 과거 과학 연구의 혁신적 사례를 분석해 왔는데 그 결과 도달한 결론은 과학 연구에서는 정답이 하나가 아니다"는 것이며, '코로나19 백신을 개발한 화이자나 모더나가 정통적인 방식과는 다른 mRNA(메신저 RNA)라는 완전히 새로운 방식으로 백신을 개발했는데, 이것이 과학 연구에서 정답이 하나가 아닌 사례 중 하나'라고 했다.

문병로 서울대 컴퓨터공학부 교수는 '전문가는 시행착오를 거쳐 만들어진다'는 제목의 신문 칼럼(2020.7.31. 중앙일보)에서 "학부를 마치면 다 안다고 기고만장하고, 석사를 마치면 아무것도 모른다는 사실에 좌절하고, 박사를 따면 나만 모르는 것이 아니라는 사실을 알게 된다"라고 했다.

1990년대에 케빈 던바 맥길대 교수는 4곳의 분자생물학연구소에 카메라를 설치하여 연구원들을 관찰했더니 중요한 아이디어가 나오는 과정은 우리의 예상과 달랐다. 우리는 과학자들이 혼자서 실험실에서 현미경을 들여다보다가 중요한 것을 발견한다고 생각하지만 실제 관찰한 결과 혁신적인 아이디어는 대부분 사람들과 커피를 마시면서 최신 연구 결과에 대해 이야기를 나누는 과정에서 나왔다. 우리는 고독하고 우울하게 또는 세상과 단절되어 자신만의 세계에 빠져 연구하거나 작품을 창조하는 천재의 이미지를 떠올린다. 이런 천재의 모습은 17~18세기의 천재들 모습이다.

그때는 세상도 지식도 연결되어 있지 않았기 때문에 그런 유형의 천재가 나왔다. 그러나 지금은 혼자만의 아이디어로는 획기적인 연구를 할 수 없는 세상이다. 노벨상을 과거에는 혼자서 받는 경우가 많았지만 지금은 공동 수상하는 경우가 많다. 혼자만의 연구로는 탁월한 성과를 올릴 수 없는 시대이다.

석학 이정동·장하석 교수는 지금 한국은 이미 세상에 나와 있고 책에 있는 정답(성현 등의 가르침)을 배우는 학(學)보다 누구도 모르는 정답을 찾아내기 위해 노력하는 실제 경험의 습(習)이 더 중요하다고 한다. 문병로 교수는 박사 학위를 받고 나서 나뿐만 아니라 주변 사람들도 정확하게 아는 사람이 별로 없다는 것을 알게 된다고 했다. 케빈 던바 교수의 관찰에 따르면 지금은 정답을 고독한 연구로는 찾아내지 못하고 다른 사람과 얘기를 나누는 과정에서 찾는다고 한다.

'학'의 태도는 성현의 말씀(정답)에 의문을 가지고 질문하거나 더 나은 정답을 찾고자 하지 않고 있는 정답을 그대로 익히는 것이 중요하다고 보는 것이므로, '아침에 도를 듣고 깨달았다면 즉시 죽지 않고 저녁때까지 산다고 한 이유가 무엇이냐'라는 질문에 대하여 자유롭게 토론하게 하지 않고 독서백편의자현으로 답하는 학문 분위기를 만든다. 그러나 지금은 성현의 말씀을 정답으로 삼아 '항상' 배우고(學) '때때로' 익히면(習) 되는 학이시습(學而時習)의 시대라기보다는, 누구도 정답을 모르므로 익히는 과정(習)을 '항상' 해야 하고 이러한 습의 과정에서 '때때로' 배움을 얻게(學) 되는 습이시학(習而時學)의 시대이다.

한비자가 이야기한 배우지 않는 것(불학)에서 배운다(학)는 말은 얼핏 보면 형용모순이다. 과거에는 우리가 세상의 정답을 배울 수 있었다. 지금은 그 단계를 넘어섰다. 누구도 정답을 알지 못하는 시대이다. 우리가 몸소 해 보고 익히는 과정(습)에서 찾아내야 하는 시대다. '습'은 '학'의 다음 단계이기도 하지만 '습'의 다음 단계가 또한 '학'의 단계이기도 하다. '배우지 않는 것에서 배운다(학불학)'는 형용모순에 내포된 의미가 이를 말한다고 생각된다. 모르는 정답을 찾아야 하는 지금은 '학불학 내지는 습이시학'의 개념이 '학이시습지불역열호'의 개념보다 더 필요한 시대가 아닌가라는 생각이다.

2. 먼 곳에서 친구가 찾아오면 술상 차리는 사람은 기쁠까?

> 포목이 이보다 많으면 당신은 첩을 살 것입니다(益是 子將以買妾, 익시 자장이매첩).
>
> 《한비자》〈내저설 하〉

논어의 첫 구절인 '학이시습지 불역열호(學而時習之 不亦說乎)' 다음의 '먼 곳에 사는 벗이 찾아오면 이 또한 즐겁지 않은가'의 내용인 '유붕자원방래 불역낙호(有朋自遠方來 不亦樂乎)'의 문장을 학창시절에 배웠다. 이 말은 참으로 멋있는 선비의 풍류라고 배웠다. 단순히 혼자서 무엇인가를 배우고 익히는 것보다는 자신이 배우고 익힌 것을 함께 나눌 수 있는 친구가 찾아와서 그와 함께 그 익힌 것을 얘기하면서 즐기면 그 기쁨은 배로 늘어나는 것이므로 모름지기 사람은 이렇게 어울려 사는 게 최고라는 뜻을 이 문장이 알려준다고 배웠다.

집에 친한 친구가 찾아와서 술자리를 함께 하면서 즐겁게 담소하면 즐겁다. 그러나 친구가 찾아오기 전에 집안 청소도 해야 하고, 오면 술상을 차려야 하며, 가고 나면 설거지를 해야 하는 아내도 좋아할지 의문이다. 물론 요즘은 남편도 함께 청소하고 술상 차리는 것을 도와주고 청소도 하지만 그래도 대부분은 아내가 이런 일을 주로 한다. 술 마시고 담소를 즐기면 우리는 즐겁지만 준비하는 아내는 힘이 든다. 그래서 요즘은 자신의 집에 친구들을 초대하기보다 외부의 식당에서 주로 친구들을 만나서 담소하고 떠든다. 먼 곳에 사는 친구가 아니라 가까운 친척들도 집에서 같이 밥 먹고 술 마시는 것보다 주변 식당에서 만나는 경우가 많다. 친구, 친척들도 집보다 주변 식당에서 밥 먹고 술 마시는 것이 부담이 덜해서 더 좋다고 한다. 술 마시고 담소를 즐기는 우리와 술상을 준비하는 아내 간에도 이같이 서로 이해가 다르다. 예전에는 아내들이 술상 차리는 것에 대해서 싫은 내색을 쉽게 하지 못하는 사회 분위기였지만 지금은 싫은 의사 표현을 예전보다 자유롭게 하므로 술 마시고 담소하는 장소도 많이 달라졌다.

공자는 "여자와 소인은 다루기 어렵다. 가까이하면 불손하고 멀리하면 원망한다."[1]라고 말하기도 하고, "군자는 의로움을 밝히지만 소인은 자기 이익을 밝힌다."[2]라고도 했다.

공자가 살아있을 때도 술상을 준비하는 일은 여자와 소인이 했을 것이다. 공자는 여자와 소인은 다루기 어렵고 소인은 자기 이익을 밝힌다고 했는데, 술상을 준비하는 여자와 소인이 겪는 어려움은 별로 생각하지 않고 술을 마시면서 담소를 즐기는 선비의 입장에서 공자가 '유붕자원방래 불역낙호'를 말하지 않았나 싶다. 만약 이런 입장이었다면 여자와 소인은 이익을 밝히는 자라고 낮추어 말하는 공자가 오히려 '유붕자원방래 불역낙호'라는 자신의 이익을 밝히는 자에 해당하지 않을까. '유붕자원방래 불역낙호'의 즐거움은 공자가 즐기는 것인데 공자가 이 즐거움의 이익을 즐기기 위해서 한 말이기 때문이다.

매년 명절만 되면 여성(특히 며느리)들이 소화불량·설사·변비에 시달리고, 스트레스·짜증 등으로 얼굴에 주름살이 늘고 뾰루지도 생긴다는 명절증후군에 시달린다. 명절은 가족들 간 사랑과 행복이 넘치는 시간이 되어야 하지만 실제로는 명절증후군으로 가족 간 갈등이 깊어지기도 하고 심할 경우 부부 이혼으로 이어지기까지 한다.

이러한 명절증후군에 대하여 유명 가수 이미자 씨가 이해할 수 없다고 TV에서 말하는 것을 본 적 있다. 그녀는 "종손 며느리로서 명절 때 해야

1) 唯女子與小人爲難養也 近之則不孫 遠之則怨(유여자여소인위난양야 근지즉불손 원지즉원). -《논어》〈양화〉
2) 君子喩於義 小人喩於利(군자유어의 소인유어리). -《논어》〈이인〉

할 일이 많아 명절 무렵에는 스케줄을 잡지 않았고, 한 가정을 이끌고 사는 여자로서 해야 할 본분이지 않냐"라고 말했다. 그녀의 발언에 대해서 다양한 의견이 있었지만 어쨌든 명절이 되면 여자들은 많이 힘겨워 한다.

그나마 지금은 명절증후군 이야기도 많이 나오고, 제사 준비 등으로 겪는 여성들의 어려움을 이해하자는 분위기도 형성되었다. 그런 사회 분위기 아래 제사 음식도 간소하게 준비하고 남자들도 많이 도와주는 실정이어서 상당히 개선되고 있다.

이를 보면 예전에 선비 집에 손님이 올 경우 술상 등을 준비해야 했던 여인들과 소인들의 애환이 어떠했을까는 쉬이 짐작이 간다.

《논어》의 〈위령공〉 편에서 공자는 '자기가 원하지 않는 일은 남에게도 하게 해서는 안 된다'는 뜻의 기소불욕물시어인(己所不欲勿施於人)을 말한다. 그런데 장자의 〈지략〉 편에는 이런 내용이 나온다. "바다 새가 노나라에 날아왔다. 노나라 임금은 그 새를 위해서 잔치를 베풀고 음악을 연주하고 소와 돼지를 잡아 요리해서 대접했다. 그러나 새는 어리둥절하고 슬퍼할 뿐 고기 한 점 먹지 못하고 술 한 잔도 마시지 못하다가 사흘 만에 죽었다. 노나라 임금은 새를 사람처럼 기르려고 한 것이고 새처럼 길렀던 것이 아니다."

내가 원하지 않으면 남도 원하지 않을 것이니까 남에게 시키지 말아야 한다는 공자의 '기소불욕물시어인'의 말을 뒤집으면 내가 좋으면 남도 좋아할 것이니까 내가 시킨다는 의미가 내포되어 있다. 그러므로 이 말은 '나'의 기준이다. 잔치(술)와 음악, 소와 돼지를 잡은 요리를 노나라 임금이 자신의 기준에 따라 바다 새가 좋아할 것으로 생각해서 바다 새에게 대접했다. 그러나 바다 새는 고기 한 점, 술 한 잔을 먹지도 마시지도 못하고 사흘 만에 죽었다. 자기 위주로 생각한 것의 비극을 보여주는 사례이다. 공자는 내 기준으로 생각해서 상대방을 생각해야 한다고 했지만 이러한 '내 기준'의 배려가 안고 있는 위험성을 알려주는 우화이다. '유붕자원방래 불역낙호'도 이런 관점에서 보면 위와 같은 위험성을 담고 있지 않을까.

한비자는 〈내저설 하〉에서 다음과 같은 이야기를 소개한다. "위나라의 어떤 부부가 기도를 하면서 소원을 말했다. '우리에게 사고가 없기를 빌며, 포목 100필을 바랍니다.' 그러자 남편이 묻는다. '어찌 그리 적게 말하는 가.' 하고. 아내가 대답했다. '이보다 많으면 당신은 첩을 살 것입니다.'"[3]라는 이야기다.

한비자는 부자가 되고 싶어서 기도하는 부부 간에도 서로 입장이 다르다고 말한다. 남편은 자기의 기준으로 생각해서 포목이 많으면 많을수록 좋다고 생각하지만 아내는 100필 이상의 포목을 얻으면 남편은 첩을 들일 것으로 생각해서 100필만 있으면 된다고 했다. 아내는 자신의 기준에서 자기의 이익을 위해서 포목 100필만 원하게 되는 게 사람이라는 사실을 한비자는 지적한다.

지당한 공자 말씀이라고 생각해 왔던 '유붕자원방래 불역낙호'가 과연 지당하기만 한 것인지를 곰곰 생각해 본다.

---

3) 衛人有夫妻禱者 而祝曰 使我無故 得百束布 其夫曰 何少也? 對曰 益是 子將以買妾(위인 유부처도자 이축왈 사아무고 득백속포 기부왈 하소야 대왈 익시 자장이매첩).

3. 남이 알아주지 않아도 원망하지 않는 것이 가능할까?

다른 신하들과 떨어져 있으면 반드시 너 몸이 위험해진다(離開群臣 則必危汝身矣,
이개군신 즉필위여신의).

《한비자》〈외저설 좌하〉

"저녁에 집에 와서 아빠가 좀 쉬면서 새로운 길을 찾아야 할 거 같다고
하니, 우리 딸내미가 막 울더라고요. '너 왜 우냐?' 그랬더니, '아빠가 퇴직
하면 자기 학원에 못 다니느냐, 집 이사 가야 하냐?'라고 하더군요. 그때
가 제일 가슴 아프고 마음 아팠죠."라는 대기업 상무 B씨의 말로 시작한
'퇴직증후군 앓고 있나요'라는 기사가 신문 한 면 전체에 실렸다(2021.4.21.
매일경제).

이 기사는 퇴직을 경험한 중년들은 대부분 퇴직 후 '인지적 마비→정
당화→불안/초조→분노→좌절/혼란→수용/희망'으로 이어지는 복잡
한 심리 변화 과정을 거친다고 한다. 퇴직 후 아침에 갈 곳이 없어 존재감
이 사라져 텅 빈 시간을 보내면서 머리가 멍해지는 듯한 상태의 첫 단계
인 인지 마비를 경험하고, 그동안 고생했으니 잠시 쉬어간다는 자기 정당
화를 거친다. 반년 정도 지나면서 재취업·창업을 시도하지만 현실의 높은
벽 앞의 반복된 실패는 불안과 초조감을 더하고, 함께 일하던 후배나 지
인들에게 연락해도 만나기도 쉽지 않아 나를 피하는가라는 분노를 느끼
게 된다. 동시에 좌절감과 혼란을 거친 후 최소한 2년이 지나면서 현실을
인정하고 수용하여 새로운 자신의 삶의 방향을 잡아간다고 기사는 말하
고 있다.

공자는 "남이 알아주지 않아도 성내지 않으니 이 또한 군자가 아닌가."[1]

라고 하였고, 또한 "남이 나를 알아주지 않음을 걱정하지 말고 내가 남을 알지 못함을 걱정해야 한다."[2]라고 했다. 그러나 이 말에 의문이 든다. 남이 알아주지 않아도 성내지 않아야 군자라고 하는데, 이런 군자 마음을 가진 사람이 실제 몇이나 될까. 설사 내가 이런 군자 마음을 가지고 있다 해도 내가 군자라는 사실을 남이 알 수 있을까. 내가 타인을 알려면 타인의 생각을 알아야 하는데 설사 내가 안다고 해도 타인의 생각에 동의할까. 이런 의문들이다.

공자는 "군자는 의로움에서 기뻐하고 소인은 이익에서 기뻐한다."[3]라고 했다. 이익보다는 의로움을 추구하는 군자가 되도록 노력해야 바람직하다고 가르친다. 그러나 현실은 의로움을 좋아하는 군자보다 이익을 좋아하는 소인이 대부분이다. 그러면 사람(남)은 본래 이익을 더 좋아한다고 내가 인정해야 타인의 참모습을 내가 제대로 볼 수 있고 제대로 이해할 수 있다. 그러면 혼란이 생긴다. 나(의로움 추구자)와 남(이익 추구자)은 기본적으로 추구하는 가치가 다른데 과연 내가 나와는 가치관이 다른 타인을 제대로 보고 이해할 수 있을까라는 의문이 들기 때문이다.

다시 근원적으로 의문이 생긴다. 내가 '이익보다 의로움을 추구하는 정반대의 사람'이라는 것을 타인(의로움보다 이익 추구자)이 어떻게 알아볼 수 있겠는가라는 의문, 그리고 '설사 나(의로움 추구자)를 알아준다 하더라도 과연 몇 사람이 알아줄 수 있겠는가'라는 의문이다.

만약 극소수 사람만이 '내가 의로움을 추구하는 사람'이라는 것을 알아주는 게 세상사라면 애초 남이 나를 알아주기를 기대한다는 것 자체가 잘못이라는 이야기가 된다. 그러면 남이 나를 알아주지 않는 것은 흔한 일상사가 되고, 나를 알아주지 않는다고 성내지 않는 것은 소인도 충분히

---

1) 人不知而不慍 不亦君子乎(인부지이불온 불역군자호). -《논어》〈학이〉
2) 不患人之不己知 患不知人也(불환인지부기지 환부지인야). -《논어》〈학이〉
3) 君子喩於義 小人喩於利(군자유어의 소인유어리). -《논어》〈이인〉

가능한 평범한 일이 된다. 이렇게 되면 남이 나를 알아주지 않더라도 성내지 않아야 군자라는 공자 말씀은 공허해진다.

또다시 의문이 생긴다. 의로움보다 이익을 추구하는 대다수의 사람(남)은 자신의 가치관에 따라 세상을 본다. 그런데 내가 이익보다 의로움을 더 추구하는 군자에 해당한다 하더라도 가치관이 다른 타인이 나를 군자로 인정해 줄 수 있겠는가라는 의문이 그것이다.

사람을 제대로 보려면 가치 판단을 배제하고 있는 사실을 그대로 본 다음 그 사실에 바탕을 두어 판단해야 제대로 판단한다. 이익을 우선하는 사람은 곧 소인이라는 가치 판단이 내 머리에 자리 잡고 있다면 내가 이 가치 판단에 흔들리지 않고 있는 사실을 그대로 보고 제대로 평가하기 어렵다. 남도 나와 똑같을 것이다.

군자의 표본이라고 배워왔던 퇴계 이황은 엄청난 노비(367명)와 토지(전답 36만 평)를 가진 재산가이면서도 재산을 더 늘리려고 무척 노력했다고 한다. 신사임당도 당시 큰 재산이었던 노비 30명을 어머니로부터 물려받아 119명으로 늘려서 이율곡 등 7남매에게 물려주었다 한다. 이익 우선자는 소인이라는 가치 기준을 갖고 있는 내가 이 사실을 알고도 지폐의 표지 인물이 된 이황과 신사임당을 이익보다는 의로움을 추구한 군자에 해당한다고 인정해야 옳은지 의문이다. 이황과 신사임당이 100% 완벽한 성인이라기보다는 다른 수많은 사람들에 비해서 상대적으로 훌륭한 사람이라는 이유로 이들은 군자에 해당한다고 해야 옳은 것인지도 의문이다. 이황과 신사임당이 군자가 아니라고 한다면 도대체 누구를 군자라고 해야 하는지도 의문이다.

타인으로부터 인정받으면 인간의 뇌는 도파민이라는 신경전달물질을 대량으로 방출해서 쾌감을 일으키는데 이것은 섹스의 쾌감과 비슷하거나 더 크다고 한다. 그래서 SNS를 통해 다른 사람들로부터 받는 인정은 단순한 칭찬이 아니라 많은 사람이 지켜보는 가운데 받는 칭찬이므로 그 만큼 더 많은 도파민이 분비되므로 더 강한 쾌감을 얻는다고 한다(나카노 노부코, 《샤덴프로이데》). 이것을 보면 사람들이 타인으로부터 인정받으려고 하는 것은 숨길 수 없는 본능이라고 할 수 있다. 그렇기에 남이 나를 알아주도록 노력하는 것은 인간의 당연한 활동에 해당한다. 이런 본능적인 활동을 하는데도 불구하고 남이 나를 알아주지 않으면 내가 초연할 수 있으며, 또 초연한 것이 과연 잘하는 것일까?

중년의 퇴직자가 일을 그만둔 후 경험한다는 심리 상태 변화를 설명한 신문 기사 내용에 따르면 사람은 대부분 퇴직 후 자신을 알아주지 않는 직장 후배·지인·사회 등에 분노를 느낀다고 한다. 이미 예견된 퇴직을 한 것인데도 이렇게 자신을 알아주지 않는 것에 인간은 대부분 분노를 느끼는 것이다. 그런데도 살아가면서 자신을 몰라주는 것에 대하여 원망하지 않는 것이 가능할까?

한비자의 〈외저설 좌하〉에 이런 내용이 나온다. 정나라의 명재상이었던 자산의 부친은 자국이었다. 자산은 충심으로 그 군주를 섬겼지만 그 부친 자국은 그것을 꾸짖으면서 화를 내며 말했다. "다른 신하들과 달리 너 혼자 군주에게 충성을 바치는데 군주가 현명하면 네 말을 들을 수 있다. 그러나 현명하지 못하면 오히려 너의 말을 듣지 않는다. 네 말을 들어줄지 안 들어줄지도 모르는데 너는 혼자 다른 신하들과 떨어져 있다. 다른 신하들과 떨어져 있으면 반드시 네 몸이 위험해진다. 너만 위험해지는 게 아니라 아비인 나까지 위험해진다."[4]라고 말했다. 다른 신하들은 그렇지 않은데, 명재상 자산이 혼자서 충성을 다하게 되면 군주가 현명하지 못할 경우 자산이 오히려 죽임을 당할 수 있고, 그 부친(자국)까지도 죽임을 당

---

4) 夫介異於人臣 而獨忠於主 主賢明 能聽汝 不明 將不汝聽 聽與不聽未可必知 而汝已離於群臣 離開群臣 則必危汝身矣 非徒危已也 又且危父矣(부개이어인신 이독충어주 주현명 능청여 불명 장불여청 청여불청미가필지 이여기리어군신 리개군신 즉필위여신의 비도위기야 우차위부의).

할 수 있으니, 군주가 현명한지 여부도 잘 살펴야 하고 주변 신하들이 자산이 바치는 충성에 대하여 알아주는지 여부를 잘 살펴서 행동해야 한다는 이야기다. 자기 스스로 잘한다고 해서 잘하는 것이 아니라 남이 인정해 주는지 여부를 살피면서 처신해야 화를 입지 않는다는 것이다.

살아오면서 세상에서 일어나고 있는 현실을 보면, 남이 나를 알아주지 않아도 서성하지 말고 내가 남을 잘 알지 못할까 봐 걱정해야 한다는 공자의 말보다는 나에 대한 남의 평가에 귀 기울이면서 행동해야 한다는 한비자의 말이 더 현실적으로 느껴진다.

4. 수신제가치국평천하의 논리대로 세상이 굴러가는 것일까?

어려운 것은 다른 사람을 보는 것에 있는 것이 아니라 자기 자신을 보는 것에 있다
(故知之難 不在見人 在自見, 고지지난 부재견인 재자견).

《한비자》〈유로〉

2019년 초에 일본에 단체 여행 갔을 때의 일이다. 함께 여행 간 사람 중에 지방 유명 고교에서 교장을 역임한 분과 그의 부인(이분도 그 학교에서 교사로 재직했다고 한다)이 있었다. 그 사모님이 나에게 이것저것 물어보다가 요즘 무슨 책을 읽느냐고 했다. 한비자 관련 책을 본다고 하니까 법대로 해야 한다는 한비자의 주장은 실제 어떤 것이냐고 물었다. 나는 유교는 수신제가치국평천하의 상승적 단계로 세상을 다스려야 한다고 말하지만 한비자는 거꾸로 이야기한다고 대답했다. 평천하가 제일 쉽고 그다음이 나라를 다스리는 것이고 다음이 가정을 다스리는 것이며, 제일 어려운 것은 자기 자신을 다스리는 것이라는 내용이 한비자의 주장이라고 했다. 그러자 그 사모님은 정말 딱 맞는 말이라고 했다.

어릴 때부터 우리는 유교의 가르침인 '수신제가치국평천하'(修身齊家治國平天下)가 지극히 당연한 이치라고 듣고 배웠다. 수신제가가 제대로 된 공직자를 찾아 임명하기 위하여 미국 외에는 다른 선진국에서는 시행하지 않는 인사청문회 제도를 우리나라는 도입하고 있는데 이것은 이러한 생각에 근거한 것이 아닌가라는 생각이다.

구한말 궁궐에서 15년간 근무했던 정환덕이 쓴 《남가록(南柯錄)》에는 고종에 관한 일화가 있다. 고종이 12세에 임금이 되어 첫 번째로 내린 어명은 "우리 집 앞 골목의 군밤 장수를 죽여라."라는 것이었다. "그놈은 다

른 애들에게는 다 주면서 나한테는 공짜로 군밤을 주지 않았다."는 것이 이유다. 신하들이 기절초풍하여 뜯어말려서 군밤 장수는 영문 모를 죽음은 면했다 한다.

법이 아닌 인(仁)에 바탕을 두고 다스려야 한다는 성리학의 가르침(덕치주의)이 제1의 덕목이라고 생각해 왔던 유가의 나라 조선에서 국왕이 된 고종이 첫 번째로 내린 어명이 자신에게 공짜 군밤을 주지 않은 군밤 장수를 죽이라고 한 것이라니, 수신제가치국평천하 가르침의 공허함이 느껴진다.

한비자는 〈외저설 좌하〉에서, 제갈공명이 본받고자 한 표본이었고 제나라 환공을 첫 번째의 춘추오패가 되도록 한 관중조차도 그가 권한 행사를 마음대로 못하도록 견제하게 한 동곽아라는 신하의 간언을 소개한다.

제나라 환공이 관중을 발탁하기 위해서 신하들에게 "나는 관중을 등용하여 중부(仲父)로 삼으려 한다. 찬성하는 자는 왼편에 서고 반대하는 자는 오른편에 서라"라고 명령한다. 그런데 동곽아라는 신하가 딱 중앙에 섰다. 환공이 중앙에 선 이유를 물었다. 동곽아가 관중의 지혜가 천하를 다스릴 수 있다고 생각하느냐고 되물었고 환공은 그렇다고 답했다. 동곽아는 관중의 결단력이 대사를 결행할 수 있겠냐고 물었고 환공이 그렇다고 답했다. 마침내 동곽아는 "천하를 지배할 만한 지혜가 있고 대사를 결행할 만한 결단력이 있는 관중에게 군주께서 국권을 일임하려 하시는데, 이런 뛰어난 재능을 가진 관중이 권력을 이용하여 제나라를 다스린다면 위험하지 않고 무사하겠느냐?" 하고 물었다. 환공은 이 말을 듣고 깨달아서 내정은 습붕에게 외정은 관중에게 각각 맡기어 서로가 견제하도록 했다는 내용이다.

능력이 뛰어난 사람이 거리낌 없이 권력을 행사할 수 있도록 하면, 그자가 아무리 수신제가치국평천하의 수양을 하였다 하더라도 사람은 개인 이익을 위하여 권력을 행사할 수 있고, 수신제가치국평천하의 논리를 그대로 믿는 것은 위험하다는 것이다. 따라서 개인 이익이 아닌 공적 이익을 위하여 권력을 행사하도록 견제 장치를 마련해야만 능력자가 그 재능을 자신이 아닌 국가를 위해서 힘쓴다는 것이 동곽아의 의견이었고 한비자의 주장이기도 하다.

한비자는 노자의 도덕경을 해설하고 비유한 〈유로〉 편에서 수신제가치국평천하의 상승적 논리와 다른 노자의 말을 소개한다. "어려운 것은 다른 사람을 보는 것에 있는 것이 아니라 자기 자신을 보는 것에 있다. 그래서 자기 자신을 잘 보는 것을 명(明)이라고 한다."[1]라는 노자의 말을 소개한다. 또한 "뜻을 이루기가 어려운 것은 사람을 이기는 데에 있지 않고 자기 자신을 이기는 데 있다. 그래서 자기 자신을 이기는 것을 강(强)이라고 한다."[2]는 노자의 말도 소개한다.

인간 본성에 비추어 보면 '수신→제가→치국→평천하'의 논리보다는 오히려 '평천하→치국→제가→수신'의 순서로 다스리기가 어렵다는 것을 인정한 후 사회 운영 체계를 만드는 것이 좋다는 것이 한비자의 뜻이다.

춘추시대 제나라의 관중은 "가정, 마을, 국가, 천하를 다스리는 것은 각각 그 논리에 따라야 한다."[3]라고 했고, 노자도 "자기 자신, 가정, 마을, 국가, 천하는 각각 그 관점에서 보아야 한다."[4]라고 하여 수신제가치국평천하의 상승적 수양 논리에 의하여 다스려야 한다는 공자와 다르게 주장했다.

지금 우리나라는 고종조차도 하지 못한 수신제가치국평천하의 논리에

---

1) 故知之難 不在見人 在自見 故曰 自見之謂明(고지지난 부재견인 재자견 고왈 자견지위명).
2) 是以志之難也 不在勝人 在自勝也 故曰 自勝之謂强(시이지지난야 부재승인 재자승야 고왈 자승지위강).
3) 以家爲家 以鄕爲鄕 以國爲國 以天下爲天下(이가위가 이향위향 이국위국 이천하위천하).
4) 以身觀身 以家觀家 以鄕觀鄕 以國觀國 以天下觀天下(이신관신 이가관가 이향관향 이국관국 이천하관천하).

얽매여 있는 게 아닌가라는 생각이 든다. 그래서 자식이 잘못이라도 저지르면 "자기 집안도 제대로 못 다스리는 주제에 뭘 한다고 하느냐." 하면서 매섭게 비난한다. 자식의 행동까지 부모가 책임져야 한다는 연좌제 논리에 매몰되어 있다. 이러한 연좌제 논리는 우리나라의 큰 문제 중 하나인 아이를 낳지 않는 사회를 초래한 원인 중 하나로 작용하지 않았는가 하는 생각도 든다. 연좌제 의식은 사식에 대한 부모의 지나친 책임감을 불러오게 하기 때문이다. 연좌제의 사고는 젊은이들에게도 자식에 대해서 무거운 책임감을 갖게 해서 이것이 결국 아이를 낳지 않는 사회를 초래하고, 그래서 우리 사회를 힘들게 만드는 게 아닌가라는 생각이 든다.

젊은이들은 저출산의 주요 원인으로 남성은 '육아로 인한 경제적 부담'을, 여성은 '일과 가정 양립의 어려움'을 각각 가장 큰 이유로 꼽고 있다. 이것을 보면 자녀를 남부럽지 않게 키우고 남들로부터 욕먹지 않게 키워야 한다는 양육의 부담은 남성에게는 경제적 부담감을, 여성에게는 일과 가정 양립의 어려움을 각각 초래하게 하고, 이러한 부담감이 저출산의 원인으로 작용하지 않는가라는 생각이 든다.

마약을 한 어느 연예인이 어느 재벌가의 외손녀라든가 어느 국회의원의 아들이 망나니 행동을 했다든가 하는 언론의 보도에 우리가 지나치게 관심을 갖고 비난을 집중하는 것은 수신제가치국평천하의 논리에 얽매인 것이 아닌가라는 생각이다. 유가는 이런 자기 수양의 논리로 세상이 다스려지면 사회가 아름답고 좋게 되리라 생각했을 것이다. 그러나 인간 본래의 모습에서 어긋난 이러한 논리가 도리어 '애 낳지 않는 사회' 등 사회 문제를 초래하게 하는 주장으로 연결된다는 생각이다. 지방 유명 고교에서 교사로 재직했고 전직 교장의 사모님인 분이 수신제가치국평천하의 논리의 거꾸로가 딱 맞는 말이라고 한 것은 수신제가치국평천하의 의미를 다시 생각하게 한다.

5. 부족함을 걱정 말고 불균등을 걱정해야 옳을까?

우거짓국도 없는 자가 굶는 사람에게 밥 먹으라고 한다고 해서 배고픔을 구할 수 없다(不能具美食而勸餓人飯 不爲能活餓者也, 불능구미식이권아인반 불위능활아자야).

《한비자》〈팔설〉

논어에 "나라가 있고 가정이 있는 사람은 적은 것을 걱정하지 않고 균등하지 않음을 걱정한다. 가난을 걱정하지 않고 불안을 걱정한다. 모두가 균등하면 가난이 없는 것이다. 화목하면 적다는 생각은 안 하고, 편안하면 한쪽으로 치우치지 않는 것이다."[1]라는 말이 나온다. 유명 정치인은 그의 자서전에서 부족(가난)한 것보다 고르지 못함(불균등)을 걱정해야 한다(불환빈 환불균 不患貧 患不均)는 이 말은 정치가 지향해야 할 좋은 말이라고 하면서 자신의 좌우명이라 소개한다.

전대미문의 코로나19가 지속되면서 그간 감춰져 있던 인간 본성이 적나라하게 드러나고 있다. 그간 우리가 진실이라고 믿어왔던 것이 과연 그런가라고 따져 볼 좋은 기회가 되었다.

'독재자 게임'과 '최후통첩 게임'이라는 인간의 심리 연구가 있다. 사람은 공돈이라도 공포감이 없으면 나눠 갖는 데 인색하다는 것을 보여주는 연구이다. 공돈 10만 원을 A에게 주면서 돈을 B에게 얼마를 나눠 주든 혼자서 다 갖든 마음대로 하라고 했다. 그러자 A는 B에게 약 20~30%를 주고 나머지는 자신이 다 가졌다(독재자 게임). B가 나눠 주는 돈이 적다는 이유로 받기를 거부하면 A도 10만 원에서 한 푼도 가질 수 없다고 했다. 그러

---

1) 聞有國有家者 不患寡而患不均 不患貧而患不安 蓋均無貧 和無寡 安無傾(문유국유가자 불환과이환불균 불환빈이환불안 개균무빈 화무과 안무경). –《논어》〈계씨〉

자 거의 절반이 B와 5만원씩 나눠 가졌다(최후통첩 게임).

공돈을 서로 나눠 가지는 경우, 나눠 주지 않아도 상관없으면 남에게 20~30%만 주었다(독재자 게임). 만약 공돈이 아니라 자신이 힘들게 번 돈이라면 남에게 얼마를 나눠 줄지 생각만 해도 뻔하다. 그러나 상대편 B가 불공평한 분배에 반발하여 A에게 손해를 가할 수 있는 경우, A는 대부분 50%를 나눠주었다(최후통첩 게임). 사람의 본성이 드러나는 심리 실험이다.

코로나 초기에 전 세계적으로 부족한 코로나 백신을 둘러싸고 이를 확보(분배)하고자 하는 각국의 처리 실태를 보면 독재자 게임과 최후통첩 게임에서 드러난 인간 본연의 모습이 나온다. 자신의 이익에 따라 행동한다.

신문 보도(2021.4.3. 매일경제)에 의하면 당초 EU는 코로나 백신을 인구 비례로 배분했다. 그러다가 코로나19가 심각한 5개국(불가리아, 크로아티아, 에스토니아, 라트비아, 슬로바키아)에 공급 예정인 화이자 백신 1천만회분을 더 주기로 EU 27개 회원국에서 2021년 2분기에 합의를 했다. 그러자 오스트리아, 체코, 슬로베니아 등 3국은 자국에 당초 배분된 백신량을 줄일 수 없다면서 이 합의를 거부하였다. 미국은 일본에게는 1억회분의 화이자 백신을 공급하기로 하고 미국이 주도한 쿼드(Quad) 가입국인 일본, 인도, 호주에는 백신 공급을 확대하겠다고 하면서도 쿼드 가입국이 아닌 우리나라가 백신 스왑을 하자는 요청은 거절했다.

코로나 백신을 둘러싸고 벌어진 국제 상황을 보면 공자가 말한 '부족함을 걱정 말고 불균등을 걱정하라(불환빈 환불균)'의 말은 설득력이 없다.

한비자는 〈팔설〉에서 "우거짓국도 없는 자가 굶는 사람에게 밥 먹으라고 한다고 해서 배고픔을 구할 수 없다. 잡초를 뽑는 농사를 하지 않는 자가 백성에게 곡식을 빌려주거나 상 주라고 임금에게 권한다고 해서 부자 백성을 만들 수 없다. 요즘 학자는 본질(농사)에 힘쓰지 않고 말단(상주는 것)을 좋아한다. 공허한 성인의 말을 내세워 백성을 이끄는 것만 안다. 밥 먹으라고 권하지만 없는 밥을 권하는 것이다. 현명한 군주는 이런 자를 상대하지 않는다.”[2]고 했다.

공자는 공급 부족에 따른 부족함(貧)보다는 수요 미충족에 따른 불균등(不均)이 더 문제라고 보았다. 공자 입장에 따르면 불균등을 해소하기 위해서 우선적으로 수요 억제 정책이 필요하다. 부족한 것을 나누려면 수요 억제가 필요하기 때문이다. 그러나 한비자는 수요를 억제해서 나눠 가지면 된다는 것은 없는 밥을 먹으라고 권하는 어리석은 정책이라고 본다. 수요의 미충족에 따른 불균등은 공급을 확대하면 저절로 해결된다는 입장이다. 그래서 한비자는 현명한 군주는 이런 공허한 수요 억제 정책의 주장에는 상대하지 않는다고 말한다. 성인도 행하기 어려운 욕망 억제라는 수요 억제 정책이 아니라, 어리석은 자도 쉽게 따를 수 있는 욕망 충족이라는 공급 확대 정책을 해야 옳다고 한다.

문재인 정부에서 25번이나 세금 인상, 부동산취득 대출 억제 등 수요 억제의 부동산 정책을 했지만 효과가 없자 비로소 공급 확대의 정책으로 전환했다. 그동안 정부는 주택이 부족한 게 아니라 소수의 사람이 주택을 많이 소유한 부동산 투기에 문제가 있다고 보았다. 그래서 '부족한 것보다 불균등한 것이 더 문제다'는 공자 말씀과 같이 다주택자에 대한 세금 중과, 주택 취득에 대한 은행 대출 제한 등의 수요 억제 정책에 초점을 맞추었다. 그 과정에서 다주택자인 고위 공직자가 드러났고, 그들 중 일부는 1주택 외의 주택은 처분하라는 권고를 받았음에도 처분하지 않고 공직을 사직한 사람도 있었다. 이런 상황이었으니 수요 억제 정책이 성공할 수 없었다. 마치 한비자가 당시 학자들의 허황된 주장을 '없는 밥을 나눠 먹으

---

2) 不能具美食而勸餓人飯 不爲能活餓者也 不能辟草生粟而勸貸施賞賜 不爲能富民者也 今學者之言也 不務本作而好末事 知道虛聖以說民 此勸飯之說 勸飯之說 明主不受也(불능구미식이권아인반 불위능활아자야 불능벽초생율이권대시상사 불위능부민자야 금학자지언야 불무본작이호말사 지도허성이설민 차권반지설 권반지설 명주불수야).

면 된다.'라고 비유적으로 비판한 것과 같은 상황이 벌어진 것이다.

한비자의 말은 따르기 힘든 욕망 억제를 사람들에게 하라고 하지 말고 농사를 지어서 밥을 충분히 먹을 수 있게 밥의 공급을 확대해서 보통 사람도 모두 밥을 먹을 수 있게 하는 것이 좋다는 것이다.

독재자 게임과 최후통첩 게임에서 사람은 대부분 공짜 돈이라도 자신이 손해 볼 수 있는 경우에만 균등하게 분배하는 모습을 보였다. 코로나 백신이 부족하자 골고루 나눠 가지는 것보다는 세계 각국은 자국의 이익에 맞추어 백신을 확보하고 배분하는 태도를 보였다. 우리나라는 25번의 수요 억제 정책으로도 도저히 폭등하는 주택 가격을 잡을 수 없자 비로소 공급 확대 정책을 실행했다. 이렇게 최근에 일어난 일련의 상황을 보면 부족한 것을 걱정할 게 아니라 고르지 못한 것을 걱정해야 한다는 불환빈 환불균(不患貧 患不均)의 논리는, 말은 아름답지만 인간 본성에 부합하지 않는 것이어서 결과적으로 국민들에게 좋지 않은 결과를 가져다주었다는 것을 알 수 있다.

우거짓국도 없는데 굶는 사람에게 밥 먹으라고 해서 배고픔을 구할 수 없다. 농사를 더 지어서 밥을 충분히 공급해야만 배고픔에서 벗어날 수 있다. 2300년 전에 한비자가 한 말은 주택 가격이 폭등한 지금 우리나라에서도 적용되는 말이다.

6. 이웃은 덕에서 나올까, 곳간에서 나올까?

흉년이 든 봄에는 어린 동생에게도 밥 먹이지 않지만 풍년이 든 가을에는 모르는
사람도 나누어 먹인다(饑歲之春 幼弟不饟 穰歲之秋 疏客必食, 기세지춘 유제불양 양세
지추 소객필식).

《한비자》〈오두〉

친구들과 등산을 마친 어느 날이었다. 점심식사 때 한 친구가 주택임대
사업자로서 현재 겪고 있는 고충을 털어놓았다. 복잡하고 부당한 세금 부
과에 대하여 공무원에게 물어봐도 잘 모르겠다고 대답한다는 것이다. 세
무서에서 한 70대 노인이 세금을 신고하려고 세무공무원에게 물어보니까
코로나 때문에 상담해 줄 수 없다고 하면서 인근 세무사 사무실에 가서
돈을 내고 서비스를 받으라고 안내했더니 그 노인이 고함을 지르며 욕을
했다고 한다. 내가 말했다. "지금 부동산 관련 세금은 회계사인 나도 모르
고 세무공무원도 모른다. 오직 아는 자는 컴퓨터뿐이다. 세무공무원도 컴
퓨터에서 국세청이 가지고 있는 자료를 조회해보고 그것을 정답으로 얘
기할 뿐이다. 25번이나 부동산 정책이 바뀌었는데 어떻게 알 수 있겠나?"

일관성 없이 수없이 부동산 정책과 법률을 바꾸니 전문가나 세무서 직
원들조차 그 내용을 모르는 게 당연하고, 지금 이 모습은 "지옥(현재의 혼
란)으로 가는 길은 선의(25번이나 바꾼 부동산 정책)로 포장되어 있다"는 말
의 진면목을 잘 보여주는 사례라고 말했다.

그날 함께 등산한 다른 친구가 '덕불고필유린(德不孤必有隣)'이라는 글을
카톡에 올린 후 "오늘 산행한 친구들은 덕이 많아서 고독하지 않고 이웃
이 많다. 항상 덕을 많이 쌓아 오래도록 어울려 보자."는 내용의 글을 추

가로 올렸다. 그래서 내가 "곳간에서 인심 난다는 옛말이 있는데, 이 말은 돈 있으면 인심 얻고 인심 얻으면 덕이 있다는 얘기다. 곳간(돈)이 있어야 덕이 나오고 이웃(친구)이 있게 된다는 말이 오히려 정확한 말이 아닌지? 이 말이 너무 적나라하게 속마음을 드러내는 것 같아서 정이 안 가는 말이 아닌지?"라고 응답했다. 그러자 그 친구는 "곳간(돈)이 있어도 베풀어야 덕이 나오고, 곳간(돈)이 없어도 마음으로도 인심이 생기니, 곳간에서 인심 나는 것은 일부는 맞고 일부는 안 맞다"라고 답했다.

《논어》의 〈이인〉 편에 "군자는 덕을 생각하나 소인은 땅을 생각하고, 군자는 법이 바로서기를 생각하나 소인은 혜택을 생각한다."[1]는 내용이 나온다. "덕은 외롭지 않고 반드시 이웃이 있다(德不孤必有隣)"는 내용도 나온다. 소인은 이익(땅)을 생각하고 혜택을 받으려고 애쓰지만 이익과 혜택이 아닌 덕을 생각하는 군자는 뭇사람들로부터 지지를 받게 된다(이웃이 있다)는 얘기다. 그런데 이런 군자가 현재 우리나라에 있을까? 대통령이 되고자 하는 사람도 자기 이익을 위해서 말 바꾸기를 서슴지 않는다. 대학 교수와 학교 교사도 자기 이익에 조금이라도 해가 되는 정책에는 학생이나 학부모의 이익과는 상관없이 사생결단으로 맞선다. 지성인이라고 평가되는 의사·변호사·회계사 등 전문직도 자기 이익에 조금이라도 반하는 정책이 도입되려고 하면 국민에게 이익이 되는 정책인가와 상관없이 극력 반대하는 실정이다. 공자가 말한 이익과 혜택을 초월해서 덕을 생각하는 군자가 어디에 있고 누구인지 알 수가 없는 상황이다.

자신에게 주어지는 이익과 혜택을 생각하지 않고 덕을 생각하는 군자가 현실적으로 없다 하더라도 이런 군자를 본보기로 삼아서 이를 추구하도록 해야 좋은 세상이 될 수 있는 게 아닌가, 이런 군자를 본보기로 삼자고 하는 것을 잘못되었다고 할 수 있냐고 흔히 말한다. 이런 군주가 과거

---

1) 君子懷德 小人懷土 君子懷刑 小人懷惠(군자회덕 소인회토 군자회형 소인회혜). -《논어》〈이인〉

에도 지금도 없고 서양에도 동양에도 없었지만 이런 군주를 사람들의 본보기로 삼아 추구하도록 하는 사회가 바람직한 사회라고 하면 이 주장은 불가능한 것을 가능하다고 믿자는 주장이다. 사회적 주장이라기보다는 종교적인 주장이 아닌가라는 생각이다.

이익과 혜택을 생각하지 않고 덕을 생각하는 군자가 현실적으로 있기 어렵다는 것을 인정하면서도 사람들을 불가능한 군자의 세계로 끌고 가려는 선의의 그 끝은 어떤 세계일까? 그 선의의 끝은 천국이 아니라 지옥이라는 것을 서양 사람들이 경험상 알았기 때문에 "지옥으로 가는 길은 선의로 포장돼 있다"는 서양 속담이 나오지 않았을까? 미국 4대 대통령 제임스 매디슨은 "사람이 천사라면 정부는 필요없다."라고 했다. 동서고금 어디서나 정부가 존재하는데 이 말이 나온 것은 천사가 과거에도 없었고 지금도 없기 때문이다. 없는 천사(군자)가 되자고 하는 것은 공허하다.

한비자는 〈오두〉에서 "흉년이 든 봄에는 어린 동생에게도 밥 먹이지 않지만, 풍년이 든 가을에는 지나가는 나그네에게도 밥을 나누어 준다. 이것은 골육을 멀리하고 지나가는 나그네를 사랑해서가 아니라 식량이 많고 적음의 차이 때문이다."[2]라고 말한다. 한비자는 사람은 군자든 소인이든 누구나 자신의 이익을 우선하므로 어린 동생과 지나가는 나그네에 대한 대접(덕의 베풂)도 그의 재물이 많고 적음에 따라 달라진다고 했다. '곳간에서 인심 난다'는 우리나라 속담과 "창고가 차야 예절을 알고 옷과 식량이 풍족해야 명예와 치욕을 안다."[3]라고 한 관중의 말과 같은 말이다.

"주택보급률이 100%를 넘는데도 아파트값이 오르는 것은 사람들이 반도덕적인 행위인 투기를 한 탓이다. 반도덕적 행위자인 다주택자에게 세금 중과는 당연하다. 그러면 집값이 잡힌다."는 정부의 부동산 정책은 도

---

2) 饑歲之春 幼弟不饟 穰歲之秋 疏客必食 非疏骨肉愛過客也 多少之心異也(기세지춘 유제 불양 양세지추 소객필식 비소골육애과객야 다소지심이야).

3) 倉庫實而知禮節 衣食足而知榮辱(창고실이지예절 의식족이지영욕).

덕 관념에 초점을 맞춘 정책이다. 그러나 계속 실패하여 25번이나 바꾸었다. 한비자는 사람이 도덕이라는 아름다운 관념이 아니라 자신의 이익에 따라 행동한다고 본다. 아파트값이 오르면 아파트가 부족하다는 신호이므로 아파트를 더 지어서 아파트라는 곳간을 채워주면 문제가 해결된다는 입장이다. 도덕이라는 관념을 내세워서 세금 중과 등의 정책으로 문제가 해결되지 않는다는 것이다. 도덕관념에 따라 시행된 정책으로 말미암아 친구가 주택임대사업자로서 겪는 고충을 토로하고 70대 노인이 세무서에서 고함을 지르는 현상이 초래되었다.

'덕은 외롭지 않고 반드시 이웃이 있으므로(덕불고필유린 德不孤必有隣) 덕을 쌓아 즐겁게 산행하면서 오래도록 어울리자'는 말은 먹고살 형편이 되는 친구지간에는 덕담으로 참 좋은 말이다. 그러나 먹고살기 빡빡하면 학교 동기 모임에도 잘 나오지 않는다. 덕이 있어서 이웃(친구)이 있기 이전에 곳간이 채워져야 이웃(친구)이 있는 것이 현실이다. 도덕이라는 좋은 말(sollen)을 지나치게 내세우면 현실(sein)이 어려운 사람을 힘들게 한다. 70대 노인이 세무서에서 고함을 지르게 한다. '부족하지만 나눠 가지면서 살자'는 말보다 '부족하지 않도록 하자'는 말이 더 현실적이다. '덕이 있어야 이웃이 있다'는 말보다 '곳간에서 인심 난다'는 말이 더 현실적이다.

7. 하는 것을 잘하도록 해야 하나, 잘하는 것을 하도록 해야 하나?

좋은 말과 견고한 수레를 50리마다 두고 보통 마부가 그것을 부리고 가도록 하면 빠르게 멀리 갈 수 있어 천리길을 하루에 갈 수 있다(夫良馬固車 五十里而一置 使中手御之 追速致遠 可以及也 而千里可日至也, 부량마고거 오십리이일치 사중수어지 추속치원 가이급야 이천리가일지야).

《한비자》〈난세〉

"야, 이것밖에 못해? 너 잘하는 게 뭐야?" 우리가 살아오면서 듣기도 했고 누군가에게 했던 말이기도 하다. 이런 말을 듣고 '이 일을 집어치워야지'라는 생각이 들었던 때도 있었고 '도대체 어떻게 해야 잘할 수 있나'라는 생각에 잠기기도 했던 때도 있었다. 만약 다시 태어난다면 무엇을 하고 싶은가라는 얘기를 종종 듣는다. 그러나 다시 태어난다면 내가 하고 싶은 일은 바로 이거라고 곧바로 꼭 집어 말하기가 쉽지 않다. 일을 잘 못한다고 욕을 들으면서도 욕 듣지 않고 내가 잘할 수 있고 좋아하는 일이 무엇인지는 나 스스로도 잘 모른다는 얘기다.

애플사의 CEO였던 스티브 잡스가 2005년 6월 스탠퍼드대학의 졸업식 연설에서 "여러분이 하는 일은 여러분 인생의 많은 부분을 채울 것입니다. 그리고 진정으로 만족하는 유일한 방법은 당신이 위대한 일이라고 믿는 것을 하는 겁니다. 위대한 일을 하는 유일한 방법은 당신이 하는 일을 사랑하는 것입니다. 만일 그러한 일을 아직 발견하지 못했다면 계속 찾아보세요. 포기하지 마십시오."라고 말했다. 과거 농구선수로 이름을 날렸던 서장훈 씨는 "노력하는 자는 즐기는 자를 이길 수 없다는 말은 너무 무책임한 말이다. 즐기는 것에 방법의 차이는 있겠지만 즐겨서 뭘 이뤄낼 수 있는 것은 저는 단연코 없다고 생각한다."라고 하면서 자신은 성인이 된 후 농구를 즐기면서 한 적이 없고, 자신이 농구를 잘하게 된 것은 끊임없이 고통스러운 훈련을 견뎌낸 것일 뿐이라고 말했다.

신희섭 박사는 2006년 한국 1호 국가과학자로 이름을 올린 뇌 과학자로서 국제생리과학연맹 생리학 아카데미 1기 펠로우로 선임됐다. 이를 보도한 신문 기사(2021.7.21. 매일경제)에 따르면 그는 "하고 싶은 일을 하다 보니 이 분야의 권위자가 된 게 아니냐?"는 질문에 "좋아하는 일을 해야 잘하게 되는 건 아니다."라고 답하면서 "좋아하는 걸 하라는 말은 특히 어린이나 젊은 사람에게는 조금 위험한 말인 것 같다. 세상 살기가 참 어렵지 않나? 하고 싶은 것만 하라는 것보다는 어떤 일이든 열심히 하다 보면 잘하는 게 생기고, 그게 좋아하는 일이 되는 것이라는 이야기가 더 맞는 말이 아닐까."라고 반문했다. 스티브 잡스의 연설과 서장훈 선수의 말과 같은 내용을 이야기한 것이다.

일본전산이라는 회사는 직업학교를 졸업한 게 전부인 나가모리 시게노부 사장을 포함하여 4명의 직원이 1973년 시골의 허름한 창고에서 시작했다. 2019년 기준으로 연간 매출 1조 5천억 엔, 영업이익 1.4천억 엔을 기록하는 대기업이다. 2009년도에 나가모리 시게노부 사장의 경영철학을 소개하여 우리나라에서 큰 인기를 끌었던 《일본전산 이야기》라는 책이 있다. 이 책을 보면, 일본전산은 초창기 남들보다 2배의 시간을 투입하여 일한 결과(2배의 법칙) 결국은 그 일을 능숙하게 할 수 있게 되었고, 나중에는 절반의 시간을 들여도 그 일을 잘해낼 수 있게 되어(절반의 법칙) 경쟁력을 갖출 수 있었다는 내용이 나온다. 이 이야기는 마치 토끼와 거북이의 경주와 같다. 2배의 법칙은 토끼를 따라잡기 위해서 거북이가 포기하지 않고 꾸준히 많은 시간 동안 노력한 것에 해당한다. 절반의 법칙은 앞에서 뛰어가는 토끼를 거북이가 따라가는 노력을 하는 과정에서 여러 가지 개선 아이디어들이 떠올랐고, 그 아이디어 덕분에 일하는 방식을 개선할 수 있었고 숙련도도 높아져서 결국 절반의 시간 만에 해낼 수 있었다는 것에 해당한다. 2배의 시간을 투입해서 일하는 동안 얻은 깨달음과 높아진 숙련도 덕분에 거북이(일본전산)가 토끼(대기업)를 따라잡게 되었다는 얘기다.

미국 뉴욕대 폴 로머 교수는 지식이나 기술은, 노동력과 자본과는 달리, 한계생산체감의 법칙이 아니라 한계생산체증의 법칙이 적용된다는 내생적 성장이론을 확립했다. 지식이나 기술은 그 투입량이 늘어날수록 한계생산(富)이 늘어나게 되는데, 이것이 선진국의 경제성장의 원동력이라는 내생적 성장이론을 이론적으로 정립하여 2018년에 노벨 경제학상을 받았다. 일본전산의 2배의 법칙과 절반의 법칙이 폴 로머 교수의 한계생산체증 법칙의 내생적 성장이론을 증명한 셈이다.

《논어》의 〈계씨〉 편에는 "태어나면서부터 아는 사람이 최상이고, 배워서 아는 사람이 그다음이며, 어려움을 겪은 후에 배우려는 사람은 또 그다음이고, 어려움을 겪고도 배우지 않는 사람이 가장 아래이다."[1]는 내용이 나온다. 그러나 살아가면서 일을 해보면 그렇지가 않다. 처음 하는 일을 척척 잘하기는커녕 일 처리 요령을 배웠는데도 금세 잊어버리고 잘하기 어렵다. 배운 대로 곧이곧대로 잘 되지 않아서 끙끙대는 경우가 태반이다. 여러 번 되풀이해서 일 처리를 몸에 익혀야만 비로소 일을 잘하게 되는 것이 평범한 우리의 모습이다. 공자가 말한 '태어나면서 알거나 배워서 아는 사람'보다는 현실은 '어려움을 겪고 배워도 잘 모르는 사람'이 태반이다. 그래서 우리는 "야, 이것밖에 못해? 너 잘하는 게 뭐야?"의 힐난조의 말을 듣는다.

한비자는 〈난세〉에서 "왕량이 수레를 끌면 하루에 천 리를 달린다고 말하는데 나는 그렇게 생각하지 않는다." 한 후 "좋은 말과 단단한 수레를 50리마다 하나씩 두고, 보통 마부가 부리고 가도록 하면 빠르게 따라

---

1) 生而知之者 上也 學而知之者 次也 困而學之 又其次也 困而不學 民斯爲下矣(생이지지자 상야 학이지지자 차야 곤이학지 우기차야 곤이불학 민사위하의). -《논어》〈계씨〉

갈 수 있고 먼 거리 가는 것을 가히 이룰 수 있다. 천릿길도 하루 만에 다다를 수 있다. 어찌 반드시 옛날의 왕량을 기다려야 되겠냐"[2]라고 말했다. 현실은 왕량과 같은 천부적인 재능을 갖지 못한 보통 사람들이 살아가는 곳이다. 천부적인 재능을 갖춘 사람을 기다리거나 내가 천부적인 재능을 갖출 때까지 기다릴 수 없다. 보통사람들도 노력해서 좋은 방법을 찾으면 천부적인 재능을 가진 왕량의 역할을 할 수 있다는 이야기를 한비자가 한 것이다.

　하는 일을 잘하도록 하는 것이 좋다는 것은 누구나 안다. 그러나 일을 잘하려고 해도 마음대로 잘 되지 않는 게 현실이다. 이런 경우 '난 이 일에 소질이 없다, 내가 할 일은 따로 있다'라고 생각하여 내가 잘할 수 있는 일을 찾아 나서기도 하지만 내 스스로도 내가 뭘 잘하는지, 어떤 분야에 소질이 있는지 잘 모르는 게 보통이다. 왕량과 같이 천부적인 재능을 갖고 태어나지 못한 보통 사람인 우리가 천릿길을 하루 만에 가는 왕량의 역할을 해낼 수 있는 방안을 찾아내서 그렇게 하도록 해야 하는 게 현실이다.

　폴 로머 교수의 내생적 성장이론과 일본전산의 2배의 법칙·절반의 법칙에 의한 성공 사례를 보면, 거듭된 실패가 있더라도 많은 시간을 투입해서 노력하면 좋은 말과 견고한 수레를 50리마다 두어 달리는 아이디어를 찾아 낼 수 있고, 그러면 보통 사람인 우리가 말을 부리고 가더라도 왕량의 업적(하루에 천릿길 가는 일)만큼의 일을 할 수 있게 되는 게 세상사다. 좋아하는 일, 즐기면서 할 수 있는 일을 찾으려고 하기보다 현재 하는 일을 잘하도록 노력하는 게 정답이라고 한 스티브 잡스, 서장훈 선수, 신희섭 박사의 말이 더 현실성 있는 이야기로 다가온다.

---

2) 夫良馬固車 五十里而一置 使中手御之 追速致遠 可以及也 而千里可日至也 何必待古之 王良乎(부량마고거 오십리이일치 사중수어지 추속치원 가이급야 이천리가일지야 하필대고지 왕량호).

8. 공자는 한비자에 한참 멀었다(1)

선비가 자리를 크게 다투는 것은 인품이 낮기 때문이 아니라 이권이 중하기 때문이 다(重爭士橐 非下也 權重也, 중쟁사탁 비하야 권중야).

《한비자》〈오두〉

요즘은 빅 데이터의 시대다. 데이터를 모으기 위해서 세계 각국의 주요 기업들이 엄청난 투자를 한다. 계속 적자임에도 불구하고 쿠팡이 미국 뉴욕증권거래소에 상장하여 대박을 친 것도, 배달의 민족이 독일 기업에 4.8조 원에 매각된 것도 모두 빅 데이터 때문이다.

빅 데이터의 위력을 우리에게 일찌감치 알려준 것은 2012년 2월 19일자 뉴욕 타임스 매거진에 실린 '기업들은 어떻게 당신의 비밀을 파악하는가.'라는 기사이다. 그 기사의 요지는 다음과 같다.

한 중년 남자가 고등학생인 자기 딸에게 배달된 쿠폰을 움켜쥐고 미국 미니애폴리스에 있는 매장에 와서 "고등학생인 내 딸에게 임산부 옷·신생아용 가구·미소 짓는 아기들 사진의 광고물과 신생아 옷·침대 쿠폰을 보낼 수 있단 말이오? 애한테 임신하라고 부추기는 거요, 뭐요?"라고 거칠게 항의했다. 매장 관리자는 사과한 후 며칠 뒤 다시 사과하기 위해 전화를 걸었다. 그런데 그 여고생 아버지는 "우리 집에서 내가 전혀 모르는 일이 일어나고 있었던 모양이오. 딸과 이야기했더니 8월에 출산 예정이라는군요. 사과할 사람은 오히려 납니다."라고 말했다는 것이다. 아버지는 고등학생인 딸이 임신했다는 사실을 몰랐으나, 딸이 매장에 가서 이것저것 쇼핑한 행태를 분석한 빅 데이터는 딸의 임신 사실을 알았고, 그래서 그 매장은 딸에게 출산하면 사야 할 소비품목과 쿠폰을 우편물로 보냈던 것이다.

　이렇게 부모도, 심지어 나 자신도 잘 모르는 사항에 대해서 평소 나의 행태를 분석해서 나에게 정답을 알려주는 빅 데이터를 우리가 정신적 사표(師表)로 여기는 공자는 어떻게 생각했을까?

　공자는, "오직 여자와 소인은 다루기 어렵다. 가까이하면 불손하고 멀리하면 원망한다."[1]고 했고, "군자의 덕은 바람이고 소인의 덕은 풀이다. 풀 위에 바람이 불면 반드시 바람에 따라 눕는다."[2]고 했다. 또 공자는 "군자가 덕으로 정치하는 것은 북극성과 같아서 그대로 있어도 뭇별들이 그 주위를 돈다."[3]고 했다.

　여성은 인구의 절반이고 소인은 군자보다 훨씬 많다. 그런데도 공자는 인구의 90%가 넘는 여자와 소인을 가까이하지 말라고 했다. 공자는 정답을 가진 군자가 어떤 언동을 하면(바람이 불면) 소인은 그 정답을 그대로 받아들인다(바람 부는 방향으로 눕는다)고 했다. 정답을 말하고 정답을 가진 군자는 북극성과 같아서 가만히 한 곳에 있더라도 뭇 백성은 빛나는 그 정답(군자)을 나침판(북극성) 삼아서 살아간다고 했다. 이러한 공자의 말은 인구의 10%도 안 되는 군자가 세상의 진리고 정답이라는 얘기다. 90% 이상인 여자와 소인의 말은 멀리해야 하고, 10%도 되지 않는 군자의 말(風)은 따라야 하며(偃), 군자를 세상의 나침판으로 삼아서 살아가면 잘 살게 된다는 주장이다. 공자가 한 이런 말을 생각하면 공자는 오늘날 빅 데이터 시대에서 빅 데이터를 통해 드러난 다수 사람들의 진실된 행태·욕망 등을 그대로 인정하지 않을 것이라고 생각하게 한다.

---

1) 唯女子與小人 爲難養也 近之則不孫 遠之則怨(유여자여소인 위난양야 근지즉불손 원지즉원). -《논어》〈양화〉

2) 君子之德風 小人之德草 草上之風 必偃(군자지덕풍 소인지덕초 초상지풍 필언). -《논어》〈안연〉

3) 爲政以德 譬如北辰 居其所 而衆星共之(위정이덕 비여북신 거기소 이중성공지). -《논어》〈위정〉

그러나 한비자는 〈비내〉에서 이렇게 말했다. "수레 만드는 사람은 수레를 만드므로 사람이 부귀하기를 바란다. 장의사는 관을 만드므로 사람이 요절하기를 바란다. 수레 만드는 사람이 어질고 장의사가 나빠서가 아니다. 사람이 부귀해지지 않으면 수레를 사지 않고 사람이 죽지 않으면 관을 사지 않기 때문이다. 사실은 사람이 미워서가 아니라 사람이 죽어야 이익이 생기기 때문이다."[4]라고 했다. 또한 〈오두〉에서는 "흉년이 든 봄에는 어린 아우에게도 밥을 주지 않으나 풍년이 든 가을에는 나그네도 반드시 먹인다. 골육을 소홀히 하고 지나가는 나그네를 사랑해서가 아니다. 많고 적음의 차이 때문이다. 이처럼 옛날에 재물을 가볍게 여긴 것은 어질어서가 아니라 재물이 많았기 때문이다. 지금 쟁탈이 일어나고 있는 것은 야비해서가 아니라 재물이 적기 때문이다."라고 한 후 "쉽게 천자 자리를 그만두는 것은 고상해서가 아니라 권세가 보잘것없기 때문이다. 선비가 자리를 크게 다투는 것은 인품이 낮기 때문이 아니라 이권이 중하기 때문이다."[5]라고 했다.

요순 임금이 천자 자리를 자식에게 넘기지 않고 신하에게 넘긴 것은 그 당시 천자라고 해서 특별히 좋은 이익이 있는 것이 아니기 때문이고, 자리에 따른 이익이 크면 선비도 모두 그 자리를 차지하기 위해 다툰다는 이야기다. 그래서 한비자는 사람이 이래야 하고 또 이렇다는 식의 당위를 말하지 않고, 사람의 실제 행동을 보고 그 행동에서 나타난 정답을 찾아서 대처해 나가야 올바르다고 말한다.

이것은 한비자가 빅 데이터를 모아서 소비자 행태에서 정답을 찾은 후

---

4) 故輿人成輿 則欲人之富貴 匠人成棺 則欲人之夭死也 非輿人仁而匠人賊也 人不貴 則輿不售 人不死 則棺不買 情非憎人也 利在人之死也(고여인성여 즉욕인지부귀 장인성관 즉욕인지요사야 비여인인이장인적야 인불귀 즉여불수 인불사 즉관불매 정비증인야 이재인지사야).
5) 輕辭天子 非高也 勢薄也 重爭士橐 非下也 權重也(경사천자 비고야 세박야 중쟁사탁 비하야 권중야).

이 정답에 따라 대처해 나가는 현재의 모습이 올바르다는 것을 인정한 것을 보여준다. 그러나 공자는 빅 데이터의 기반인 여자와 소인의 행태를 못마땅해하고 군자라는 소수가 정답을 가진 사람으로 보았다.

지금은 국가 정책 채택, 대통령 등 지도자의 선출 등 우리 생활에 지대한 영향을 미치는 굵직한 일들이 여론조사에 기초하여 좌우되는 시대이다. 1936년 미국 대통령 선거 때 사동자능목부와 전화번호부에 등재된 1천만 명의 부자들을 상대로 여론을 조사하여 공화당의 알프레드 랜던이 55대 41로 이길 것으로 예상한 다이제스트와는 달리, 여론조사의 아버지라고 불리는 조지 갤럽은 일반 사람들을 상대로 여론을 조사하여 민주당의 루스벨트가 압도적으로 이길 것으로 예상했다. 결과는 61대 37로 루스벨트가 승리했다. 정답은 보통 사람이지 부자가 아님을 보여준 사례이다.

인공지능 AI도 빅 데이터를 기반으로 하여 발전된 사례이다. 논리적·이성적 추론이 아니라 일반 사람의 행태에서 정답을 찾는 행동경제학이 경제학에서도 많이 활용되고 있고, 노벨 경제학상을 받은 행동경제학자도 많이 나오고 있다.

공자는 빅 데이터의 대상인 뭇사람들을 정답으로 보지 않았고, 군자가 정답이라고 했지만 오늘날, 잘 나가는 기업은 빅 데이터에서 정답을 찾아 이를 활용하는 소위 플랫폼 기업이다. 빅 데이터를 활용하는 기업이 승승장구하고 있는 것은 소수의 군자가 아닌 다수의 뭇사람(여자, 소인)이 결국 정답이라는 것을 잘 보여준다. 공자는 정답을 아는 사람인 군자를 모범 인재로 보았지만 현대와 같은 빅 데이터 시대에는 빅 데이터에서 드러난 인간의 행태에서 정답을 찾아내고 그 정답을 좇는 사람이 진정한 인재라고 할 수 있다. 세상의 뭇사람의 행태에서 나타난 것에서 정답을 찾아야 한다는 한비자가 군자에게서 정답을 찾아야 한다는 공자보다 한 수 위다. 공자는 한비자에 한참 멀었다.

9. 공자는 한비자에 한참 멀었다(2)

현명한 군주는 공이 없는 자에게는 상을 주지 않고 죄 없는 자에게 벌을 가하지 않는다(明主賞不加於無功 罰不加於無罪, 명주상불가어무공 벌불가어무죄)

《한비자》〈난일〉

한비자는 여러 사례에서 공자를 평가했는데 그중 〈난일〉 편에서는 공자의 상 주는 기준에 대해 평가한다.

춘추시대 때 진나라 문공이 초나라와 싸울 때이다. 문공은 구범을 불러서 초나라는 병사 수가 많은데 어떻게 하면 좋겠는가라고 전략을 물었다. 구범은 예를 지키는 군자도 전쟁에서는 상대방을 속이는 술책을 쓰는 것이므로 적을 속이는 수법을 써서 싸워야 한다고 말했다.

문공은 이번에는 옹계를 불러서 초나라와 싸우는 전략을 물었다. 옹계는 숲에 불을 질러 사냥하면 더 많은 짐승을 잡을 수 있지만 산에 짐승이 없어지게 되듯이 속임수로 사람을 속여 당장의 이익을 취하면 앞으로는 다시 그런 일을 할 수 없게 된다고 대답했다.

문공은 두 사람의 전략 중에서 구범의 속임수 계략에 따라 초나라와 싸워 이겼다. 그러나 귀국하여 논공행상을 할 때 옹계에게 구범보다 높은 상을 주었다. 이번 승리는 구범의 계책 덕분이라고 생각한 신하들이 상을 줄 때 구범을 뒤로 미룬 이유를 물었다. 문공은 "나의 조치에 대해서 이해가 잘 가지 않을 것이다. 구범의 계책은 일시적인 한 때의 계책이지만 옹계의 계책은 만대에 걸쳐 이득이 되는 계책이므로 그랬다." 하고 답했다.

이 말을 듣고 공자는 일시적인 이익보다 만대에 걸친 이익을 높이 평가해서 상의 순서를 정한 문공은 패업을 달성할 자격이 있는 사람이라고 말했다.

　그러나 한비자는 문공의 조치와 공자의 말에 대하여 다음과 같이 얘기한다.

　"문공이 적은 병력으로 다수의 적을 상대하는 법을 물었는데, 옹계가 속임수의 전략을 쓰면 나중에는 다시 그렇게 할 수 없을 것이라고 대답한 것은 질문에 대한 올바른 답이 아니다. 문공도 일시적인 이익과 만대에 걸친 이익의 본질이 무엇인지 모르는 사람이다. 초나라와 싸워서 이기지 못하면 나라는 망하고 몸도 죽게 되어 이름도 없어지게 되므로 만대에 걸친 이득을 기대할 수 없다. 만대에 걸친 이득을 기대하려면 오늘 당장 적을 속여서 이겨야 한다. 그러므로 옹계의 대답은 문공의 질문에 대한 답이 될 수 없다."라고 이야기한다. 오늘 패배하면 죽고 없어지는데 어떻게 만대에 걸친 이득을 기대할 수 있는가라는 말이다.

　또 한비자는 문공은 구범의 말을 이해하지 못했다고 비판한다. "구범이 속이라고 한 것은 우리 편 사람이 아니라 적을 속이라는 뜻이다. 적은 정복 대상의 나라인데, 적을 정복하고 나면 두 번 다시 속이는 방법을 사용할 필요가 없다. 따라서 나중에 다시 속이는 것을 걱정해서 이번에 속임수를 쓰는 것을 걱정할 필요가 없다."라고 말한다. 초나라를 정복하고 나면 다시는 초나라와 싸울 이유가 없기 때문에 더 이상 속이는 전략을 쓸 필요가 없는데, 속이는 전략을 앞으로 더 쓴다고 가정하고 말한 문공은 잘못이라는 것이다.

　구범의 계략에 의하여 초나라를 이겼는데 이 승리 때문에 문공이 옹계에게 최고의 상을 준 것이라면 상을 잘못 준 것이라고 한비자는 평가한다. 그러면서 "구범이 복잡한 예를 지키는 군자는 충성과 신의(忠信)를 다한다고 말했다. 충(忠)이란 아랫사람을 사랑하는 것이며, 신(信)이란 백성을 속이지 않는 것이다. 대체 이미 사랑하면서도 속이지 않았으니 이보다 좋은 의견이 있을 수 없다. 그럼에도 불구하고 속여야 한다고 말한 것은 전쟁터의 계략이기 때문이다."[1]라고 말한다.

구범이 좋은 의견을 제시하여 승리했기 때문에 구범은 충(忠)과 신(信)이라는 두 가지 공로를 모두 실현시킨 공이 있는데도 공이 하나도 없는 옹계가 최고상을 받았으니 잘못된 것인데도, 문공이 패왕이 되는 것은 당연하다고 공자가 말했으니 공자는 상을 잘 주는 법을 모른다고 비판한다

한비자는 또 〈난일〉의 다른 글에서도 공자의 상 주는 법을 비판한다.

춘추전국 시대 때의 일이다. 조나라 양자가 진양의 성중에 포위되어 있다가 그것을 뚫고 나와 공이 있는 다섯 사람에게 상을 주었는데 고혁이 최고상을 받았다. 장맹담이 이번 싸움에서 고혁은 큰 공을 세우지도 않았는데 최고상을 준 이유를 물었다. 양자는 "이번 진양 싸움에서 우리나라는 망할 위험에 있었는데 신하는 모두 교만하여 나를 업신여겼다. 그런데 오로지 고혁만이 군주와 신하 간의 예의를 지키고 있었기 때문에 그에게 최고상을 준 것이다."라고 대답했다.

이 얘기를 듣고 공자는 "올바르게 상을 주었다. 양자는 고혁에게 최고상을 주어서 천하의 신하들이 감히 군주에게 예를 벗어난 행동을 못하게 하였다." 하고 말했다.

이에 대해 한비자는 공자가 올바르게 상을 주는 법을 모른다고 비판한다. "만일 양자가 진양 전투에서 명령을 내려도 실행되지 않고 금지시켜도 중지되지 않았다고 하면 양자에게는 나라가 없는 것이고 진양에는 군주가 없었던 것이 된다. 이런 상황에서 누가 함께 진양을 지키려고 할 것인가? 그러나 양자가 진양에서 위기에 빠져 있었을 때 백성들이 반란할 생각을 하지 않았는데 이것은 군주와 신하가 친밀했기 때문이다. 이처럼 군신 간에 친밀하고 명령을 내리면 이행이 되고 금지시키면 멈추게 하는 법

---

1) 舅犯曰 繁禮君子 不厭忠信者 忠 所以愛其下也 信 所以不欺其民也 夫旣以愛而不欺矣 言孰善於此 然必曰 出於詐僞者 軍旅之計也(구범왈 번례군자 불압충신자 충 소이애기하야 신 소이불기기민야 부개이애이불기의 언숙선어차 연필왈 출어사위자 군여지계야).

(권력)을 양자가 손에 쥐고 있었다. 그런데도 오히려 교만하여 군주를 업신여기는 신하가 있었다는 것은 양자가 벌을 잘못 내렸기 때문이다. 신하가 어떤 일로 공을 세우면 군주는 그에게 포상해야 하는데, 지금 고혁이 겨우 오만하게 군주를 업신여기지 않았다 해서 양자가 상을 주었다면 이것은 상을 잘못 준 것이다."라고 한 후 "현명한 군주는 공이 없는 자에게는 상을 주지 않고 죄 없는 자에게 벌을 가하지 않는다. 지금 양자는 오만하게 군주를 업신여기는 신하를 처벌하지 않고 공이 없는 고혁에게 상을 주었다. 양자가 상을 올바르게 준 점이 어디 있는가?"[2]라고 말한다. 그래서 공자는 올바르게 상을 주는 법을 모르는 사람이라고 비판을 가한다.

공자는, 구범이 제시한 속임수 계략으로 초나라를 이기고도 상 줄 때는 속임수 전략을 비판한 옹계에게 더 높은 상을 준 진나라 문공을 높이 평가하였고, 진양 전투에서 아무런 공을 세우지 못했지만 군신의 예의를 다했다는 이유로 고혁에게 최고상을 준 조나라 양자를 높이 평가했다. 그러나 한비자는, 속임수 전략을 쓰지 않아 초나라에게 패하여 죽었다면 아무런 의미도 없게 되는 것인데도 승리의 계책을 제시한 구범을 더 높게 평가하지 않은 진나라 문공은 상을 잘못 주었다고 평가하고, 군신의 예의를 지키지 않은 신하가 있다면 처벌해야 하는데 처벌하지 않은 채 아무런 공도 없이 군신의 예의를 지켰다는 이유로 고혁에게 최고상을 준 조나라 양자도 잘못이라고 평가한다. 공자보다 한비자가 훨씬 현실적이고 설득력 있지 않은가. 공자는 상 주는 법에 있어서도 한비자에게 한참 멀었다.

---

2) 明主賞不加於無功 罰不加於無罪 今襄子不誅驕侮之臣 而賞無功之赫 安在襄子之善賞也
　(명주상불가어무공 벌불가어무죄 금양자불주교모지신 이상무공지혁 안재양자지선상야).

10. 맹자의 무항산 무항심 주장은 문제가 없는가?

지혜로 나라를 다스리고자 하는 것은 나라를 해치게 된다고 하였는데 그것은 자산을 가리켜 하는 말이다(以智治國 國之賊也 其子産之謂矣, 이지치국 국지적야 기자산지위의).

《한비자》〈난삼〉

《맹자》는 《논어》와 더불어 사서오경의 하나로서 사람이 살아가면서 배우고 익혀야 할 흠잡을 데 없는 내용으로 된 책으로 알아왔다. 그러나 실제로 《맹자》를 직접 읽어보니 그 내용 중에 납득하기 어려운 곳이 몇 군데 있었다. 그중 백성이 먹고살 수 있도록 하는 것이 기본이라는 맹자의 대표적 인본주의 사상을 담은 말로 평가되는 '무항산 무항심(無恒産 無恒心)'이 특히 그러했다.

무항산 무항심의 내용이 담긴 맹자의 글을 읽으면서 맹자는 과연 진정으로 인본주의자인가라는 생각과 규제 왕국이라고 하는 우리나라의 규제 만능 사상이 이 무항산 무항심의 글에 담겨 있는 것은 아닌가 하는 생각이 들었다.

맹자는 "먹고살 만한 재산(항산)이 없어도 일정한 마음(항심)을 가지는 자는 오직 선비만이 할 수 있다. 백성은 항산이 없으면 그로 인해 항심도 없다. 진실로 항심이 없으면 방탕하고 편벽되고 간사하고 사치스러운 행위를 하지 않을 수 없다."[1]라고 한다. 맹자는 오로지 선비만이 항산이 없더

---

1) 無恒産而有恒心者 唯士爲能 若民則無恒産 因無恒心 苟無恒心 放僻邪侈 無不爲已(무항산이유항심자 유사위능 약민즉무항산 인무항심 구무항심 방벽사치 무불위이). ─《맹자》, 〈양혜왕 상〉

라도 항심을 가진다고 한다. 그런데 한국토지주택공사(LH) 직원들의 부동산 투기 사례 등을 계기로 국회의원 등의 부동산 소유 조사 등을 한 결과, 사회 지도층 등(대학교수, 변호사, 고위공무원, 국회의원 등)이 자녀의 입학과 자신의 재산 증식을 위해 수단과 방법을 가리지 않고 불법을 저질렀다는 사실이 드러났다. 그 불법의 정도는 보통 사람의 상상을 뛰어넘는다. 이런 현실 사례는 맹자가 이야기한 선비는 도대체 어떤 사람을 두고 말하는 것인지 의문을 갖게 한다.

맹자는 현실적으로 존재하지 않거나 존재하기 어려운 선비라는 가상의 인물을 설정하여 그 선비는 무항산 유항심(無恒産 有恒心)의 사람으로서 항산이 없어도 방탕·편벽·간사·사치의 행위를 하지 않는다고 가정한 게 아닌가라는 생각이다. 그러면서 맹자는 일반 백성은 무항산 무항심(無恒産 無恒心)이어서 항산이 없으면 방탕·편벽·간사·사치의 행위를 한다고 한다. 이러한 맹자의 주장은 선비와 백성은 재산과 이익을 앞에 두고 보이는 행태가 다르다는 주장이다.

현실에서는 재물과 이익에 욕심이 없고 초연한 선비를 찾아보기 어렵다. 그런데도 이런 선비가 있다고 가정하고 선비 되기를 추구하게 되면 현실에서 있지도 않은 선비를 추구하자는 것이어서 열반의 오류(Nirvana Fallacy)에 빠지게 된다. 이러한 열반의 오류는 재물과 이익에 욕심을 품지 말자는 '교훈'을 주기보다는, 선비(사실은 선비인 체하는 사람)는 존중받아야 마땅하고 그래서 이들이 높은 지위를 차지하는 것도 당연하다는 사고를 '은연중에 당연화'시키는 데 기여하는 이념적 역할을 하는 게 아닌가라는 생각이다. 초연한 선비이어서 고위직을 할 만하다고 생각해 왔던 사람이었는데 알고 보니 실상은 보통사람이 상상할 수 없을 만큼 재산 증식과 자녀 입시 비리를 저지른 지도층의 사례를 보면 이런 생각이 든다. 이런 괴리는 비현실적인 맹자의 주장으로 말미암아 선비의 모습을 갖추면 도덕적 우위성을 갖추게 돼서 우대받아도 된다고 관념하도록 한 토대에서 싹이 튼

게 아닐까. 이런 점에서 맹자를 진정으로 보편적 인본주의자로 볼 수 있는지 의문이 든다.

맹자는 무항산 무항심의 말에 이어서 "죄지은 후에 벌주는 것은 백성을 그물질해 잡는 것이다. 어떻게 어진 사람이 높은 지위에 있으면서 백성을 그물질해 잡을 수 있는가?"[2]라고 한 후에, "그래서 명 군주는 백성에게 먹고살 생업을 만들어 주되, 반드시 위로는 부모를 섬기기에 충분하게 하고 아래로는 처자를 먹여 살리기에 충분하게 한다. 풍년에는 일 년 내내 배부르게 하고 흉년에는 죽음을 면하게 한다. 그런 다음 백성을 선한 데로 인도한다. 그래서 백성이 따르기가 쉽다."[3]라고 했다. 법을 만들어 백성이 죄지은 후에 처벌할 것이 아니라 사전에 방지하는 것이 중요하고, 백성이 넉넉히 먹고살 수 있게 일자리를 만들어 주면 선한 데로 쉽게 몰고 갈 수 있다는 취지로 말한 것이다.

사전에 형벌을 반포하고 죄를 범하면 그에 합당하게 처벌하는 체제를 운영하지 않고 죄를 처음부터 짓지 않도록 사전 방지를 한다는 것은 말은 그럴듯해도 엄청난 사회적 비용을 요구하는 일이다. 형벌이라는 사회 그물이 없이 사람들이 사전에 위법 행위를 하지 않도록 하려면 여러 가지 제도를 만들어 사람들에게 이를 준수하도록 요구할 수밖에 없다. 국민들에게 범죄 예방 교육을 해야 하고, 범죄 행위가 발생하지 않도록 사전에 지침을 만들어야 하며, 만든 지침은 엄격하게 준수하도록 해야 하고, 큰 비용을 들여서라도 위법 행위를 방지할 수 있는 시설을 구축해야 한다.

이렇게 사전 규제를 하면 죄짓지 않고 살아가는 대부분의 사람들까지 그 필요성을 느끼지 못하는 절차를 준수하게 하고 준수했다는 것을 입증

---

2) 及陷於罪然後 從而刑之 是罔民也 焉有仁人在位 罔民而可爲也(급함어죄연후 종이형지 시망민야 언유인인재위 망민이가위야). -《맹자》〈양혜왕 상〉

3) 是故 明君制民之産 必使仰足以事父母 俯足以畜妻子 樂歲終身飽 凶年免於死亡 然後驅而之善 故民之從之也輕(시고 명군제민지산 필사앙족이사부모 부족이축처자 낙세종신포 흉년면어사망 연후구이지선 고민지종지야경). -《맹자》〈양혜왕 상〉

할 서류를 만들도록 하는 것이므로 무척 피곤한 일이고 짜증 나는 일이다. 실제로는 이행하지 않으면서도 마치 이행한 것인 양 서류만 꾸미는 비생산적이고 보여주기 식 행태를 양산한다. 이런 서류는 일반 국민은 복잡해서 잘할 수가 없다. 그래서 이런 서류 꾸미기를 컨설팅이라는 이름으로 대신해주는 것을 돈벌이 수단으로 하는 사람이 많아진다. 현재 우리나라의 실상이다.

이렇게 사후 처벌보다 사전 예방을 하자는 맹자의 사상은 말은 그럴듯해도 그 실상은 사회 제도를 네거티브 시스템(원칙허용 예외금지주의)보다는 포지티브 시스템(원칙금지 예외허용주의)으로 운영하도록 만든다. 사회 역동성을 저해하고 사회 비용을 높여서 국제 경쟁력을 약화시키는 역기능을 하는 포지티브 시스템의 주범이 이런 맹자 사상에서 연유한 것은 아닌가 하는 생각이다.

한비자는 〈난삼〉에서 정나라의 명재상인 자산이 길을 가다가 여인이 곡하는 소리를 듣고 그 여인을 잡아와서 추궁하여 남편을 목 졸라 죽인 것을 알아낸 사건에 대하여 이렇게 말한다. "간악을 알아내려면 큰 그물이 있으면 된다. 그러면 그 하나라도 놓치지 않을 것이다. 이 이치를 터득하지 않고 자기 심증으로 화살을 쏘아 맞히려고 하면 자산도 거짓말을 하게 된다. 그래서 노자는 지혜로 나라를 다스리고자 하는 것은 나라를 해치게 된다고 하였는데 그것은 자산을 가리켜 하는 말이다."[4]

간악한 일을 알아내는 것과 같은 일은 백성이 저마다 자기의 업무 분야에서 자신의 일을 각각 수행하는 등 일반 백성이 큰 그물을 치는 일을 하면 저절로 시스템에 의하여 밝혀지도록 해야 하는 것이지 재상이 나서서 할 일은 아니라는 것이다. 그래서 재상이 능력(지혜)이 있다고 해서 일

---

4) 夫知姦亦有大羅 不失其一而已矣 不修其理 而以己之胸察爲之弓矢 則子産誣矣 老子曰 以智治國 國之賊也 其子産之謂矣(부지간역유대라 불실기일이이의 불수기리 이이기지흉찰 위지궁시 즉자산무의 노자왈 이지치국 국지적야 기자산지위의).

반 백성이 할 일까지 하여 나라를 다스리려고 하면 한계가 있기 때문에 나라에 해가 된다고 노자가 말한 것을 한비자가 전한다.

맹자의 주장과 달리 한비자는, 군주(국가)는 백성이 먹고살 수 있도록 생업(産)을 직접 만들어 줄 게(明君制民之産, 명군제민지산) 아니라 백성이 직접 생업(産)을 만들어 내어 스스로 먹고살 수 있도록 하면, 알아서 스스로 그물을 쳐서 새를 잡아 살아가고 이 과정에서 간악한 일은 저절로 시스템에 의해 밝혀지는 것이라고 말한다.

백성이 먹고살 수 있도록 군주(국가)가 생업(産)을 직접 만들어 주어서 백성이 잘살게 되면 선한 곳으로 쉽게 이끌고 갈 수 있다는 맹자의 주장은 결국 위험한 국가주의의 사상이 아닐까.

맹자가 무항산 무항심을 말한 글에 담겨 있는 뜻, 선비라는 사람들은 고매한 인격을 갖춘 사람이므로 일반 백성과 달리 우대받는 것은 마땅하다는 것을 암시하는 차별적 사상이고, 사전 규제 방식으로 다스려야 한다는 규제 만능주의 사상이며, 민간보다는 국가가 일거리를 만들어 주어야 한다는 국가주의 사상이 깔려있다고 생각된다.

11. 맹자가 주장하는 성선설에 모순은 없는가?

자식과 엄마 간의 본질은 사랑이나, 신하와 군주 간의 권력관계는 계책이다(子母之 性 愛也 臣主之權 筴也, 자모지성 애야 신주지권 협야).

《한비자》〈팔설〉

맹자라고 하면 성선설을 주장했다는 것이 가장 먼저 떠오른다. 맹자는 성선설을 주장했지만 그 논거는 허약하다. 맹자가 성선설을 주장한 근거는 〈공손추 상〉 편에서 엿볼 수 있다.

맹자는 "사람은 누구나 다 차마 어쩌지 못하는 마음을 갖고 있다."[1]는 것과 "어린이가 우물에 빠지려 하는 것을 보면 누구나 깜짝 놀라면서 이를 구해주는데 이것은 그 부모와 좋은 인연을 맺거나 마을 사람·친구들에게 칭찬받거나 구해 주지 않은 것에 대해 비난 소리를 듣기 싫어서가 아니라 측은하게 여기는 마음(惻隱之心, 측은지심)이 있기 때문이다."라는 것을 성선설의 근거로 내세운다. 성선설의 근거 치고는 빈약하다는 느낌이다.

맹자의 〈고자 상〉 편에는 고자와 맹자 간에 인간 본성에 관한 논쟁이 등장한다.

고자가 "사람의 본성은 마치 소용돌이치는 물과 같다. 동쪽으로 터주면 동쪽으로 흐르고 서쪽으로 터주면 서쪽으로 흐른다. 사람 본성에 착함과 착하지 않음이 구분되지 않는 것은 마치 물이 동서를 구분하지 않는 것과 같다."라고 주장했다. 그러자 맹자는 "물은 진실로 동서의 구분은 없다.

---

1) 人皆有不忍人之心(인개유불인인지심). -《맹자》〈공손추 상〉

그러나 상하 구분도 없다 할 수 있나? 사람 본성이 선한 것은 물이 아래로 내려가는 것과 같다. 사람은 선하지 않은 경우가 없다. 물이 아래로 흘러가지 않는 경우도 없다." 하고 대답한다. 고자는 물이 동쪽으로도 서쪽으로도 흐를 수 있듯이 사람은 선할 수도 악할 수도 있다고 했으나, 맹자는 물이 동서로 흐르지만 언제나 아래로 흐르듯이 본성은 항상 선하다고 말했다.

이렇게 맹자는 성선설을 주장했지만 그의 주장에는 모순이 많다. 다음과 같은 내용이 대표적이다.

맹자는 〈이루 하〉에서 "사람과 금수가 다른 점은 지극히 희박하다. 보통 사람은 그것(본성)을 버리나 군자는 그것(본성)을 보존한다."[2]라고 말한다. 대부분의 사람(서민)은 그것(본성)을 버려서 짐승과 같지만 군자만 짐승과 달리 착한 본성을 지킨다는 말이다. 여기서 의문이 생긴다. 기본적으로 사람과 짐승이 같다고 하면 어떻게 사람의 본성을 물이 언제나 아래로 흐르듯이 항상 착하다고 말할 수 있는 것인가. 또 맹자는 대부분의 사람(서민)은 착한 본성을 버린다고 말하는데, 그러면 사람들에게 착한 본성이 내재되어 있다는 성선설을 어떻게 주장할 수 있는 것인가. 맹자가 극소수에 해당하는 군자만 착한 본성을 보존한다고 말하는데, 그렇다면 성선설을 일반화할 것이 아니라 인간 본성은 짐승과 같이 악하나 소수의 군자만 본성이 착하다는 내용으로, 성악설을 일반화하고 성선설을 예외화해야 논리적이지 않은가라는 생각이다. 이런 점에서 맹자가 진정으로 사람의 본성이 착하다고 믿었는지 의문이다.

또한, 맹자는 〈고자 상〉에서, "인(仁)은 사람의 마음이고 의(義)는 사람의 길이다. 그 길을 내버려 두고 따르지 않고 그 마음을 잃어버리고 찾을 줄 모르니, 슬프다. 사람들은 닭과 개를 잃어버리면 찾을 줄 알면서도 마

---

2) 人之所以異於禽獸者幾希 庶民去之 君子存之(인지소이이어금수자기희 서민거지 군자존지).
  −《맹자》〈이루 하〉

음을 잃어버리고는 찾을 줄 모른다."[3]라고 했다. 여기서도 의문이 든다. 사람이 닭과 개는 잃어버리면 찾는다고 하면서도 인과 의를 기본으로 하는 착한 심성(마음)은 잃어버려도 찾을 줄 모른다고 하면, 사람은 착한 심성(마음)보다 닭과 개를 더 소중하게 생각한다는 말이 된다. 그렇다면 맹자 스스로 사람은 착한 심성을 가지지 않았다고 고백한 것이 아닌가. 맹자가 이런 고백을 하면서도 성선설을 주장하는 것은 모순이다.

공산주의는 성선설에 바탕을 둔다. 이것은 "능력에 따라 일하고 필요에 따라 가진다."라고 마르크스가 한 말에서도 잘 드러난다. 마르크스의 이 말은, 사람이 공동체를 위하여 그의 능력을 다해 일하여 산출물을 생산하면 자신이 산출물 생산에 기여한 것에 비례해서 대가를 갖지 말고 자신이 필요한 만큼만 가져야 한다는 말이다. 그러면 모두가 아름답게 나누면서 살 수 있게 된다는 주장이다. 사람이 본디 착하다는 전제가 성립하지 않으면 이런 주장이 가능해지지 않는다. 공산주의가 성선설에 근거하는 이유이다.

그렇지만 실제 사람은 내가 아닌 남(공동체)을 위해서 잘 일하려고 하지 않는다. 그래서 공산주의 국가는 사람으로 하여금 남(공동체)을 위해서 행동(일)하도록 강제한다. 이렇게 강제하기 위해서 공산주의 국가는 형벌을 매우 엄하게 운영한다. 형벌이 엄하지 않으면 남(공동체)을 위한 행동(일)을 전제한 공산주의 체제가 제대로 기능할 수 없기 때문이다.

자본주의는 성악설에 근거한다. 사람은 공동체보다 자신을 우선시한다는 것을 인정한다. 자신에게 일한 대가가 제대로 귀속되지 않으면 공동체를 위하여 그의 능력을 다해서 일한다고 보지 않는다. 사람은 자신이 산출물 생산에 기여한 것에 비례하여 대가를 요구하게 되고 그러면 자신이

---

3) 仁 人心也 義 人路也 舍其路而不由 放其心而不知求 哀哉 人 有鷄犬放則知求之 有放心 而不知求(인 인심야 의 인로야 사기로이불유 방기심이불지구 애재 인 유계견방즉지구지 유방 심이불지구).-《맹자》〈고자 상〉

필요로 하는 것 이상으로 산출물을 더 가져가게 되는데, 더 가져간 것은 자신과 가족을 위해서 보존한다고 본다. 자기를 위하는 성악설이 타당하다고 보기 때문에 사람이 이렇게 행동하는 것은 당연하다고 본다.

자본주의는 개인이 자신의 이익을 위해서 최선의 행동을 하면 보이지 않는 손의 메커니즘에 따라 조정되어 사회가 발전한다는 것을 전제한다. 자신을 위한 행동 그 자체는 선과 악이라는 가치 개념이 들어가 있지 않고, 있는 그대로의 자연의 모습에 해당한다고 본다. 자유와 창의에서 초과 이익을 얻을 수 있게 되는데 이 때문에 자본주의는 자유와 창의를 존중하게 된다.

맹자는 성선설을 주장하면서도 스스로 사람의 선함을 믿지 못하고 "사람은 짐승과 기본적으로 같고, 닭과 개를 잃으면 찾으면서도 사람 본성을 찾으려고 하지 않는다." 하며 한탄한다. 맹자의 이런 한탄은 성선설이라는 휴머니즘에 근거한 공산주의 국가에서 오히려 가혹한 형벌 체계를 운영하는 모습으로 나타나지 않았나, 하는 생각을 해 본다.

한비자는 〈팔설〉에서 "자식과 엄마 간의 본질은 사랑이나, 신하와 군주 간의 권력관계는 계책이다."[4]라고 하여, 모자지간 외의 관계에서는 사람은 이익에 따라 행동한다는 성악설로 파악한다. 이러한 논리는 모든 부분에서 일관하는데, 이러한 한비자의 논리가 훨씬 설득력이 있다고 본다.

---

4) 子母之性 愛也 臣主之權 筴也(자모지성 애야 신주지권 협야).

12. 단종은 사육신을 충신으로 여겼을까?

비록 자기 몸에 상처를 내면서까지 군주를 위한다는 명성을 얻었지만 실제로 지백에게 주호도 이익이 되지 않았다(是雖有殘刑殺身以爲人主之名 而實無益於智伯 若秋毫之末, 시수유잔형살신이위인주지명 이실무익어지백 약추호지말).

《한비자》〈간겁시신〉

영월의 청령포에 간 적이 있다. 청령포는 삼면이 강으로 빙 둘러싸여 있고 땅으로 연결된 서쪽은 험한 바위가 솟아 있어 섬 같은 곳이다. 단종은 열두 살에 임금에 즉위했으나 열세 살에 숙부 수양대군이 일으킨 계유정난(김종서, 황보인 등을 제거하고 반대파들을 숙청하여 정권을 장악한 정변)으로 실권을 빼앗기고 열다섯 살에 왕위를 수양대군에게 넘겼다. 열여섯 살에 사육신 사건이 일어나자 노산군으로 강등되어 영월 청령포에 유배된 후 수양대군(세조)에 의해 열일곱 살에 목숨을 잃었다. 청령포에서 단종의 유물을 보다가 불현듯 이런 생각이 들었다. 사육신은 단종을 복위시키기 위한 거사를 도모하다가 목숨을 잃었는데 과연 단종은 '자신을 죽음으로 몬 사육신을 충신으로 생각했을까'라는 의문이 그것이다.

사육신에 김문기(金文起, 1399~1456)가 추가되어야 한다는 논란이 있었다. 2011년 4월 서울 동작구 노량진에 있는 사육신묘 공원 내에서 사육신 후손들이 제사를 지내려 하자 김문기 후손들과 말싸움을 벌이다 제사상을 엎는 일이 벌어져서 김문기의 후손이 대법원에서 벌금 50만 원을 선고받는 일까지 있었다. 이러한 일이 벌어질 정도로 사육신 후손들은 사육신 선조들을 만고충신(오랜 세월 동안 기억에 남을, 나라와 임금을 위하여 충성을 다한 신하)으로 모시고 있고 우리도 그렇게 알고 있다. 그런데 과연 단종은 그들을 충신으로 여겼을까, 아니면 그들 때문에 죽게 되었다고 생각했을까? 청령포를 방문하며 느낀 점이다.

춘추전국 시대 중국 진나라에 예양이라는 선비가 있었는데, 그가 섬기던 지백은 조나라의 조양자에게 패하여 죽임을 당했다. 그러자 예양은 군주 지백의 복수를 위해 조양자를 죽이려 여러 번 노렸으나 실패하여 계속 붙잡혔고 그때마다 조양자의 선처로 풀려났다. 그러나 그는 끝까지 포기하지 않고 복수하려다가 잡혀서 끝내 조양자에게 죽임을 당했다. 그런데 예양이 복수를 다짐하던 때, 그의 친구가 예양에게 말했다. "네가 섬겼고 복수를 해 주려는 지백은 별로 사회 평판이 좋지 않았던 사람이다. 하지만 네가 지금 죽이려고 하는 조양자는 지백보다 훨씬 평판이 좋다. 너같이 재주 있는 자가 덕망이 있는 조양자를 섬겨서 부귀영화를 누리지 왜 덕망이 그보다 못한 지백을 위하여 복수하려고 하느냐?"라고 물었다. 그러자 예양은 "나도 지백보다 조양자가 더 덕망 있다는 것을 잘 안다. 그러나 지백은 나를 알아준 사람이다. '선비는 자기를 알아주는 자를 위하여 목숨을 바치고, 여자는 자기를 기쁘게 해주는 자를 위해서 화장을 한다.'"[1]는 말을 했다. 이 말대로 예양은 지백을 위하여 복수하려다 실패하고 죽었다.

자신의 군주 지백에 대한 선비 예양의 이러한 충절을 유가에서는 크게 높이 평가한다. 그러나 한비자는 그렇지 않다.

한비자는 〈간겁시신〉에서, "예양은 지백의 신하가 되었지만 위로는 군주를 설득하여 법술도수의 도리를 밝혀서 화(禍)와 재난의 걱정을 미리 피하도록 하지 못했고, 아래로는 민중을 단속하여 나라를 평안하게 하지 못했다. 마침내 조양자가 지백을 살해하자 예양은 스스로 이마에 먹물을 들이고 코를 베어 남이 알아보지 못하게 하여 지백을 위하여 조양자에게

---

1) 士爲知己者死 女爲悅己者容(사위지기자사 여위열기자용).

복수하려 했다."라고 한 다음 "비록 자기 몸에 상처를 내면서까지 군주를 위한다는 명성을 얻었지만 실제로 지백에게 추호도 이익이 되지 않았다. 이것을 나는 낮게 평가하지만 세상 군주들은 충성한 것으로 높게 본다."[2] 하고 말했다.

한비자는 예양이 진정한 충신이라면 지백이 살아 있을 때 충언을 하여 회를 미리 방지하도록 했어야 하는데도 이를 하지 않고 주군이 죽고 나서야 복수를 한다고 자신의 목숨까지 바쳤지만 이것이 주군 지백에게 아무런 이득이 되지 않았다고 평가한다. 사람은 제대로 일할 수 있는 때 제대로 일해야지 나중에 몸을 상해가면서 일해 봐야 뒷북치기이어서 아무 소용없다는 주장이다.

가수 오승근이 불러서 크게 인기를 얻은 '있을 때 잘해, 후회하지 말고'라는 노랫말의 유행가가 있다. 이 가사와 같이 '권력이 있을 때, 할 수 있을 때' 잘하는 것이 최고다. 그때 제대로 하지 않고 때 지난 다음에 목청을 높이거나 힘쓰는 경우가 많은데, 그래 봐야 소용없다는 것을 이 노래가 잘 드러낸다. 회사에서도 가만 보면 문제가 커지기 전에 해결할 수 있는데도 뒷짐 지고 방치하다가 나중에 문제가 커지고 나서야 호들갑을 떠는 경우가 잦다. 이런 뒷북치기는 어디에서나 똑같이 일어난다.

충신이란 군주에게 충성하는 신하라는 뜻이다. 진나라의 예양은 자신의 군주 지백이 죽고 나서 복수를 도모하다가 목숨을 버렸다. 지백에게 아무런 실제적인 이득이 없었지만 그렇다고 해서 해를 끼친 것도 아니다. 그러나 사육신은 살아 있는 단종을 위하여 충성을 한다고 거사를 도모하였다. 그 결과는 충성을 바치고자 한 단종을 노산군으로 강등시켰고 끝내 죽게 만들었다. 그러면 단종 입장에서는 사육신을 자신에게 충성을 다

---

2) 是雖有殘刑殺身以爲人主之名 而實無益於智伯 若秋毫之末 此吾之所下也 而世主以爲忠而高之(시수유잔형살신이위인주지명 이실무익어지백 약추호지말 차오지소하야 이세주이위충이고지).

하는 충신으로 평가하였을까? 만약 단종이 사육신을 충신으로 생각하지 않았다면 사육신은 누구에게 충성한 것일까? 단종에게 충성하였다기보다 세조의 불의에 저항한 것으로 보아야 할까? 그러면 불의에 저항한 사람을 충신으로 부르는 것이 정확한 언어의 선택일까? 이런 의문이 꼬리를 문다.

사육신은 수양대군이 왕위를 노린다는 소문이 있을 때는 조치를 취하지 않고 오히려 김종서 등을 죽인 계유정난 때는 수양대군 쪽을 지지하는 입장을 취한 사람도 포함되어 있다고 한다. 나중에 단종이 폐위되자 사육신은 단종을 복위시키기 위하여 1456년 거사를 도모했지만 실패하고 단종은 청령포로 유배되었다가 숙부 금성대군의 복위 계획의 발각으로 죽임을 당했다.

한비자가 예양의 행위에 대해서 평가한 것은 사육신에게도 그대로 적용할 수 있지 않을까. 말할 수 있을 때 말(건의)하고 일할 수 있는 자리에 있을 때 일을 잘하는 사람이 훌륭하다. 그때 제대로 말(건의)하지 않고 일하지 않았다가 나중에서야 온몸을 바친 경우가 있다 하더라도 이를 미화하고 숭상하는 풍토는 개선되어야 하지 않는가라는 생각이다. 그래야 할 수 있을 때 잘해서 실제로 발전에 기여한 사람이 제대로 평가받는 사회가 된다고 생각한다. 물론 사육신이 자신과 가족의 죽음까지 무릅쓴 것은 평가할 일이지만 '있을 때 잘해, 후회하지 말고'의 유행가 가사가 더 정답이라는 생각이다.

13. 나라를 팔아먹은 자를 매국노라 부르는 게 옳은가?

군신은 서로 계산하는 관계이다(君臣之交 計也, 군신지교 계야).

《한비자》〈식사〉

《매국노 고종》이란 책을 보았다. 매국노(賣國奴)란 나라를 팔아먹은 노예라는 뜻이다. 노예는 아무런 권리가 없는데 노예가 나라를 팔아먹다니, 더군다나 임금인 고종을 노예라고 부르다니, 말이 성립하는가라는 생각이 얼핏 들었다.

학교 다닐 때 국가의 3요소는 주권, 국민, 영토라고 배웠다. 그래서 헌법 1조는 '대한민국의 주권은 국민에게 있다'라고 주권을 규정하고 있고, 2조는 '대한민국의 국민이 되는 요건은 법률로 정한다'라고 국민을 정하고 있으며, 3조는 '대한민국 영토는 한반도와 그 부속도서로 한다'라고 영토를 정하고 있다고 배웠다. 논리적으로 생각하면 나라를 팔아먹었다면 국가의 3요소(주권, 국민, 영토) 중 어느 하나라도 팔아먹어야 말이 성립한다. 고종을 포함하여 우리가 매국노라고 부르는 사람들이 국민이나 영토를 팔아먹은 것이 아님은 분명하다. 한일병합이 된 1910년 이후에도 국민, 영토는 그대로 있었기 때문이다. 그렇다면 나라를 팔아먹었다고 하면 국가의 3요소 중 남은 주권을 팔아먹었다고 해야 그나마 말이 된다.

고종은 대한제국을 건립한 후 1899년 8월에 우리나라 최초의 근대적 헌법(총 9개 조문으로 구성)인 '대한국국제(大韓國國制)'를 선포했다. 대한국국제에 의하면 대한제국의 주권은 황제에게 있지 국민에게 있지 않다. 제3조에 황제는 무한한 군권(君權)을 가지고 정부를 세운다고 되어 있고, 제6조에는 황제가 법률을 만든다고 되어 있으며, 제9조에는 황제가 선전포고, 강화 및 모든 조약을 체결한다고 되어 있다. 이렇게 당시 주권은 황제에게 있었고 국민에게는 없었다. 그러면 논리상으로 나라를 팔아먹을 수 있는 사람은 황제밖에 없다. 그렇다면 《매국노 고종》이란 책의 제목과 같이 고종을 매국노라고 낮추어 말할 수 있어도 황제가 아닌 국민을 어떻게 매국노라고 부를 수가 있을까?

을사늑약이라는 제2차 한일협약을 체결할 당시(1905년 11월) 고종이 "대신들의 자문도 받고 백성들의 뜻도 고려해야 한다."라고 하면서 체결을 미루자, 이토 히로부미가 "대신들의 자문을 받는 것은 당연하다. 하지만 한국은 폐하가 결정하는 군주 전제국이 아닌가? 민의를 말하지만 실제로 백성을 선동하여 일본 제안에 반대하려는 것이 아닌가?"라고 반문하였다 한다(이종각, 《이토 히로부미》). 또 그 당시 조약 체결을 논의하기 위해 모인 8명의 대신 중 권중현(농상공부 대신)이 "8명의 대신이 이 조약 체결의 승인에 앞서 중추원에서 여론을 수집해 논의해야 한다."라고 하자, 일본 공사 하야시 곤스케는 "한국은 전제국가로서 황제의 한마디 말이면 충분한데, 어찌하여 입헌정치의 흉내를 내어 대중의 의견을 물어야 한다고 하나?"라고 반박하였고 그러자 한국 대신은 아무 말도 못 했다고 한다(윤덕한, 《이완용 평전》). 이런 것을 보면 그 당시 나라의 주권은 황제인 고종에게 있었다는 것을 고종은 물론 대신들도 명확하게 인식하고 있었다는 얘기다. 그런데 우리는 어떻게 고종 외에 친일 매국노가 나라(주권)를 팔아먹었다고 말하는 것일까?

주권은 아니라 해도 민족의 영혼을 팔아먹었다고 할 수 있지 않은가, 하고 반문할 수 있다. 그러나 영혼이 팔아먹을 수 있는 대상(객체)이 될 수 있는지 의문이다.

조선 시대에 노비는 주인이 마음대로 사고팔 수 있는 대상으로서 권리의 객체이지 권리의 주체가 될 수 없었다. 친일노란 단어의 '노(奴)'는 '남자 노예'라는 말이다-여자 노예는 비(婢)-. 그런데 권리의 객체에 지나지 않고 주체가 될 수 없었던 노(奴)가 나라를 팔아먹었다고 우리는 왜 말할까?

노비제도가 제도적으로 폐지된 것은 갑오개혁(1894년) 때이다. 그 후에도 실제로 노비가 존재했다는 사실은 여운형이 1908년에 노비문서를 불태우고 노비를 해방시켰다고 하는 것을 보면 알 수 있다. 그러면 을사늑약 당시 황제를 제외하고 '나라'라는 객체를 팔 수 있는 행위를 할 수 있는 신분을 가진 자는 선비 밖에 없었다. 그렇다면 나라를 팔아먹은 자를 매국노(賣國奴)라 부를 게 아니라 매국사(賣國士)라고 불러야 정확한 표현이다. 그 당시 권리의 객체로 살아왔던 노(奴)가 권리의 주체였던 선비(士)만이 할 수 있었던 매국 행위를 할 수 있다고 전제하여 매국노라는 이름을 붙여서 권리의 객체와 주체를 바꾸어서 말하는지 그 배경이 궁금하다.

1905년 을사늑약이 체결된 이후 1907년 네덜란드의 헤이그에서 개최된 만국평화회의에 특사로 파견된 3명 중 이위종은 '한국을 위한 호소'을 발표했다. 이 호소문은 일제 침략의 부당성을 호소한 것이 대부분이나 그 내용 가운데에는 이런 것도 있다. "한국인들이 오랫동안 장기 집권으로 인한 부패, 과도한 세금 징수와 가혹한 행정에 허덕여 왔으므로 일본인을 애원과 희망으로 환영하였고, 일본인이 부패한 관리들을 처벌해 주고 일반 백성들에게는 정의감을 북돋워 주며 한국민들의 개혁운동을 잘 인도해 줄 것으로 확신하였다"는 내용이다. 그러나 "일본은 정의롭고 평등한 기회를 보장한다는 구호와 달리 추하고 불의하며 비인도적이고 이기적인 야만스러운 행동을 보였고 지금도 그렇다." 하고 호소하였다. 당시 고종과 지도층 선비들이 일반 백성을 얼마나 못살게 다스렸기에 일본 침략의 실상을 세계에 알리려고 했던 헤이그 특사가 낸 호소문에서 이런 내용을 담았을까, 하는 생각에 어안이 벙벙해진다.

일반 백성의 입장에서 보면 일제의 통치는 통치 세력이 사대부에서 일본으로 바뀐 것에 불과하다. 이를 비유적으로 보면 IMF 외환위기 이후 처음으로 우리나라 은행이 외국인 손에 넘어간 제일은행 직원의 입장에서 보면 한국인이 주주로서 경영층이었던 것이 외국인이 주주로서 경영층이 된 것에 불과한 것과 같다. 이위종은 이런 생각에 '한국을 위한 호소'를 하면서 위 내용도 함께 주장하지 않았을까.

한비자는 〈식사〉에서 "군주는 계산을 가지고 신하를 기르고 신하 역시 계산을 가지고 군주를 섬긴다. 군신은 서로 계산하는 관계다."[1]라고 했다. 그래서 신하는 군주(국가)가 싫으면(계산이 맞지 않으면) 다른 나라로 떠난다고 했다. 회사가 종업원에게 제대로 처우해 주지 않으면 종업원은 다른 회사로 옮긴다는 것이다. 순자는 〈왕제〉 편에서 "군주는 배와 같고 백성들은 물과 같다. 물은 배를 띄울 수도 있고 배를 뒤집어 가라앉힐 수도 있다."[2]라고 했는데 같은 말이다.

우리가 매국노라고 쉽게 말하는 것은 선비는 나쁜 짓을 하지 않는 군자이고 나쁜 짓은 서민, 노비 등이 한다는 차별적 의식이 반영된 결과로 생각된다. 그러나 실제 나라를 팔아먹은 사람은 노비가 아닌 선비이다. 매국사(賣國士)가 정확한 말이다.

순자는 "믿을 수 있는 것을 믿는 것이 믿음이고 의심할 만한 것을 의심하는 것 역시 믿음이다."[3]라고 했다. 매국노라는 단어에서 과연 '노'의 글자가 맞는 것인가라는 의심에서 생각이 비롯되었다. 이런 차별적인 의식에 근거한 매국노라는 단어는 앞으로는 쓰지 않는 것이 옳지 않을까.

---

1) 君以計畜臣 臣以計事君 君臣之交 計也(군이계축신 신이계사군 군신지교 계야).
2) 君者舟也 庶人者水也 水則載舟 水則覆舟(군자주야 서인자수야 수즉재주 수즉복주).–《순자》〈왕제〉
3) 信信 信也 疑疑 亦信也(신신 신야 의의 역신야).–《순자》〈비십이자〉

14. 이은하의 '겨울 장미' 노래 가사는 애틋한가, 슬픈가?

> 모름지기 꾸밈으로 바탕을 논하게 되면 그 바탕이 쇠약해진다(須飾而論質者 其質
> 衰也, 수식이론질자 기질쇄야).
>
> 《한비자》〈해로〉

　한참 전에 라디오 프로그램에서 한 중년 남자가 보낸 편지 사연을 들었다. 가수 이은하의 '겨울 장미' 노래 가사와 관련된 내용이었다. 그가 다니던 시골 초등학교에 서울에서 예쁜 여학생이 전학을 왔다. 그 여학생은 그곳에서 함께 공부하다가 다시 서울로 전학 간 후 대학생이 되어 사연을 보낸 남성을 다시 만났다. 그 여학생은 그에게 여러 가지 짓궂은 행동을 했지만 그는 별로 반응을 보이지 않았다. 그러자 그 여학생이 편지를 보냈는데 그 편지에는 당시 유행하던 가수 이은하의 '겨울 장미' 가사가 적혀 있었다. 그때는 몰랐는데 지금 생각해 보니 그 여학생이 자신을 좋아했던 것 같다는 사연이었다. '겨울 장미' 노래 가사는 다음과 같다. 흔히 있을 수 있는 청춘 남녀 간의 애틋한 사랑의 감정을 표현한 노래로 보인다.

　"철이 없어 그땐 몰랐어요/그 눈길이 무얼 말하는지/바람 불면 그대 잊지 못해/조용히 창문을 열면서 나는 생각해요/겨울에 피는 흰장미여/아직도 나를 기다리나/감춰진 마음 잊지 못해/햇살을 향해 피었는가/사랑의 말 내게 들려줘요/그리움이 나를 반기도록/바람 불면 그대 잊지 못해/조용히 창문을 열면서 그대 기다려요."

　2019년 12월에 이은하 씨가 EBS의 '싱어즈'라는 다큐멘터리 프로그램에서 이 노래에 관한 이야기를 했다. 이 노래는 유승엽 작곡가가 동성동본 제도 때문에 결혼 반대에 부딪혀 양화대교에서 한강에 투신 동반 자살한 남녀의 기사를 보고 그 안타까움에 만든 노래라는 것이었다. 그녀는 이 노래를 부르면서 '겨울에 피는 흰장미야 아직도 나를 기다리나'를 부른 다음의 '감춰진 마음 잊지 못해 햇살을 향해 피었는가'라는 부분을 부를 때는 이 자살한 남녀의 애절한 마음을 목소리에 담아내려고 애썼다고 말했다. 지금 기준으로 보면 동성동본이라서 결혼할 수 없어 동반 투신자살한다는 것은 상상조차 할 수 없는 슬픈 사연의 노래이다. 흔히 있을 수 있는 청춘 남녀 간의 애틋한 사랑의 노래인 줄 알았는데 투신할 수밖에 없는 슬픈 남녀의 사랑의 노래라니, 이은하 씨의 이야기를 듣고 놀라지 않을 수 없었다. 라디오에 사연을 보낸 중년 남성도 이 노래가 청춘 남녀의 애틋한 사랑을 담고 있다고 생각해서 편지를 보냈고, 그 라디오 프로그램의 진행자도 그렇게 생각하고 그 편지에 관한 얘기를 했다. 이은하 씨가 이야기한 노래 배경을 듣고 보니 슬픈 사랑의 노래 같기도 하다.

한비자는 〈해로〉에서 "문(文, 글, 말)은 바탕을 꾸미는 것이다…모름지기 꾸민 것으로 바탕을 논하게 되면 그 바탕이 쇠약해진다."[1]라고 했다. 우리가 말하고 표현하는 대상은 우리가 아름답다, 더럽다, 깨끗하다 등으로 표현하기 이전에 그 대상 자체의 바탕(본모습)이 있는데, 우리가 이것을 아름답다 등으로 말과 글로 표현을 하지만 사실은 이 말과 글은 바탕(본 모습)을 꾸미는 것에 지나지 않는 것이므로, 꾸미는 말과 글에 현혹되어 바탕을 잘못 보면 안 된다는 뜻이다.

가수 이은하 씨의 '겨울 장미'라는 노래(文)는 노래를 만든 배경(質) 이야기를 듣기 전에는 청춘 남녀 간의 애틋한 사랑의 노래(바탕, 質)로 생각했을 뿐, 이 노래가 동성동본 간 사랑 때문에 죽어야 하는 슬픈 현실을

---

1) 文爲質飾者也…須飾而論質者 其質衰也(문위질식자야…수식이논질자 기질쇠야).

노래한 것(바탕, 質)으로 생각할 수 없었다. 세상사는 이렇게 어떤 사실의 표현(文)이 나타내는 전달력(꾸밈, 飾)에 현혹되어 진실한 바탕(質)을 생각해 보지 않게 되는 경우가 많다는 것을 이 노래가 보여준다.

방송통신대의 교재 《글과 생각》에서 1940년에 춘원 이광수가 쓴 〈동포에 고함〉이라는 글을 보았다. 이광수는 내가 학교 다니던 시절에는 친일파 작가라는 점보다는 신문화 개척자라는 점에 비중을 두어 설명을 들었는데 요즘은 친일파 작가라는 점에 비중이 두어져서 배척 대상이라고 한다. 이광수는 3·1 기미독립선언 직전(1919.2.8.)에 동경에서 조선청년독립단 선언서(일명 2·8 독립선언서)를 썼다. 이광수가 부귀영달을 위해 친일파로 변심했다는 등의 비난은 많이 들었지만 그가 왜 친일로 변심했는지 그 동기에 대해서는 생각한 적이 없었다. 그런데 그가 친일파임을 나타내는 대표적인 글이라고 하는 〈동포에 고함〉을 읽고 친일파가 된 이유가 어렴풋이 짐작이 되었다.

그는 이 글에서 이렇게 말한다. "…위정자들이 반도인(한국인)에 대해 행하는 정책은 모두 나의 의사나 이익을 안중에 두지 않는 것이라고 잘못 추측하고 있었던 것이네. 하지만 잘못된 추측을 버리고 새롭게 깨달은 오늘의 눈으로 보았을 때, 과거 30년간 나를 위해 행해진 모든 일은 어느 것이든지 나를 생각하옵시는 대어심(大御心, 천황의 마음)이 나타난 것이었다는 사실이 확실해지네. 교통이 열리고, 교육이 보급되었으며, 위생시설이 완비되었네. 치안은 확보되고 산업은 진흥되었네. 우리는 20년 전과 비교해 아주 높은 문화를 향수하고 있네. 이 모든 것이 일시동인(一視同仁, 누구나 평등하게 똑같이 사랑함)의 대어심이 나타난 것이 아니고 무엇이겠는가?…"

이광수는 한일병합 이후 30년간 조선에서 '교통·교육·위생시설·치안→산업 진흥→아주 높은 문화 향수'라는 결과를 가져온 변화를 보고 자신의 종전 반(反) 일본의 판단이 잘못된 것임을 밝히고 있다. 아주 높은 문화 향수에 이르는 단계적 결과를 눈으로 확인하고 나서 국민들 입장에서는 과거 조선 시대보다 더 나은 세상이 되었다는 판단 아래 친일파로 변한 게 아닌가라는 생각이 들었다. 이광수가 1910년 오산학교에서 선생을 할 때, 그 무렵 조선인은 이광수에게 "공부가 용하면 왜 벼슬을 안 하고 시골에 묻혔느냐."라는 질문을 어딜 가나 했다고 한다. 이 소리를 듣고 이광수는 "조선 동포가 원하는 것은 첫째도, 둘째도, 셋째도 벼슬이다."라고 한탄하고 오산학교 선생을 그만두었다 한다(이광수, 《나, 소년편》)

대중가요를 즐기는 데는 바탕[質]과 꾸밈[飾]을 잘 모르고 노래 가사[文]가 전달해 주는 이미지를 그냥 즐겨도 문제없다. 그러나 사실이 필요한 부분에서는 말이나 글[文]이 꾸미는 것[飾]에 현혹되어 본래의 바탕[質]을 잘못 보아 사실을 왜곡하면 큰 문제를 일으킬 수 있다.

이광수가 친일파가 된 동기 등은 알려고 하지 않은 채 친일파라고 비난만 해서는 그 바탕을 제대로 이해하지 못하는 것이다. 마치 이은하의 '겨울 장미' 노래를 만든 배경 설명을 듣지 않으면 그 노래가 청춘 남녀 간의 애틋한 사랑 노래이지 목숨을 끊은 슬픈 남녀의 사랑 노래라는 바탕[質]을 모르는 것과 같다. 우리는 지금 이광수를 친일파로서 일신 영달을 도모한 나쁜 놈이라고 한다. 이광수가 친일파로 된 배경[質]을 알아보고자하는 노력은 하지 않은 채, 그 배경을 먼저 알고 평가해야 올바르다고 주장하면 친일파를 옹호하는 용서 못 할 주장으로 여겨지는 것이 현실이다. 그러나 '겨울 장미' 노래를 만든 배경[質]을 듣지 않고는 가사[文]만으로는 노래의 참맛을 알 수 없다. 바탕을 제대로 알아야 진실에 접근한다.

순자는 〈해폐〉에서, "천하는 두 가지가 있다. 아닌 것에서 옳음을 살피고 옳다고 하는 것에서 아님을 살펴야 한다."[2]라고 했다. '겨울 장미' 노래의 배경을 알면 이 노래를 더 새로운 맛으로 즐길 수 있듯이 이광수가 친

---

2) 天下有二 非察是 是察非(천하유이 비찰시 시찰비).―《순자》〈해폐〉

일파로 된 동기를 알면 우리가 다시는 일본의 지배를 받지 않을 수 있는 지혜를 얻을 수 있다고 생각한다. 이것이 순자가 말한 비찰시 시찰비(非察是 是察非)의 뜻이 아닐까.

15. 황금 보기를 돌같이 하는 사람이 과연 있을까?

걸왕은 존귀하여 천자가 되었지만 존귀함에 만족하지 않았다(故桀貴在天子而不足
於尊, 고걸귀재천자이부족어존).

《한비자》〈육반〉

내가 살고 있는 경기도 고양시에는 고려 말의 충신인 최영 장군의 묘
가 있다. 최영 장군 묘에 관해 설명한 표지판에는 최영은 충신이자 명장
이면서도 '황금 보기를 돌같이 하라'는 아버지의 가르침에 따라 평생을 청
렴하게 지내어 공직자들에게 귀감이 되었다는 내용이 쓰여 있다. 최영 장
군 묘에 가기 위한 야산 아래 입구의 주차장에도 '황금 보기를 돌같이 하
라'는 글귀가 새겨진 큰 돌이 있다. 우리는 최영 장군의 이 말을 인생의 큰
가르침으로 학교에서 배워 왔다.

그런데 세상에 황금을 황금으로 여기지 않고 돌같이 여기는 사람이 어
디에 있을까? 황금을 돌같이 여기는 사람은 최영 장군만 가능한 일이고
일반 사람들은 할 수 없는 일이다. 그런데도 마치 세상의 진리고 참된 가
르침이라고 학교에서 가르치고 배우는 것은 위선을 하는 것이 아닐까?

5만 원권 지폐를 장식한 신사임당도 황금을 황금으로 생각했지 돌같이
여기지 않았다. 신사임당의 친정어머니는 아들이 없었는데 150명의 노비
를 다섯 딸들에게 30명씩 나눠주었다. 신사임당은 물려받은 30명의 노비
를 119명으로 늘려서 이율곡 등 7남매에게 물려준 것이 '이이 남매 화회
문기'라는 보물 제477호의 기록에 있다. 조선 시대 노비 1인의 매매 가격
은 쌀 20섬과 같아서 논 20마지기(100평 기준)의 소출에 해당한다고 한다.
그러면 신사임당은 친정어머니로부터 600마지기 가치에 해당하는 노비를

물려받아 이를 늘려서 2,380마지기(약 23만 8천 평의 농지)에 해당하는 노비를 자식들에게 상속한 셈이다. 신사임당은 황금을 돌이 아닌 황금으로 생각하여 살았던 사람이다.

신사임당의 아들 율곡 이이는 노비 제도의 문제점을 인식하여 노비제도 개선을 주장한 바 있다. 그러나 그 주장도 노비제도 전체가 아니라 지방 관청의 관노비를 일부 선발하여 중앙 관청의 관노비로 일하게 하는 선상(選上)이라는 제도로 중앙의 관노비가 된 사람들의 삶이 너무 고통스럽기 때문에 그 고통을 덜어주자고 한 것에 그치고 있다. 율곡도 기본적으로 노비가 양반의 재산인 사노비를 인정하여 사노비의 개선은 주장하지 않은 셈이다.

1천 원권 지폐의 퇴계 이황은 그의 아들 이준이 죽으면서 그 자식들에게 재산을 나눠준 분재기(分財記, 이황 사후 16년)에 그 재산이 노비가 367명, 땅은 약 36만 평이라는 내용이 있다 한다. 이 노비를 땅으로 환산하면 땅은 총 109만 평에 이르는 엄청난 재산에 해당한다. 이황이 아들 이준에게 보낸 서찰에 의하면 노비를 양인과 혼인시키려고 무척 애썼다고 한다. 당시는 부모 중 누구라도 노비면 그 자식도 노비가 되는 제도(一賤卽賤, 일천즉천)의 시대였으므로, 이황이 재산인 노비 숫자를 늘려서 재산을 늘리는 데에 애썼다는 얘기다. 이황도 황금을 돌이 아닌 황금으로 생각하여 살았던 사람이다.

조선 시대에 양반의 재산인 노비가 획기적으로 증가한 것은 세종 때부터라고 한다. 태종 때는 노비 아버지가 노비일 때만 그 자식이 노비가 되는 종부법(從父法)이 시행되었는데, 세종 때 노비 어머니가 노비면 그 자식도 노비가 되는 종모법(從母法)을 시행(1432년)했기 때문이라고 한다. 이 제도 때문에 여종의 자식(얼자)인 홍길동은 아비를 아비로 부를 수 없었던 것이다.

안중근 의사는 1894년 동학농민운동이 일어나자 아버지 안태훈과 함께 민보군을 조직하여 동학도를 토벌한 후 동학도가 갖고 있던 500석의 쌀을 챙겼다 한다. 당시 탁지부 대신(재무부 장관)이었던 어윤중이 이 쌀을 정부에 반환하라고 해도 잘 반환하지 않았지만 어윤중이 끝까지 노력해서 이를 반환받았다고 한다. '이익을 보거든 정의를 생각하고 위태로움을 보거든 목숨을 던져라'(見利思義 見危授命, 견리사의 견위수명)는 유묵을 남긴 안중근 의사도 황금을 돌로 보지 않았던 셈이다.

흥부전을 보면 제비가 물어다 준 박씨에서 키운 첫 번째 박에서는 쌀과 돈이 쏟아져 나왔고, 두 번째에서는 금은보석이, 세 번째에서는 천여 석의 땅문서와 수백 명의 노비문서가 나왔다. 박에서 나온 각종 물자는 당시 사람들이 재산으로서 어느 것을 중히 여겼는지 그 순서와 중요도를 생각하게 하는 단초가 숨겨져 있다. 흥부의 세 번째 박에서 땅문서와 노비가 함께 나온 것을 보면 조선 시대는 노비가 곧 토지와 동급으로 취급되는 귀중한 재산이었음을 알 수 있다.

한비자는 〈육반〉에서, 노자가 말한 "족함을 알면 욕됨이 없고, 멈출 줄 알면 위험하지 않다(知足不辱 知止不殆, 지족불욕 지지불태)."라고 할 수 있는 사람은 노자밖에 없다고 했다. 그러면서 한비자는 "지금 백성들을 만족시켜서 다스릴 수 있다고 한다면 이것은 백성을 모두 노담(노자)으로 여기는 것이 된다."라고 한 후 "그런데 걸왕(하나라 마지막 군주)은 존귀하여 천자로 있지만 존귀함에 만족하지 않았고, 부(富)는 네 바다만큼 가졌으나 그 보물에 만족하지 않았다. 군주가 백성을 만족시키더라도 천자가 되게 할 수는 없다. 걸왕이 천자가 되었는데도 만족하지 못했다면 비록 백성을 만족시킨다고 하더라도 어찌 다스릴 수 있겠는가"[1]라고 했다. 한비자는 천하를 가진 천자 걸왕도 자신이 가진 부에 만족하지 못하는데 평범한 사람이 어

---

1) 故桀貴在天子而不足於尊 富有四海之內而不足於寶 君人者雖足民 不能使爲天子 而桀未必以天子爲足也 則雖足民 何可以爲治也(고걸귀재천자이부족어존 부유사해지내이부족어보 군인자수족민 불능민사위천자 이걸미필이천자위족야 즉수족민 하가이위치야).

떻게 욕심을 버릴 수 있느냐라는 말을 한다. 사람은 누구나 황금을 좋아한다. 황금을 보고도 돌같이 생각할 수 있는 사람은 최영 장군뿐이다. 황금을 돌같이 여기라는 인간 본성에 반하는 비현실적인 말을 옳은 가르침이라고 교육하는 것은 지킬 수 없는 것을 지키라고 요구하는 비현실적인 주장이다.

노벨 경제학상의 수상자인 밀턴 프리드먼은 "탐욕이란 무엇인가? 우리는 누구도 탐욕스럽지 않다. 다만, 남들이 탐욕스러울 뿐이다"라고 말했다. 나 스스로는 실제 탐욕스러우면서도 탐욕스럽지 않은 체하고 남들은 탐욕스러움에 가득 차 있다고 여긴다는 말이다. 내로남불의 우리의 모습을 나타내는 말이다.

황금 보기를 돌같이 여기지 않고 황금으로 여긴 신사임당과 이황을 우리는 지폐의 인물로 삼고 있다. 노비를 양반의 큰 재산이 되도록 한 세종대왕과 양반의 재산인 사노비는 그대로 인정하고 관청의 공노비만 조금 개선하자고 한 이율곡도 지폐의 인물로 하고 있다. 그런데도 '황금 보기를 돌같이 하라'는 최영 장군의 말을 삶의 진리를 가리키는 말로 교육하고 있고, 우리도 진리로 알고 있다. 황금은 황금으로 여기는 것이 진리이다. 황금을 황금으로 생각하고 행동한 신사임당, 이율곡, 이황, 세종대왕이 올바르다.

16. 동학농민운동 때 청나라를 부른 고종이 문제? 신하가 문제?

춘추오패가 천하에 공과 이름을 이룰 수 있었던 것은 군주와 신하가 함께 능력이 있었기 때문이다(凡五霸所以能成功名於天下者 必君臣俱有力焉, 범오패소이능성공명 어천하자 필군신구유력언).

《한비자》〈난이〉

친구가 《매국노 고종》을 읽고 비분강개했다. 만약 대원군이 계속 집권했다면 조선이 일본에 먹히지 않고 일본과 같이 근대화가 될 수 있었을 텐데 책을 보니 개명 군주라고 하는 고종이 너무 엉터리여서 조선이 일본에 먹혔다면서.

이 책에는 고종이 동학농민운동을 진압하기 위하여 청나라 군대를 불러들이는 과정이 나온다. 대신들이 모두 반대하고 일본은 톈진조약에 따라 조선에 출병할 것이라고 얘기하는데도 불구하고 고종이 민영준(뒤에 민영휘로 개명)과 둘이서 청나라 군대를 불러들였고, 그 결과 일본이 조선에 출병하여 청일전쟁이 일어나 일본이 승리함에 따라 조선이 일본에게 넘어간 단초가 되었다고 한다. 그 외에 고종의 일련의 행태를 봤을 때 실질적으로 일본에 나라를 넘긴 사람은 고종이고, 고종이야말로 매국노라는 것이 이 책의 주된 내용이다.

동학농민운동을 진압하기 위하여 청나라 군대를 불러들이는 논의에서 대신들이 전부 반대했음에도 청나라 군대를 불러들인 고종과 반대 의견을 낸 신하 중 누가 진정 잘못한 것일까?

한비자의 〈난이〉에 다음과 같은 내용이 나온다. 진나라 평공이 숙향에게 "제나라 환공이 천하를 통일한 것은 신하가 잘해서인가, 군주가 잘해서인가?"라고 묻는다. 숙향은 "관중이 재단을 잘하고 빈서무가 바느질을 잘하고 습붕이 다듬질을 잘해서 만든 옷을 환공이 잘 받아 입었습니다. 신하가 잘한 것이며 군주는 별로 역할이 없었다고 봅니다."라고 대답한다. 그러자 옆에 있던 사광이 이렇게 말한다. "신하란 요리사가 맛있는 5가지 요리를 장만하여 군주에게 올리는 것과 같은데, 군주가 이 요리에 손을 대지 않는다면 누가 무리하게 권할 수가 있겠습니까? 비유해서 말하면 군주는 토양이고 신하는 초목인데, 토양의 질이 좋아야 초목도 크게 성장하는 법이므로 환공의 천하통일은 군주의 덕분이지 신하의 덕분이 아닙니다."라고. 숙향의 말은 환공은 신하들이 잘 만든 옷을 입은 것과 같으므로 천하통일의 주역은 옷을 잘 만든 신하들이라는 얘기다. 반면 사광의 말은 요리사(신하)가 맛있는 요리를 해 올려도 군주가 맛보지 않으면 아무 소용없으므로 요리를 선택한 환공(군주)이 천하통일의 주역이라는 주장이다.

이에 한비자는 숙향과 사광을 이렇게 평가한다. "숙향과 사광의 대답은 모두 잘못이다. 천하를 통일한 것은 훌륭한 일인데, 군주의 힘만으로 되거나 신하의 힘만으로 되지 않는다. 옛날 우나라를 섬긴 궁지기와 조나라를 섬긴 희부기 두 사람은 현명했으나 우나라와 조나라는 모두 망했다. 탁월한 신하가 있었지만 탁월한 군주가 없었기 때문이다. 건숙이 우나라를 섬길 때는 우나라가 망했으나 진나라를 섬길 때에는 진나라가 패자(霸者)가 되었다. 이것은 건숙이 우나라에서는 어리석고 진나라에서는 지혜로웠기 때문이 아니라 탁월한 군주가 있느냐 없느냐의 문제다."라고 말한다.

이어서 한비자는 다음과 같이 말한다. "숙향은 신하의 덕분이라고 답했지만 그것은 잘못이다. 옛날 환공은 궁 안에 시장을 두 곳이나 두고 유곽을 2백 군데나 두며 머리는 묶지 않은 채 여인들과 흥청대며 놀았다. 그러나 관중을 얻고 나서 춘추오패가 되었다." 그러면서 "관중이 죽은 후에 수조를 잘못 임용했기 때문에 환공은 죽은 후 시신에서 벌레가 나올 때까지 장례도 못 치렀다. 신하 덕분이 아니라면 관중이 있었더라도 천하 제패를 못했을 것이고, 군주 덕분이라면 수조를 임용했더라도 나라가 혼란해지지 않았을 것이다. 그래서 사광이 군주의 능력에 달려 있다고 말한 것도 또한 잘못이다."라고 한 다음 "춘추오패가 천하에 공과 이름을 이룰 수 있었던 것은 군주와 신하가 함께 능력이 있었기 때문이다. 그러므로 숙향과 사광의 대답은 모두가 한쪽에 치우친 말이다."[1] 하고 말했다. 한비자는 크게 성공하려면 군주와 신하가 모두 함께 잘해야 하고 누가 우선하는 것이 아니라는 뜻이다.

거래처에 이런 일이 있었다. A거래처는 매출이 급격히 늘어나는 상황이지만 자본잠식 상태로서 재무구조가 지극히 좋지 않았다. 그래서 금융기관으로부터 대출은 아예 생각조차 할 수 없고 사채(私債)도 빌리기 어려운 상황이었다. A거래처는 법정 최고 금리인 연 25% 이상으로 수십억 원 사채를 조달하여 운영자금으로 사용하고 있었으므로 고금리에 시달렸다. 또 다른 B거래처도 재무구조가 좋지 않아 은행으로부터 대출금 상환을 요구받고 있었다. B거래처는 연 10%가 넘는 비싼 금리를 주고 수백억 원을 차입하여 은행차입금을 모두 상환했으나 고금리에 시달렸다. A, B거래처가 부도라는 긴급한 상황을 모면한 후에 거래처 임원과 부장들은 "이렇게 초고금리로 자금을 조달하면 나중에 회사가 큰 곤경에 빠진다고 말하여 초고금리 자금조달을 반대했다."라고 얘기했다고 하면서, 현재 회사 경영의 어려움은 높은 금리로 조달한 자금 때문이라고 말했다.

시중금리보다 훨씬 높은 초고금리로 조달한 A, B거래처의 오너 못지않게 회사의 임원, 부장들도 문제 있다고 생각된다. 부도 직전의 회사에서 자금을 조달하기 위한 구체적인 방법에 대해서 아무런 대안도 제시하지 않은 채 초고금리의 자금조달에 반대하는 것은 그냥 망하는 길을 선택

---

1) 凡五霸所以能成功名於天下者 必君臣俱有力焉 故曰 叔向師曠之對 皆偏辭也(범오패소이 능성공명어천하자 필군신구유력언 고왈 숙향사광지대 개편사야).

하자고 하는 것과 다를 바가 없다. 회사가 초고금리나마 자금조달을 하지 못하고 그냥 부도가 났다면 그 임원, 부장들이 "그 당시 내가 초고금리의 자금조달에 반대했기 때문에 자금조달 못해서 부도가 났다" 하고 얘기할까? 초고금리로 자금조달을 할 수밖에 없는 상황으로 경영한 오너들에게 일차적인 문제가 있지만 당시 초고금리로 자금을 조달할 수밖에 없었던 오너의 심정도 이해할 수 있다.

마찬가지로, 동학농민운동 때 관군이 동학군을 물리칠 수 있는지 여부가 불확실한 상황에서, 동학군을 물리칠 구체적 방안을 제시하지도 않고 그렇다고 동학군을 물리치기 위하여 자진하여 전선에 가겠다고 나서지도 않으면서, 동학군을 확실하게 물리칠 수 있는 방안인 청나라 군사를 불러들이는 것에 반대만 하는 신하들의 의견을 고종 입장에서는 받아들이기 어려웠을 것이다. 동학군을 물리칠 수 있는지 여부가 불확실한 관군 동원 방안보다는 확실하게 동학군을 물리칠 수 있는 청나라 군사를 불러들이는 방안을 선택하는 것은 인간 심리상 가능한 것으로 여겨진다.

문제는 일본이 청일전쟁에서 승리한 후의 조선의 대처였다. 일본에게 먹히지 않도록 고종과 신하가 일치단결해서 잘 대처했어야 했는데 그렇지 못한 것이 더 문제다. 윤치호의 일기를 보면 러일전쟁 전후인 1902~1904년 사이에 외부대신(지금의 외무부장관)이 2년 동안 무려 20번이나 바뀌었다고 하고, 1904년 8월 7일 자 일기에는 "지난주 4일 동안 한성판윤이 3번이나 바뀌었고, 김세기는 전라남도 관찰사직을 30만 냥을 주고 샀다"라고 적고 있다. 고종이 나라를 제대로 다스리려는 생각이 있었는지 의문이 든다.

동학농민운동을 맞이하여 조선이 선택할 수 있는 방안 중에서 '확실한 방안을 선택한 고종'과 '자신은 나서지 않으면서 불확실한 방안을 내세우는 신하'는 모두 문제가 있었고, 고종에게만 문제가 있었다고 할 것은 아니라는 생각이다.

17. 토사구팽은 꼭 나쁜 것일까?

> 신하와 군주는 서로 이해가 다르다는 것을 아는 자는 왕이 된다(知臣主異利者王, 지신주이리자왕).
>
> 《한비자》〈팔경〉

사람이 필요할 때는 이용하고 쓸모가 없다고 판단되면 버리는 경우를 두고 토끼 사냥이 끝나고 나면 사냥개가 쓸모가 없어 삶아 먹는다는 뜻으로 '토사구팽'이라고 한다.

중국이 엄청난 돈을 들여서 반도체를 개발하고 있지만 예상과 달리 잘 진척이 되지 않고 있다고 한다. 그 이유를 거래처 사장에게 물어본 적이 있다. 그 사장은 그 이유를 여러 가지로 설명해 주었다. 그 이유 중에서 생각하지도 못한 것이 있다. 우리나라 반도체 관련 기술을 가진 사람들이 높은 급여를 받고 중국 반도체 기업에 많이 스카우트되어 가 있지만 그들이 적극적으로 기술개발에 도움을 주지 않고 있는 것도 하나의 이유라는 것이다. 그리고 그들이 적극적으로 나서서 도움을 주지 않는 이유는 토사구팽의 위험 때문이라는 것이다. 그들이 가진 기술을 다 내놓아서 개발이 빨리 성공하게 되면 그들은 필요가 없어지게 되고, 그러면 그들은 중국 기업에서 나와야 하기 때문에 그들도 자신을 위해서 가진 기술을 한꺼번에 모두 내놓지 않고 조금씩 상황을 봐 가면서 내놓는다고 한다. 반도체를 개발하는 데 필요한 장비를 중국이 수입하는 것을 미국이 막고 있어 중국의 반도체 개발이 제대로 안 되는 원인이라는 신문의 분석 기사가 있었기 때문에 그런 줄로만 알았지 이렇게 우리나라의 반도체 기술자가 토사구팽당하지 않기 위하여 행동하는 것도 하나의 이유가 되는 줄은 전혀 생각하지 못했다.

월나라 구천이 오나라 부차에게 복수하는 과정에 나온 토사구팽에 관한 일화를 한비자는 〈내저설 하〉 편에서 소개하고 있다.

중국의 춘추시대 때 양쯔강 이남에 있던 오나라와 월나라는 앙숙이었다. 처음에는 월나라 구천이 오나라 합려를 쳐서 합려가 죽게 되었다. 합려가 죽으면서 그의 아들 부차에게 복수할 것을 유언으로 남겼다. 부차가 노력한 끝에 구천을 이겨서 복수를 하였지만 구천을 살려 주었다. 구천은 절치부심 노력을 해서 다시 부차를 공격하여 부차를 죽여 복수를 하였다. 이 복수의 과정에 오나라 부차와 월나라 구천이 복수하겠다는 다짐을 잊지 않기 위하여, 부차가 장작더미 위에서 자고 구천이 곰의 쓸개를 핥았다는 데서 '와신상담'이라는 고사성어가 나왔다.

월의 구천이 오의 부차를 공격하여 이기게 되자 부차는 사죄하고 항복을 청해 왔다. 구천이 부차를 용서하려고 했으나 책사 범려와 대부 문종이 반대하면서 말했다. "용서해 주면 안 됩니다. 옛날에 하늘이 월나라를 오나라에 주었지만 오나라가 이를 받지 않았습니다. 그래서 지금 하늘이 부차에게 복수를 하게 한 것입니다. 이것은 오나라가 하늘의 선물인 월나라를 받지 않았기 때문에 하늘이 내린 화를 입게 된 것입니다. 이처럼 지금 하늘이 오나라를 월나라에게 주고 있으므로 절을 하고 이것을 받아들여야 합니다. 절대로 오나라를 용서해서는 안 됩니다."

그런데 오나라의 태재 백비가 월나라의 대부 문종에게 다음과 같은 내용의 편지를 보낸다(백비와 문종은 모두 초나라 출신이다). "꾀 많은 토끼 사냥이 끝나면 좋은 사냥개는 삶아 먹히며, 적국이 멸망하면 계략을 꾸미던 신하도 필요 없어 망합니다. 대부(문종)께서는 어찌하여 월나라가 걱정을 하도록 오(오나라 부차)를 석방하지 않습니까."[1]라는 내용이었다. 전쟁이

---

1) 狡兔盡則良犬烹 敵國滅則謀臣亡 大夫何不釋吳而患越乎(교토진즉량견팽 적국멸즉모신망 대부하불석오이환월호).

끝나면 참모가 필요 없게 되어 참모가 망하게 되는데, 당신 입장에서는 오나라 부차를 살려 주어 계속 월나라와 오나라가 대치해서 긴장 상태가 지속되도록 해야 참모인 당신이 계속 필요하게 되어 당신에게 좋은 것이니, 오나라 부차를 살려서 보내주는 게 당신에게 좋은 것이라는 내용이다.

대부 문종은 이 편지를 받아 보고 나서 한숨을 쉬며 "이 사자를 죽여라. 월나라와 나는 운명을 함께 할 것이다. 오의 부차를 용서하여 적으로 만들어 그 신하인 내 지위를 확보할 수 있다 해도 월나라는 머지않아 오나라에 멸망될 것이다. 그러면 내 목숨도 끝이 날 것이 아닌가."라고 말했다.

토사구팽의 말은 월나라 구천의 책사였던 범려가 월나라 왕 구천은 고락은 함께 하지만 부귀는 함께 할 수 없는 사람이라고 판단하여 월나라를 탈출하여 제나라에 간 후 친구이자 승상으로 있던 문종에게 편지를 보내서 '토끼를 잡는 사냥이 끝나면 사냥개를 삶아 먹는다.'는 말을 하면서 구천으로부터 화를 당하기 전에 피신하는 게 좋다고 충고한 것에서 유래되었다는 말도 있다. 문종은 범려의 충고를 따르지 않았는데 끝내 왕 구천에게 반역의 의심을 받은 끝에 결국 자결하고 말았다.

또 토사구팽은 초한지의 영웅 한신이 한 말이기도 하다. 한나라 명장 한신은 항우를 물리치고 유방이 천하를 통일하는 데 큰 공을 세워서 유방은 그를 초나라 왕으로 임명했다. 그런데 항우의 부장이었던 종리매가 한신에게 몸을 의탁하고 있다는 사실을 안 유방이 당장 종리매를 잡아 장안(지금의 서안)으로 압송하라고 명했다. 그러나 종리매와 오랜 친구인 한신이 그를 숨겨주자 유방이 한신을 의심했다.

한신이 이 일이 예삿일이 아님을 알고 걱정하자 종리매가 자결했고 한신은 그 목을 가지고 유방을 만났지만 유방은 한신을 역적으로 포박했다. 한신은 "토끼를 사냥하고 나면 사냥개는 삶아 먹히고, 나는 새가 없어지면 활이 창고에서 녹슬게 되며, 적국이 망하고 나면 충신도 버림받는다고 하더니, 그 말이 맞구나. 이제 천하가 안정되었으니 내가 죽는 것은 당연하지 않는가."라고 말했다 한다.

흔히 토사구팽을 말하면서 쓰고 버린 사람을 비난하고 당한 사람을 안타깝게 여긴다. 토사구팽을 한다면 누가 이다음에 그를 위해 충성하겠느냐고 흔히 말한다.

그러나 한비자는 〈팔경〉에서 "신하와 군주는 서로 이해가 다르다는 것을 아는 자는 왕이 되고, 같다고 여기는 자는 겁박을 당하며, 일을 함께하는 자는 살해당한다."[2]라고 말한다. 토끼 사냥을 하는 자와 사냥개의 입장이 다르며, 회사 오너의 입장과 종업원의 입장이 다르다는 것을 말한다. 그래서 토사구팽은 일상적으로 발생하는 일이라는 것을 인정한다.

우리 사회의 큰 문제점 중 하나가 낙하산 인사다. 특히 정권이 바뀌면 정권 창출에 기여한 자가 낙하산을 타고 공기업의 사장, 임원 등으로 내려온다. 토끼 사냥이 끝난 후 사냥개를 삶아 먹지 않는, 토사구팽하지 않는 사례. 전문성 없는 사람이 낙하산 인사로 내려오는 것은 조직을 망치는 것이라고 비난한다. 이렇게 토사구팽하지 않으면 사냥개에 해당하는, 함께 일을 일구어낸 사람에게는 좋지만 다른 사람에게는 좋지 않다. 세상사는 다 양면성이 있는 것이다.

중국 반도체 기업에 스카우트되어 간 사람들과 같이 생존 차원에서 토사구팽 당하지 않으려고 한꺼번에 자신의 기술을 내놓지 않는 것은 자기 보존의 본성이다. 그러나 조직의 입장에서는 필요 없다고 판단되는 사람은 토사구팽시켜야 나머지 사람에게 기회가 주어지는 선순환이 된다. 조직이 적절한 보상도 하지 않고 토사구팽하는 것도 문제지만 환경의 변화로 그 사람은 부적격자가 되었는데도 토사구팽시키지 않고 중책을 맡기는 것도 문제이다. 강한 자가 살아남는 것이 아니라 변화에 적응하는 자

---

2) 知臣主異利者王 以爲同者劫 與共事者殺(지신주이리자왕 이위동자겁 여공사자살).

가 살아남는다는 말은 변화에 적응하는 것이 강하게 되는 것보다 더 어렵다는 것을 말해 주는데, 사람도 변화에 적응해야 한다. 사냥이 끝나서 사냥개가 필요 없는 상황이면 집 지키는 개가 되든지 반려동물용 개로서 역할을 변화시켜야 살아남는다. 변화에 적응하지 못하고 과거에 뛰어난 사냥개였다는 이유로 계속 대우를 받겠다고 하면 삶아 먹히는 게 자연의 이치다. 따라서 회사에서 변화에 적응하지 못한 채 창업 공신이라는 이유로 계속 대우를 받으려는 사람이 있다면, 오너 입장에서는 토사구팽하는 것이 필요한 경영 테크닉이라고 볼 수 있다.

18. K-문화의 싹은 일제 때 어떠했을까?

아내는 새 바지를 찢어서 헌 바지처럼 만들어 놓았다(妻子因毁新 令如故褲. 처자인 훼신 영여고고),

《한비자》〈외저설 좌상〉

조선 시대 때 양반들이 즐겼던 한시는 엄격한 룰(5자구, 7자구 등의 절구, 율시 등)이 있기 때문에 그 룰에 따라 시를 짓는 것은 대단히 어려운 일이다. 천재가 아닌 보통 사람은 아주 오랜 시간 동안 공부해야만 한시를 짓고 즐길 수 있다 한다. 시조도 3·4조를 바탕으로 한 음수율을 취하여 초·중·종장의 3장으로 끝나기 때문에 이 형식에 맞추어 시조를 짓는 것도 매우 어려운 일이다. 조선 시대 때 오랜 기간 공부한 사대부(또는 기생)가 아닌 평민 중에 한시나 시조를 짓고 즐기면서 지금까지 이를 남긴 사람이 없는 이유다. 재산은 있으나 엄격한 형식의 시조를 짓기 어려운 평민은 형식에서 약간 벗어난 사설시조를 지어서 즐겼으나 사대부는 이를 폄하했다. 그래서 사설시조의 작가는 대부분 알 수 없다고 한다.

엄격한 룰의 한시의 영향으로 일제 때 처음 시를 지을 때도 엄격한 룰을 지켰다. 예컨대 김소월의 시 〈가는 길〉은 "그립다 말을 할까 하니 그리워/그냥 갈까 그래도 다시 더 한 번/저 산에도 까마귀 들에 까마귀…"의 7·5조로 이루어진다. 이원수의 시 〈고향의 봄〉도 "나의 살던 고향은 꽃피는 산골/복숭아꽃 살구꽃 아기진달래…"로 7·5조로 되어 있다. 김소월의 〈먼훗날〉은 "먼훗날 당신이 찾으시면/그때는 내말이 잊었노라/당신이 속으로 나무라면/무척 그리다가 잊었노라…"로 각행이 모두 10자로 된 시다. 일산 호수공원에는 "얼굴 하나야/손바닥 둘로/폭 가리지만/보고픈 마음/

호수만하니/눈감을 밖에"라는 정지용 시인의 〈호수〉라는 시비가 있다. 처음에는 이 시를 보다가 '보고(싶)픈 마음'과 '눈감을 (수)밖에'로 해야 하는데 글자를 새길 때 '싶'과 '수'의 글자를 빠뜨린 게 아닌가라고 생각했었다. 그러나 이 시를 5자구로 하는 한시의 형식에 맞추어 각 행을 5자씩 정지용 시인이 이렇게 지었다는 것을 나중에 알고 그 천재성에 감탄했다.

일본도 예전에는 엄격한 형식으로 시를 지었으나 메이지 유신 이후에는 이런 형식을 깨고 자유시를 많이 지었다 한다. 이 영향으로 일제 때 우리도 한시 형식과 7·5 등 엄격한 형식에서 벗어나 자유로운 형식의 시가 많이 나왔다 한다. 이런 자유로움이 500년 조선시대에 비교가 안 되는 짧은 일제 때 더 다양하고 많은 시가 나올 수 있었던 배경이 되지 않았나 하는 생각이다.

'소설 나부랭이'라는 말에서 보듯이 조선 시대 때는 엄격한 형식의 한시·시조·가사가 아닌 자유로운 형식의 소설은 천시했다. 그래서 홍길동전·구운몽 등 사대부가 저자인 몇몇의 소설은 작가를 알지만 춘향전·흥부전·심청전과 같은 대중적인 소설은 작가를 알 수 없다. 이렇게 소설을 천시하는 분위기가 아직도 남아 있어서 남이 하는 말을 비아냥거릴 때 지금도 '소설 쓰고 있네.'라는 말을 한다. 모 전직 장관이 국회에서 자신을 비판하는 발언을 하는 동안 '소설 쓰고 있네.'라고 혼잣말을 한 것이 드러나 비판을 받은 사례도 있다. 그러나 일제 때는 조선 시대와 다른 사회적 분위기여서 이광수와 같은 작가가 쓴 신소설이 폭발적으로 나와서 대중이 이러한 신소설을 즐겼다. 조선 시대와 크게 대비된다.

평양 출신의 김관호는 일제강점기 시대의 서양화가로 1911년에 도쿄미술학교에 유학 가서 수석으로 졸업한다. 그때의 작품이 〈해질녘(夕暮 석모)〉이다. 이 그림은 나체의 두 여인이 강변에서 머리를 감고 있는 뒷모습을 담고 있다. 이 그림은 일본에서는 문부성 미술 전람회에서 특선을 했지만 당시 우리나라에서는 누드화로서 외설적이라는 이유로 거센 비난을 받았다고 한다. 이 때문에 김관호는 붓을 꺾고 더 이상 미술 활동을 하지 않았다 한다. 참으로 안타까운 일이다. 그러나 일제 때는 조선 시대에 비해서 자유로운 분위기여서 나혜석 등 천재적인 여성 미술가도 활동할 여지가 있어 많은 작품을 남겼다. 그러나 나혜석이 프랑스 유학 시절인 1928년에 그렸다는 〈자화상〉을 보면 그녀의 모습은 우울하고 쓸쓸해서 당시의 분위기를 읽게 해순다.

'딴따라'라는 비하적인 말에서 보듯이 조선은 음악을 천시했다. 그러나 일제 때에는 홍난파·현제명·금수현·안익태 등 천재적 작곡가가 나오고, 이난영·김정구·고복수·남인수·백년설 등 많은 가수가 활동했다. 음악을 딴따라로 천시하던 조선 시대에 상상할 수 없을 정도로 그 짧은 시대에 음악이 발달했다.

지금은 음악·소설·웹툰·영화 등 콘텐츠 산업이 매우 각광받고 있다. 시·소설과 같은 문학, 미술, 음악, 영화 등의 콘텐츠로 우리나라는 문화강국이 되었다. 이에 관련된 사람들도 크게 대우를 받고 있는 시대다. 그런데 조선 시대는 사대부만 즐길 수 있는 엄격한 형식의 한시, 시조, 가사만 대우를 받았다. 보다 자유스러운 사설시조는 천시당해서 작가도 대부분 모른다. 소설도 나부랭이로 천시받아서 대부분 작가 미상이다. 김관호의 작품 〈해질녘(석모)〉은 일본 문부성 미술 전람회에 특선한 작품이지만 우리나라에서는 이를 맹비난하여 천재 작가의 붓을 꺾게 하고 말았다. 조선은 노래를 딴따라로 천시했기 때문에 그 작사가·작곡가는 물론 유명 가수도 알 수 없는 나라이다.

지금 우리는 세계에서 알아주는 문화 강국이지만 조선 시대와 유사한 권위주의 체제인 북한은 같은 민족인데도 문화 강국과는 거리가 멀다. 36년이라는 그리 길지 않은 일제의 지배 기간 동안은, 엄격한 성리학을 생활 신조로 삼았던 사대부가 지배 계급이 아니었기 때문에 조선 500년간 사대부로부터 억압받았던 서민의 문화(시, 소설, 그림, 음악)가 꽃이 피지 않았을까 하는 생각이 든다. 그렇지 않다면 어떻게 그리 길지 않은 36년의 기간에 조선 시대와 달리 서민 문화가 갑자기 만개할 수 있었을까?

한비자의 〈외저설 좌상〉에 나오는 내용이다. 추현 사람인 복자가 그의 아내에게 바지를 만들어 달라고 했다. 아내가 바지를 어떻게 만들어야 되냐고 물었다. 남편이 나의 헌 바지처럼 만들어 달라고 했다. 그러자 "아내는 새 바지를 찢어서 헌 바지처럼 만들어 놓았다."[1]라고 한다.

상식적으로는 어떻게 새 바지를 찢어서 헌 바지처럼 만들 수 있냐고 생각할 수 있다. 그런데 만약 엄격한 사회인 북한에서 고위층이 이런 지시를 했다면 지시를 받은 사람은 어떻게 했을까? 헌 바지로 만드는 게 이해가 되지 않는다고 지시한 사람을 찾아가서 그 의도를 꼬치꼬치 캐물어서 그 의도에 맞게 만들었을까? 엄격한 시대였던 조선 시대도 위 사례와 같이 시키는 대로 새 바지를 헌 바지로 만들었지 않았을까?

우미영 한양대 교수가 쓴 《근대 조선의 여행자들》을 보면 1899년 이화학당 학생들의 첫 봄소풍은 '500년 내 처음 있는 여학도의 화류'로 기사화될 만큼 경이로운 일이었고, 1923년에 여학생이 소풍을 처음 갔다 온 기쁨을 《신여성》이란 잡지에 "종일토록 즐기다가 석양에 돌아오니 그 아기자기하고 재미있고 기쁜 말을 어찌 다 하겠습니까. 아 –우리 동무들이여! 우리가 일 년에 두 번씩 가는 이 원족(遠足, 소풍)이 아니면 가정이나 학교에서는 맛볼 수 없는 이런 유쾌한 느낌을 어찌 맛볼 수 있겠습니까"라고 기고하고 있다. 이런 것을 보면 일제 때는 조선 시대와 달리 다른 나라에 유학 갔다 온 사례도 많고, 천주교·기독교 등의 종교 활동도 자유롭고, 학교를 다닐 수 있는 환경이었으며, 다양한 머리 모양·복장 등을 하는 시대였으므로 조선 시대보다는 지금의 K–문화의 바탕이 되는 문화가 싹틀 수 있지 않았을까 싶다.

---

1) 妻子因毁新 令如故褲(처자인훼신 영여고고).

19. 조선은 왜 전쟁 한 번 안 하고 일본에 나라를 넘겨주었을까?

능히 백성의 힘을 하나로 모아 다했지만 나라가 깨지고 군주 자신이 살해당하는 경
우는 모두가 현명한 군주다(能一盡其民力 破國殺身者 尚皆賢主也, 능일진기민력
파국살신자 상개현주야).

《한비자》〈설의〉

2019년 6월 28일 자 중앙일보에 흥미로운 기사가 실렸다. 실업률이 2010년 이후 8%로 하락했다고 하는 정치인의 말이 가짜인지 여부를 AI(인공지능)가 불과 3초 만에 영국 통계청 자료를 확보해서 화면에 자료를 보여주면서 사실이라고 말했다는 내용이다. 앞으로는 어떤 사실을 두고 논란할 필요가 없게 되었다. 사람의 능력으로는 기억해낼 수 없는 것을 AI가 순식간에 찾아내어 알려 줄 수 있기 때문이다.

조선 시대에 일반 백성들의 삶이 어떠하였는지에 대한 생생한 기록이 거의 없다. 그 당시 일반 백성들은 대부분 문맹이었고 기록에 필요한 종이가 매우 비싸서 그들은 자신의 삶을 직접 기록할 수가 없었기 때문이다. 양반들은 일반 백성의 삶의 모습을 생생한 기록으로 별로 남기지 않았다.

조선 시대에 외국인이 조선을 방문하고 남긴 기록을 보면 당시 백성들의 삶의 모습이 나온다. 그들의 기록을 보면 과연 사실일까라는 생각이 들 정도로 참혹한 삶의 모습이다. 사람이 사는 사회인데 어떻게 이럴 수가 있었나 하는 생각이 들기도 한다. 이런 조선 시대의 모습을 AI가 자료를 모아서 당시 생활상을 책이나 동영상으로 보여 주면 어떨까라는 생각이 든다. 아래는 외국인이 본 모습이다.

1894~1897년간 4차례 조선을 답사한 이사벨라 버드 비숍이 쓴 《조선과

그 이웃들》에 나오는 내용이다. 조선에는 착취하는 사람들과 착취당하는 사람들 이렇게 두 계층만 존재하는데, 전자는 허가받은 흡혈귀라 할 수 있는 양반계층으로 구성된 관리들이고 후자는 전체 인구의 80%를 차지하는 하층민들로서, 하층민의 존재 이유는 흡혈귀에 피를 공급하는 것이라고 쓰고 있다. 또 이 책에서 조선에 있는 모든 남자들은 가난을 최고의 보신책으로 여기며, 가족과 자신을 위한 음식과 옷을 필요 이상으로 가지고 있으면 탐욕적이고 타락한 관리가 알면 빼앗아간다는 것을 잘 알고 있다고 적고 있다.

서양인으로 처음으로 고종의 어전을 그린 영국 출신 여행가 아널드 새비지 랜더어가 1890년 말에 조선을 방문하고 쓴 《고요한 아침의 나라 조선》에 나오는 내용이다. "…어느 조선 사람이 '죽도록 일해서 돈 벌어봐야 뭐합니까.'라고 내게 푸념을 늘어놓았다. 그는 이어서 내 얼굴을 진지하게 뜯어보면서 '고되게 일해서 돈을 벌어봤자 관리가 그것을 뜯어갑니다. 자, 당신 같으면 나와 같은 상황에서 일할 맛이 나겠습니까.'라고 덧붙였다. 그의 말에 찬동한다는 의미에서 '할 수만 있으면 차라리 목을 매겠소.'라는 대답이 내가 최선을 다해서 조선말로 짜낸 표현이었다…" 또 이 책에서는 "…형리가 육중한 손으로 곤장의 끄트머리를 움켜쥐고 두세 번 머리 위로 휘저은 다음 그의 넓적다리를 힘껏 내리치자 피가 터져 나오기 시작했다…곧 그의 살갗은 검푸르게 변하고 피가 맺혔다. 그리고 몇 차례 더 내리치자 너덜해진 살가죽이 곤장에 붙어 버렸다. 그 아픔은 이루 말할 수 없으리라. 그는 소매를 꽉 깨물고 신음하다가 마침내 기절하고야 말았다."라고 쓰고 있다.

1900년에 이탈리아 외교관으로 한양에서 생활한 카를로 로제티가 쓴 《꼬레아 에 꼬레아니》에서는 형벌을 가하는 모습을 적고 있다. "죄인을 사기 조각 위에 무릎을 꿇게 하고 머리카락을 높이 매다는 것이 있다. 한국 사람은 모두 머리카락이 길기 때문에 이렇게 하기 쉽다. 그러고는 두 명의 집행인이 단단한 곤봉으로 다리를 때린다."

1890년 중반부터 25년간 조선에 거주한 미국 선교사 제이콥 로버트 무스는 《1900, 조선에 살다》에서, 조선의 양반 사대부의 모습을 "이들은 길을 거닐고, 긴 곰방대로 담배를 피우며, 옛 지혜의 심오함에 대해 대화를 나누는 선비 역할을 하는 것 외에는 하는 일이 없다. 이들이 바로 양반 혹은 사대부들이다. 그들은 여러 해 한문 공부를 해서 왕이 이런 무가치한 인간 벌레들에게 관직이라는 은총을 내리면 감읍하여 받아들일 존재들이다."라고 적고 있다.

영국인 기업가로 의원을 지낸 어니스트 해치가 1901년 조선, 일본, 청나라를 방문한 뒤 남긴 《극동의 인상 : 일본·코리아·중국》에서는 "백성은 실정(失政)에 익숙해져서 그것을 자연법이라고 여길뿐 그것에 반대해 싸우려 하지 않는다…조선의 관료제는 이 나라의 심장부를 차지한 채 이 나라의 생피를 빨아 마시는 흡혈귀다."라고 적고 있다.

18~19세기에 조선에서 활동한 프랑스 신부 샤를 달레가 쓴 《조선교회사 서론》에서는 "조선은 양반 수가 많고, 양반계급 내부의 투쟁에도 불구하고 그들의 계급적 특권·기득권을 보존하고 확대하기 위해 단결하므로, 서민이나 임금마저도 그들의 권력에 대해 싸우지 못한다. 양반은 돈이 필요하면 하인을 보내 상인이나 농민을 잡아와 가두고 때리며 돈을 요구한다. 정직한 양반은 강탈하기보다 빌리는 것을 가장해 돈을 요구하되 결코 반환하지 않는다. 이러한 특권을 유지하기 위해 그들의 계급 이익을 지키는 데에 하나로 일치되어 있다. 그러니 조선 양반 사대부는 세계에서 어느 귀족계급보다 강력하다."라고 적고 있다.

오스트리아인 여행가 헤세 바르텍의 《조선, 1894년 여름》을 보면 조선은 사형시킬 때 천천히 고통스럽게 죽이기 위해 녹슨 칼로 4~5번 휘둘러서 죽이고, 시체는 본보기 삼는다고 2~3일간 거리에 그대로 방치한다고 적고 있다.

1593년 6월에 조선을 찾았던 명나라 고위관리 유원외라는 사람이 선조에게 보낸 편지에 나오는 내용이다. "형벌을 가벼이 하고 세금을 줄여 인심을 안정시켜야 합니다. 당신 나라가 대명률을 준수하고 있으나 아직도 형벌에 육형(肉刑, 신체에 훼손을 가하는 형벌)을 사용하고 있습니다. 언젠가 길에서 손에 못 박혀 죽은 시체를 본 적이 있습니다. 이는 살인을 너무 쉽게 행하는 것으로 하늘의 기운을 손상시키는 일입니다." 이것은 선조실록 39권에 실려 있다. 참으로 참혹한 백성들의 삶의 모습이다.

한비자는 〈설의〉에서 "능히 백성의 힘을 하나로 모아 다 했지만 나라가 깨지고 군주 자신이 살해당하는 경우는 모두가 현명한 군주다. 반대로 만약 법이 뒤집히고 자리가 바뀌며 백성이 상하지 않고 온전하게 하여 나라를 넘겨주는 것이 최고로 어처구니없는 일이다."[1]라고 했다.

2022년에 소련이 우크라이나를 침공했을 때 젤렌스키 우크라이나 대통령은 결사 항전하여 막아내고 있다. 그러나 2021년 8월에 아프가니스탄에서 탈레반이 수도 카불을 향해서 진격했을 때는 당시 아슈라프 가니 대통령은 돈다발을 챙겨서 도주했다. 이것을 보면 한비자가 말한 현명한 군주와 어처구니없는 군주의 의미를 생각하게 한다.

조선은 전쟁 한 번 하지 않고 나라를 일본에 그대로 넘겨주었다. 나라를 넘겨준 후 조선 왕실은 일본으로부터 엄청난 세비를 받아서 1947년까지 왕실을 유지하면서 생활했다. 한비자의 말에 비추어 보면 조선 왕실은 최고로 어처구니없는 일을 한 것이다. 조선 왕실이 전쟁 한 번 해보지 못하고 그대로 나라를 넘겨준 이유는 백성의 삶이 참혹하기 이를 데가 없는 사회이어서 백성들의 뜻을 한 곳에 모아서 전쟁할 상황이 되지 못했기 때문인지도 모른다. 이런 참혹한 역사도 우리가 제대로 알아야만 잘못을 되풀이하지 않는다.

---

1) 能一盡其民力 破國殺身者 尙皆賢主也 若夫轉法易位 全衆傳國 最其病也(능일진기민력 파국살신자 상개현주야 약부전법역위 전중전국 최기병야).

20. 감상적으로 과거 시험 출제한 광해군, 어떻게 봐야 하나?

학문을 그만두게 하고 법도를 밝혀서 개인적인 편익을 눌러 하나의 공이라도 세우게 하는 것이 공적인 이익이다(息文學而明法度 塞私便而一功勞 此公利也, 식문학이명법도 색사편이일공로 차공리야).

《한비자》〈팔설〉

조선 시대 과거 시험은 지금 행정고시 등 고급 공무원 시험보다 훨씬 경쟁률이 치열했다. 《정조실록》에 따르면 이틀에 걸쳐 치러진 과거 시험에 21만여 명이 응시하여 7만 명이 답안지를 제출했는데, 급제한 사람은 장원급제 2명을 포함한 총 12명이었다고 한다. 무려 1만 8천 대 1의 경쟁률의 시험이다. 조선 시대는 과거 시험 합격자의 평균 연령이 35세, 평균 준비 기간은 5세부터 시작해 25~30년 이상이었다 한다. 조선 500년 동안 과거 급제자는 1만 5천여 명에 불과하다. 그런데 이렇게 어려운 과거 시험에 임진왜란을 겪은 임금인 광해군이 묘한 문제를 출제했다.

광해군 8년(1616년) 때이다. "섣달 그믐밤이 되면 서글퍼지는 이유가 무엇인가, 이에 대해 논하라."라는 제목의 문제였다. 출제한 이유를 광해군은 "가면 반드시 돌아오는 것이 해이고, 밝으면 반드시 어두워지는 것이 밤이다. 그런데 섣달 그믐밤에 꼭 밤을 지새우는 까닭은 무엇인가? 어렸을 때는 새해가 오는 것을 다투어 기뻐하지만, 점차 나이를 먹으면 모두 서글픈 마음이 드는 것은 무엇 때문인가? 세월이 흘러가는 것을 탄식하는 데에 대한 그대들의 생각을 듣고 싶다."로 밝혔다.

그런데 이 과거 시험 이전인 광해군 3년(1611년) 3월에 실시한 과거 시험에서 광해군은 '지금 나라의 시급한 과제는 무엇이냐?'라는 제목으로, 좋은 인재를 등용하고 국론 분열을 해소할 수 있는 방안, 공납제도를 개선해 백성의 부담을 경감시킬 방안, 토지제도를 정비할 방안, 호적과 지도의 정리방안 등 4가지 현안에 대해서 그 대책 제시를 시험 문제로 출제했다.

그런데 이 시험에서 임숙영이란 사람의 답안지가 파문을 일으켰다. 당시 45세였던 임숙영은 '임금이 언급한 일들이 시급하기는 하나 원칙에 따라 처리하면 될 일'이라며 "임금께서는 나라의 진짜 큰 우환과 조정의 병폐에 대해서는 질문하지 않으셨으니 본인은 임금의 뜻을 모르겠고, 정작 중요한 문제는 덮어두기만 하고 의논하지 않느냐"라고 반문했다. 그런 후 자신이 생각하는 조정의 병폐 4가지 –궁중의 기강과 법도가 엄하지 않은 것, 언로가 열리지 않은 것, 공정한 도리가 행해지지 않는 것, 국력이 쇠퇴한 것 –를 나열한 후 이 문제들은 모두 임금이 제 역할을 하지 못하고 있기 때문이라는 내용으로 답안지를 작성했다. 임숙영은 답안지에서 구체적으로는 "임금이 하루라도 자기 역할을 생각하지 않으면 덕을 잃어버리게 되고 결국 망하게 됩니다. 밖에서는 외척을 빙자해 위세를 떨치고, 안에서는 왕비나 후궁의 세력을 끼고 욕심을 채우려 합니다." 이렇게 적어서 임금과 외척의 잘못을 비판했다.

광해군은 분노해서 임숙영을 급제자 명단에서 삭제하려고 했지만 이를 비판하는 상소가 빗발치고 영의정 이덕형과 좌의정 이항복도 부당하다고 주장함에 따라 마침내 광해군은 그 뜻을 접었다고 한다. 이런 파문을 1611년에 겪은 탓인지 1616년에 치른 과거 시험에는 위와 같이 감상적인 내용으로 시험 문제를 출제했다.

1616년의 과거 시험에서 장원한 사람은 임진왜란 때 부산진 싸움에서 전사한 정발 장군의 아들인 39세의 정흔인데 그 답안지는 지금은 존재하지 않고, 만 21세로 차석을 한 이명한의 답안지가 있는데 그 답안지 또한 출제 못지않게 묘하다. 그 요지는 이렇다. "인생은 부싯돌의 불처럼 짧다. 늙으면 젊음이 다시 오지 않고 100년 후의 세월에는 내가 살아 있을 수 없으니, 손가락을 꼽으며 지금의 이 세월을 안타까워한다. 밤이 새도록 자지 않는 것은 잠이 오지 않아서가 아니고, 둘러앉아 술잔을 기울이는 것은 흥에 겨워서가 아니다. 묵은해의 남은 빛이 아쉬워서 아침까지 앉아 있는 것이고, 날이 밝아오면 더 늙는 것이 슬퍼서 술에 취해 근심을 잊으려는 것이다. 어릴 때는 폭죽을 터뜨리며 악귀를 쫓는 설날이 가장 좋은 명절이어서 섣달 그믐날이 빨리 오기를 손꼽아 기다리지만, 나이가 들어 의지와 기력이 떨어지면 눈 깜짝할 사이에 지나가는 세월을 묶어 둘 수도 붙잡아 둘 수도 없다. 세월은 빨리 지나가고, 나에게 머물러 있지 않는다. 죽을 때가 되어서도 남들에게 칭송받을 일을 하지 못함을 성인은 싫어했다. 살아서는 볼 만한 것이 없고 죽어서는 전해지는 것이 없다면 초목이 시드는 것과 다를 바가 없다. 무지한 후진을 가르쳐 인도하고, 터득한 학문을 힘써 실천하며, 등불을 밝혀 밤늦도록 꼿꼿이 앉아 마음을 한 곳에 모으기를 일평생 하면, 깊이 사색하고 반복해서 학습하게 되어 장차 늙는 것도 모른 채 때가 되면 순순히 죽음을 받아들일 수 있으니 무슨 유감이 있겠는가?"라는 요지의 글이다. 만 21살의 파릇파릇한 청년이 낸 답안지로 보기 어렵고, 마치 인생을 다 살아본 노인이 세상의 이치를 꿰뚫고 하는 말 같다.

그런데 1616년은 여진족의 누르하치가 후금을 세우고 황제가 된 연도다. 후금이 명나라를 침범함에 따라 명나라는 1618년에 조선에 원병을 청해왔고, 광해군은 명의 요청을 거절할 수 없어 강홍립을 사령관으로 삼아 1619년에 1만 3천여 군사를 이끌고 출병했다. 그래서 1616년은 군사적으로 몹시 긴장이 고조되던 때다. 광해군은 1611년의 과거 시험에서는 인재 등용 및 국론 분열 해소 방안 등 당면 현안에 대한 대책을 시험 문제로 출제하여 올바르게 나라를 다스리기 위해 필요한 현실적인 의견을 구했지만, 군사적 긴장이 강해지는 1616년에는 완전히 감상적인 문제를 출제했다.

임진왜란이 끝나고 4년 후인 1611년의 과거 시험에 45세였던 임숙영이 나라를 잘 다스리기 위해서는 임금이 중심을 잡고 제대로 일 처리를 해야 한다고 답안지로 건의했음에도 광해군은 이 의견 제시에 대해서 분노했다. 그런데 1616년에는 만 21세의 젊은이가 나라를 위해 어떻게 일하겠다는 각오는 없이 "후진을 가르치고, 배운 학문을 실천하고, 밤늦도록 사색하고 학습하겠다." 하며 속세를 떠난 애늙은이의 답안지를 적은 이명한을 차석으로 합격시켰다. 이 두 가지 과거 시험의 출제와 합격자의 사례를 보면 광해군이 어디에 관심을 두고 있었는지가 보인다.

한비자는 〈팔설〉에서 이렇게 말한다. "널리 배워서 변설과 지혜가 공자나 묵자와 같은 사람들이라 하더라도, 공자나 묵자는 밭을 갈거나 김을 매지 않으니 국가에 무슨 보탬이 되겠는가? 효행을 닦고 욕심을 부리지 않는 증자나 사추(증자와 사추는 효자로 유명하다)와 같더라도 증자와 사추는 전쟁터에 나가서 싸우지 않으니 국가에 있어 무슨 이득이 되겠는가."라고 반문한 후 "백성에게는 개인적인 편익이 있어야 하고 군주에게는 공적인 이익이 있어야 한다. 농사를 짓지 않아도 생활하는 데 불편하지 않고, 관직에 있지 않아도 명예가 빛날 수 있는 것은 개인적인 편익이다. 학문을 그만두게 하고 법도를 밝혀서 개인적인 편익을 눌러 하나의 공적이라도 세우게 하는 것이 공적인 이익이다."[1]라고 말한다. 개인적인 수양을 하는 자보다는 나라에 실질적으로 도움이 되는 자를 존중해야 한다는 주장이다.

만약 한비자가 조선의 임금이었다면 1616년의 이명한의 답안지보다 1611년의 임숙영의 답안지를 훨씬 높이 평가했을 것으로 생각된다. 임진왜란을 겪은 후 얼마 되지 않아 병자호란을 겪은 조선 사회 분위기를 과거 시험을 통해서도 엿볼 수 있다.

---

1) 匹夫有私便 人主有公利 不作而養足 不仕而名顯 此私便也 息文學而明法度 塞私便而一功勞 此公利也(필부유사편 인주유공리 부작이양족 불사이명현 차사편야 식문학이명법도 색사편이일공로 차공리야).

4장
한비자, 경제와 삼국지를 논하다

1. 국민연금은 참 좋은 제도인가?

듣고 맞추어 보지 않고는 아래를 나무랄 수 없다(聽不參 則無以責下, 청불참 즉무이 책하).

《한비자》〈팔경〉

몇몇 친구들의 계모임에서 옆에 앉은 친구가 "국민연금은 누가 만들었는지 모르지만 참 좋은 제도다."라고 말했다. 국민연금을 받을 나이가 되어 실제 연금을 받으니까 그 혜택을 실감한 것이다. 그러나 나는 "국민연금의 본질은 먹튀다."라고 응답했다. 그 친구는 어이가 없다는 듯이 나를 쳐다보았다. 나는 연금제도에 관해서 평소 알고 있는 것을 다음과 같이 얘기했다.

"연금제도는 급부형과 적립형이 있다. 급부형은 우리나라와 같이 일정기간 연금을 납부한 자에게 평생 일정한 연금을 지급하는 형태고, 적립형은 칠레와 같이 자기가 적립한 금액을 평생 나누어 받는 형태다. 적립형은 기업연금이나 개인연금과 같이 자신이 적립한 금액 범위 내에서 받는 것이므로 기금 고갈 문제가 발생하지 않는다. 그러나 급부형은 자기가 적립한 것보다 많이 받도록 설계되어 있기 때문에 기금 고갈 문제가 생긴다. 그래서 급부형을 취하는 그리스 등 남유럽에서 기금 고갈로 심각한 사회문제가 발생한 것이다. 급부형을 취하는 우리나라의 공무원연금·사학연금·군인연금도 기금이 고갈되어 엄청난 규모의 국고보조금이 지급되고 있다. 급부형의 국민연금은 기본적으로 자기가 낸 돈(100)보다 많은 연금(180)을 평생에 걸쳐서 많이 받아가는 구조이다. 내가 낸 돈보다 더 많은 80을 내가 받아 가면 나의 후손들이 이 80을 메꾸는 구조다. 그래서 국민연금은 고갈될 수밖에 없다. 거칠게 표현하면 국민연금의 본질은 나이 많은 우리가 먼저 먹고 튀는 먹튀에 해당한다. 신문 보도에 따르면 현행 제도(보험료율 9%, 소득대체율 40%)가 유지될 경우 2055년에 수급 자격이 생기는 1990년생부터는 국민연금을 한 푼도 받을 수 없다는 충격적인 상황이 발생한다고 한국경제연구원이 분석했다고 한다." 이렇게 말했다. 이런 설명에 그 친구는 납득을 하면서도 몹시 불쾌한 표정이었다.

나는 "바람직한 연금제도는 우리나라의 기업연금이나 개인연금과 같이 칠레의 적립형으로 하는 것이고, 그래야 자신이 적립한 것을 그대로 받아 가게 되어 선배 세대와 후배 세대 간에 갈등을 야기하지 않고 지속적으로 운영할 수 있다."라고 얘기했다. 나의 이야기에 그 친구는 "지금 얘기는 사람은 자신의 미래를 충분히 준비해 나갈 수 있다는 전제 하에 하는 얘기인데, 사람이 그런가?"라고 반문했다. 나는, "사람은 남이 아닌 자기 자신을 위해서 산다고 보는 성악설이 옳다고 보는데, 사람의 본성상 내가 아닌 남 내지는 후대 세대가 나를 위해서 연금을 부담하라고 하는 제도는 지속될 수 없다." 하고 말한 후 "국민연금의 본질이 먹튀라고 하면 나 자신이 나쁜 이미지의 상징인 먹튀자가 되어서 듣기 거북하지만 원래 진실은 불편한 것"이라고 말했다.

이 이야기가 발단이 되어 친구들 간에 복지제도에 관한 많은 얘기가 오갔다. 한 친구가 스웨덴, 노르웨이, 덴마크와 같이 노후에 생계비 걱정 없이 편안하게 살 수 있는 나라를 우리가 지향해야 되지 않느냐고 했다. 그래서 내가 반문했다. "①스웨덴, 노르웨이는 상속세가 없는데 우리는 최고 상속세율이 50%이고 비상장법인의 지배주주 할증률을 감안하면 세계 최고의 세율이다. 우리나라에서 스웨덴이나 노르웨이와 같이 상속세를 없애자고 하면 찬성하나? ②스웨덴, 노르웨이, 덴마크는 부가가치세율이 25%다. 우리나라는 10%다. 우리나라도 부가가치세율을 25%로 인상해서 복지 재원을 만들어서 스웨덴 등과 같이 하자고 하면 찬성하나? ③스웨덴은 재산세도 2008년에 폐지했다. 우리도 재산세를 폐지하자고 하면 동의하나? ④스웨덴은 과세표준이 연 6천6백만 원 이하에 해당하면 무조건 32%지만 우리는 과세표준이 연 1천2백만 원 이하는 6.6%(지방소득세 포함)이고 6천6백만 원은 26.4%다. 연 1천2백만 원 이하 소득자도 스웨덴과 같이 32% 세율로 소득세를 징수하자고 하면 동의하나?" 등의 내용이었다. 그 친구는 대답이 없었다.

우리는 스웨덴 국민들이 누리는 복지를 말하면서 그들이 부담하는 비용에 대해서는 잘 모른다. 스웨덴 국민들이 부담하는 실상을 밝히고 이같이 질문하면 대부분은 대답을 회피한다.

한비자는 〈팔경〉에서 다음과 같이 얘기한다. "듣고 맞추어 보지 않고는 아래를 나무랄 수 없다. 말이 실용성이 있는지 살펴보지 않으면 간사한 말이 타당한 것으로 보인다. 어떤 일에 말이 같은 자가 많으면 믿게 된다. 열 사람이 말하면 의심스러워도 백 사람이면 그렇게 되고, 천 사람이면 완전히 믿는다. 말 더듬는 자의 말은 의심하나 말 잘하는 자의 말은 믿는다. 간신이 윗사람의 마음에 들고자 하는 경우는 여러 사람과 책에 나오는 말을 이용해서 믿게 한다. 유사한 사례를 내세워서 개인의 이익을 꾸며댄다. 군주가 분을 참고 기다려서 맞추어서 보지 않으면 그 기세는 아래 사람에게 도움이 되게 된다."[1] 말이 맞는 것인지 여부를 실제로 따져보지 않으면 다수가 말하는 간사된 말이라도 진실로 받아들이고, 그 간사한 말을 하는 자가 대우받는다는 것을 지적한 것이다. 스웨덴과 같이 복지국가가 좋은 나라라고 말하는 사람이 많은데, 위와 같이 사례를 들어 복지 재원을 부담할 용의가 있는지를 구체적으로 질문하면 대답을 회피하

---

1) 聽不參 則無以責下 言不督乎用 則邪說當上 言之爲物也以多信 不然之物 十人云疑 百人然乎 千人不可解也 吶者言之疑 辯者言之信 姦之食上也 取資乎衆籍 信乎辯 而以類飾其私 人主不壅忿而待合參 其勢資下也(청불참 즉무이책하 언불독호용 즉사설당상 언지위물야이다신 불연지물 십인운의 백인연호 천인불가해야 눌자언지의 변자언지신 간지식상야 취자호중적 신호변 이이류식기사 인주불옹분이대합참 기세자하야).

는 것을 지적한 것이기도 하다.

은평 둘레길에 가면 김명옥 시인의 〈동행〉이라는 시가 있다.

"같은 곳을 바라보기/참, 쉽다./같은 곳을 바라보기/참, 어렵다./때로는 가까이에서, 때로는 멀리서/때로는 높게, 때로는 낮게/때로는 앉아서, 때로는 서서/때로는 오랫동안, 때로는 잠시/때로는 같이, 때로는 따로/바라본다./바라보다, 바라보다가…/참, 쉽고, 또, 참, 어렵다./그래도 함께 바라볼 수 있어서/참, 다행이다./우리는…"

국민연금 제도 하나를 두고도 서로 닮은 점이 많은 가까운 친구들 간에도 의견 차이가 크다. 친구 간에도 같은 곳을 바라보기가 참 쉽기도 하고 어렵기도 하다. 이 시의 말미에 있는 "그래도 함께 바라볼 수 있어서/참, 다행이다/우리는…" 이것이 우리가 살아가는 현실이다.

2. 아파트값이 오르는 이유는 뭘까?

이익되는 것을 금지시키고 금지시키는 것이 이익이 되는 것이면 비록 神이라도 이룰 수가 없다(利所禁 禁所利 雖神不行, 리소금 금소리 수신불행).

《한비자》 〈외저설 좌하〉

아파트값은 확실하게 잡겠다는 문재인 대통령의 장담과는 달리 아파트 값이 계속 올라 여론이 나빠졌다. 당시 집권당인 민주당에서는 주택은 충분한데 부동산 투기자가 다수의 주택을 소유하기 때문에 가격이 오른다고 하면서 주택 관련 세금을 올리고 대출 규제를 하는 등 수요 억제 정책을 입법화하고 지지했다. 그러나 아파트값이 계속 오르자 이전 박근혜 정부에서 '재건축 초과이익 환수제'를 유예시키고 분양가 상한제를 없애며 재건축 조합원의 주택수를 늘리는 부동산 3법을 통과시키는 등의 부동산 규제를 완화한 것이 아파트 상승의 원인 중 하나라고 주장하기도 했다. 과연 주택 값이 계속 오르는 이유는 무엇일까?

물건 가격을 감정하는 데에는 3가지 방법이 있다. 그 물건을 실제 취득한 가격이 얼마인가라는 점에 초점을 맞추어 감정하는 원가법(cost approach), 실제로 얼마에 거래되는가라는 점을 감안해서 감정하는 시가법(market approach), 그 물건으로부터 앞으로 얼마의 이익을 얻을 수 있는가라는 점에 초점을 맞추어 감정하는 수익법(income approach)이 그것이다. 원가법은 회계처리를 할 때 주로 사용하고, 시가법은 은행 등에서 담보로 잡는 담보물을 평가할 때 주로 사용하며, 수익법은 투자자가 주로 사용한다.

가격을 감정하는 방법에 비추어 보면 아파트값이 상승하는 이유를 어떻게 이해할 수 있을까?

원가법은 과거 거래된 아파트값을 바탕으로 하고(과거 접근법) 시가법은 현재 아파트가 거래되는 가격을 바탕으로 하는 것(현재 접근법)이므로 아파트의 값이 올라가는 것과는 무관한 이론이다. 그래서 원가법과 시가법의 논리를 적용해서 이해할 수 없다. 그러면 미래 수익에 바탕을 둔 수익법(미래 접근법)에 따라 살펴볼 수밖에 없다.

투자자가 암묵적으로 이용하는 논리인 수익법에 따르면 아파트값이 오른다는 것은 미래에 아파트값이 오를 것이라는 기대 때문이다. 수익법에 따를 때 논리적으로 '가격 = $\sum$(미래현금유입/(1+이자율)^i)'로 계산한다. 이 산식에서 보면 아파트값은 미래 현금흐름과 이자율 간의 함수관계. 이전의 정부에서 부동산 규제를 완화했다든가 하는 과거의 일과는 함수관계가 없다. 이자율이 낮으니까 풍부한 자금으로 아파트를 사게 되는 면도 있다. 이자율을 올리는 것은 경제 전반에 큰 영향을 미치는 것이어서 아파트 가격만 보고 이자율을 결정할 수 없는 것이므로, 이자율이 아파트 가격에 미치는 영향을 제외하면 미래 현금흐름이 아파트 가격에 영향을 미친다는 것을 이 산식이 보여준다. 미래 현금흐름이 많을 것이라고 기대하는 것은 아파트를 사면 미래에 아파트값이 오를 것이라는 기대에 기인한다. 이것은 곧 미래에 아파트의 수요가 공급보다 많아서 아파트값이 오를 것이라는 기대에 기초한다.

그러면 아파트 취득에 따른 미래 현금흐름을 낮추어서 현재의 아파트 가격을 낮추려면 아파트의 수요보다 공급을 더 많이 하면 된다. 이런 점에서 보면 재건축 초과이익 환수제의 유예, 분양가 상한제의 폐지, 재건축 조합원의 주택 수 증가를 내용으로 한 이전 정부의 부동산 3법은 아파트의 공급을 늘리는 정책이어서 아파트 구입에 따른 미래 현금흐름을 낮추는 정책이었다. 오히려 장기적 관점에서 볼 때 아파트값의 하락에 기여한 정책이지 아파트값을 상승시키는 정책으로 보기 어렵다.

아파트값이 상승하는 이유를 가격에 대한 이론(수익법)에 비추어 보면 미래 현금유입이 증가할 것이라고 믿는 국민들의 생각이 주된 원인이다.

한비자는 〈외저설 좌하〉에서 "이익되는 것을 금지시키고, 금지시키는 것이 이익이 되는 것이면 비록 신(神)이라도 이룰 수 없다…비록 요임금이라도 다스릴 수 없다. 도대체 문을 만들어 놓고 사용 못하게 하고, 이익되는 것을 사용해서 나아가지 못하게 하면 난이 일어나는 원인이 된다."[1]라고 했다.

한비자의 이 말을 아파트 가격 상승에 빗대어 보면 이렇다. 이익이 되는 아파트를 사지 못하게 금지하고, 아파트를 사지 못하게 금지하는 그것이 바로 이익이 되는 것이라면, 비록 신(神)이라고 해도 아파트 가격을 잡을 수 없다는 것이다. 또 문을 만들어 놓고 못 들어가게 하고(아파트값이 상승하는 여건을 만들어 놓고는 사지 못하게 하고), 이익되는 것으로 만들어졌는데도 사용해서 나아가지 못하게 하면(아파트 가격이 상승하는 여건이 되었는데도 아파트를 사서 이익을 보려고 하는 것을 막으면) 세상이 혼란해지는 원인이 된다는 뜻이다. 우리나라에서 아파트 가격 상승과 빗발치는 여론에 대해서 한비자가 예리하게 지적한 셈이다.

공자는 "이익을 보면 옳은 것인가를 생각하고, 위험을 보면 목숨을 던져 구하고, 오래된 약속이라도 잊지 않는다면 인격이 완성된 사람이라 할 수 있다."[2]라고 말하여 사람의 도리를 앞세웠다. 그러나 고위 공직자도 아파트를 2채 이상 소유한 사람이 많은 것으로 나타났고 일부는 아파트 1채만 남겨두고 나머지는 처분하라는 정부의 권고에 따르지 않은 사람도 있는 것을 보면 공자의 이 말은 이런 고위 공직자에게는 적용되지 않는다.

---

1) 利所禁 禁所利 雖神不行…雖堯不治 夫爲門而不使入 爲利而不使進 亂之所以産也(리소금 금소리 수신불행…수요불치 부위문이불사입 위리이불사진 난지소이산야).

2) 見利思義 見危授命 久要 不忘平生之言 亦可以爲成人也(견리사의 견위수명 구요 불망평생지언 역가이위성인야), ―《논어》〈헌문〉

그러나 한비자는 이익을 보면 자신의 이익을 생각하지 의로움을 생각하지 않는다는 견물생심이 인간의 본성임을 인정한다. 한비자는 욕망을 가진 사람을 부정적으로 볼 것이 아니라 욕망 추구가 사람의 본성이라는 현실을 인정한 후 이 본성을 충족시켜 줄 정책을 해야 올바르다는 입장이다.

마르크스도 사람이 가진 이익 추구의 본성을 인정하여 "경제문제에 있어서는 의지가 현실을 이길 수 없다." 하고 말한 바 있다. 이런 점에서는 마르크스도 한비자의 말을 인정한 셈이다.

아파트의 공급을 늘려서 미래의 현금흐름이 크게 되지 않도록 하여 아파트 가격이 상승하지 않도록 하는 것이 올바르다는 것은 수익법에 따라 물건값을 감정하는 논리의 산식에서도 알 수 있다. 정부가 수요 억제 정책을 했지만 아파트 가격 상승을 억제하지 못한 것을 보면, 한비자의 말대로 이익되는 것을 금지하고 금지하는 그것이 곧 이익이 되는 정책은 실패할 수밖에 없다는 것을 알 수 있다. 사람은 이익을 좇아서 행동한다는 점을 인정해서 정책을 실행하는 것이 옳은 방향이다. 이렇게 하는 것이 서민에게 좋은 정책이 된다.

3. 책임 회피 행동을 막으려면 어떻게 해야 할까?

> 신하가 의견을 말하면 군주는 그 말에 따라 일을 맡기고 전적으로 그 공에 따라 책
> 임을 지운다(爲人臣者陳而言 君以其言授之事 專以其事責其功, 위인신자진이언 군이기
> 언수지사 전이기사책기공).
>
> 《한비자》〈이병〉

일산에서 서울로 들어가는 자유로의 중간에 2020년 11월에 개통한 서울문산고속도로와 만나는 곳이 있다. 이곳은 자유로에서 양화대교를 건너는 바로 앞에 있다. 그래서 서울문산고속도로에서 자유로로 진입하여 서울로 가려는 차들과 자유로에서 양화대교를 건너려는 차들이 엉켜서 항상 도로가 정체된다.

그런데 고양신문에 이런 기사가 났다. 고양시 시의원이 서울문산고속도로를 타고 자유로로 진입하여 서울로 가는 것을 실제 경험해 보고 이 상습 정체를 해결하기 위한 아이디어를 가지고 관계 당국 등과 그 방안을 협의한다는 내용이다. 그 해결책은 한강고수부지에 새로 길을 내서 서울문산고속도로를 타고 자유로로 진입하여 서울로 가려고 하는 차는 양화대교 밑에 새로 만드는 한강고수부지의 도로로 쭉 가서 양화대교를 지난 후에 자유로로 진입하게 한다는 것이다. 이렇게 하면 서울문산고속도로를 타고 자유로를 통해서 서울로 가려는 차와 자유로에서 양화대교로 진입하려는 차는 서로 교차하지 않으므로 상습 정체가 해결된다는 아이디어다. 이 기사를 읽고 이렇게 하면 상습 정체가 꽤 해결되겠다는 생각이 들었다.

현재와 같이 서울문산고속도로에서 자유로로 진입하여 서울로 가려는

차와 자유로에서 양화대교를 건너려는 차가 엉켜서 상습 정체가 될 거라는 것은 누구나 충분히 예상할 수 있는 일이다. 그러면 지금 새롭게 내려고 하는 한강고수부지의 도로를 서울문산고속도로가 개통되기 전에 만들어서 상습 정체를 해결하려고 했다면 예산도 절감하고 상습 정체도 방지하여 좋았을 것이다. 이 기사를 읽고 서울문산고속도로를 개통하기 전에는 이런 아이디어를 낸 사람이 왜 없었을까 하는 생각이 들었다.

실제 이런 생각을 한 사람이 있었을지도 모른다. 그런데 이런 생각을 한 그 사람(또는 이 생각을 받아들인 담당자)이 실제 상습 정체가 되어 민원이 발생하기 전에 미리 자신의 생각을 실현하고자 했다면, 설계 변경은 물론 예산도 확보해야 하고 관계 당국과 협의도 해야 하는 등의 절차를 거쳐야 한다. 그러면 이미 확정된 계획을 변경하려는 번잡스러운 일을 이 아이디어를 낸 사람이 강력하게 추진할 수 있었을까? 설사 그 사람이 지금과 같이 상습 정체가 될 것이라고 설명하여 추진했더라도 관련자들이 쉽게 계획 변경에 동의하고 예산을 확보해 주었을까? 이렇게 번거로운 절차를 거쳐서 시민을 위해서 당초 설계를 변경하여 추진한다고 했을 경우, 이 일에 대하여 긍정적으로 평가해 주었을까?

이런 생각이 이어지자, 아마 상습 정체를 예상한 사람이 있었다 하더라도 실패에는 엄격하고 성공에는 무감각한 우리나라의 분위기상 용감하게 이 일을 추진할 사람이 없었을 것이라는 생각이 들었다. 실제 상습 정체가 발생하고 민원이 발생하며 고양시의원이 문제 제기를 하는 등으로 문제점이 눈으로 확인이 되면 쉽게 실행을 할 수 있어도 미리 그 문제점을 예상한 사람이 추진하려면 엄청나게 어려운 것이 현실이다. 이러한 것은 모두 책임지지 않으려는 풍토 때문에 발생한다고 생각한다.

책임지지 않으려는, 소위 면피하려는 행태는 실제 일을 하다 보면 곳곳에서 볼 수 있다. 중소 회계법인이 은행, 대기업 등에 일거리를 수임하기 위하여 제안서를 제출하고 제안서의 내용을 설명하는 경우가 종종 있다. 예컨대 세금이 100억 원이 부과된 사건을 수임하기 위하여 제안하는 경우다. 이럴 때 "대형 회계법인이나 대형 법무법인에게 일을 맡겨서 잘 못 되더라도 위에서 아무 말을 안 하는데, 중소 회계법인에게 일을 맡겨서 잘못되면 실무자가 그 책임을 지므로 중소 회계법인에게는 일을 줄 수가 없다." 이런 이야기를 종종 은행 등의 실무자로부터 듣는다. 회사 실무자들이 제안서의 내용을 듣고 누가 더 문제를 잘 해결해 줄 것인가를 분별하지 않으려는 경우도 종종 있다. 그 이유는 "대형 회계법인이나 대형 법무법인에게 일을 주면 되는데, 내가 왜 중소 회계법인 회계사와 대형 회계법인 회계사 중에서 누가 일을 더 잘 해낼 것인지를 골치 아프게 판별해야 되느냐."라는 것이다.

상장법인과 금융기관이 적용하는 국제회계기준(IFRS)은 우리나라의 비영리법인에 적용할 회계처리 기준으로 보기 어렵다. 그런데 모 비영리법인은 회계 전문가도 아닌 외부에서 온 CEO가 국제회계기준이라는 것이 언론에 많이 거론되니까 회계 투명성을 높인다는 명분으로 국제회계기준에 따라 재무제표를 작성하도록 방침을 바꾸었다. 그래서 상장법인도 어렵다고 하는 국제회계기준을 그 비영리법인이 작성하는 데에 애를 많이 먹는다. 그 비영리법인의 경우 '국제회계기준을 적용할 실익이나 필요가 없으니 일반 기업 회계기준에 따라 재무제표를 작성하자'고 CEO에게 건의할 실무자가 없어 계속 실무적으로 애로를 겪으면서도 국제회계기준에 따라 재무제표를 작성하고 있다. 국제회계기준에 따른 재무제표 작성의 어려움 때문에 외부 전문가의 도움을 받아야 하므로 돈도 많이 든다. 실무자는 몇 년간 회계 업무를 담당하다가 보직 변경이 되면 골치 아픈 회계 업무에서 벗어나는데 구태여 내가 나서서 국제회계기준을 적용하지 말자고 이야기할 필요가 있는가라는 입장을 취한다. 이것도 전형적인 책임을 지지 않으려는 행태의 모습이다.

우리는 회사 등 조직에서 일할 때 주인의식을 갖고 일해야 한다는 말을 많이 듣는다. 그런데 주인이 아닌 종업원에게 주인의식을 가지라고 하는 것은 난센스가 아닐까. 주인의식을 가지지 않더라도 바람직하고 비용을 절감할 수 있으며 정당하게 일 처리를 하려고 하는 생각은 누구나 한다. 그런데 현실은 개혁적으로 일 처리를 하려고 할 때 현실적으로 부딪히는 어려움과 그 실패에 따른 부담은 주어진 그대로만 일 처리를 했을 때의 보상 내지는 평가보다 훨씬 높다. 이런 기본적인 사항을 개선하지 않은 채 주인의식을 가져라 등의 이야기를 하는 것은 의미 없는 헛말을 하는 것에 지나지 않는다.

한비자는 〈이병〉에서 "신하가 어떤 일을 계획하여 의견을 말하면 그 말에 근거해서 일을 맡겨 주고, 전적으로 그 공에 따라서 공적을 가린다. 성과가 그 일에 맞고 일이 그 말과 맞으면 상을 준다. 성과가 그 일에 맞지 않고 일이 그 말과 맞지 않으면 벌을 내린다."[1] 하고 말한다. 한비자는 사람들이 말한 것에 대해서 철저하게 책임을 물어서 한 말과 똑같이 성과를 내면 상을 주어야 하고, 그렇지 못하면 벌을 주어야 한다고 주장한다. 그런데 앞서 언급한 서울문산고속도로 사건, 은행 등 대기업 실무자의 행태, 비영리법인의 국제회계기준 적용 등은 모두 성과를 낸 것에 대해서는 보상을 그다지 하지 않고 실패한 것에 대해서는 가혹하게 책임을 묻는 것 때문에 발생한 것이다. 공과를 구분하지 않고 과오만 따지는 것 때문이다. 공과를 제대로 평가해서 보상하고 처벌하는 신상필벌(信賞必罰)이 책임회피를 막는 길이다.

---

1) 爲人臣者陳而言 君以其言授之事 專以其事責其功 功當其事 事當其言 則賞 功不當其事 事不當其言 則罰(위인신자진이언 군이기언수지사 전이기사책기공 공당기사 사당기언 즉상 공부당기사 사부당기언 즉벌).

4. 정주영 거북선은 왜 한국에서는 볼 수 없는가?

어부는 장어를 손으로 잡고 아낙네들은 누에를 손으로 주워 담는다(漁者持鱣 婦人
拾蠶, 어자지전 부인습잠).

《한비자》〈세림 하〉

현대그룹의 정주영 전 회장은 현대그룹을 일구면서 많은 일화를 남겼
다. 그중에서도 500원짜리 지폐에 있던 거북선의 그림으로 거액 차관 도
입을 성사시켰다는 유명한 이야기가 있다. 현대중공업이 정 전 회장의 타
계 5주기를 앞두고 직원 1,130명을 상대로 설문조사를 했는데 직원 52.3%
가 500원짜리 지폐로 선박을 수주한 일이 가장 인상적이라고 답하기도
했다.

정 전 회장은 현대조선(현재의 현대중공업)이라는 공장을 지으면서 동시
에 선박을 수주받아 건조한 세계 초유의 일을 성사한 분이다.

이 일화는 정 전 회장이 1971년 울산에 조선소를 건설하기 전 영국의
바클레이즈 은행으로부터 차관을 얻기 위하여 당시 기술협조 계약을 맺
은 영국의 애플도어사의 롱바톰 회장에게 500원짜리 지폐를 펼쳐 보이며
설득하는 과정에서 나왔다.

"이것은 한국 지폐다. 여기 그려진 것이 거북선이다. 한국은 이미 1500년
대에 이런 철갑선을 만든 실적과 잠재력을 갖고 있다. 영국의 조선 역사가
본격적으로 시작된 게 1800년대이니 한국은 무려 300년이나 앞섰다."라고
얘기했다.

이러한 정 전 회장의 설득에 감명받은 롱바톰 회장의 도움으로 깐깐하
기로 유명한 바클레이즈 은행을 설득해서 차관 도입을 성사하고 선박 수

주까지 할 수 있었다는 일화다.

우리는 정 전 회장의 이 일화를 기발한 순발력으로 높이 평가하고 기업가의 정신으로 숭상한다. 그러나 정 전 회장뿐만 아니라 500원짜리 지폐의 거북선 그림으로 설명하는 정 전 회장의 기업가 정신을 제대로 알아보고 차관을 제공한 바클레이즈 은행원도 정 전 회장 못지않은 대단한 사람이라 생각한다.

정 전 회장이 500원짜리 지폐로 차관을 도입한 지 벌써 50년이 지났다. 현재 우리나라 은행원 중에 선박을 지을 공장(독)도 없는데도 500원짜리 지폐의 거북선으로 설명하는 정 전 회장의 기업가 정신을 알아보고 대출을 해 줄 사람이 과연 있을까? 여러 은행원에게 물어봤지만 현재 우리나라에서 이런 대출을 해 줄 수 있는 은행원이 있다는 이야기는 한 번도 들어 보지 못했다. 50년이 지났는데, 왜 우리는 여전히 50년 전의 바클레이즈 은행원 같은 사람은 없는 것일까?

우리나라 국책은행 중 하나는 '남들은 길을 따라가지만 우리는 길을 열어갑니다'라는 포스터를 지하도 등 곳곳에 게재한 적이 있고, 한 시중은행의 엘리베이터 안에도 '길은 가면 만들어진다.'라는 표어가 붙어 있는 것을 본 적이 있다.

그 국책은행과 시중은행의 은행원과 어떤 일을 협의할 때 많이 듣던 말이 '그 일은 선례가 없어서 안 된다.'는 것이었다. 그래서 내가 포스터의 내용과 엘리베이터의 표어를 언급하면서 "은행은 길을 따라가지 않고 열어간다고 하고, 길은 가면 만들어진다고 하고 있는데, 왜 선례를 말하느냐? 선례를 만들어 가면 되지 않느냐."라고 물었다. 상대는 "그건 말이 그렇다는 것이지 실제 업무는 그렇게 할 수 없다." 하고 대꾸하였다. 실제 업무를 포스터와 표어의 내용대로 할 수 없는 은행 분위기라면 포스터와 표어는 무엇 때문에 내거는 것인지 알 수 없다.

회계감사를 나가보면 기업체에서 신생 벤처회사에 투자한 경우가 종종 있다. 왜 이 회사에 투자를 했냐고 물어보면 네이버나 카카오에서 투자한 업체이기 때문에 믿을 수 있는 업체라서 투자했다고 이야기하는 사례가 많다. 네이버나 카카오가 투자한 업체는 그들이 키워 주기 때문에 안전하다는 얘기도 한다. 네이버나 카카오가 투자한 업체를 그들이 키워준다고 해도 그 업체가 기본 실력을 갖추지 못했다면 키워 줄 수 없는 게 세상사다.

은행의 벤처투자 부서, 벤처캐피털 등 금융기관이 장래성 있는 벤처회사를 선별하는 능력을 키워서 그들이 성장할 수 있도록 지원해야 한다는 얘기는 예전부터 많이 들어왔다. 그런데 요즘 기업들이 투자하는 것을 보면 이런 사회적 기대를 금융기관이 못 하니까 네이버나 카카오가 대신하고 있지 않은가라는 생각이 든다. 50년 전에 영국 바클레이즈 은행원이 정 전 회장이 가진 벤처투자의 정신과 안목을 알아본 것을 우리나라 은행원은 아직 기르지 못했다는 것이다. 세월이 흐르면 가능할까, 아니면 우리나라는 아예 불가능한 것일까?

한비자는 〈세림 하〉에서 "장어는 뱀과 비슷하고 누에는 송충이를 닮았다. 사람들은 뱀을 보면 깜짝 놀라고 송충이를 보면 소름이 돋는다. 그러나 어부는 장어를 손으로 잡고 아낙네들은 누에를 손으로 주워 담는다. 이익이 있으면 사람들은 모두 맹분(위나라의 장사)이나 전저(오나라의 장사)와 같은 장사가 된다."[1]라고 했다. 사람은 이익이 되면 무서운 뱀이나 소름 돋는 송충이와 비슷한 장어와 누에도 무서워하지 않고 손으로 잡는다는 말이다.

벤처기업 투자에 대한 선별 능력은 네이버나 카카오 직원보다 은행원과 벤처캐피털 직원들이 더 뛰어나야 한다. 그들이 더 전문적·전업적으로 하는 일이기 때문이다. 그러나 지금 상황을 보면 그렇지 않은 것 같다. 이

---

1) 鱓似蛇 蠶似蠋 人見蛇則驚駭 見蠋則毛起 漁者持鱓 婦人拾蠶 利之所在 皆爲賁諸(전사사 잠사촉 인견사즉경해 견촉즉모기 어자지전 부인습잠 리지소재 개위분저).

것은 뱀을 닮은 장어와 송충이를 닮은 누에를 손으로 잡고 맹분과 전저와 같은 장사의 힘을 내도록 하는 동기 부여를 은행과 벤처캐피털은 제공하지 못하나, 네이버와 카카오는 제공하고 있다는 것은 아닐까?

네이버나 카카오는 벤처투자에 대한 이익이 있으면 그 투자 의사결정자에게 많은 보상을 하고 실패를 하더라도 성공에 따른 보상금으로 실패에 따른 손해를 충당할 수 있는 보상 시스템이 은행 등 금융기관보다 낮기 때문이 아닌가 하는 생각이 든다. 은행과 벤처캐피털은 투자 이익이 있더라도 해당 직원에게의 보상은 적으면서 실패하면 그 책임을 해당 직원에게 많이 부담시키는 보상 시스템으로 운영하기 때문이지 않을까. 말하자면 금융기관은 실패를 포함한 능력에 의한 보상 체계라기보다는 연공서열에 의한 보상 체계를 기본으로 하는 임금 시스템이 주된 원인이 아닐까 싶다.

능력에 따른 보상 체계가 아닌 평등주의에 의한 보상 체계를 은행 등이 취하고 있기 때문에 가장 전문가로서 역할을 수행하여야 할 분야에서도 은행원이 포스터와 표어는 '길을 따라가지 않고 만들어간다'고 하면서 실제로 하는 업무 태도는 남(네이버나 카카오)이 만든 길을 뒤따라가는(네이버나 카카오가 투자한 곳에 투자하는) 괴리를 가져오게 하는 것이 아닐까.

우리나라는 언제 500원짜리 거북선을 갖고 설득하는 정주영 회장과 같은 진면목의 기업가를 알아보고 대출해 줄 수 있는 은행원을 볼 수 있을까? 우리나라는 이런 은행원은 아예 볼 수 없는 것일까?

5. 공(公)과 사(私)는 같은 것일까, 다른 것일까?

공(公)과 사(私)는 서로 등을 대고 있다는 것은 창힐은 처음부터 알고 있었다(公私
之相背也 乃蒼頡固以知之矣, 공사지상배야 내창힐고이지지의).

《한비자》〈오두〉

사람에게 가장 중요한 것은 먹고사는 문제다. 공자는 먹고사는 것(食)보다 사람들 간의 믿음(信)이 우선이라고 했지만[1] 평범한 사람에게는 무엇보다도 먹고사는 것(食)이 중요하다. 매슬로의 욕구 단계설에서 1단계의 욕구는 생리적 욕구(생존)다. 먹고사는 생존이 가장 기본적인 욕구라는 얘기다. 각양각색의 사람이 먹고사는 방법은 수없이 많아서 남이 내가 먹고살 수 있도록 챙겨줄 수 없다. 각자가 먹고사는 방법을 스스로 알아서 챙겨야 한다. 사람이 스스로 먹고사는 방법을 챙기는 데 가장 중요한 것은 자유다. 자유로워야 먹고사는 방법을 스스로 찾아 나갈 수가 있기 때문이다.

지금 우리나라는 먹고사는 경제 문제에서는 자유가 많이 제약받고 있다. 사람이 사람답게 살 수 있도록 하기 위해 복지정책을 많이 시행하기 때문이다. 먹고살기 위해서 더 일하려 해도 주 52시간 이상 일할 수 없고 최저 임금으로 제약하기도 한다. 집주인이 집을 임대할 때도 일정 기간 임차를 보장해야 하는 제약이 있다. 이 모든 것이 주로 정치가들이 서민을 위한 복지정책으로 만든 제약이다. 복지정책은 사람을 사람답게 살 수 있게 하는 것을 추구하므로 국민들로부터 지지를 받아 선거 때 그 정치가

---

1) 《논어》〈안연〉 편에 보면 공자는 먹는 것(食)·병력(兵)·믿음(信) 중에서 兵→食→信의 순서로 버려야 한다고 말하여, 信이 食보다 더 중요하다고 했다.

들은 표를 얻는다. 이렇게 얻은 표로 그들은 정치를 계속할 수 있으므로 한편으로는 복지정책은 정치가를 위한 것이기도 하다.

일찍이 한비자는 이런 양면성을 예리하게 지적하였다. 한비자는 정치가의 이익을 나타내는 '사(私)'라는 글자는 그 오른쪽에 있는 욕심(厶)을 왼쪽의 화(禾=벼)로 드러낸 것이고, 국민의 이익이라는 '공(公)'이라는 글자는 정치가의 욕심(厶)을 위에 八로 덮어서 욕심을 안 보이게 한 글자라고 했다. 그래서 공(公)이라는 글자는 그 위에 있는 八을 걷어내면 내면에 욕심(厶)이 웅크리고 있는데, 욕심(厶)이 내면에 있다는 점에서 공(公)과 사(私)는 같다고 하였다.

이런 내용을 한비자는 〈오두〉에서, "옛날 창힐이 글자를 만들 때 스스로 동그라미를 그어서 경계를 표시한 것을 일러서 사(私)라고 하고, 이 사(私)에 등을 대고 있는 것을 일러서 공(公)이라 했다. 공(公)과 사(私)는 서로 등을 대고 있다는 것을 창힐은 처음부터 알고 있었다."[2]라고 했다.

정치가가 표를 얻기 위해서 하는 정책을 포퓰리즘이라고 한다. 포퓰리즘이 지나쳐서 나라가 엉망으로 된 남미의 베네수엘라나 아르헨티나 사례를 보면 공(公)과 사(私)는 욕심(厶)을 바탕으로 한 점에서 본질적으로 같다는 한비자의 혜안에 놀랄 따름이다.

내가 고등학교를 졸업할 때인 1970년대만 하더라도 '하다 하다 안 되면 공무원이라도 하지'라는 말이 있었다. 그 당시는 공무원은 사기업에 취직하지 못하면 하는 직업이라는 이미지가 있었다. 그러나 지금은 취업준비생은 물론 직장인 3천 명에게 과거로 돌아가면 어떤 직업을 준비하겠냐고 물었더니 셋 중 하나 꼴로 공무원을 꼽아, 그 직업이 압도적 1위라고 한다. 2위인 의사·변호사의 두 배에 달한다 한다. 일본은 지방공무원의 경우 지원자가 적어서 이를 채우는 데 애를 먹고 있다 하는데 우리는 지방공무원

---

2) 古者蒼頡之作書也 自環者謂之私 背私謂之公 公私之相背也 乃蒼頡固以知之矣(고자창힐지작서야 자환자위지사 배사위지공 공사지상배야 내창힐고이지지의).

도 서로 되려고 아우성이다.

젊은이들이 선호하는 공기업이나 대기업에 입사하기가 하늘의 별 따기 식으로 어렵고 공무원은 정년이 보장되는 직장이니까 공무원 시험에 젊은이들이 몰리는 것은 이해가 되지만 직장인들도 과거로 돌아가면 공무원이 되고자 하는 사람이 압도적 1위라는 사실은 많은 것을 생각하게 한다.

이런 현상을 보고 문득 이런 생각이 든다. 공무원이 최고의 직장이라면 우리나라는 공무원이 주인인 사농공상의 시대인 조선 시대와 뭐가 다른가라는. 만약 공무원이 주인이라면 국민이 주인인 '민주주의' 시대가 아닌 관(공무원)이 주인인 '관주주의' 시대가 아닌가 하는 생각도 든다.

국가도 공(公)을 내세워서 국민의 자유를 규제하는 정책을 많이 도입한다. 국가가 정책을 도입한다는 것은 공무원이라는 사람이 그 정책을 도입한다는 것이다. 공무원이 국민 전체를 위한 공(公)을 위해서 도입하는 정책도 사실은 그 정책에 관련된 공무원의 이익을 위한 경우도 많다. 우리나라에서 어느 정부에서나 규제를 완화해야 한다고 목소리를 높이고 있지만 잘 안되는 것은 이해 당사자의 반대도 있지만 관련 공무원의 저항도 있다. 규제에 따른 공무원의 이익 때문이다. 이런 점을 보면 공무원(관료)도 사실은 그들의 사(私)를 위해서 내면에 욕심(厶)을 숨긴 채 공(公)을 내세우면서 정책을 도입하는 경우가 많다는 것을 반증하는 게 아닌가 싶어진다.

한비자는 〈팔경〉에서, 사람들이 내세우는 주장은 그 실제 적용성을 따져서 추궁하여야 하며, 그렇게 하지 않으면 그런 주장을 하는 사람들은 대중을 동원하거나 책에 있는 사례 등으로 꾸며서 사사로운 이익을 챙기기 때문에 군주(주권자인 백성)는 그 주장의 실제 적용 사례의 증거를 가지고 맞는지 여부를 맞추어 보아야 한다고 했다. 그래서 사회 전체를 위한 명분이라 하더라도 도입한 정책이 잘못되면 그 정책 설계자를 처벌해야 한다고 주장한다. 그러면 누가 나서서 일을 하겠냐고 반문한다.

그러나 한비자는 도입한 정책이 좋은 결과를 가져왔을 때 확실하게 보상하면 천하에서 인재가 몰려든다고 하면서 그 사례로서 요리사까지 되어서 자신의 능력을 군주에게 보여서 재상이 된 은나라의 이윤과 낚시라는 이벤트를 해서 중용이 된 주나라의 강태공을 든다. 사(私)가 아닌 공(公)을 위해서 그의 능력을 발휘하면 큰 보상을 해 주고, 그렇지 않으면 공(公)을 위한 명분이더라도 아예 제도를 도입하지 않는 것이 옳고, 만약 도입한다면 실패 시 처벌 감수의 책임을 져야 한다는 것이다.

이런 한비자의 입장은 애덤 스미스가 국부론에서 "지금 내가 맛있는 저녁을 먹는 것(공(公)=사회 전체적인 맛있는 저녁 식사)은 정육점·양조장·빵집의 주인이 가진 자비심이 아니라 그들의 이익을 위해서 저녁 식사 재료를 만든 것(사(私)=개인의 이익 추구) 때문이다."라고 말한 것과 같은 입장이다. 군주에게 중용되려는 자신의 이익을 실현하기 위하여 이윤과 강태공이 요리사가 되고 낚시꾼이 되는 등 일련의 행위를 한 것이 국민의 이익이라는 결과를 가져오게 되었다고 본 것이다. 공무원이나 정치가가 공(公)을 실현하려고 나서려면 그 결과에 책임을 져야 한다. 그들이 책임을 지기 싫어서 나서지 않아도 각 개인이 사적 이익을 추구하면 결과적으로 사회적 이익이라는 공(公)을 가져오는 게 사회 시스템이다.

남(국민)을 위한 정책이라는 공(公)의 아름다운 말의 내면에는 나(사(私))를 위한 욕심이 숨어 있다는 사실을 잘 알아야 포퓰리즘의 본질을 잘 볼 수 있다는 것이 한비자의 엄정한 주장이다.

6. 은행원은 생각하면서 일하나, 시키는 대로 일하나?

치수 잰 것은 믿을 수 있지만 나는 믿을 수 없다(寧信度 無自信也, 영신도 무자신야).

《한비자》〈외저설 좌상〉

모 은행이 '생각 이-어-지-다 행동으로'라는 제목으로 신문 광고도 내고 TV에서도 광고를 했다. 이 광고를 보면서 아이러니를 느꼈다. 은행원이 일할 때 생각을 하면서 일 처리를 하는지 의심스러운 사례가 있었기 때문이다.

이런 일이 있었다. 내가 대표로 있던 회계법인에서 법인 신용카드 결제용 통장을 바꿔야 할 일이 생겼다. 여직원이 은행에 미리 확인했다고 하면서 거래 은행 지점에 가서 소정 서류에 대표이사인 내가 날인과 자서만 하면 된다고 해서 은행 지점에 갔다. 그런데 은행 직원은 거래통장이 있어야 한다고 해서 다시 사무실에 돌아와 거래통장을 가지고 갔다. 그러자 그 은행원이 또다시 법인 등기부 등본이 있어야 한다고 했다. 사무실에 다시 들러서 법인 등기부 등본을 갖고 갔다. 이번에는 그 은행원이 법인 사업자등록증 사본이 필요하다고 했다.

세 번이나 사무실에 가야 한다고 해서 화가 났다. "통장을 새로 개설하는 것도 아닌데 왜 사업자등록증 사본이 필요하냐? 이것이 어떤 용도에 사용된다고 필요하냐?"라고 따져 물었다. 그러자 그 은행원은 전산에서 법인 신용카드 결제용 통장을 바꿀 때 받아야 하는 서류에 법인 사업자등록증 사본이 있어야 한다는 매뉴얼을 출력해서 보여 주면서 받아야 한다고 대답했다. 참 한심했다. 사업자등록증 사본이 필요한 이유는 설명하지 못하고 매뉴얼이 시키는 대로 하는 업무 태도 때문이었다. 이렇게 은행원이 아무 생각 없이 매뉴얼이 시키는 대로 업무 처리를 하는 실정인데 '생각 이-어-지-다 행동으로'라는 제목으로 광고를 하다니, 이 광고의 의도가 은행원이 앞으로는 매뉴얼이 시키는 대로 업무를 하지 않고 스스로 생각한 방법으로 업무 처리를 하기 위한 은행의 다짐을 나타내기 위해서인지, 아니면 앞으로는 매뉴얼보다 고객 입장에서 생각해서 업무 처리를 하겠다는 다짐에서인지 의문이 들었다. 아마도 은행의 의도는 생각에 생각을 거듭해서 좋은 아이디어로 좋은 상품을 만들어 고객에게 보답을 하기 위한 아이디어를 얻자는 것이었으리라. 그러나 현장이 그렇지 못하니까 문제다.

이런 일도 있었다. 암으로 사망한 선배에게 중학교 때 캐나다로 전학 가서 캐나다 시민권자가 된 후 대학 졸업하고 미국에 살고 있는 딸 A가 있었다. 선배는 X라는 사람이 은행에서 대출받을 때 자신의 집을 담보로 제공했는데, 그 딸(A)이 그 집을 상속받아 상속등기를 했다. 그런데 A는 한국에 오는 것이 쉽지 않으므로 A의 은행 관련 일을 내가 대리인으로 앞으로 일해 주기로 했다. 그래서 앞으로 X가 은행 대출금을 1년씩 연기할 때 은행의 채권서류에 A가 담보제공자로서 서명해 주어야 하는 것을 내가 A의 대리인으로 서명해 주기로 했다. 내가 A의 대리인이라는 사실을 증명할 위임장을 어떻게 작성하는가를 두고 문제가 발생했다.

당시 A는 자신의 부친 장례를 치른 후 한국에 있었다. 내가 A의 은행 일 처리를 대신해 준다고 하면 우리의 상식으로는 내가 A의 진정한 대리인인지 여부만 확인하면 되는 간단한 문제다. 그러면 상식적으로 본인(A)과 대리인(나)이 은행에 함께 가서 은행원이 A와 나의 신분을 확인하고, A가 나에게 권리를 위임한다는 위임장에 서명하는 것을 은행원이 확인한 위임장을 은행이 보관한 후, 나중에 내가 A의 대리인으로서 담보제공증서에 날인하면 될 것으로 생각된다. 변호사와 법무사에게 물어봤더니 이렇게 하면 법률적으로 문제없다고 했다.

그러나 이렇게 상식적으로 생각해서 문제가 없다고 하는 방식은 은행 매뉴얼에는 없는 것 같았다. 그 은행원은 본점에 물어봐야 한다고 한 다음 거의 한 달 후에 위와 같은 방식의 위임장은 안 되고 재외국민은 재외공관에서 위임장에 확인을 받아야 한다고 했다. 내가 A는 재외국민이 아니라 외국인이므로 재외공관에서 확인받을 대상이 아니라고 했다. 은행원은 약 1주일 후 A가 거소 신고를 해서 거소증이 나오면 인감증명이 나오므로 그 인감증명으로 위임장에 날인하면 된다는 연락이 왔다. 이 업무 처리는 매뉴얼에 있는 것 같았다. 그래서 그렇게 했다.

은행원 면전에서 위임장에 사인을 하는 업무 처리로 하든, 거소 신고를 해서 등록한 인감으로 날인하고 인감증명서를 제출하는 방법으로 위임장에 날인을 하든 똑같이 본인 A의 진정한 위임의사를 확인하는 방법에 지나지 않는다. A가 은행원 앞에서 위임장에 직접 날인하는 방법이 훨씬 진정한 위임 의사를 확인하는 좋은 방법이다. 그런데도 거소 신고한 후 발급되는 인감증명서와 등록한 인감으로 날인하는 방법만 요구하는, 매뉴얼에 있는 대로 업무 처리하는 것이 은행원의 업무 태도이다. 그런데도 '생각 이-어-지-다 행동으로'라는 제목으로 광고를 하다니 참 아이러니다.

한비자는 〈외저설 좌상〉에서 정나라 사람의 예를 소개한다. 정나라 사람이 시장에 신발을 사러 갔는데 자신의 발을 잰 치수를 집에 두고 온 것을 알았다. 그래서 그 치수를 가지러 집으로 돌아갔다가 다시 시장에 왔을 때는 시장이 이미 파해 신발을 살 수 없었다. 이 이야기를 들은 사람이 "직접 신발을 신어보면 될 것을 어째서 신어보지 않았소?"라고 물었다. 그러자 정나라 사람은 "치수 잰 것은 믿을 수 있지만 나는 믿을 수 없어서요."[1]라고 대답했다고 한다.

매뉴얼은 업무 처리를 효율적으로 하기 위해서 만든 수단이다. 수단(매

---

1) 寧信度 無自信也(영신도 무자신야).

뉴얼)이 목적(업무 처리)를 뒤집거나 일 처리를 방해하면 안 된다는 것은 상식이다. 은행원은 나를 세 번이나 사무실에 갔다 오게 하면서도 왜 법인 사업자등록증 사본이 필요한가라는 반문에 납득할 설명은 해 주지 못하고 '매뉴얼이 시키는 대로 일한다'라는 사실을 전산에서 출력한 자료로 입증해 주었다. 또 본인 A의 진정한 위임 의사를 확인하는 방법에 있어서 은행원 스스로 생각하고 판단해서는 할 수 없고 오로지 매뉴얼이 시키는 대로 해야 한다는 것을 거소증에 의한 인감증명 사례로 보여 준다.

이 사례를 보면 신의 직장이라고 하는 은행에 근무하는 은행원은, 신발을 사는 것(일 처리)을 하기 위해서 미리 자신의 발 치수를 잰 것(매뉴얼)은 믿을 수 있고, 자신(상식적인 자신의 판단)은 믿을 수 없다고 한 정나라 사람과 같지 않은가?

이런 생각을 은행원들에게 이야기해 봤다. 그러자 금융감독원 때문에 은행원이 이렇게 되었다고 말한다. 그래서 내가 물어봤다. "금융노조가 급여 등 문제로 파업하는 등 큰 사회적 이슈를 야기하기도 하는데, 이렇게 불합리한 결과가 나오도록 하는 금융감독원의 정책에 저항해 본 적이 있냐?" 아무 생각 없이 시키는 대로 일하면 책임질 일 없어 편하니까 그대로 하면서 은행원 행태의 문제점을 지적하면 금융감독원의 핑계를 대는 게 아닐까.

매뉴얼이 시키는 대로만 일 처리하려는 정나라 사람 수준은 초등학교만 졸업해도 할 수 있는 일 처리다. 그러면 왜 우리나라는 은행원이 신의 직장에 다니는 사람으로 부러움의 대상이 되는지 궁금하다. 신발 치수는 믿으면서도 나 자신은 믿지 못하는 정나라 사람과 같은 은행원이 '생각 이-어-지-다 행동으로'라는 광고 문안과 같이 진정으로 생각하면서 일 처리를 하는 것이 몸에 익혀져서 은행도 은행원도 경쟁력이 모두 높아졌으면 하는 바람이다.

7. 도덕군자와 탐욕가 중 누가 더 사회에 이로울까?

수레 만드는 사람이 어질고 장의사가 나빠서가 아니다(非輿人仁而匠人賊也, 비여
인인이장인적야).

《한비자》〈비내〉

우리가 저녁 식사를 즐길 수 있는 것은 푸줏간 주인, 양조장 주인, 빵집 주인의 자비심 때문이 아니라 그들 자신의 이익 추구 때문이라는 애덤 스미스의 《국부론》에 나오는 유명한 말을 우리는 익히 들어 알고 있다. 푸줏간 주인이 공익을 추구하거나 공익에 이바지하려는 의식조차 없이 오직 자신의 이익을 위해서 일하지만 결과적으로 그들은 시장의 보이지 않는 손에 의하여 일면식도 없는 우리가 맛있는 저녁을 즐기는 공익에 기여한다는 얘기다.

그런데 애덤 스미스에 앞서 버나드 맨더빌은 더 파격적인 주장을 했다. 버나드 맨더빌은 1714년에 '개인의 악덕, 사회의 이익'이라는 부제를 달아서 《꿀벌의 우화》라는 책을 냈는데 이 부제가 맨더빌의 주장 요지를 함축한다. 그에 따르면 각 개인의 욕심·사치라는 '악덕'이 경제를 살리는 원동력이고 생산을 늘리며 일자리를 만들어서 사람들로 하여금 먹고살게 해주어서 '사회에 이익을 준다.'는 것이다. 맨더빌이 말한 악덕은 살인·강도와 같은 범죄를 말하는 것이 아니라 방탕·사치·명예욕·뽐내는 마음·이기심·탐욕·쾌락과 같은 개인 욕망 충족에 관한 것이다. 그 당시 사람들이 미덕으로 꼽으며 칭송한 것은 금욕·겸손·연민·자선·희생과 같이 개인 욕망 충족과는 거리가 먼 것이었다.

맨더빌은 《꿀벌의 우화》에 수록한 풍자 시 〈투덜대는 벌집〉에서 다음과

같이 함축적으로 말한다.

> "…사치는 가난뱅이 백만에 일자리를 주었고
> 얄미운 오만은 또 다른 백만을 먹여 살렸다
> 시샘과 헛바람은
> 산업의 역군이니
> 그들이 즐기는 멍청한 짓거리인
> 먹고 쓰고 입는 것에 부리는 변덕은
> 괴상하고 우스꽝스러운 악덕이지만
> 시장을 돌아가게 하는 바로 그 바퀴였다…"

맨더빌의 주장은 사치·오만·시샘과 헛바람·변덕이라는 악덕이 사치품을 만드는 사람, 유통하는 사람, 원자재를 납품하는 사람 등에게 각각 일자리를 만들어 주게 되어, 먹고살 수 있게 하는 사회적 미덕(시장을 돌아가게 하는 바퀴)을 가져온다는 것이다. 뒤집어 말하면 금욕·절제 등 미덕은 새로운 일자리를 만들어 내지 못해서 다 함께 못사는 사회를 만드는 사회적 악덕을 가져온다는 얘기다.

맨더빌이 《꿀벌의 우화》를 낼 그 당시는 선한 일을 많이 해야 하느님의 축복을 받을 수 있다는 생각이 보편화된 세상이었다. 종교적 선이란 남을 위한 이타심을 극대화하는 것이므로 인간 내면의 이기심은 최대한 억제해야 한다는 사고가 지배하던 시대였다. 이런 시대에 맨더빌이 악덕이라고 한 인간의 이기심이 오히려 세상을 잘 살게 하는 기능을 한다고 이기심을 찬양했으니, 이웃을 위해 헌신적이고 이타적인 삶을 살아야 참된 삶이라고 가르치던 교회에 엄청난 충격을 줄 수밖에 없었다. 그래서 《꿀벌의 우화》를 금서로 지정하고 불살라 버리는 교회도 많았다 한다.

그러나 《꿀벌의 우화》를 읽은 당시 상공인들은 오랜 세월 자신의 삶을 비하하고 억눌러왔던 도덕주의와 교회의 권위에 복수하는 심정으로 큰 쾌감을 느끼면서 책을 읽었다 한다. 먹고사는 경제 메커니즘을 버나드 맨더빌은 꿀벌의 우화에서 '개인의 악덕, 사회의 이익'이라는 말로 적나라하게 표현했으나, 애덤 스미스는 국부론에서 '빵집 주인 등의 이익 추구 때문에 우리가 저녁 식사를 즐긴다.'라고 부드럽게 표현했을 뿐 같은 내용이다.

스티브 잡스는 탐욕이라는 동기에 의하여 PC와 스마트 폰을 만들었고 그 결과 세상이 이루 말할 수 없이 편리해졌다. 맨더빌이 말한 개인의 악덕이 사회의 이익을 가져온 대표적 사례다. 일본에서 경영의 신으로 추앙받는 이나모리 가즈오는 파산에 빠진 일본항공(JAL)의 경영을 맡은 후 전체 임직원의 3분의 1을 해고하는 과정을 거쳐서 3년 만에 완전 정상화를 했다. 그때 그는 "소선(小善)은 대악(大惡)과 닮았고, 대선(大善)은 비정(非情)과 닮았다"라고 하였다. 사람을 해고하지 않고 함께 더불어서 어려움을 극복해야 한다는 미덕에 따라 경영한 결과 파산 지경이 되도록 한 종전 일본항공 경영은 소선(小善)이고, 사람을 해고하는 비정한 악덕을 하지만 결국에는 침몰하는 일본항공을 구해 내는 더 큰 사회의 이익인 대선(大善)의 사례를 실제로 보여준 것이다.

한비자는 〈비내〉에서 "수레 만드는 사람은 수레를 만드므로 사람이 부귀하기를 바란다. 장의사는 관을 만드므로 사람이 요절하기를 바란다. 수레 만드는 사람이 어질고 장의사가 나빠서가 아니다. 사람이 부귀해지지 않으면 수레를 사지 않고 사람이 죽지 않으면 관을 안 사기 때문이다. 사실은 사람이 미워서가 아니라 사람이 죽어야 이익이 생기기 때문이다."[1]라

---

1) 故興人成興 則欲人之富貴 匠人成棺 則欲人之夭死也 非興人仁而匠人賊也 人不貴 則興不售 人不死 則棺不買 情非憎人也 利在人之死也(고여인성여 즉욕인지부귀 장인성관 즉욕인지요사야 비여인인이장인적야 인불귀 즉여불수 인불사 즉관불매 정비증인야 이재인지사야).

고 했다. 사람이 죽기를 바라는 것은 악덕이다. 그러나 관 만드는 장의사가 갖는 이러한 악덕은 관을 만드는 직업을 만들어 내고 사람이 죽으면 금방 관을 만들 수 있게 하여 신속히 장례를 치를 수 있게 하는 사회적 미덕을 가져온다.

조선은 도덕군자를 지향하는 선비를 최고로 숭상하고, 개인의 이익을 도모하는 상공인을 낮추어 보았다(사농공상). 그러나 일반 백성들의 삶의 질 향상에는 선비와 상공인 중에서 누가 더 도움이 되는지를 우리는 잘 알고 있다. 그런데 지금 우리나라는 조선 시대의 선비 계급에 속하는 국회의원·공무원·교사 등을 최고의 일자리로 여기면서 서로 그렇게 되려고 한다. 국정감사 때 국회의원들이 기업인을 불러서 호통 치는 모습을 보면 이런 선비에 속하는 사람들이 국민들의 삶의 질을 실질적으로 높이는 기업인[工商]을 낮추어 보는 게 아닌가 하는 생각이 든다.

도덕은 사회 발전을 더디게 하는 요소라 하더라도 사회의 평안과 정신적 행복을 가져다주는 데 기여한다. 우리 모두가 탐욕에 몰두하면 눈에 보이는 사회 발전은 이룰 수 있다 하더라도 이전투구 등으로 사회 질서가 혼탁해진다. 도덕군자는 이러한 사회 혼탁을 막는 데 이바지한다. 그러나 이에 못지않게 탐욕가도 우리의 삶을 풍부하게 하고 즐겁게 하는 데 기여한다. 우리는 탐욕의 순기능을 지나치게 무시해 온 게 아닐까. '개인의 악덕, 사회의 이익'이라는 버나드 맨더빌의 말은 이 문제를 다시금 생각하게 한다.

8. 개발독재 아닌 방식으로 코로나 백신을 개발하는 방법이 있을까?

관중이 탐욕한 것이 아니라 다스리는 데에 편리했기 때문이다(管仲非貪 以便治也, 관중비탐 이편치야)

《한비자》〈난일〉

코로나19 백신이 당초 예상보다 훨씬 빨리 개발되었다. 백신 개발로 세계가 점차 정상화되어 가는 듯하다가 전염력이 종전보다 훨씬 더 강력한 델타, 오미크론 등 변이 바이러스가 확산하면서 전 세계가 힘들어 하지만 그래도 빠른 백신 개발로 백신을 맞은 덕분으로 감염되더라도 그리 치명적이지 않아서 다행이다.

우리나라는 오미크론이 유행하기 전까지는 다른 나라에 비해 코로나19에 대한 방역을 잘하여 방역 면에서는 모범국가로 꼽혔다. 우리나라가 의료 면에서 뛰어난 국가인데도 코로나 백신 개발은 속도가 잘 나가지 않는다. 코로나 백신을 맞더라도 항체 지속 기간이 6개월이 채 되지 않으므로 백신을 2차, 3차 잇달아 맞는다. 변이 바이러스가 계속 발생하고 있어서 백신의 원천기술이 있어야 국민 건강을 담보할 수 있다. 그래서 대통령이나 여당 대표가 나서서 백신 주권을 강조했지만 말뿐이라는 불만이 현장에서 터져 나온다 한다. 예산도 보잘것없고 임상실험 등에 대한 복잡한 행정절차도 잘 개선되지 않는다는 보도가 있었다. 2021년도에 556조 원 규모의 예산이었지만 코로나 치료제·백신 개발에 투입하는 정부 예산은 1314억 원으로서 2020년 예산(940억 원)을 합하면 2254억 원이었다 한다. 미국이 코로나 초기에 백신 개발 초고속 작전을 통해 총 13조 원, 개발 업체당 1조~4조 원(화이자 2.2조 원, 모더나 2.7조 원 등)을 쏟아부어서 통상 10년 걸리는 백신 개발 기간을 1년으로 단축한 것과 크게 비교된다.

우리나라에서 셀리드 등 5개 업체가 코로나 백신을 개발하고 있지만 정부 지원금은 업체당 10억~90억 원이 고작이고, 그나마 지원받으려면 경쟁도 심하고 조건도 까다롭다고 한다. 이유는 문책 트라우마 때문인데 신종플루(2009년)와 메르스(2015년) 때 백신 개발을 지원했다가 문제가 생겨 공무원들이 책임을 추궁받았고, 이런 경험이 있기 때문에 공무원들이 나서지 않는다 한다. 그래서 국회가 2021년 2월에 공무원 면책조항을 넣은 백신 선구매법(감염병예방법 개정안)을 통과시켰지만 일선에선 여전히 요지부동이라는 보도가 있었다.

우리는 과거 정경유착을 통한 개발독재를 했다고 많이 비난한다. 그때 특정 재벌들에게 각종 세금을 감면하고 보조금 혜택도 주면서 독점까지 할 수 있도록 하는 불법 공생 체계를 형성하였고, 이에 따라 중소기업을 재정적으로 빈사 상태에 빠지게 하고 대기업의 하청기업으로 전락시켜서 엄청난 불균형이 초래되도록 하였다고 비난한다. 이런 정책은 결국 IMF 외환위기의 씨앗이 되었고, 따라서 이런 개발독재 정책은 나쁜 정책이라는 주장을 많이 들어왔다. 한마디로 정경유착을 통한 개발독재 정책이 망국의 원인이 되었다는 것이다.

그런데 아이러니다. 지금 우리나라에서 코로나 백신 개발을 전폭적으로 지원해야 한다면서 제시하는 방안이 모두 그동안 그토록 비난해 왔던 정경유착의 개발독재 방식 그대로다. 미국이 총 13조 원의 예산으로 개발업체당 1조~4조 원을 지원한 사례를 들면서 개발업체에 예산을 대폭 지원해야 한다는 주장, 임상시험에 소요되는 시간을 대폭 단축할 수 있도록 의료행정을 획기적으로 바꾸라는 주장, 백신 개발에 필요한 인력을 충분히 조기에 공급할 수 있도록 지원하라는 주장, 예산을 지원하고 행정상 편의를 봐주어서 문제가 생기더라도 나중에 책임을 묻지 않도록 면책을 하라는 주장 등 코로나 백신 개발에 동원해야 한다고 하는 주장은 모두 그토록 비난해 왔던 정경유착을 통한 개발독재 방식과 다를 바 없다. 특정 기업에 돈과 인력, 행정상 지원을 쏟아붓고 문제 생기더라도 나중에 책임 묻지 말라는 주장은 과거 개발독재 방식 그대로다. 정경유착을 통한 개발독재 방식이 한국의 구조적인 경제·사회적 문제를 초래한 원인이라고 주장한 많은 지식인들은 코로나 백신을 전폭적으로 지원해서 개발해야 한다고 하는 지금의 주장이 올바른 주장인지 잘못된 주장인지에 대한 그들의 견해가 궁금하다. 개발독재 방식이 잘못되었다고 비판하던 사람들은 과거 개발독재 방식이 아닌 더 좋은 코로나 백신 개발정책을 제시해야 하는데 왜 침묵하는지도 궁금하다.

과거 정경유착의 개발독재 방식으로 지금 코로나 백신을 개발해야 조속히 개발할 수 있다고 한다면 과거 개발독재 방식도 그 당시 선택할 수 있는 방안 중에서 최선이 아니었을까 하는 생각이 든다. 2021년에 대만은 56년 만에 겪는 가뭄 때문에 물이 크게 부족하자 농업에 필요한 물을 TSMC라는 대기업의 공업용수로 전용까지 해서 대기업을 지원했다 한다. 대표적인 정경유착을 통한 개발독재 방식이다. 아마 지금 우리나라에서 대만과 같이 농민이 쓸 물을 뺏어서 대기업을 지원했다가는 난리가 나지 않을까?

중국 춘추전국시대 때 제나라 환공을 중국 최초로 춘추오패로 만드는 데 결정적 기여를 한 사람이 관중이라는 재상이다. 환공이 관중을 어떻게 대우한 것인가를 한비자는 〈난일〉에서 소개한다.

환공이 관중을 재상으로 임명했더니 관중이 군주의 총애를 받고 있으나 자신의 신분이 천하다고 했다. 그러자 관중을 고씨와 국씨 위의 신분으로 삼아 신분을 높여 주었다. 관중은 신분은 높아졌으나 자신은 가난하다고 다시 말했다. 그러자 관중에게 삼귀의 곳간(세금의 30%)을 하사하여 부자가 되게 했다. 관중은 또다시 이제 부자가 되었으나 자신이 환공 집안과의 관계는 소원하다고 했다. 그러자 관중에게 작은 아버지(중부

(仲父))의 작위를 주었다. 환공의 이러한 조치에 대하여 소략이라는 사람
이 "관중이 탐욕한 것이 아니라 다스리는 데에 편리했기 때문"[1]이라고 했
다. 관중이 개인 욕심 때문이 아니라 제나라를 잘 다스리는 데에 높은 신
분, 재산, 작은 아버지의 지위가 필요했기 때문에 환공에게 말하여 받았
다는 것이다. 성과를 내기 위하여 필요로 하는 모든 것을 군주인 환공이
특정 개인인 관중에게 전폭적으로 지원했으니까 전형적인 정경유착의 개
발독재를 한 셈이다. 이 개발독재에 의하여 환공은 최초로 춘추오패가 될
수 있었다.

   과거 정경유착에 의한 개발독재 방식이 경제발전이라는 효과를 가져오
기는 했으나, 현재 우리나라가 안고 있는 대기업의 경제력 집중·양극화·정
경유착에 의한 부패 등의 근본 원인을 제공한 역기능이 더 많다는 얘기
를 많이 들었다. 그래서 앞으로는 개발독재 방식으로 정책을 수행하면 큰
일 날 것으로 생각했다.

   그런데 비난해 왔던 과거 개발독재 방식으로 온 나라가 코로나 백신을
개발해야 한다고 하니, 참으로 아이러니다. 백신을 개발독재 방식으로 개
발하자는 주장은 개발독재 방식의 효율성을 인정한다는 것이다. 그러면
우리나라가 국민소득 3만 불 이상의 경제대국이 된 것도 이러한 효율적인
개발독재 방식에 의한 경제전략 때문이라는 생각이 든다. 우리가 그동안
개발독재 방식의 역기능에 너무 집착하여 비난하면서 순기능을 외면해
왔던 결과가 백신을 개발독재 방식으로 개발하려고 하는데도 속도가 잘
나지 않게 하는 이유 중 하나가 아닌가 하는 생각이 든다.

---

1) 管仲非貪 以便治也(관중비탐 이편치야).

9. 많이 일했다고 돈 많이 줄까, 일 잘한다고 돈 많이 줄까?

현명한 군주는 법이 사람을 고르도록 하고 자신이 택하지 않는다(明主使法擇人 不自擧也, 명주사법택인 불자거야).

《한비자》〈유도〉

'나는 맨날 야근하면서 일하는데 왜 월급을 이것밖에 못 받지, 저 사람은 누가 봐도 일을 열심히 안 하는데 왜 나보다 돈을 더 받지?' 이런 의문은 우리가 살아가면서 많이 해본 생각이고 주변에서도 많이 듣는 얘기다.

단순하게 노동이 가치를 결정한다는 마르크스의 노동가치설의 입장에서 보면 날마다 야근하는데도 월급을 적게 받는 것은 불합리하다는 생각이 든다. 그러면 야근하는 내가 받지 못한 노동가치만큼 기업가가 가져간다고 보아 기업가가 나를 착취한다는 생각으로 이어질 수 있다. 그러나 가치란 생산에 투입한 가치가 아니라 생산된 상품이 가지는 효용가치에 의하여 결정된다고 하는 주장(한계효용설)에 의하면 생각이 달라진다. 한계효용설은 카를 멩거가 주장하였다. 한계효용설에 따르면 맨날 야근하는 내 월급이 적은 것은 나는 노동의 투입량만 많았지 노동의 한계효용(질)이 낮기 때문이라는 설명이 된다. 기업가가 나를 착취한 것이 아니라 질 낮은 노동가치를 가진 내 탓이 되는 셈이다. 돈을 받는 입장(나)에서 보면 노동가치설이 솔깃한데 돈을 주는 입장(기업가)에서 보면 한계효용설이 솔깃해진다.

돈 주는 사람의 심리는 캐나다 궬프대학의 팻 바클레이(Pat Barclay) 교수가 한 심리 연구에서 나타난다. 돈을 두 사람이 나눠 가지는 문제에 있어서, A가 나눠주겠다는 금액을 B가 거부하면 A, B 모두 한 푼도 받지 못하지만 B가 거부하지 않으면 A가 분배하는 대로 서로 나눠 갖는 게임(최후통첩 게임)에서는 나눠 가져야 하는 금액이 크든 적든 대체로 A, B가 50%씩 같은 비율로 나눠 갖는다고 한다. 그러나 A가 B에게 얼마를 나눠 주든 상관없이 B는 A가 주는 대로 받아야 하는 게임(독재자 게임)에서는 다르다. 나눠 가질 금액이 1만 원 정도로 적으면 30%(3천 원) 정도를 A가 B에게 나눠주지만 나눠 가질 금액이 100만 원 정도로 크면 10~15%(10~15만 원) 정도만 A가 B에게 나눠준다 한다. 그 이유는 돈을 주는 A는 B가 한 것도 없는데 10만 원을 받아도 적은 돈이 아니라고 생각하기 때문이라고 한다. 돈을 주는 사람(A) 입장에서는 자신이 번 돈이 아니더라도 푼돈(1만 원)이 아닌 큰돈(100만 원)이면 받는 사람(B)이 한 일의 가치(효용가치)를 생각해서 돈을 준다는 것이다.

이런 심리 실험의 내용은 강원도 통천의 가난한 농부의 아들로 태어나서 우리나라 최고의 재벌을 만들었던 현대그룹의 정주영 전 회장의 회고록 《시련은 있어도 실패는 없다》에서도 나온다. 정 전 회장이 1940년 아도서비스라는 아현동의 자동차 정비공장이 불이 난 후 신설동 뒷골목으로 옮겨서 정비 공장을 할 때. 당시 서울의 자동차 수리 공장들은 아무것도 아닌 고장도 큰 고장인 것처럼 수리 기간을 길게 잡아서 그 긴 수리 날짜만큼 수리비를 많이 청구하는 방법을 사용했다고 한다. 그러나 정 전 회장은 역으로 다른 공장에서 열흘 걸린다는 수리 기간을 사흘 만에 고쳐주는 대신에 수리비를 다른 공장보다 더 많이 받는 방법을 썼다. 당시 자동차를 사용하는 부자들은 빨리 고쳐지기를 바라지 수리비는 그리 문제 삼는 사람들이 아니기 때문에 서울 장안의 고장 난 차는 모조리 신설동 정 전 회장의 무허가 공장으로 몰려들어 정신없이 밀려드는 일감으로 공장 차릴 때 얻은 빚도 금방 다 갚고 돈도 많이 벌었다고 한다.

정 전 회장의 이 책에 이런 내용도 나온다. 사우디아라비아 주베일 산업항 공사를 수주해 방파제와 호안공사에 쓸 16만 개의 스타비트를 만들

어야 하는데 하루 200개씩 만드니 800일이 걸린다고 해서 작업 현장에 가
보았다. 믹서트럭이 싣고 온 콘크리트를 바로 스타비트 거푸집에 붓지 않
고 150t짜리 크레인 다섯 대를 동원하여 작업하고 있었다. "믹서트럭의 콘
크리트를 직접 스타비트 거푸집에 붓지 않고 왜 번거롭게 크레인으로 떠
서 붓고 있나?"라고 현장 감독에게 물었더니, "믹서 트럭의 콘크리트 출
구가 거푸집보다 낮아서 그런다"라고 했다. 정 전 회장은 믹서 트럭의 콘
크리트 출구를 스타비트 거푸집보다 높도록 개조하여 작업하도록 지시한
결과 스타비트 생산량이 하루 200개에서 350개로 늘어났다 한다.

　정 전 회장은 이 책에서 남들이 1년에 해내는 일을 9개월 만에 해내서
금리와 임금 부담을 줄일 능력이 있으므로 남들이 1백억 원에 하는 공사
를 80억 원에 할 수 있었고, 이것이 현대그룹의 경쟁력이고 성공 요인이었
다고 말한다.

　정 전 회장은 초등학교밖에 나오지 않았지만 일의 가치는 투입된 노동
시간이 아닌 산출되는 효용가치에 의해서 결정된다는 사실을 직감으로
알았던 사람이다. 그래서 남들은 수리 기간을 늘려서 수리비를 많이 받는
방법(투입가치법)을 사용했지만 정 전 회장은 빠른 수리라는 효용가치를
높여서 돈을 더 받는 방법(효용가치법)으로 돈을 벌었다. 믹서 트럭의 기존
형태를 바꾸어서 시간을 절감함으로써 스타비트를 더 빨리 만들었고 그
래서 돈을 벌었다. 이렇게 일의 효용도를 높이는 노력으로 소비자가 원하
는 낮은 가격의 제품을 빨리 생산할 수 있었고 이것이 성공 요인이었다고
회고록에 적고 있다.

　유가는 정명론(正名論)을 주장한다. 정명론은 정답을 가진 군자가 가르
치는 대로 하면 사회가 잘된다는 것을 전제한 주장이다. 정명론에 따르면
정답(군자의 가르침)대로 많은 시간을 투입하면 그만큼 가치가 올라가게 된
다. 그러면 투입 시간에 비례해서 보상을 받아야 한다는 주장이 가능해
진다. 그러나 한비자는 형명론(形名論)을 주장한다. 누구도 모르는 정답을

찾아내어 높은 공(功)을 세우면 신분에 상관없이 그 공에 비례해서 보상(名)을 해야 한다는 주장이다.

결국 유가의 정명론은 군자의 가르침을 얼마만큼 충실히 수행했느냐가 중요하다는 입장이 되므로 노동가치설의 논리와 유사하게 된다. 한비자의 형명론은 일에 투입한 노력보다는 일구어 낸 일의 성과를 중시하는 입장이므로 효용가치설의 논리에 가깝다. 한비자는 〈유도〉에서, "현명한 군주는 법(사전에 정한 상벌규정)이 사람을 고르도록 하고 자신이 택하지 않는다. 법이 그 이룬 공을 재도록 하지 군주 자신이 헤아리지 않는다."[1]라고 했다. 이룬 성과를 사전에 정한 기준에 따라 측정해서 그에 따른 보상을 하여야 하지 상 주는 군주가 생각한 대로 상을 주면 안 된다는 것이다.

현명한 사람이 일 잘한다고 전제하는 정명론보다는 일 잘하는 사람이 현명하다고 전제하는 형명론이 좀 더 현실적으로 설득력이 있다. 돈 주는 사람(소비자)은 돈 받는 사람(공급자)이 돈 값을 제대로 했냐고 생각한다는 팻 바클레이 교수의 심리 연구를 생각할 필요도 없이, 정주영 회장의 성공 비법(빠른 수리, 믹스 트럭 출구 조정, 낮은 가격)을 생각하면 돈 받는 사람은 돈 주는 사람이 원하는 것(효용)을 충족해 주는 게 으뜸이라는 것을 알 수 있다.

이런 점에서 '왜 맨날 야근하는 나는 월급을 이것밖에 못 받지?'라고 의문을 가질 것이 아니라 '왜 나는 회사가 원하는 바를 제대로 충족해 주지 못하지?'라는 반문이야말로 나의 문제를 해결하는 지름길이 되는 셈이다.

---

1) 明主使法擇人 不自擧也 使法量功 不自度也(명주사법택인 불자거야 사법량공 불자도야).

10. 어떻게 하면 분식회계를 근절할 수 있을까?

법은 높다고 해서 아부하지 않고 먹줄은 굽었다고 해서 휘지 않는다(法不阿貴 繩不撓曲 법불아귀 승불요곡).

《한비자》〈유도〉

일산에서 영등포 방면으로 가는 버스는 5차선인 자유로로 가다가 성산대교를 건넌다(요즘은 성산대교가 밀려서 버스가 양화대교를 건너기도 한다). 전에는 성산대교 진입로 바로 앞 2차선에서 1차선으로 끼어들기 하는 버스 때문에 5차선인 자유로가 많이 막혔다. 끼어들기를 막기 위해서 출근 시간에 교통경찰이 나와서 종종 단속을 했지만 불법 끼어들기는 근절되지 않았다. 그러나 요즘은 그렇지 않다. 어느 날 버스에 안내문이 붙었다. 내용은 "성산대교를 진입하기 위해 2차선에서 1차선으로 불법 끼어들기 하면, 전에는 마포경찰서에서 버스 회사에 과태료를 매겼으나 이제는 버스 기사에게 과태료를 매기므로 불법 끼어들기를 해서 걸리면 운전기사가 과태료를 부담해야 한다. 그래서 끼어들기로 빨리 갈 수 없어 버스가 빨리 가지 않더라도 양해해 달라"는 취지였다. 교통경찰의 엄정한 단속보다 행위자인 버스 기사에게 과태료를 매기는 것이 효과가 만점으로 나온 사례다.

우리나라는 대우조선의 거액 분식회계 이후 분식회계를 막기 위해서 세계에서 유례없는 제도를 도입했다. 주기적 지정제, 표준감사시간제, 감사인등록제가 그것이다. 주기적 지정제는 상장법인과 자산 1천억 원 이상이면서 대표이사가 과점주주인 비상장대형법인은 3년간은 정부가 지정해 주는 회계법인으로부터 회계감사를 받아야 하고 6년간은 기업이 자유롭게 다른 회계법인과 회계감사계약을 할 수 있는 제도다. 표준감사시간제는 회계감사 대상 법인의 업종별·규모별로 최소한 투입해야 할 표준회계감사시간을 정한 제도다. 감사인등록제는 상장법인을 회계감사할 수 있는 회계법인 요건을 정해서 이를 충족한 회계법인만 금융감독위원회에 등록을 하도록 한 제도다. 이런 제도 도입으로 회계감사보수가 대폭 인상되고 감사 기간이 늘어나서 기업들은 부담이 크다고 아우성이고 회계법인은 보수가 인상되었으니까 좋아한다.

세계에서 유례없는 제도를 도입하는 계기가 된 대우조선의 분식회계 과정을 살펴보면 분식회계를 방지할 수 있는 방안의 단초를 엿볼 수 있다. 대우조선의 분식회계 문제로 처벌받은 당시 사장과 재무담당 부사장에 관한 형사 판결문을 읽어보면 분식회계의 부분에서는 무죄지만 분식회계를 이용해서 은행으로부터 대출받은 부분에 대해서는 유죄로 인정받아 사장은 징역 9년, 부사장은 징역 6년을 선고받았다. 참으로 이상하다. 사장과 부사장이 분식회계를 한 사람이 아니어서 처벌 대상이 아니라면 그러면 도대체 누가 분식회계를 했다는 말인가?

대우조선 형사 판결문을 보면 분식회계는 크게 3가지다. ①공사 중인 해양플랜트 등 프로젝트의 예정원가를 줄이는 방법 등으로 매출액을 늘리고 원가를 줄여 이익을 늘린 것, ②회수 가능성 없는 장기매출채권에 대한 대손충당금을 적게 잡아서 이익을 늘린 것, ③부실 해외 자회사 주식 및 대여금에 대한 손실을 잡지 않아서 이익을 늘린 것이 그것이다.

형사 판결문을 보면 실무자들의 분식회계 실태가 나타난다. ①수주 계약금액의 변경 가능성이 없는데도 변경이 있을 것으로 보고 결산에 반영하여 이익을 늘리는 등의 회계처리, ②계약 변경의 확정이 없는데도 이익을 늘리기 위해 부하 직원에게 결산에 반영하라고 지시한 상사의 이메일, ③해양플랜트 공사금액의 변경 합의 전에 기대하는 목표금액을 매출이익에 반영시켰다고 한 진술, ④'목표하는 후카시(뻥튀기) 숫자 때렸다'고 적은 내부 메신저, ⑤재무관리부가 현업부서와 협의 없이 예정원가를 독단적으로 산정하여 손실 규모를 적게 파악했다는 진술, ⑥회계분식에 관여한 실무자들 모두 총공사 예정원가를 축소하는 방법으로 영업이익을 늘였다고 한 자백 등이 판결문에 그대로 기재되어 있다. 이렇게 실무자들이 명백하게 분식회계를 실행했는데도 그 실무자들은 아무도 처벌받지 않았다. 시민단체에서 이들을 고발했지만 모두 처벌받지 않았다.

만약 대우조선의 경리 실무자(팀장, 차장, 과장 등) 중에서 분식회계의 주범을 가려서 처벌하기 위하여 엄정히 수사했다면 이들은 자신의 책임을 경감받기 위해서라도 사장과 부사장 외에 누가 구체적으로 지시했는지를 분명하게 말했을 것이다. 그러면 그 책임 있는 자를 엄히 처벌할 수 있었을 것이다. 이렇게 밝혀서 실무자를 처벌했다면 어떻게 될까? 경리 실무자들에게 분식회계를 지시하려는 상위 실무자도 나중에 자신의 부당 지시 사실이 드러나 처벌받는다는 것을 알게 되므로 분식회계 지시를 하지 않을 것이다. 지시를 받은 회사 실무자들도 분식회계를 실행하면 처벌받게 되므로 실행하지 않을 것이다. 그러면 분식회계 문제는 쉽게 근절된다. 이렇게 간단히 분식회계 문제를 해결할 수 있는데도 검찰이나 일반 국민은 사장, 부사장 등 고위층 처벌에만 관심이 있을 뿐 분식회계의 실제 실행자를 가려내서 처벌하는 데에는 관심이 없다.

경리 실무자들을 처벌해야 분식회계가 방지된다고 하면 그들은 먹고살기 위해서 위의 지시를 그대로 수행한 사람인데 이들이 무슨 죄가 있다고 처벌하는가라고 종종 말한다. 그러나 실무자들은 상사가 사람을 폭행해라고 지시해도 실행하지 않는다. 먹고살기 위해서 지시를 따르는 관계라 해도 실행하면 처벌받는 것을 뻔히 알기 때문이다. 분식회계나 사람 폭행은 똑같은 범죄행위이다. 사람 폭행은 그 방법을 구체적으로 알려 주지 않아도 실행할 수 있는 단순한 것이다. 그러나 분식회계는 전문 분야여서 상사도 실행 방법을 잘 모르는 경우가 태반이다. 실제 실무자가 교묘한 분식회계 방법을 찾아내어 하는 경우가 많다. 이런 점에서 보면 분식회계에서 실무자의 역할은 단순 폭행보다 더 범죄성이 높다. 분식회계가 드러나지 않고 넘어가면 그 분식회계 실무자는 인사 고과를 잘 받아 승진에서 유리하다. 실무자를 처벌하지 않으면 그는 그 범죄(분식회계) 실행에 따른 이익(승진 등)은 그대로 취하면서 그 실행에 따른 공포(처벌 등)는 부담하지 않는 사회 시스템이 된다. 이런 사회 시스템은 분식회계와 같은 범죄를 근절하기 어렵게 만든다.

분식회계의 실무자를 처벌하면 분식회계가 쉽게 방지된다. 그러면 분식회계를 막기 위해서 세계에서 유례없는 제도를 도입하여 실행하는 사회적 비용을 부담할 필요가 없게 된다. 그러나 국민들은 실무자를 처벌하는 제도는 바로 자신이 처벌 당사자가 될 수 있다고 생각하기 때문에 좋아하지 않는다. 이런 이중적 태도는 결국 사회적 비용을 크게 만드는 제도를 초래한다.

한비자는 〈유도〉에서, 법은 높은 사람에게도 엄격하게 적용해야 하지만 아랫사람에게도 엄격하게 적용해야 한다는 취지로, "법은 높다고 해서 아부하지 않고, 먹줄은 굽었다고 해서 휘지 않는다."[1]라고 했다. 법은 지위의 높낮이에 불구하고 낮은 사람이라고 해서 봐주지 않고 엄격하게 적용하면 모두가 질서를 지키게 되므로 결과적으로 일반 백성들은 살기 좋게 된다는 얘기다. 일산의 버스 회사가 아닌 운전기사에게 과태료를 매기니까 불법 끼어들기를 하지 않아 자유로가 덜 정체되는 게 좋은 사례다.

실제 일하다 보면 거래처로부터 "손실 나는 결산서가 되면 금리를 올리거나 대출금을 회수해야 된다. 회계감사하는 회계사에게 잘 얘기해서 손실이 나지 않은 재무제표가 나오도록 해야 한다."라고 은행 직원이 말한다는 얘기를 거래처로부터 많이 듣는다. 회사의 실상을 있는 그대로 정확

---

1) 法不阿貴 繩不撓曲(법불아귀 승불요곡).

하게 파악해서 대출금 회수나 금리 결정 등을 해야 하는 은행원들이 실제 분식회계를 유도하고 있는 사례다. 분식회계를 막으려면 이런 사람을 교사범으로, 실제 분식회계를 해 주는 회계사무소의 회계사·세무사 등은 방조범으로 처벌해야 한다. 그러면 간단하게 분식회계가 근절된다. 세계에서 유례가 없는 복잡한 회계감사 제도를 도입할 필요가 없다. 일산 버스 운전기사 사례가 이를 잘 말해 준다.

11. 정주영·이나모리 가즈오 회장의 생활 자세는 우리와 무관할까?

현명한 군주의 길은 지혜 있는 자로 하여금 생각을 모두 다 짜내게 해서 그것을 근거로 일 처리를 결단한다(明君之道 使智者盡其慮 而君因以斷事, 명군지도 사지자진기려 이군인이단사)

《한비자》〈주도〉

　현존하는 일본인으로서 경영의 신으로 추앙받는 사람이 이나모리 가즈오 교세라 회장이다. 1932년생으로 78세이던 2010년 2월에 일본 총리의 간곡한 요청으로 파산 위기에 몰린 일본항공(JAL) 회장에 취임해서 8개월 만에 24조 원의 부채를 청산하고 흑자 전환에 성공했다. 씨 없는 수박으로 유명한 우장춘 박사의 막내딸이 이나모리 가즈오 회장의 부인이기도 하다.

　이나모리 가즈오 회장의 저서 중에 《왜 일하는가》라는 책이 있다. 2011년에 이 책을 읽었는데 10년 만에 다시 읽어 보았다. 10년 전에 읽었을 때도 많은 생각을 하게 한 책이었는데, 다시 읽으니까 새로운 생각과 깨달음이 많았다. 정주영 현대그룹 전 회장이 그의 자서전 《이 땅에 태어나서》에서 자신의 인생은 줄곧 '더 하려야 더 할 게 없는 마지막까지의 최선'의 점철이었다고 말한 것과 똑같은 내용이 많다는 것을 새롭게 발견했다. 《왜 일하는가》에는 '신이 손을 뻗어 도와주고 싶을 정도로 일에 전념하라'는 말과 '누구에게도 뒤지지 않도록 노력하라'라는 말이 나오는데 정 회장의 말과 똑같은 내용이다. 실제로 이렇게 일한 사례를 곳곳에서 볼 수 있다.

　이나모리 회장이 교세라를 창업하고 10년이 안 된 때 미국 IBM으로부터 당시 교세라 기술 수준을 훨씬 뛰어넘는 제품 20만 개 수주를 받았다. 수만 가지 방법을 동원하여 제조한 후 납품했으나 모두 불량품 판정을 받았다. 불량품을 회수한 날 밤에 이나모리 회장이 회사를 둘러보다가 개발실에서 직원들이 울먹이는 소리를 듣고 가 보았으나 딱히 해 줄 말이 없었다. 그래서 "이 제품을 개발할 때 신께 기도드렸나? 부품이 만들어지는 순간순간에 절실하게 기도드렸나?"라고 물었다. 이 얘기를 들은 직원 중 한 명이 "그렇군요. 그거였어요. 한 번 더, 처음부터 다시 해 보겠습니다."라고 말했고, 직원들은 "내일은 신이 우리 곁에 있을 겁니다." 하고 말했다. 그 후 직원들은 심기일전해서 이전 제품보다 훨씬 우수한 제품을 만들어 IBM에 납품했고 IBM이 깜짝 놀라서 그 자리에서 20만 개가 아닌 2천만 개를 추가로 주문했다.

이나모리 회장이 제2차 세계대전 때 해군 항공대의 정비사로 일한 할아버지로부터 들은 이야기도 나온다. 당시 폭격기가 출격할 때는 정비사가 기관사로서 반드시 비행기에 타야 했는데, 정비사들은 대부분 자신이 정비한 비행기가 아닌 동료가 정비한 비행기에 탄다고 한다. 정말 완벽하게 정비했는가라고 자문했을 때 그렇다고 말할 자신이 없어 만에 하나라도 사고가 날 것을 염려해서 동료가 정비한 폭격기에 탄다는 것이다. 그러나 이나모리 회장은 자신이 수리한 폭격기에 탈 것이라고 한다. 매일매일을 진검승부라고 생각하면서 일에 정면으로 부딪치며 배우고 깨우친 자신을 믿기 때문이라고 한다.

교세라 창업 후 20년 정도 지났을 때 미국 대기업인 슐룸베르거의 리브 사장과 저녁을 먹으면서 나눈 얘기가 나온다. 리브 사장은 "슐룸베르거는 베스트를 달성하는 것을 모토로 삼고 있다"라고 말하자, 이나모리 회장은 "교세라는 베스트가 아니라 퍼펙트를 추구한다. 베스트는 상대적이지만 퍼펙트는 절대적이다. 다른 기업들은 최선을 다했다고 자랑할 때 교세라는 완벽함을 자부한다."라고 말했다. 리브 사장은 이나모리 회장과 여러 가지 이야기를 나눈 후 "회장님 말이 맞다. 슐룸베르거는 베스트를 자랑해 왔는데 지금부터는 퍼펙트를 모토로 삼겠다." 하고 말한다. 이나모리 회장은 '보다 좋은 것'이 아닌 '이 이상은 없는 것'인 완벽주의를 추구한다고 한다.

교세라는 IBM으로부터 20만 개의 수주를 받아 첫 납품에 실패했지만 신에게 기도하는 것 외에는 더 이상 할 수 없는 데까지 최선을 다한 결과 IBM이 기대한 것 이상의 성과를 거두어서 2천만 개의 추가 수주를 받았다. 자신은 항상 최선을 다한다는 자부심이 있으므로 목숨이 달린 폭격기를 탑승할 때 타인이 아닌 자신이 정비한 폭격기에 탑승한다는 믿음을 가지고 일한다. 베스트(최선)가 아닌 퍼펙트(완벽)를 한다는 마음 자세를 가지고 일한다. 이렇게 일하는 자세의 이나모리 회장이 경영의 신으로 추앙받는 것은 어쩌면 당연한 게 아닐까.

정주영 전 현대그룹 회장은 우리나라 경제사에서 큰 획을 그었다. 정 회장의 어록 중 가장 많이 거론되는 것이 "이봐, 해봤어?"이다. 14년간 정주영 회장을 보필했던 사람이 《이봐, 해봤어?》라는 제목으로 정주영 회장의 비화와 업적에 관하여 쓴 책도 있다.

정 회장의 '이봐, 해봤어?'라는 말이나 그의 자서전 《이 땅에 태어나서》에서 밝힌 일 처리 자세인 '더 하려야 더 할 게 없는 마지막까지의 최선'의 말은, 이나모리 회장의 '신이 손을 뻗어 도와주고 싶을 정도로 일에 전념한다', '누구에게도 뒤지지 않도록 노력한다'는 것과 같은 내용의 말로 생각된다. 전에 해보지 않은 일이라도 실제 일을 해보면 일 처리 과정에서 미처 생각하지 못했던 해법이 떠오르거나 우연한 도움 등으로 난제를 해결하는 경우가 많다. 그러나 사람들은 대부분 자신의 선입견에 사로잡혀서 어떤 일을 해보지도 않고 안 될 것으로 생각하는 경우가 많다. 대부분 사람들은 신에게 도와달라고 기도하는 것 외에는 더 이상 할 수 없는 데까지 일해보지 않은 채 대부분 처음부터 또는 중도에 포기하는 게 상례다.

이런 일반인의 행태에 정주영 회장은 왜 해보지도 않고 해답 찾기를 포기하느냐라는 뜻으로 '이봐, 해봤어?'라는 말로 압축해서 말했다. '더 이상 하려야 할 수 없는 마지막까지 최선'을 했다는 말은 일을 할 때 최선을 다하면 난제의 해법도 찾을 수 있다는 생각에서 나온 일 처리 자세라는 얘기다.

한비자는 〈주도〉에서 "군주는 지(知)를 버리면 오히려 밝게 보는 명(明)을 가지게 되고, 현명함을 버리면 오히려 공(功)을 가지게 된다. 용기를 버리면 오히려 강함을 가지게 된다."[1]라고 말한다. 선입견을 버리고 해보면 좋은 결과를 얻을 수 있다는 말이다. 또 "현명한 군주의 길은 지혜 있는 자로 하여금 생각을 모두 다 짜내게 해서 그것을 근거로 일 처리를 결단한다. 그러므로 군주로서의 지혜는 막다르지 않다."[2]라고 했다. 내가 아닌 다른 기업이나 다른 사람이 일 처리의 해법을 갖고 있는 경우라 하더라도 내가 실제 일하면서 모든 지혜를 짜내어서 마지막까지 최선을 다하면 더 나은 결과를 도출할 수 있게 된다는 말이다.

신의 경지에 이른 이나모리 회장이나 정주영 회장의 생활 자세를 평범한 우리가 본받고 살아가야 한다고 하면 '도달할 수 없는 곳에 도달하라'고 요구하는 것이어서 인생의 황폐화를 유도하는 말이라고 비난할 수 있다. 그러면서 '나는 큰 것 바라지 않고, 작지만 확실한 행복(소확행)을 추구하면서 산다.' 하고 말할 수 있다.

우리는 소확행을 정답으로 보고 이를 추구하지만 우리나라 사람의 행복도는 세계에서 매우 낮은 수준이다. 이런 면에서 소확행 추구가 정답인지 의문이다. 우리가 이나모리 회장이나 정주영 회장의 생활 자세를 본받으면서 살아가기 어렵다 하더라도, 그들의 생활 자세가 나의 발전과 행복

---

1) 是故去智而有明 去賢而有功 去勇而有强(시고거지이유명 거현이유공 거용이유강).
2) 明君之道 使智者盡其慮 而君因以斷事 故君不窮於智(명군지도 사지자진기려 이군인이단사 고군불궁어지).

에 해법이 될 수도 있다는 것을 한번 생각해 보는 것은 의미 있는 일이라고 생각한다.

12. 지도자가 솔선수범을 하는 것이 능사일까?

> 요임금과 순임금도 하기 어려운 것을 하려 한다면 정치를 잘 한다고 할 수 없다(道堯舜之所難 未可與爲政也, 도요순지소난 미가여위정야).
>
> 《한비자》〈난일〉

모름지기 지도자는 솔선수범해야 하고 지도자의 덕망에는 솔선수범이 필수라고 대부분 생각한다. 그러나 한비자의 생각은 다르다.

한비자는 〈난일〉에서 이를 밝힌다. 성인의 표본으로 생각하는 순임금이 아직 천자의 자리에 오르기 전에 요임금의 신하로 있을 때 몸소 솔선수범한 사례를 소개한 후 이를 비판한다. 농민들이 밭의 경계를 두고 다투자 순이 가서 직접 농사를 지었더니 1년 만에 밭 경계가 바로잡혔다. 황하의 어부가 어장을 다투자 순이 가서 고기잡이를 하였더니 1년이 안 되어 나이 많은 자에게 고기를 나눠주게 되는 등 문제가 해결되었다. 도자기를 만드는 직공이 만든 그릇의 질이 나빠지자 순이 가서 도자기를 굽는 일을 하였더니 1년 만에 그릇이 제대로 굽혀졌다. 이 이야기를 들은 공자는 "순은 어진 사람(仁者)이다. 몸소 농사짓고 고기 잡고 그릇 굽는 고생을 하니 백성이 따랐다. 성인의 덕이 사람을 감화시킨 사례다."라고 말한다. 공자는 순임금의 솔선수범의 모습을 높이 평가한 것이다.

그러나 한비자는 이렇게 평가하지 않는다.

"순이 1년에 걸쳐 백성의 1가지 잘못을 고치고 3년에 걸쳐 3가지 잘못을 고쳤다. 이렇게 해서는 수명에 한계가 있는 순이 죽을 때까지 몇 가지를 고칠 수 있겠는가?"라고 반문한다. "기준에 맞는 자에게 상 주고 기준에 맞지 않는 자에게는 벌을 주도록 하였다면 10일이면 다 할 수 있었을 일을 각 1년씩 걸려서 했으니 순은 일 처리를 잘한 것이 아니다"라고 말한다. 순은 요임금을 설득해서 상벌 제도를 운영하여 백성이 자발적으로 일하도록 유도해야 하는데 이렇게 하지 않고 '자신이 몸소 일을 수행하는 방법을 선택했으니 일 처리를 제대로 하지 못한 것'이라고 얘기한다. 그러면서 한비자는 "대체 몸소 고생해서 백성을 감화시키려면 요임금과 순임금도 하기 어렵다. 권세 있는 자리에서 아랫사람을 바로잡는 것은 평범한 군주도 하기 쉬운 일이다. 장차 천하를 다스리려고 하면서 평범한 군주도 하기 쉬운 것을 내버려두고 요임금과 순임금도 하기 어려운 것을 하려 한다면 정치를 잘한다고 할 수 없다"[1]라고 말한다. 솔선수범의 시간적 한계, 몸소 실행할 때의 그 실행 대상의 한계를 지적하면서 솔선수범보다는 일반 백성이 자발적으로 일하도록 하는 인센티브나 벌칙 제도를 만들어서 모든 백성이 올바르게 행동하도록 유도하는 것이 올바른 지도자의 역할이라고 말한다.

한비자는 지도자의 덕목은 솔선수범에 있는 게 아니라 주어진 상황을 정확히 파악해서, 잘한 자에게는 상 주고 못한 자에게 상을 주지 않거나 벌주는 제도를 만들어 모든 국민이 일 처리를 스스로 하도록 만드는 데에 있다고 본다. 상벌 제도를 엄격히 시행하면 일반 백성이나 부하는 자신이 해야 할 행위의 목표가 뚜렷하기 때문에 좌면우고하지 않고 그 목표 달성을 위해서 노력하게 되고, 그러면 자연히 기대한 성과를 거두게 되는데 이것이 바로 지도자가 해야 할 역할이라고 보는 것이다.

부하가 지도자를 따르는 이유는, 지도자의 솔선수범 행위에 감동하거나 그 행위가 바람직하다고 생각해서 따르는 것이 아니라, 지도자가 요구하는 행위를 하면 자신에게 이익이 되기 때문에 따른다는 것이 한비자의

---

1) 且夫以身爲苦而後化民者 堯舜之所難也 處勢而驕下者 庸主之所易也 將治天下 釋庸主之所易 道堯舜之所難 未可與爲政也(차부이신위고이후화민자 요순지소난야 처세이교하자 용주지소이야 장치천하 석용주지소이 도요순지소난 미가여위정야).

입장이다. 지도자의 솔선수범에 따른 부하들의 동기 유발 효과보다는 부하들이 이룬 성과에 대하여 보상하거나 나쁜 행동에 대하여 제재를 가하는 것이 훨씬 더 부하들에게 동기 유발 효과가 크다는 것이다.

다수를 다스려야 하는 지도자에게는 솔선수범이 만고의 진리가 될 수 없고, 부하가 이룬 업적과 과오에 대해서 상벌을 엄하게 적용하여 다수의 부하로 하여금 목표 달성을 하도록 이끄는 것이 오히려 만고의 진리에 해당한다는 것이다.

한비자는 〈설의〉에서 "군주가 신하가 한 말을 분명하게 알아차리면 비록 그물과 화살을 가지고 사냥을 하러 다니고, 종을 치며 여인들과 춤추는 향락을 즐기더라도 나라는 오히려 존속한다. 그러나 신하가 말한 것을 분명하게 알아차리지 못하면 비록 검소하고 힘써 일하며 베옷을 입고 거친 음식을 먹더라도 나라는 오히려 망하게 된다."[2]라고 하면서 지도자의 덕목은 솔선수범이라기보다는 신하의 말을 잘 분간하고 신하를 제대로 써야 한다고 하면서 다음과 같은 사례를 소개한다.

조나라 경후는, 행실이 바르지 않고 제멋대로이어서 안락과 쾌락에 골몰하고 사냥과 놀이를 즐기며 밤낮으로 술잔치를 벌이고 신하가 조금만 무례해도 즉석에서 목을 베는 등 행실이 좋지 않았지만, 적국에 패한 적이 없고 내부 반란도 없었으며 침략도 받지 않았는데, 이것은 경후가 신하를 제대로 썼기 때문이라고 한다. 그러나 영토가 수천 리인 연나라의 군주 자쾌는, 병사가 수십만이고 미녀나 향락에 마음을 두지 않고 연못이나 높은 집을 짓지 않고 사냥도 하지 않으며 몸소 스스로 괭이를 들고 밭갈이를 했지만 자쾌는 살해당하고 나라가 망했는데, 이것은 신하를 제대로 쓰지 못했기 때문이라고 한다.

---

2) 爲人主者 誠明於臣之所言 則雖罼弋馳騁 撞鐘舞女 國猶且存也 不明臣之所言 雖節儉勤勞 布衣惡食 國猶自亡也(위인주자 성명어신지소언 즉수필익치빙 당종무녀 국유차존야 불명신지소언 수절검근로 포의악식 국유자망야).

대처 켈트너 UC버클리 교수가 쿠키를 가지고 한 실험에 따르면 지도자는 무례하고 부도덕한 것이 일반적이라고 한다. 켈트너 교수의 실험은 이렇다. 실험 대상 3명을 한 조로 한 후 임의의 1명에게 리더 자격을 주고 과제를 할당한다. 과제 착수 30분 후에 갓 구운 쿠키 한 접시를 제공한다. 접시에 담긴 쿠키는 4개다. 3명이 1개씩 먹고 쿠키 1개가 남는데, 이 1개를 누가 먹을까? 대부분 리더가 된 사람이 먹는다. 남들은 1개씩밖에 못 먹는다는 것을 알지만 리더는 거리낌 없이 2개를 가져간다고 한다. 더욱이 리더들은 쩝쩝 소리를 내며 먹거나 부스러기를 흘리는 사례가 많다 한다. 켈트너 교수는 대학, 의회, 스포츠계 등을 상대로 다양한 실험을 했는데, 지위가 오를수록 점차 나쁜 행동을 하는 사례가 많아졌다 했다. 권력을 얻기 전에는 선한 행동, 관대함과 공정성, 나눔 등의 행태를 보이나, 권력을 얻으면 무례하고 이기적이고 부도덕한 행동을 하기 쉽다는 것이다. 완장 차면 사람이 달라진다는 우리 속담의 모습이다. 결국 권력자의 타락은 인간 본성에 기인한다는 것이다.

이런 실험 결과를 보면 지도자가 솔선수범해서 제대로 지휘력을 발휘하는 것을 기대하는 것은 우리의 소망일 뿐이고 본성에는 잘 맞지 않는다는 것을 알 수 있다. 그래서 한비자는 지도자의 덕망은 솔선수범에 있지 않고 상벌제도를 제대로 수립하여 이를 엄격하게 시행하는 것에 있다고 하였다. 지도자란 솔선수범이라는 주관적 가치보다는 상벌제도라는 객관적 가치를 더 존중해서 다스려야 제대로 다스릴 수 있다는 것이다. 곰곰 생각해 볼 문제다.

13. 수술받으면서 바둑 둔 관우의 행위가 옳을까?

술을 갖춘 군주는 우연한 선(善)을 좇지 않고 반드시 그렇게 되어야 할 도(道)를 좇
는다(有術之君 不隨適然之善 而行必然之道, 유술지군 부수적연지선 이행필연지도).

《한비자》〈현학〉

삼국지를 보면 관우가 독화살에 맞아 화타라는 명의가 수술하는 장면
이 나온다. 화타는 관우에게 "치료가 가능하지만 수술하려면 기둥을 세우
고 고리로 팔을 묶어서 수술해야 한다."라고 말했다. 그러자 관우는 그럴
필요가 없다고 하면서 그대로 수술하게 하고는 마량과 바둑을 두면서도
눈썹 하나 까닥하지 않았다고 한다. 화타는 칼로 화살 독을 뼛속까지 소
리 나게 긁어내는 수술을 마친 후 "자신이 평생 환자를 많이 봤지만 관우
와 같이 통증을 이겨내는 장군은 못 봤다" 하고 말했다.

중국 형주에 관우가 화타로부터 수술받은 장소에 형주 제일의 병원이
들어서 있는 것을 TV에서 보았다. 그 병원은 수술받는 관우의 모습을 동
상으로 세워두고 있었으며, 중국 사람들은 이 병원을 매우 애용한다고
한다.

칼로 화살 독을 뼛속까지 소리 나게 긁어내는 수술을 하는데 바둑을
둔다는 것은 현실에서는 있을 수 없다. 소설에서나 가능한 일이다. 비록
소설의 내용이지만 과연 관우의 이러한 행동이 올바른 것일까?

그리스 신화를 보면 기원전 1200년경에 그리스 연합군과 트로이 간 전
쟁에서 트로이 목마의 계책으로 그리스 연합군이 승리를 거둔 후 그리
스 연합국의 장군 오디세우스가 고향 그리스로 돌아가는 과정에서 겪는
온갖 고초를 그린 내용이 나온다. 그중에서 세이렌(앵앵하는 사이렌 소리는

이 세이렌에서 유래했다 한다)이라는 요정의 유혹에서 벗어나는 과정이 있다. 세이렌은 도저히 참을 수 없을 정도로 아름다운 노래를 불러서 바다를 항해하는 선원들로 하여금 그 노랫소리가 나는 곳으로 오도록 유혹하는 요정이다. 노래가 들려오는 섬 가까이 오면 배가 암초에 걸려 난파되도록 하고, 선원들이 물속으로 뛰어들어도 노랫소리가 들리는 곳으로 유혹하여 끝내 선원들을 바다에 빠져 죽게 하는 요정이다.

오디세우스도 이런 세이렌 얘기를 들어서 알고 있었지만 세이렌의 노래는 꼭 듣고 싶었다. 오디세우스가 세이렌의 노래를 듣기 위해서 취한 조치는 관우와 다르다. 오디세우스는 세이렌의 유혹을 방지하기 위하여 선원들에게는 모두 귀를 밀랍으로 밀봉하게 하여 아무 소리도 듣지 못하게 했다. 그런 후 자신의 몸을 밧줄로 묶은 후 절대로 이 밧줄을 풀지 못하도록 엄명을 내렸다. 자신은 귀를 밀봉하지 않고 세이렌의 노랫소리를 듣지만 그 유혹으로부터 이겨내기 위해서 내린 조치다.

배가 그리스로 향하면서 세이렌의 노랫소리가 들리는 곳으로 항해하는데, 선원들은 모두 귀를 밀봉했기 때문에 매혹적인 세이렌의 노랫소리를 듣지 못하고 노를 저어 항해를 계속한다. 오디세우스는 매혹적인 세이렌의 노랫소리를 듣고 그 섬으로 노를 저어 가자고 부르짖는다. 그러나 선원들은 모두 귀를 밀봉했으므로 오디세우스가 부르짖는 소리를 듣지 못했고, 사전에 절대로 오디세우스의 밧줄을 풀지 말라는 엄명이 있었기 때문에 선원들은 계속 노를 저어 결국 세이렌의 유혹을 이겨내고 고향으로 돌아가게 된다.

견디기 힘든 육체적 고통이나 매혹적인 유혹에 대처하는 방법에 있어서 관우가 취한 의지로 극복하는 방법과 오디세우스가 취한 자신이 따를 수밖에 없도록 한 방법 중 어느 행동이 우리가 본받고 존중해야 할 방법일까?

미국에서는 '총알을 물어라(bite the bullet)'란 말이 있다고 한다. 남북전쟁 당시 마취제 없이 수술을 할 때 입에 총알을 물려서 고통을 참도록 한 데서 유래하였는데 지금은 그 뜻이 '생명을 구하려면 이를 악물고 끔찍한 고통을 견뎌야 한다'는 의미로 쓰인다고 한다. 미국 병사는 관우와 같이 자신의 의지에 기대해서 마취 없이 수술받은 것이 아니라 생명을 상징하는 총알을 입에 물어야 비로소 마취 없이 하는 수술의 고통을 견딜 수 있었고, 그래서 총알을 물고 수술을 받았다는 것이다.

노량진 공무원 학원가에서 몇 년씩이나 공무원 시험공부에 매달리는 젊은이를 신문 보도와 텔레비전에서 종종 보는데, 나의 조카는 학원에 일절 다니지 않고 도서관에서 2년간 공부해서 9급 공무원 시험과 7급 공무원 시험에 모두 합격했다. 조카는 공휴일이든 날씨가 어떠하든지 간에 매일 7시에 집을 나서서 저녁 10시까지 도서관에서 2년간 공부했다고 한다. 형님이 "내 아들이지만 공부하는 것을 보고 존경한다."라고 말할 정도이다.

공인회계사 시험에 합격한 이들 가운데 채용을 위해 면접한 사람 중, 인상 깊게 공부 방법을 얘기한 자가 있었다. 그는 매일 아침 6시에 기상하여 어떠한 일이 있어도 밤 11시까지 공부한다는 목표를 세우고 2년간 공부한 결과 합격했다고 했다. 그를 채용하려고 했으나 다른 회계법인으로 가는 바람에 채용하지는 못했다. 신문에서 본 기억이 있는데, 영국에서 조사한 바에 의하면 대학생 중에서 조용한 곳에서 공부한 사람과 시끄럽지만 공부 카페에서 공부한 사람의 성적을 비교했는데, 공부 카페에서 공부한 사람이 더 성적이 좋았다고 한다. 이유는 공부 카페에서 공부하면 시끄럽지만 주변에 있는 학생들의 공부하는 모습을 보면서 열심히 공부해야겠다는 마음을 계속 유지하면서 공부할 수 있으므로 혼자서 조용한 곳에서 공부하는 것보다 더 효과적이라고 하였다. 내 경험으로도 여러 사람이 있는 도서관에서 공부할 때가 더 공부가 잘되었다.

매일 7시에 집을 나가서 10시까지 공부한 조카와 매일 11시까지 공부한 공인회계사 시험 합격자는 자신의 의지보다는 그렇게 공부할 수밖에 없는 공부 시간과 장소적 환경을 스스로 만들어서 공부한 경우이다. 영국 대학생의 경우도 공부 카페에서 남이 공부하는 것을 보면서 공부할 수밖에 없는 환경에서 공부한 경우다. 이런 공부 방식은 자신의 의지를 믿은 관우보다는 자신이 스스로 따를 수밖에 없는 환경을 만들어서 세이렌의 매혹적 목소리를 들은 오디세우스의 방식이다.

한비자는 〈현학〉에서 "술(術)을 갖춘 군주는 우연한 선(善)을 좇지 않고 반드시 그렇게 되어야 할 도(道)를 좇는다."[1]라고 말한다. 환경에 따라 좌우되고 변경될 수 있는 의지 등과 같은 아름다운 말(선, 善)을 믿고 따르면 안 되고, 반드시 그렇게 할 수밖에 없는 환경(법, 형벌 등)을 만들어서 나라를 다스리는 것이 현명한 군주가 할 일이라는 주장이다. 관우보다는 오디세우스의 대처가 옳다는 말이다.

수술을 마친 화타가 말했듯이 칼로 화살 독을 긁어내는 수술을 할 때 관우와 같이 행동할 수 있는 사람은 관우밖에 없다. 그래서 관우가 아닌 우리는 수술할 때 마취를 하고 수술을 한다. 위 내시경 검사를 할 때에도 수면 내시경 검사를 많이 한다. 이것이 사람의 본모습이다. 마취를 하고 수면내시경을 하는 것은 오디세우스가 취한 행동이다. 사람의 본모습을 있는 그대로 인정해서 수술이나 검사를 제대로 하기 위한 방법을 찾아낸 것이 마취나 수면내시경과 같은 방법이다. 이 덕분에 보통 사람도 쉽게 수술이나 검사를 받을 수 있게 되었다.

자신의 의지만으로 자신을 다스릴 수 없다고 보고 자신의 몸을 묶게 한 오디세우스의 조치가 현명하다는 것을 인정해야 우리도 현명한 대처를 할 수 있다고 본다.

---

1) 有術之君 不隨適然之善 而行必然之道(유술지군 부수적연지선 이행필연지도).

14. 관우가 조조를 살려 주도록 놔둔 제갈공명의 의도는?

무릇 새끼 사슴이 가련해 못 견딜 정도니 내 자식은 얼마나 귀하게 여기겠는가?(夫不忍麑 又且忍吾子乎, 부불인예 우차인오자호).

《한비자》〈세림 상〉

우리가 즐겨보는 삼국지에는 관우가 조조를 살려주는 내용이 나온다. 조조가 적벽대전에서 손권과 유비의 연합군에 패해서 본거지로 돌아가는 중에 일어난 일이다. 제갈공명은 조조가 허창으로 도망가는 길목에 1차, 2차, 3차에 걸쳐 맹장인 조자룡, 장비, 관우를 매복하게 하여 조조를 공격하게 한다. 1차 매복지에서는 조자룡이, 2차 매복지에서는 장비가 각각 제 소임을 다하여 조조에게 큰 피해를 입힌다. 조조는 거의 기진맥진한 상태에서 3차 매복지인 화용도에서 관우를 만난다. 이제는 죽었다는 생각이 들었지만 조조는 과거 자신이 관우에게 잘해 준 옛정에 호소한다. 의리를 존중하는 관우에게 살려달라고 부탁한 것이다. 관우는 당초 화용도에 오기 전에 제갈공명이 의리 때문에 조조를 살려줄지도 모른다고 염려하자 조조를 놓치면 자기 목을 내놓겠다는 군령장까지 써놓고 나왔다. 그런데도 제갈공명의 염려대로 조조를 살려준다.

우리 상식으로는 관우가 조조를 죽일 천재일우의 기회인데, 관우가 의리 때문에 조조를 살려준다는 것은 잘 이해되지 않는다. 삼국지 정사에서는 화용도에서 관우가 조조를 살려준다는 내용은 없다고 한다. 나관중이 삼국지연의를 지으면서 소설적 재미를 더하기 위해 의리의 사나이인 관우가 화용도에서 조조를 살려주는 것으로 지어낸 것이다.

관우를 3차 매복지의 담당자로 임명하자 유비는 제갈공명에게 관우는 의리를 숭상하는 사람인데 임무를 제대로 수행해 낼까라고 염려스러운 마음을 털어놓았다. 그러자 제갈공명은 유비에게 "천문을 보니까 조조가 아직 죽을 운명이 아니므로 관우가 조조에게 받았던 예전 은혜를 갚을 수 있도록 3차 매복지의 담당 장수로 임명했다."라고 답했다.

조조가 아직 죽을 운명이 아니니까 관우가 조조에게 받았던 예전 은혜를 갚을 수 있게 조조를 살려주도록 관우를 3차 매복지 담당으로 보낸다는 것은 비현실적이다. 만약 제갈공명이 관우를 3차 매복지 담당으로 보내서 화용도에서 조조를 살려주도록 한 것이 사실이라면 제갈공명이 조조를 살려준 진정한 이유가 뭘까?

대체적인 견해는 나이 어린 제갈공명에 대해 고분고분하지 않은 관우의 기를 꺾어놓기 위해서 제갈공명이 관우가 조조를 살려 줄 것을 예상하면서도 3차 매복지 장수로 임명했다는 것이다. 제갈공명이 유비의 삼고초려 끝에 유비의 군사로 된 때(서기 207년)에 27세고, 유비는 47세다. 관우는 유비보다 한 살 더 많다고 한다. 적벽대전은 서기 208년에 있었으므로 당시 제갈공명은 28세, 관우는 49세 때 일이다. 아무리 재주가 출중한 제갈공명이라고 해도 나이 어린 자신에게 고분고분하지 않은 관우의 기세를 꺾을 필요가 있어 제갈공명은 기회를 노렸는데, 목숨을 건 군령장까지 스스로 쓰고 화용도에서 조조를 잡겠다고 장담했던 관우가 조조를 살려주었다. 제갈공명은 관우를 처형할 수 있는 절호의 명분을 갖게 되었다. 제갈공명이 처형하려고 하자 장비, 유비가 무릎을 꿇고 관우를 살려달라고 애원한 것을 받아들여서 관우를 살려주었다. 이 사건을 통해서 제갈공명이 관우의 기세를 꺾고 군권을 확실하게 잡을 수 있게 되었다는 게 이 주장의 내용이다.

제갈공명이 관우로 하여금 화용도에서 조조를 살려 주게 놔둔 이유를 다르게 설명하는 견해도 있다. "조조는 한나라의 신하이면서도 한나라 황실을 무시하는 역적이니까 명분상으로는 죽여야 한다. 그러나 당시 조조라는 절대 강자가 죽어버리면 권력을 잡기 위한 전쟁으로 천하가 더 혼란스러워서 백성들이 더 힘들게 된다. 당시 유비는 이 혼란을 수습할 실력이 안 되는 상태였는데, 조조를 죽인 후에 백성들이 전쟁에 휘둘리는 참상을 볼 수 없었고, 그래서 조조를 차마 죽이지를 못했다"는 것이 이 주장의 내용이다.

예전에 비디오로 본 삼국지에서는 관우를 화용도로 보내어 조조를 살려 보내려고 하는 이유를 제갈공명은 유비에게 이렇게 설명했다. "조조가 죽어 버리면 천하는 손권에게 기운다. 조조가 살아 있어야 손권의 팽창을 견제한다. 그래야 우리가 이 견제 속에서 나라를 세워 천하를 도모할 수 있다. 그래서 조조를 살려 두는 것이 우리에게 유리하다."

제갈공명이 관우로 하여금 조조를 살려주도록 한 이유를 분석한 위 3가지 중에서 어느 것이 타당할까? 첫 번째는 제갈공명이 군권을 확실하게 잡기 위한 개인적 이익을 위해서 살려주었다는 입장이다. 두 번째는 천하 백성들의 이익을 위한다는 대의명분적 이익을 위해서 살려주었다는 설명이다. 세 번째는 조조의 생존이 천하를 도모할 우리의 현실적 이익에 도움이 되기 때문에 살려주었다는 설명이다.

이 세 가지 중에서 세 번째가 제갈공명이 조조를 살려 준 이유가 아닐까. 이 기회에 관우의 기세를 확 꺾어서 군권을 확립한다는 첫 번째 설명은 너무 위험한 제갈공명의 선택이다. 제갈공명이 예상한 것과 달리 관우가 조조를 죽여버리면 관우를 통제하기가 더 어려워진다. 그러면 제갈공명이 실력을 발휘할 명분이나 공간이 좁아진다. 이런 점에서 첫 번째 이유(관우의 옛정의 보답)를 위해서 관우를 3차 매복지의 담당 장수로 보냈다는 것은 예상이 실패했을 때 제갈공명에게 미치는 위험성이 너무 높은 것을 생각하면 뛰어난 제갈공명이 의사 결정한 동기로 보기 어렵다는 생각이다. 조조가 죽고 난 다음에 권력 공백으로 인하여 사회가 혼란해지면 역적 조조를 토벌해서 한나라를 바로 세우기 위해서 일어났다는 유비의 대의명분은 호소력이 없어진다는 두 번째 이유(조조 사후의 혼란 방지)도 명분상 그럴듯해도 이런 명분상 이유만으로 조조를 살려줄까 하는 의문이 든다.

한비자는 〈세림 상〉에서 다음과 같은 사례를 소개한다.

노나라 대부 맹손이 사냥하면서 새끼 사슴을 잡아서 진서파에게 수레에 싣고 가노록 했다. 맹손이 사냥을 마치고 돌아와서 새끼 사슴을 찾자, 진서파는 어미 사슴이 울면서 수레를 따라오는 것을 보고 가련하게 여겨 새끼 사슴을 놔주었다고 답했다. 맹손은 크게 노하여 진서파를 추방했다가 3개월 후에 다시 불러들여 자기 자식을 가르치도록 했다. 마부가 물었다. "전에는 죄를 주셨는데 지금은 불러서 자식을 가르치게 하니, 어찌 된 일입니까?" 맹손이 "무릇 새끼 사슴이 가련해 못 견딜 정도니 또한 내 자식은 얼마나 귀하게 여기겠는가"[1]라고 대답했다.

한비자가 소개한 이 사례는 사람이 자신과 결부된 중요한 의사결정을 할 때는 그 사람이 과거에 나에게 손해를 끼쳤나 하는 것보다는 미래에 나에게 더 큰 이익을 가져다줄 사람인가를 더 중요한 기준으로 삼는다는 내용이다. 맹손은 사슴을 데려가도록 한 자신의 명령을 위반한 진서파를 처벌했지만 새끼 사슴을 가련해하는 심성을 가진 진서파가 자신의 자식은 잘 가르칠 것이라는 미래를 생각하여 자식의 스승으로 삼는 것이 바로 사람이라는 것이다.

삼국지의 화용도에서 제갈공명이 조조를 살려주도록 한 사례나 맹손과 진서파 간의 사례를 생각하면 그 사람의 미래 능력보다 과거를 들추어서 비난하는 데 치중하고 있는 우리나라의 실태를 어떻게 하는 게 현명한 것인지 다시 생각하게 한다.

---

1) 夫不忍麑 又且忍吾子乎(부불인예 우차인오자호).

15. 손권·유비와 면접 시 심통 보인 방통, 현자의 모습인가?

> 뛰어난 지혜로 뛰어난 성인을 설득한다 해도 반드시 받아들여지는 것이 아니라는 것이 이윤이 탕왕을 설득한 경우라고 말한다(以至智說至聖 未必至而見受 伊尹說湯 是也, 이지지설지성 미필지이견수 이윤설탕시야).
>
> 《한비자》〈난언〉

전에는 삼국지를 읽으면서 제갈공명과 비교해서 재주가 뒤떨어지지 않는다고 평가받던 봉추 방통이 제대로 실력을 발휘하지 못한 채 낙봉파에서 향년 36세에 일찍 사망한 것이 무척 안타까웠다. 방통이 제갈공명만큼만 살았더라면 촉나라가 삼국통일을 하지 않았을까 하는 상상을 하기도 했다. 그런데 새로 삼국지를 읽으면서 방통이 오나라의 손권과 촉나라 유비를 만나 처음 면접을 하는 과정에서 방통이 보인 모습을 읽고는 과연 방통이 현명한 인물인가라는 의문이 들었다.

먼저, 손권이 방통을 면접하는 과정이다. 손권이 처음 본 방통의 외모에 대해서 들창코에 얼굴은 검고 짧은 수염을 달고 있어 괴이쩍었다는 내용도 있고(이문열의 삼국지), 얼굴은 곰보자국으로 울퉁불퉁하고 코는 납작하여 짜부라졌고 콧수염은 짧고 듬성듬성했다는 내용도 있다(요시카와 에이지의 삼국지). 아무튼 방통은 외모가 볼품없는데도 제대로 다듬지도 않고 면접을 봤다는 것이다. 이런 외모를 가졌음에도 외모를 다듬지 않은 방통은 면접시험인데도 거꾸로 손권이 자신을 제대로 알아보는지를 시험해보겠다는 생각에 공손치 못한 태도를 보였다. 주유의 재주와 비교해서 당신의 재주는 어떤가라는 손권의 질문에 대해서 주유와 비교하는 것 자체가 잘못되었다는 투로 오만스럽게 대답했다. 마치 입사 면접에서 이 회사가 나를 제대로 알아보는지를 시험해 보기 위해서 면접관의 질문이 잘못된 것이라고 타박 주는 모습을 하는 취업준비생과 다를 바 없는 태도를 방통이 한 것이다.

그다음, 유비가 방통을 면접하는 과정이다. 방통은 유비 앞에서 두 손을 올려서 읍을 할 뿐 절을 하지 않았고 얼굴 생김새도 못생기고 꾀죄죄한 모습을 보였다. 그러면서 어떻게 찾아왔느냐는 유비의 물음에 대하여 방통은 유황숙이 인재를 구한다고 하기에 찾아왔다고 답했다. 자신이 인재임을 노골적으로 드러내면서 유비가 자신을 알아보는지 살핀 것이다.

예전에 삼국지를 읽을 때는 방통이 손권과 유비를 처음 대면하는 과정에서 보인 모습에 별다른 생각이 없었다. 오히려 복룡(제갈공명)과 봉추(방통) 중 하나라도 얻으면 천하를 얻을 수 있을 것이라고 사마휘가 유비에게 말할 정도의 사람인 방통을 천하의 손권과 유비조차도 인물 됨됨이를 처음부터 알아보는 게 쉬운 게 아니구나 하고 생각했을 뿐이다. 제갈공명은 삼고초려까지 해서 유비가 어렵게 얻은 인물이지만 이에 비해서 봉추 방통은 유비가 쉽게 얻은 인물이구나 정도의 생각만 했었다. 그러나 지금 다시 삼국지를 읽어보니까 방통의 면접시험에 임하는 태도에 문제가 많다는 생각이 들었다.

한비자의 〈난언〉을 보면 이런 내용이 나온다. "옛날 은나라의 탕왕은 성인이었고, 이윤은 지혜로운 자였다. 뛰어난 지혜로 뛰어난 성인(탕왕)에게 말했고, 70번이나 말했지만 받아들여지지 않았다. 몸소 솥과 도마를 가지고 부엌의 주방장이 되어 친해진 후에야 탕왕은 겨우 이윤의 현명함을 알게 되어 그를 등용했다. 그래서 뛰어난 지혜로 뛰어난 성인을 설득한다 해도 반드시 받아들여지는 것은 아니라는 것이 이윤이 탕왕을 설득한 경우라고 말한다."[1]라는 내용이다.

---

1) 上古有湯 至聖也 伊尹 至智也 夫至智說至聖 然且七十說而不受 身執鼎俎爲庖宰 昵近智親 而湯乃僅知其賢而用之 故曰 以至智說至聖 未必至而見受 伊尹說湯是也(상고유탕 지

이윤은 폭군이었던 하나라 걸왕을 물리치고 은나라를 세운 성군이라 칭송받는 탕왕의 1급 참모였다. 이윤과 탕왕의 사례에서 보듯이 역사상 뛰어난 군주라 하더라도 뛰어난 인물됨을 알아보는 것이 쉬운 일이 아니다. 유방을 도와서 항우를 물리치고 한나라를 세우는 데에 일등공신인 한신도 원래 항우의 부하였다. 항우의 1급 참모 범증이 한신의 인물됨을 알아보고 한신을 중용하든지 아니면 죽여야 한다고 했으나 항우가 그대로 두었다. 한신이 유방에게로 가서 끝내는 항우는 한신 때문에 죽는다. 인물을 알아본다는 것은 이렇게 어려운 일이다. 우리나라에서 청와대의 인사검증팀에서 검증한 후 임용한 장관 등에서도 나중에 문제가 나온 사례나 인사청문회까지 거친 사람 중에서도 나중에 문제가 나온 사례를 보면 사람의 능력이나 됨됨이를 알아보는 것의 어려움을 잘 보여준다.

방통같이 뛰어난 인물은 이러한 사실을 인정하고 면접에 대처했어야 옳다. 손권과 유비를 처음 만나는 면접 자리에서 방통이 손권이나 유비가 처음부터 자신을 알아봐 주도록 기대한 것은 잘못이다. 첫 면접에서 손권이나 유비가 자신의 태도와 차림새, 말의 설득력 등으로 자신의 인물됨을 쉽게 알아볼 수 있도록 했어야 했다. 방통이 자신의 능력을 드러낼 수 있도록 태도나 답변을 가다듬어서 면접에 응하는 것이 더 인간적이고 현명한 인물의 태도이다. 비유를 하자면 방통은, 취업 준비생이 회사가 나를 알아봐서 채용해 주면 내가 회사를 위해 일해 주겠다는 듯한 오만한 태도를 취한 것과 같고, 이러한 태도는 잘못이다. 회사를 위해 열심히 일할 테니까 나를 채용해 달라고 하는 면접의 자세가 올바르다. 서울대나 하버드대를 나온 나를 회사가 알아봐 줘서 채용해 주면 내가 회사를 위해 열심히 일해 줄 용의가 있다는 태도를 취할 게 아니라, 내가 서울대나 하버드대를 나온 것과 상관없이 열심히 일할 테니까 채용해 주기 바란다고 하

성야 이윤 지지야 부지지설지성 연차칠십이설이불수 신집정조위포재 닐근습친 이탕내근지기현 이용지 고왈 이지지설지성 미필지이견수 이윤설탕시야).

면서 자신의 능력을 잘 설명하는 태도를 취하는 게 바람직한 면접 자세이다. 이런 점에서 방통의 면접 태도는 문제가 있다.

그나마 방통은 제갈공명과 비견될 정도의 탁월한 능력 소유자였기 때문에 손권과 유비가 면접하기 이전에 이미 세상 사람들은 방통의 능력을 인정했다. 그래서 불량한 면접 태도를 보인 것에 불구하고 유비에게 발탁되었다. 방통같이 탁월한 능력을 가진 것도 아닌데도 명문대를 나왔다는 이유로 '나 자신을 알아봐 줘서 채용해 주면 일해 주겠다든가 좋은 보직자리를 마련해 준다면 내가 일해 줄 용의가 있다'는 식의 태도를 가진 직장인은 성공할 수 없다.

방통이 면접시험에 임한 태도는 현명하지 못하다. 과연 방통이 뛰어난 인물이었을까 하는 의문을 갖게 한다. 지금 우리나라와 같이 젊은이들의 취업난이 심각한 때에 이런 방통과 같은 태도를 취하면 취업에 성공할 취업준비생은 없다.

16. 지방 현령 발령 후 방통이 처신한 행동은 잘한 것인가?

> 관직은 능력 있는 자를 가려내는 솥과 도마다(故官職者 能士之鼎俎也, 고관직자 능
> 사지정조야).
>
> 《한비자》〈육반〉

삼국지를 보면 천하의 인재라는 방통을 면접한 이후 유비와 방통의 처신이 나온다. 유비는 방통을 면접해 보니까 평판과는 달리 형편없는 외모와 처신을 보고는 실망하여 방통에게 뇌양현이라는 작은 고을의 현령 자리를 추천하면서 훗날 좋은 자리가 비면 다시 불러서 무겁게 쓰겠다고 했고 방통이 이를 받아들여서 부임한다.

그러나 방통은 부임 후 일은 하지 않고 매일 술만 마셨기 때문에 백성들로부터 원성이 자자했고 이것이 유비의 귀에 들어갔다. 유비는 장비를 보내서 사실 여부를 알아보도록 했다. 장비는 술에 절은 방통을 보고 호통을 쳤으나 방통이 백여 일 동안 일하지 않고 미뤄놨던 일을 하루 만에 모두 명쾌하게 일 처리하는 것을 보고는 방통의 능력을 알아보지 못하고 무시한 것을 사죄했다. 그러자 방통은 오나라 노숙이 써준 소개장을 보여주었다. 장비가 방통을 유비에게 데리고 온 후 그간의 사정을 보고하자 그제야 방통은 공명이 써준 소개장을 유비에게 내보였다. 유비는 자신이 인물을 알아보지 못했다고 사죄한 후 방통을 바로 부군사로 삼았다.

예전에 삼국지를 읽을 때는 방통이란 인물을 유비가 신용해서 중책을 맡길 때까지의 이 과정은 그저 재미있는 해프닝으로만 생각했다. 그러나 지금 다시 삼국지를 읽으니까 생각이 달라졌다. 과연 방통이 뇌양현이라는 작은 고을의 현령으로 처음 발령 낸 유비가 잘못한 것이며, 미루어 두

었던 백여 일 동안의 일 처리를 하루 만에 처리한 방통이 옳은 것이며, 방통이 뇌양현 현령에 발령을 낸 유비가 자신을 못 알아본다고 백여 일 동안 술만 먹고 일 처리를 안 한 것이 타당한 것인가 등의 의문이 그것이다.

삼성그룹의 이건희 전 회장이 신경영을 선포하기 전인 1993년 2월에 이 회장은 삼성 계열사 사장들을 모두 미국 LA에 있는 호텔에 불러서 자신이 직접 필립스, 소니, 제너럴 일렉트릭, 월풀 제품을 분해해서 회로와 배선을 보여 주었다. 일본 소니 TV의 배선은 깨끗하고 단순한 데 비해 삼성 TV의 배선은 허접하고 꼬여서 복잡하였다. 이것을 지적하면서 왜 우리는 이렇게 못하냐고 한 후 제품 하나하나 부품 수를 일일이 세어 본 후 "VCR만 해도 삼성 부품 개수가 도시바보다 30% 많다. 그런데 가격은 오히려 30% 싸다. 이러니 어떻게 경쟁이 되겠는가."라고 질타했다. 이렇게 구체적인 문제 핵심을 지적받은 후 삼성 사장들은 삼성 제품의 문제점이 어디에 있는지를 깊이 깨달았고, 질(質) 경영을 내세운 삼성의 품질을 한층 끌어올려서 오늘의 삼성을 이루었다 한다.

현대 정주영 전 회장이 자동차 사업을 하려고 1967년 2월에 미국 포드 사의 부사장과 면담했을 때다. 아도서비스라는 자동차 정비공장을 경영한 경험이 있는 정 회장은 엔진 구조, 변속장치, 1만여 부품 명칭까지 막힘없이 얘기했고, 그러자 포드 측에서 감명을 받아 포드가 현대와 제휴하기로 했다고 한다.

이건희 전 회장은 전자제품을 해체, 조립하는 취미가 있었기 때문에 이같은 이벤트를 할 수 있었다. 백 마디 말보다 변명할 수 없는 현실을 그대로 사장들에게 보여주어서 기술의 삼성이 되도록 하였다. 정주영 전 회장은 자동차 정비를 직접 수행한 사람이므로 초등학교 졸업이었지만 포드의 부사장들을 단박에 신뢰하게 만들어 기술제휴를 할 수 있었다. 세상은 직접 몸으로 수행해 보면서 고민을 해보지 않으면 문제를 인식하고 이 문제의 해결책을 찾아내어 해결하여 경쟁자보다 우위에 서기가 어렵다. 현재 LG 가전제품을 세계 1위로 만든 주역인 김쌍수 회장은 자서전 《5%는 불가능해도 30%는 가능하다》에서 '창의는 몰두할 때 나온다.'고 했다. '몰두'라는 다양한 경험과 고민은 창의라는 해결책을 가져다준다는 것이다.

한비자는 〈문전〉에서 "초나라가 송고라는 자를 장군으로 임명했기 때문에 국정이 잘 안 되고, 위나라가 풍리라는 자를 재상으로 했기 때문에 나라가 망했다는 말을 듣지 않았는가? 초와 위의 군주는 송고와 풍리의 거창한 평판에 매혹되고 웅변에 넋을 잃어 하급의 군관이나 지방의 말단 관리로 써보지도 않은 채 몇 계급을 특진시킨 결과 실정과 망국의 재난을 초래했다. 따라서 하급 군관으로 시험해 보거나 지방의 말단 관리로 시험해 보지도 않은 것을 어찌 현명한 군주의 마음가짐이라고 할 수 있는가."라고 했다. 사람을 말단 관리라도 실제로 써봐야 사람됨을 제대로 알 수 있다는 이야기다.

또 〈육반〉에서 한비자는 "비록 평범한 사람도 오확(진나라의 힘센 장사)과 구별할 수 없다. 솥과 도마를 줘서 들게 해 보면 힘이 센지 약한지 안다. 그래서 관직은 능력 있는 자를 가려내는 솥과 도마다. 일을 맡겨보면 어리석은지 지혜로운지 분별이 된다. 그래서 능력 없는 자는 쓰지 않는 게 득이고 못난 자는 임용되지 않는 것이 득이다. 말이 소용없는데도 스스로 꾸며서 말하고, 자신이 임용되지 않는데도 스스로 꾸며서 고상하게 보이게 한다."[1]라고 말했다. 실제로 일을 시켜 보지 않고 능력을 판단하면 사람은 자신이 일 잘하는 것으로 스스로 꾸민다는 얘기다.

한비자 말에 의하면 유비가 방통을 작은 고을의 현령으로 처음 발령낸 것은 능력을 시험해 보기 위해서 한 것이므로 잘한 조치다. 미국 GE의

---

1) 雖庸人與烏獲不可別也 授之以鼎俎 則罷健效矣 故官職者 能士之鼎俎也 任之以事而愚智分矣 故無術者得於不用 不肖者得於不任 言不用而自文以爲辯 身不任而自飾以爲高(수용인여오확불가별야 수지이정조 즉파건효의 고관직자 능사지정조야 임지이사이우지분의 고무술자득어불용 불초자득어불임 언불용이자문이위변 신불임이자식이위고).

잭 웰치 전 회장도 "직원 2명의 구멍가게 리더십이나 수천 명의 대규모 조직이나 기본 운영원리는 똑같다."라고 했다.

방통이 백여 일 동안 미룬 일이 주로 인간사의 송사 문제라고 하는데, 사람들끼리의 송사는 금방 결론을 낼 수 있는 것이 아니다. 각 나라가 3심제를 두어 재판제도를 운용하는 것도 이 때문이다. 방통이 사람들끼리의 다툼을 백여 일 동안 미루어 두었다가 하루 만에 일 처리를 끝냈다면 이것은 사람끼리 다툼의 본질을 잘못 본 오만한 일 처리다. 이건희 전 회장이나 정주영 전 회장의 사례에서 보듯이 작은 일 처리와 경험은 큰일 처리의 기본이 된다. 작은 고을 현령에 처음 발령받은 방통이 자신을 못 알아본다고 하여 백여 일 동안 술만 먹고 일 처리를 하지 않은 것은 인간사의 본질을 잘못 본 처신이다.

결국 방통은 실제보다는 입만 그럴듯해서 끝내는 읍참마속의 사례가 된 촉나라의 마속과 유사하고, 아버지 조사와 어머니의 반대에도 불구하고 관념적인 논리로 조나라 임금을 매혹시켜서 사령관이 된 후 장평대전에서 40만 명의 조나라 군사가 생매장되게 한 조나라의 조괄과 다를 바 없는 인물이 아닌가라는 생각이 삼국지를 새로 읽으면서 느낀 생각이다.

17. 조조의 분소밀신에서 우리는 무엇을 배워야 하나?

태산은 좋고 싫은 것을 내세우지 않으므로 그토록 높을 수 있다(太山不立好惡 故
能成其高, 태산불립호오 고능성기고).

《한비자》〈대체〉

삼국지를 보면 조조가 1만 명 군사로 원소의 10만 대군과 맞붙은 관도대전에서 승리를 거두어 화북지방의 실권을 잡는 내용이 나온다. 관도대전에서 이긴 후 원소 본부의 수많은 문서 중에 조조의 본거지인 허도에 있는 대신들과 조조의 부하 장수들이 원소와 몰래 주고받은 서신이 많이 나왔다. 좌우 사람들은 이런 자들을 용서할 수 없고 모두 밝혀서 죽여야 한다고 주장했다. 조조는 빙긋 웃으며 "원소가 강할 때 나조차도 마음이 흔들렸다. 내가 그랬는데 하물며 딴 사람들이야 오죽했겠느냐"라면서 모두 그대로 불태워 버리게 했다. 그런 후 "앞으로 이 일을 두 번 다시 입 밖에 내지 않도록 하라"는 엄명을 내린다. 분소밀신(焚燒密信) 사건이다.

이 사건보다 약 150년 전에 한나라 광무제 유수도 같은 조치를 했다. 광무제는 왕랑을 무찌른 후 남아 있는 비밀문서를 보니까 각 군현의 관리와 지방 유지들이 왕랑과 주고받던 기록이 많았다. 광무제는 그 문서를 모두 태워 버리게 한 후 "나를 배반하고 등 돌린 자의 마음을 편하게 해 주고자 한다."라고 말했다.

그런데 우리는 해방 후 거의 80년이 지난 지금도 일제 때의 친일행위자가 누군가를 두고 논란이다. 지금 우리의 이 모습을 관도대전 후 조조 군영에서 그대로 실행했다면 어떻게 되었을까? 원소와의 내통자를 쉽게 밝힐 수 있는 사람도 있지만 내통자인지 여부를 가리기가 어려운 사람도 많앉을 것이다. 직접적인 내통자 외에 내통자와 친한 사람도 함께 처벌해야 한다는 주장, 이 기회를 자신의 정적 제거의 기회로 삼으려는 사람들의 무고 등으로 큰 혼란이 초래되었을 것이다. 조조는 문서 소각이라는 결단을 통하여 이런 혼란을 막고 내통자를 자신의 지지자로 만들었다.

조조가 말한 "원소가 강할 때 나조차도 마음이 흔들렸는데 하물며 딴 사람들이야 오죽했겠느냐"라는 것이 솔직한 사람의 심성이다. 사람은 누구나 미래를 알 수 없다. 현재의 입장에서 자신의 이익을 위해서 행위를 한다. 조조와 광무제는 이런 사람의 본성을 인정하여 고위직들(대신들과 부하들)이 과거 양다리를 걸친 것을 불문에 부쳤다. 이에 비하면 지금도 우리가 단죄해야 한다고 하는 친일자들 중 상당수는 고위직도 양다리를 걸친 자도 아니다. 조조와 광무제가 용서한 당시 고위직 사람보다 훨씬 비난 가능성이 낮은 사람들이다.

우리는 조조와 한무제의 분소밀신의 조치를 국가나 조직의 통합을 위해서 한 위대한 결단으로 칭송한다. 그런데 왜 우리는 분소밀신의 조치를 하지 못하고 해방 후 거의 80년이 지난 지금도 과거에 얽매여서, 더욱이 당사자들은 이미 모두 죽고 없는데도 그 후손을 두고 다투고 있을까? 조조와 광무제 때는 같은 민족끼리의 일이지만 친일자는 다른 민족이 지배하는 데 협력한 사람들이므로 같이 볼 수 없다는 주장도 한다. 조조조차도 원소가 강할 때는 마음이 흔들렸다고 실토한다. 그러면 다른 민족이 지배하는 사회라면 더욱더 그들의 통치행위에 협력하여 인정받아서 잘 먹고 잘 살려고 하는 게 사람의 행태가 아닐까?

일본 동경대를 졸업한 후 서울대 철학과에서 8년 동안 한국철학을 공부한 교토대학 오구라 기조 교수가 쓴 《한국은 하나의 철학이다》란 책이 있다. 그는 이 책에서 한국은 500년 조선을 지배해왔던 성리학의 이념이 지금도 여전해서 한국은 귀납적인 기(氣) 사회가 아니라 연역적인 리(理) 사회라고 말한다. 그래서 증오하지 않으면 안 된다고 하는 리(理)로서 반일 감정을 당위화 하고, 일본에 부정적이지 않으면 한국인이 아니라는 명제가 굳건해서 반일이라는 리(理)가 한국인이라는 환상 공동체를 만들어, 그 리(理)에 의문을 던지려고 하는 사람은 한국인이라는 공동체에서 배제되고 있다고 한다. 해방 후 거의 80년이 지난 지금도 친일 문제에 얽매여 있는 우리를 오구라 기조가 말한 "한국인은 리(理)라는 조선의 성리학에서 꼼짝달싹 못 하고 있다"는 것 외에 다른 것으로 설명할 수 있는 게 있을까?

흔히 민족의 정기를 바로 세우기 위해서 친일 청산해야 한다고 주장한다. 그러면 바로 세워야 한다는 민족의 정기는 어떤 것인가라는 의문이 생긴다. 친일청산을 제대로 했다고 하는 북한을 민족정기를 바로 세운 나라라고 하는지, 4년간의 독일 지배 때 친독일 행위를 한 사람을 처벌한 프랑스를 민족정기를 바로 세운 나라라고 하는지 의문이다. 해방 후 세계에서 유일하게 산업화와 민주화를 이룩한 나라가 우리나라라고 세계 각국이 칭찬한다고 우리는 자랑한다. 이렇게 자랑하면서도 해방 후 거의 80년이 지난 지금도 친일청산이 되지 않아서 민족정기가 바로 세워지지 않았다고 하면 의아해진다. 민족정기 세우기의 주장이 설득력이 있으려면 민족정기가 제대로 실현된 나라가 동서고금 중에서 어느 나라인지를 먼저 밝히고, 그런 나라들이 실현한 각 모습이 어떠한 것인지를 명확하게 먼저 제시하는 게 중요하다. 그런 후 이 모델로 우리도 가자고 해야 옳다고 본다. 지향하는 모델이 북한인지 프랑스인지 등을 명확히 제시하지 않은 채 민족정기를 바로 세우자고 하면 없는 허(虛)를 좇는 게 아닌가 하는 생각이다.

친일행위를 단죄해야 한다는 주장은 《논어》의 〈헌문〉 편에 나오는 '이득을 보면 옳음을 생각하고 위험을 보면 목숨을 던진다'는 견리사의 견위수명(見利思義 見危授命)의 가르침을 친일자들이 왜 하지 않았느냐고 추궁하는 것과 같다. 그러나 사람이 이득을 눈앞에 두고서 의(義)를 생각하여 그 이득을 좇지 않는 사람이 몇이나 될까? 부동산 가격을 잡아야 한다고 주장하면서 자신은 강남에 아파트 2채 이상 가진 공직자들의 행태, 대학교수·변호사 등 사회지도층이 그들 자녀가 대학입시에서 도움이 되도록 서로 품앗이하는 행태는 의(義)를 보고도 이익을 챙겼다고 비난하는 친일자의 행태와 다를 바 없다. 자신들은 이익을 보면 이익을 생각하면서 남에게는 이익보다 옳음(義)을 생각해야 한다고 말하는 것은 위선이다.

한비자는 〈대체〉에서 "태산은 좋고 싫은 것을 내세우지 않으므로 그토록 높을 수 있고, 강과 바다는 작은 시냇물도 받아들이기 때문에 저토록 풍부하다"[1]라고 말한 후 "그래서 큰 인물은 천지에 몸을 맡겨서 만물을 다 갖추고, 산과 바다에 마음을 합치므로 국가가 부유해진다."[2]라고 말했다. 좋고 싫은 것, 크고 작은 것을 가리지 않고 받아들여야 태산이 되고 강과 바다가 되듯이 국가가 번성하려면 이렇게 포용적이어야 한다는 뜻이다. 조조의 분소밀신의 태도를 취해야 국가가 번영한다는 말이다.

우리가 조조의 분소밀신의 결단을 높이 평가하면서도 왜 우리는 아직도 친일문제를 두고 논란을 벌일까? 조조에 못 미치는 지도자 탓일까, 밀서를 뜯어서 처벌하자고 하는 조조 부하와 같은 아랫사람들 탓일까? 검증 등의 명분으로 과거를 뒤져서 사회 정기를 바로잡자고 하면 조조가 한 분소밀신의 조치는 잘못한 조치라고 해야 맞다. 조조의 분소밀신 조치를 높이 평가한다면 우리도 그렇게 해야 맞다. 그래야 옳은 사회가 된다.

---

1) 太山不立好惡 故能成其高 江海不擇小助 故能成其富(태산불립호오 고능성기고 강해불택소조 고능성기부).

2) 故大人寄形於天地而萬物備 歷心於山海而國家富(고대인기형어천지이만물비 역심어산해이국가부).

18. 대통령의 일 처리 스타일은 제갈공명과 달라야 하지 않을까?

하등의 군주는 자기 능력을 다하고, 중등의 군주는 다른 사람의 힘을 다 사용하게 하며, 상등의 군주는 다른 사람의 지혜를 다 사용하도록 한다(下君盡己之能 中君盡人之力 上君盡人之智, 하군진기능 중군진인력 상군진인지지).

《한비자》〈팔경〉

삼국지를 보면 제갈공명이 죽은 오장원 전투에서 그가 일하는 모습이 나온다. 위나라 총사령관 사마의가 촉나라에서 온 사신에게 슬쩍 제갈공명의 일상을 물어본다. 사신은 승상께서는 새벽 일찍 일어나고 늦게 자면서 곤장 20대가 넘는 형벌은 모두 친히 다룬다고 무심코 사실대로 대답한다. 이 이야기를 듣고 사마의는 격무에 시달리는 제갈공명이 얼마 살지 못할 것으로 예상한다. 격무로 쇠약한 제갈공명을 보고 주부 양옹이 "사람에게는 각자 직분이 따로 있다. 남자 종은 밭일을 하고 여자 종은 집안일을 한다. 주인이 모든 일을 처리하면 몸이 고단하고 정신이 어지러워 아무것도 이루기 어렵다. 승상이 세세한 일까지 모두 신경 쓰고 쉬지 않으니 건강을 해치게 된다."라고 간언한다. 제갈공명은 눈물을 흘리면서 "내가 모르는 바가 아니다. 선제(유비)의 당부가 무거운데, 남에게 일을 맡기면 나같이 마음을 다하지 않을까 염려가 돼서 내가 직접 일한다." 하고 대답한다. 제갈공명이 이렇게 직접 일하는 일중독자 스타일이어서 사마의를 이기지 못한 원인 중 하나라고 많이 이야기한다.

지금 우리나라는 대통령은 이 분야도 신경 쓰고 저 분야도 관심을 가져야 하며, 이 사람도, 저 사람도 만나서 많은 얘기를 들어야 한다고 말한다. 대통령 선거 때 상대 후보에게 특정 분야에 대한 세부 내용을 잘 알고 있느냐 등의 질문을 해서 잘 모른다고 하면 준비 안 된 후보자라고 매도한다. 우리는 대통령이 모든 분야에 관심을 가지고 문제에 대한 해법도 제시해 주기를 기대하는 것 때문에 이런 일이 발생하는 게 아닌가라는 생각이다.

천부적인 재능을 가진 제갈공명이 수차례의 북벌에서 실패한 이유는, 세세한 일 처리까지 몸소 처리하는 격무로 건강을 해치고 진작 중요한 일에는 소홀할 수밖에 없는 업무 처리 스타일 때문이라는 분석이 있다. 이러한 분석에 우리가 공감하면서도 대통령은 세세한 일 처리까지 챙기고 세부적인 것까지 알아야 한다고 요구하는 것은 모순이다.

순자의 〈요문〉 편에 이런 내용이 나온다. 위나라 무후가 신하들보다 뛰어난 의견을 제시하여 조회를 마친 후 득의양양한 표정으로 안면에 미소를 띠며 나오는 것을 보고 오기가 초나라 장왕의 사례를 말한다. "초나라 장왕(춘추 오패 중 한 사람이다)은 신하들과 회의를 했으나 어떤 신하도 장왕의 의견에 미치지 못한 채 회의를 마쳤다. 장왕이 얼굴에 수심이 가득해서 한 신하가 이유를 물었다. '옛말에 자기보다 나은 스승을 얻으면 천하를 얻고, 벗을 얻으면 패권을 이루며, 의문을 해소해 줄 자를 얻으면 나라를 보존할 수 있고, 자기만 못한 자를 얻으면 망한다.'고 하는데, 모든 신하들의 능력이 나에 미치지 못하니 나라가 망해가는 게 아닌가라는 생각이 들어서 그렇다."라고 대답하였다는 것이다. 보통 우리는 어떤 사안에 대하여 지도자가 남모르는 방안을 제시하는 능력을 갖고 있으면 더할 나위 없이 좋다고 생각하지만, 이렇게 되는 조직은 좋지 않고 아랫사람들이 지도자보다 더 좋은 의견을 활발히 개진할 수 있는 조직이 최상이라는 얘기다.

한비자도 〈팔경〉에서 똑같은 이야기를 한다. "하등의 군주는 자기 능력을 다하고, 중등의 군주는 다른 사람의 힘을 다 사용하게 하며, 상등의 군주는 다른 사람의 지혜를 다 사용하도록 한다."[3]라고 말한다. 그래서 한비자는 〈난삼〉에서 뛰어난 통찰력을 보인 정나라의 명재상 자산(중국 최초로 성문법을 제정하여 정나라를 부강하게 만든 재상)의 사례에서 자산의 일 처리를 비판한다. 내용은 이렇다. 자산이 아침 일찍 거리를 지나다가 어떤 부인의 곡소리를 듣고 관리를 보내어 그 여인을 잡아와서 심문했다. 그 결과 그 여인은 남편을 목 졸라 죽이고 운 것이다. 뒷날 마부가 어떻게 그것을 알았냐고 묻자 자산은 "그 곡소리가 두려움에 젖어 있었다. 보통 사람은 가족에게 애정이 있으므로 슬퍼하는데 이미 죽은 자에 대한 곡소리가 슬퍼하지 않고 겁내고 있으니 간악한 일이 있었음을 알았다"라고 대답했다. 이런 것까지 알아내다니, 자산은 정말 대단한 명재상이라고 말하는 게 보통이다.

그러나 한비자는 이런 자산의 행동은 잘못된 것이라고 말한다. 세상은 아랫사람은 많고 윗사람은 적기 때문에 일 처리는 숫자가 많은 아랫사람이 하도록 해야 제대로 나라가 잘 다스려지는데, 자산은 아랫사람이 일 처리를 하도록 하지 않고 직접 일 처리를 하는 방식을 선택했으므로 일 처리를 잘한 것이 못된다고 말한다.

한비자의 말에 따르면 제갈공명은 뛰어난 리더가 아니다. 제갈공명은 자기 능력을 다한 하등의 군주에 해당하고 곡소리를 듣고 남편을 죽인 간악한 여인을 가려내서 처벌하는 일까지 몸소 한 자산과 같은 사람이다.

소말리아 해역에서 한국 선박들을 해적들로부터 보호하기 위해 아덴만에 파견된 청해부대의 장병들이 2021년 7월에 코로나19에 집단 감염되는 사태가 발생했다. 이 장병들을 귀국시켜 치료하기 위해 다목적 공중 급유 수송기 2대를 보냈다. 이 수송기 파견에 대해 청와대 홍보수석은 "문재인 대통령이 참모 회의에서 누구도 생각하지 못했던 공중 급유 수송기를 급파하라"라고 한 지시에 따른 조치였다고 발표했다. 문대통령의 장병에 대

---

1) 下君盡己之能 中君盡人之力 上君盡人之智(하군진기지능 중군진인지력 상군진인지지).

한 깊은 배려심과 뛰어난 아이디어를 말한 것으로 볼 수 있다. 그러나 초나라 장왕이 자신보다 못한 참모를 두면 나라가 망한다고 한 사례를 위나라 무후에게 얘기한 오기의 말이나 자신의 능력을 다하면 하등의 군주라고 한 한비자의 말에 의하면 문재인 대통령의 지혜에 못 미치는 청와대 참모들은 크게 반성할 일이고, 청와대의 일 처리 방식을 바꿔야 한다는 것이 된다.

한비자가 말한 무위지치(無爲之治)의 바람직한 지도자 스타일은 우리나라의 경우 삼성그룹의 이건희 전 회장이라고 생각한다. 회사에 출근하지 않고 세세한 일 처리는 아랫사람에게 모두 맡긴 채 앞으로 나아갈 방향 설정, 결단을 내려야 하는 일 등에 집중하고, 각 계열회사는 해당 경영자가 스스로 경영을 하도록 한 후 그 실적을 바탕으로 보상하는 체제로 운영하였기 때문이다.

그러나 지금 우리는 대통령이 무위지치(無爲之治)의 지도자가 아닌 유위지치(有爲之治)의 지도자가 되어야 한다고 생각하는 것 같다. 결단을 내려야 할 연금 문제의 해결, 사회 기득권의 철폐, 국가의 미래 설계 등과 같은 것에는 결단할 것을 줄기차게 요구하지 않고, 서민의 눈물을 닦아주고 아픔을 함께 하는 등으로 미화되는 잔챙이에 신경 쓰는 대통령에 환호하고 있다고 생각된다.

일반인이 감히 알 수 없는 여인의 곡소리를 듣고 이상함을 감지하는 등의 뛰어난 재능을 가진 명재상 자산의 행태에 일침을 가한 한비자의 예지가 지금 우리가 진정한 지도자의 자질을 알아보는 데에 나침판이 된다고 본다.

19. 남이 하는 말뜻을 알아서 미리 처신하는 게 잘하는 것일까?

다른 사람이 말하지 않는 것을 알게 되는 것은 큰 죄가 된다(知人之所不言 其罪大矣, 지인지소불언 기죄대의).

《한비자》〈세림 상〉

삼국지에는 '크게 이익되는 건 없는데 버리기는 아까운 것'을 뜻하는 고사성어 '계륵'이 탄생한 배경이 나온다.

한중에서 유비와 격전을 벌이던 조조가 전황이 점점 불리해지는 상황에서 저녁으로 닭백숙을 먹으면서, '한중을 포기할 것인가, 말 것인가'를 두고 고민하였다. 그 식사 도중에 당직 장수가 와서 오늘 밤 암호를 무엇으로 할지를 물었다. 그러자 조조는 닭갈비를 든 채로 무심코 계륵이라고 말했다. 그날 밤 암호가 계륵이라는 말을 들은 모사 양수가 "계륵은 닭고기 중에 먹기엔 빈약하고 버리기는 아까운 것인데, 지금 우리가 싸우고 있는 이곳이 바로 닭의 갈빗대와 같다. 오늘 밤 이 암호를 내린 것은 필시 며칠 내로 철군할 계획이라는 것이다"라고 하면서 철군 준비를 시켰다. 식사를 마친 조조가 순찰을 나왔다가 모든 군사들이 철군 준비를 하는 것을 보고 이유를 물었다. 그러자 양수가 오늘 밤 암호가 계륵이란 것을 듣더니, 계륵은 먹긴 싫고 버리긴 아까운 것이니 곧 철군할 것이라고 하면서 철군 준비를 시켰다고 보고했다. 조조는 노하여 호위 병사를 불러 양수의 목을 베었다. 이것이 계륵이라는 고사성어가 나온 배경이다.

한비자의 〈세림 상〉을 보면 상대방 말뜻을 알더라도 그대로 실행하지 않은 반대되는 내용이 나온다.

옛날 습사미(중국 제나라 대신)가 당시 실력자인 전성자(나중에 제나라 군주 간공을 죽이고 권력을 탈취한 사람)와 함께 전성자 집의 높은 누각에 올라 풍경을 감상했다. 3면이 탁 트여서 경치가 좋았으나 한 곳(남쪽)만 습사미 집에 있는 나무가 가리고 있어 경치가 보이지 않았다. 전성자는 미소를 지으며 습사미에게 아무 말도 하지 않았다. 습사미가 집에 온 후 하인을 불러 당장 나무를 베라고 시켰다. 도끼로 몇 차례 찍는 것을 보고는 그만두게 했다. 나무를 찍던 하인이 이상하게 여겨 왜 갑자기 그만두라고 하는지 그 이유를 물었다.

습사미가 대답했다. "옛말에 깊은 못에 사는 물고기를 다 알면 좋지 않다고 했다. 전성자는 큰일을 꾸미고 있다. 그의 미세한 것까지 내가 알고 있다는 것을 보인다면 내가 반드시 위험해진다. 나무를 자르지 않는 것은 죄가 되지 않는다. 다른 사람이 말하지 않는 것을 아는 것은 큰 죄가 된다. 그래서 나무를 베지 못하게 하는 것이다."[1] 전성자가 습사미를 그의 집 누각으로 데리고 가서 보여준 속마음이 전망에 방해가 되는 습사미 집 나무를 베어주면 좋겠다는 것인데, 이를 습사미가 알아채서 전성자가 말하기 전에 습사미가 미리 나무를 벤다면 전성자의 속마음을 습사미가 헤아리고 있다는 것을 전성자가 알게 된다. 그러면 전성자는 자신의 속마음을 알아채는 습사미를 경계하게 되고 그러면 습사미가 위험하게 되므로 나무 베는 것을 중지시켰다는 얘기다. 습사미는 삼국지의 양수와 똑같이 상대방의 속뜻을 알아챘지만 상대방 뜻을 알아서 미리 일 처리를 할 경우 자신에게 미칠 위험성까지 파악하여 행동한 사례이다.

무명의 시골 검사 홍준표 국회의원(현재는 대구시장)을 스타로 만든 사건은 1993년 슬롯머신 사건이다. 홍준표 의원이 6공화국의 황태자라 불리던 박철언 전 의원을 구속시킨 과정이 언론에 보도된 바 있다. 세무조사에

---

1) 古者有諺曰 知淵中之魚者不祥 夫田子將有大事 而我示之知微 我必危矣 不伐樹 未有罪 也 知人之所不言 其罪大矣 乃不伐也(고자유언왈 지연중지어자불상 부전자장유대사 이아시 지지미 아필위의 불벌수 미유죄야 지인지소불언 기죄대의 내불벌야).

시달리던 슬롯머신 업계의 정 모 씨가 홍모 여인의 평창동 집에서 박 전 의원에게 돈 가방을 주었는데 그 사실을 홍모 여인이 증언한 것이 구속에 결정적이었다고 한다. 그런데 그 증언을 하게 된 과정이 흥미롭다. 당초 홍 여인은 검찰에 소환돼 조사를 받을 때는 돈 주는 것을 보지 못했다고 일관되게 부인했는데, 박 전 의원의 말이 홍 여인을 자극해서 돈 가방 사실을 증언했다고 한다. 박 전 의원이 기자들에게 만약 정 모 씨가 돈을 줬다면 홍 여인이 중간에서 그 돈을 먹은 배달 사고인지도 모른다고 말한 것이 화근이었다. 이 말을 전해 들은 홍 여인은 자신을 돈 먹은 사람으로 말한 것에 분노해서 자신의 평창동 집에서 슬롯머신 업계의 정 모 씨가 박 전 장관에게 돈이 든 007 가방을 건네는 장면을 봤다고 진술해 버린 것이다.

박 전 의원이 슬롯머신 사건에서 "홍 여인이 중간에서 그 돈을 먹은 배달 사고일지도 모른다."라고 얘기한 진의는 홍 여인에게 "배달 사고가 날지도 모르는데 정 모 씨가 어떻게 나를 믿고 그 큰돈을 전달해 달라고 줄 수 있겠냐"는 식으로 '자신은 결코 돈을 받지 않았다'고 강하게 부정해 주면 좋겠다는 뜻의 메시지였는지도 모른다. 이런 메시지였다면 박 전 의원은 홍 여인이 자신의 뜻을 읽으리라 생각했지만 홍 여인은 그 뜻을 못 읽지 못하고 오히려 일이 잘못되어 버린 것이 된다.

은행에서 근무할 때의 일이다. 당시 어느 임원은 은행장의 의도를 잘 읽어서 일 처리를 대신 잘해 준다는 이야기를 들은 적이 있다. 예컨대 그 임원은 은행장이 인사 청탁, 납품 청탁, 대출 청탁 등을 받아서 고민할 때 은행장이 어떻게 처리해야 할지 그 방향을 말하지 않아도 은행장의 의도가 거절할 것인지, 들어줄 것인지를 잘 구분한 후 스스로 담당부서 등과 협조해서 말끔하게 잘 처리해 준다는 것이다. 은행장이 되면 껄끄러운 청탁이 많이 들어올 것이다. 그런데 은행장에게 들어온 청탁을 은행장이 직접 들어주거나 거절하면 껄끄럽고 뒤탈이 날 가능성이 있는데, 그것을 그 임원이 알아서 잘 처리해 주니까 은행장 입장에서는 그 임원이 매우 고마웠을 것이다.

한때 우리나라에서 넛지라는 말이 유행했고 《넛지》라는 제목의 책도 나왔다. 팔을 잡아끄는 것과 같은 강제와 지시에 의한 억압보다는 팔꿈치로 툭 치는 것과 같이 부드럽게 개입하는 넛지의 행동이 특정한 행동을 유도하는 데 오히려 더 효과적이라는 주장이다. 말하는 의도를 직설적으로 표현하기보다 옆구리를 슬쩍 찌르는 암시가 낫다는 것이 넛지이다. 그런데 습사미 사례에서는 전성자가 알려주는 넛지를 습사미가 알아챘지만 그 의도대로 하지 않아서 살아남았다. 계륵의 사례에서는 모사 양수가 조조의 속마음을 알아채고 그 의도대로 철군 준비를 했지만 죽임을 당했다. 박철언 전 의원과 홍 모 여인의 사례에서는 박 전 의원이 말한 배달 사고라는 뜻이 무엇인지는 모르지만 암시의 뜻으로 말했다면 그 암시가 거꾸로 적용된 사례다. 은행 임원의 경우는 은행장의 의도를 잘 알아서 처리해 준 경우다.

2300년 전에 한비자는 상대방이 슬쩍 암시를 주는 넛지의 뜻을 읽어서 그 힌트의 의미대로 실행하면 위험한 경우도 있다는 것을 습사미의 사례로 말했다. 상대방의 숨은 뜻을 알았더라도 그 뜻대로 해 주는 것이 꼭 잘하는 것이 아니라는 것을 양수의 계륵 사례가 말해준다. 이런 점을 보면 사람은 참으로 알기 어려운 오묘한 존재다.

20. 한신, 사마의, 안철수는 어떤 점에서 닮았을까?

마음이 군주를 미워해서가 아니라 군주가 죽어야 그들에게 이익이 되기 때문이다 (情非憎君也 利在君之死也, 정비증군야 이재군지사야).

《한비자》 〈비내〉

국민의당 안철수 대표가 20대 대통령 선거에 출마하여 활동하다가 사퇴한 후 국민의힘 윤석열 후보 지지 선언을 해서 윤 후보가 당선되는 데 큰 기여를 했다. 그는 2012년 대선 때 당시 문재인 민주통합당 대표에게 야당 대선후보를 양보했고, 2017년 대선 때는 출마하였으나 3위를 했다. 2011년에 당시 오세훈 서울시장이 무상급식 문제로 물러난 후 치르는 보궐선거에서 그는 무소속으로 출마하더라도 압승할 수 있다는 여론조사 결과가 나왔지만 지지율 3~5%에 불과했던 박원순 씨에게 서울시장 후보직을 양보하여 박원순 씨가 서울시장에 당선되는 데 결정적 역할을 했다.

원래 안철수 대표는 정치인으로 활동하지 않고 의사로서 일하다가 창업하여 기업인으로 활동하였다. 안 대표가 정치인으로 변신한 건 자신이 힘들게 개발한 컴퓨터 바이러스 백신을 무료로 내놓고 깨끗한 기업인으로 활동하면서 저술·강연 등으로 쌓아온 순전히 개인적 노력과 희생 덕분으로 국민들로부터 높은 인기를 얻은 것 때문이다. 그는 2011년 서울시장 후보 양보, 2012년 대통령 후보 양보에 이어 2021년 서울시장 보궐선거에서 오세훈 국민의힘 후보와 야당 단일 후보 경쟁에서 패배한 후 오세훈 후보의 서울시장 당선에 적극 도움을 주었고 2022년 대선 때는 윤석열 후보 지지 선언을 하고 사퇴했다.

안철수 대표를 보면 초한지의 영웅 중 한 사람인 한신이 떠오른다. 한신은 자신이 가진 재주 하나로 한나라의 유방이 초나라의 항우를 물리치고 천하 패권을 잡는 데 결정적 기여를 한 사람이다. 자신의 재주 하나로 박원순·오세훈 씨의 서울시장 당선, 윤석열 씨의 대통령 당선에 큰 기여를 한 안철수 대표와 많이 유사하다.

초한지를 보면 유방과 항우가 팽팽히 맞서던 때에, 그 당시 제나라 제후로 있던 한신에게 제나라 출신 괴통이 찾아와서 천하삼분론을 이야기하면서 유방으로부터 독립할 것을 권유한 내용이 나온다. 괴통은 한신에게 이렇게 말했다.

"지금 유방과 항우의 운명은 장군(한신)에게 달렸다. 장군이 누구를 지원하느냐에 따라 둘 간의 승패가 좌우된다. 장군이 독립해서 한나라(유방)와 초나라(항우)의 싸움을 중단시키고 병사들의 생명을 구해 준다면 천하는 삼분되고, 그러면 장군의 부귀는 영원해진다. '하늘이 준 기회를 받지 않으면 화를 당하고, 때를 만났는데도 행동하지 않으면 재앙을 받게 된다.'는 옛말이 있고 토사구팽이라는 말도 있다. 장군이 지금 독립하지 않으면 나중에 크게 후회할 일이 있을 것이다."

그러나 한신은 "유방은 나를 자신의 수레에 태워 주고, 자신의 옷을 나에게 입혀 주고, 자신의 음식을 나에게 먹여 주었다. 이렇게 나를 대해 주었는데 어떻게 내가 의리를 저버릴 수 있나?"라고 하면서 괴통의 천하삼분론을 물리친다. 한신은 유방을 도와 항우를 패망시키고 통일제국 한나라를 세우는 데 일등공신이 되었다. 그러나 그의 공적과 권력이 커지는데에 위험을 느낀 유방측의 견제를 받아 회음후로 강등된 후 그가 뒤늦게 모반을 도모했으나 유방의 아내 여후의 계략에 빠져 잡혀 죽었다.

우리가 즐겨 읽는 삼국지를 보면, 한나라를 창업할 때 일등공신이었던 장량(장자방)에 빗대어 조조가 '나의 장자방'이라고까지 했던 순욱이 조조가 위나라 왕이 되는 것을 반대하자 순욱에게 빈 찬합을 보내어 자살하도록 한 내용이 나온다. 또 절대적으로 불리했던 원소와의 전투인 관도대전에서 적군 원소의 참모였던 허유가 투항해 와서, 군량이 있던 오소를 급습하여 원소의 식량을 모두 불태우는 계책을 내어 이기게 했고, 또 허유는 조조가 기주성을 공략할 때 장하의 물을 끌어들여 기주성을 물바다로 만드는 계책을 내어 기주 함락에도 일등 공신이었다. 그러나 기주성에 입성한 뒤 허유가 조조와 그 측근들에게 오만방자하게 굴다가 조조의 심복 허저의 칼을 맞고 죽도록 방치한 내용이 나온다.

한비자는 〈비내〉 편에서 "후비·부인·태자들이 무리를 이루어서 군주가 죽기를 바란다. 그 이유는 군주가 죽지 않으면 그들의 세력이 클 수 없기 때문이다. 사실 군주의 죽음을 바라는 것은 군주를 증오해서가 아니라 군주가 죽었을 때 그들이 더 큰 이익을 볼 수 있기 때문이다"[1]라는 내용이 나온다. 부인과 자식들도 남편과 아버지가 죽고 없어지면 자신들의 권력이 더 커지고 자신들에게 이익이 된다면 죽기를 바라는데, 이것은 남편과 아버지를 미워해서라기보다는 남편과 아버지가 죽었을 때 자신들에게 더 큰 이익이 되기 때문이라는 한비자의 냉철한 분석이다. '신의를 지키면 더 큰 이익이 나중에 주어진다. 얻으려면 주어야 된다.'라는 말을 우리는 많이 듣지만 무시해도 좋을 작은 이익일 경우는 가능할 수 있어도 큰 이익을 앞두고는 그렇지 않다는 얘기다.

1990년 1월에 노태우, 김영삼, 김종필 세 사람은 민주정의당, 통일민주당, 신민주공화당 3당을 합당하여 민주자유당을 만들 때 대통령제를 내각책임제로 바꾼다는 이면합의를 한 사실이 나중에 언론에 공개되자 차기 대통령으로 유력했던 김영삼 씨는 이를 부인한 후 끝내 자신이 대통령이 되었다. 상호 이익이 상반되는 상황이 되면 큰 이익을 앞두고는 자신의 이익을 포기하면서까지 상대방을 존중하고 배려하는 아름다운 일은 일어

---

1) 后妃夫人太子之黨成而欲君之死也 君不死 則勢不重 情非憎君也 利在君之死也(후비부인태자지당성이욕군지사야 군불사 즉세부중 정비증군야 이재군지사야).

나지 않는다는 것을 보여준 사례라 할 것이다.

2011년 서울시장 선거 때 안철수 대표가 시장 후보직을 박원순 씨에게 양보한 이후 여론조사 기관들이 그를 대선후보로 넣고 조사한 결과 양자 대결에서 박근혜 당시 여당인 한나라당 후보를 꺾는 결과가 나오기도 했고, 2012년 대선 후보를 문재인 후보에게 양보할 때 '솔로몬의 재판에 선 어머니 같은 심정으로 양보한 것'이라고 말한 것을 보면 이런 양보라는 아름다운 행위가 보다 큰 목표인 대통령이 되는 데 도움이 되리라 생각했다고 볼 수 있다. 그러나 조조가 충실한 참모였던 순욱을 자살하게 만들고, 원소를 물리치는 데 결정적 기여를 한 허유를 허저가 죽이도록 방임한 것을 보면, 도움을 준 상대라고 해도 큰 이익을 앞에 두고 자신의 이익을 포기하고 보답할 것을 기대하는 것은 현실적이지 않다.

한비자의 말대로, 사람은 상대를 미워해서라기보다는 자신에게 이익이 되면 남편이나 아버지가 죽기를 바라는 존재임을 생각하면, 나중에 안 대표가 서울시장이나 대통령 후보가 되고자 나섰을 때, 양보를 받은 측에서 이제는 보은의 뜻으로 자신에게 후보를 양보하거나 적극적으로 자신을 지지해 줄 것을 기대하기 어렵다고 할 것이다.

삼국지를 보면 사마의는 위나라 군주 조예가 죽고 나서 조상이 병권을 잡자 병을 핑계로 물러나서 은인자중하면서 기회를 노렸다. 조상이 병권을 쥐고 있던 동생과 어림군까지 모두 데리고 선제의 능을 참배한다고 도읍을 떠나자 즉시 움직여서 권력을 잡았다. 한신과 달리 기회가 왔을 때 놓치지 않았다.

안철수 대표가 20대 대통령 선거 때 선거일 막판에 사퇴하고 윤석열 후보를 지지하여 국민의힘과 국민의당이 공동 정부를 구성하기로 한 것은 결정적인 순간에 움직인 사마의의 처신과 닮은 것이라고 본다.

괴통이 한신에게 말한 "하늘이 준 기회를 받지 않으면 화를 당하고, 때를 만났는데도 행동하지 않으면 재앙을 받게 된다."라는 말은 기회가 되면 잡아야 한다는 것으로 지금도 타당하다. 기회를 잡지 못한 한신과 기회를 잡은 사마의를 보면 알 수 있다.

배영석

성균관대학교 경영학과와 방송통신대학교 법학과를 졸업하고 성균관대학교 경영
대학원에서 경영학 석사를, 강남대학교 대학원에서 세무학박사를 받았다. 한국산
업은행, 신한은행, 산동회계법인, 우리회계법인에서 근무했으며 금융권 등의 세무
고문 및 서울지방국세청의 납세자보호위원을 역임했다. 진일회계법인 대표이사를
지냈고 현재 진일회계법인 공인회계사로 근무하고 있다. 지은 책에《신탁과 세제》
《기업재무구조개선을 위한 출자전환과 세제》《법인세법 해설》《금융소득종합과세
해설》등이 있고, 논문은〈발생일이 속하는 사업연도 종료일로부터 1년 내 미회수
한 가지급금 이자의 소득처분에 관한 연구—대법원 2021.8.12. 선고 2018두34305
판결과 관련하여—〉등 세법에 관한 15여 편이 있다.

공자는 한비자에 한참 멀었다

배영석 지음

1판 1쇄 발행/2022. 10. 1
1판 2쇄 발행/2023. 3. 1
발행인 고윤주
발행처 동서문화사
창업 1956. 12. 12. 등록 16-3799
서울 중구 마른내로 144(쌍림동)
☎ 546-0331~2 Fax. 545-0331
www.dongsuhbook.com

✳

사업자등록번호 211-87-75330
ISBN 978-89-497-1811-8 03190